Sie saßen und tranken am Teetisch

Serie Piper
Band 1204

Zu diesem Buch

Bei heutigen Debatten über die Verödung des kulturellen Lebens wird immer wieder Bezug genommen auf die im 19. Jahrhundert blühende Institution des »Salons«, in der sich wie nirgendwo anders eine universelle bürgerliche Kultur zu entfalten wußte. In autobiographischen Zeugnissen, Briefen und in Szenen aus Romanen der Zeit läßt Rolf Strube die Glanzzeit der großen Berliner Salons wieder lebendig werden. Bei Rahel Varnhagen, Henriette Herz, Fanny Lewald traf sich das kulturelle Deutschland, die Liste der Gäste reicht von Jean Paul bis Heinrich Heine, von E. T. A. Hoffmann bis Carl Maria von Weber, von Madame de Staël bis Theodor Fontane.

Rolf Strube, geboren 1948 in Barkhausen bei Minden, lebt als freier Kritiker in Berlin.

Sie saßen und tranken am Teetisch

Anfänge und Blütezeit der Berliner Salons 1789–1871

Herausgegeben von
Rolf Strube

Piper
München Zürich

ISBN 3-492-11204-8
Originalausgabe Juli 1991
2. Auflage, 5.–8. Tausend Februar 1992

Umschlag: Federico Luci,
unter Verwendung des Aquarells »Quartettabend bei
Bettina von Arnim« (1855) von Carl Johann Arnold
Freies Deutsches Hochstift, Goethemuseum, Frankfurt
Foto: Ursula Edelmann, Frankfurt
Gesamtherstellung: Clausen & Bosse, Leck
Printed in Germany

Inhalt

IV. Literarisches und musikalisches Leben um 1820

V. Rahels zweiter Salon

VI. Bettina von Arnim und ihre Kreise

VII. Die Romantik im Erdgeschoß

Anhang

Vorwort

Die Exklusivität des offenen Hauses

Am Ende seiner »Suche nach der verlorenen Zeit« stellt Marcel Proust seinen Erzähler in eine Reihe mit dem Herzog von Saint-Simon, der zweihundert Jahre zuvor – von ähnlichem Interesse geleitet – seine privilegierte Stellung zum Anlaß nahm, ein vollständiges Bild des französischen Adels, des Königshauses und des Lebens am Hofe zu hinterlassen. Saint-Simons »Memoiren« bilden um jede einflußreiche Persönlichkeit, mit der er in Berührung kam, eine Art Fokus, sie halten in vielen kleinen Einzelporträts Vorzüge und Schwächen der Mächtigsten ihrer Zeit fest, zeigen sie in Augenblikken ihrer größten Triumphe und Niederlagen. Die literarischen Porträts ermöglichten eine neue, verhältnismäßig offene Form der Auseinandersetzung mit der Natur des Menschen, sie gestatteten ein illusionsloses Nachdenken über Größe und Nichtigkeit des Strebens nach Einfluß, Geltung und Glück, wie es vor Saint-Simon bereits durch Montaigne und La Bruyère eingeleitet worden war und nach ihm von den französischen Moralisten fortgesetzt wurde.

Auch in dem nach 1750 sich rasch verbreiternden Strom der Reiseschilderungen, Bekenntnisschriften, Lebensbeschreibungen, Briefsammlungen und Tagebücher – also in der Literatur, die über die frühen Berliner Salons Aufschluß gibt, bilden die Charakterskizzen Momente des Verweilens, in denen es darum ging, gerade so viel über eine Person zu sagen, daß die Konturen ihres Lebens sichtbar wurden. Diese Kunst der wenigen, treffenden Worte, die natürlich auch – wie in Karikaturen – die Lächerlichkeit eines Menschen bloßlegen konnten, war gegen Ende des 18. Jahrhunderts sehr beliebt und wurde nicht nur im Rahmen der autobiographischen Literatur gepflegt. Karl August Varnhagen von Ense berichtet in seinen »Denkwürdigkeiten«, daß er während seiner Studentenzeit um 1800 Abendgesellschaften mit dem Vorlesen selbstverfaßter Charakterskizzen unterhalten habe, die sich auf anwesende Personen bezogen, deren Namen erraten werden sollten. Die besondere Vorliebe der Zeit galt originellen, scharf profilierten Persönlichkeiten – was an sich schon als Indiz zu werten ist für den Wandel der gesellschaftlichen Umgangsformen, für eine Vermischung adliger und bürgerlicher Sphären, ohne die auch das Aufblühen der Salons nicht hätte stattfinden können.

Gegen Ende der Regierungszeit Friedrichs des Großen, noch bevor Salons im eigentlichen Sinne entstanden waren, erhielt man zu bestimmten Kreisen des Adels und des gebildeten Bürgertums leichter als durch Geld oder vornehme Abstammung Zugang, wenn man über besondere künstlerische Fähigkeiten verfügte – ein Musikinstrument beherrschte, schauspielerisches Talent besaß und zu alledem ein ungewöhnliches, originelles Auftreten zeigte, das sich sogar an der Grenze zum Skurrilen bewegen durfte. Den Möglichkeiten, Interesse auf sich zu ziehen, waren freilich enge Grenzen gesetzt, auch wenn – wie Henriette Herz es ausdrückte – die Töchter einiger reicher jüdischer Häuser ab einem gewissen Zeitpunkt »in Mode« kamen und einem bereits bestehenden Bedürfnis nach Auflockerung streng getrennter Kreise Vorschub leisteten. Ihr Blick, wie der vieler anderer, war auf Weimar gerichtet, wo es vor Wielands, Herders und Goethes Zeit bereits Versuche gegeben hatte, Dichter an den Hof zu ziehen. Mit Goethe als Minister war Weimar zu einer Art Modellherzogtum geworden, das in vielen Bereichen neue Maßstäbe gesetzt hatte – von der Verwaltung bis zum von ihm selbst inszenierten, oft wiederholten Freilicht-Singspiel vom »Fest der Fischerin«. Mit dem Klang seines Namens verband sich die Zuversicht, am Beginn einer großen Geistesepoche zu stehen, in der es auch neue Formen der Geselligkeit geben würde, wie sie in Berlin noch selten waren. Während Mendelssohn und Nicolai sich noch über die »Pleureusenmenschen« mokierten, die Berliner Hofgesellschaft und ihre durch die Etikette geregelte Langeweile, war Goethe – für Henriette Herz und Rahel Levin – zum Garanten eines anderen Zeitalters geworden, das im Zeichen der Toleranz und der schöpferischen Persönlichkeit stehen sollte.

So anziehend aber die Intimität der Weimarer Kreise auch gewesen sein mag, die eigentlichen Vorbilder für die Geselligkeit der Salons waren – vor 1800 – nicht hier zu finden, sondern in Mailand, Wien und vor allem in Paris. Im vorrevolutionären Paris gab es mondäne Zirkel, in denen die Schriftsteller und Philosophen der französischen Aufklärung mit Politikern und Persönlichkeiten des Adels zusammenkamen – wie im Salon der Mme. de Tencin, der Mutter des Enzyklopädisten d'Alembert, der Mme. de Geoffrin oder Mme. du Deffand. Es gab zahlreiche Cafés, in denen ein lebhafter geistiger Austausch zwischen Literaten, Philosophen, Schauspielern und Musikern stattfand – wie ihn Diderot in seinem Dialogstück »Rameaus Neffe« geschildert hat.

Sowohl für Henriette Herz wie für Rahel Varnhagen galt, daß ihre Vorstellungen von guten Umgangsformen und feiner Lebensart vom Stil des Ancien régime geprägt waren und daß sie zeitlebens bestimmte Vorlieben behielten, die sie mit dem vorrevolutionären Frankreich verbanden. Henriette Herz ließ sich von einer in Berlin lebenden Emigrantin, der Gräfin de Genlis, mehrere Jahre in Stil und Literatur unterrichten. In ihrem ganzen Auftreten – wie es von vielen Gästen ihres Salons beschrieben wurde – zeigte sie ein Bedürfnis nach Verfeinerung, das zwar von der empfindsamen Lektüre ihrer Zeit geweckt worden, aber eigentlich der Epoche des »Hôtel de Rambouillet« verpflichtet war, in der der Umgangston und die Lebensart einer Mme. de Rambouillet, einer Mme. de la Fayette oder einer Ninon de l'Enclos als erste und wichtigste gesellschaftliche Schulung galt und der Besuch ihrer Salons bereits eine Empfehlung darstellte.

Rahel ihrerseits – die hochgebildete Autodidaktin, deren Ausdrucksnot manchmal größer war als ihr Ausdrucksvermögen, schwärmte für die Leichtigkeit, den Anspielungsreichtum des Französischen, für den geschliffenen Umgangston und den Esprit, den sie an vielen ihrer vornehmen Freunde, besonders aber am Prinzen von Ligne bewunderte.

Die deutsche Sprache war für sie in erster Linie eine Sprache der Literatur und Philosophie, und ganz ähnlich wie Madame de Staël faßte sie Vorzug und Mangel in dem Urteil zusammen: »Wir, die Deutschen, haben noch keine Sprache, so durch alle Geselligkeitsröhren getrieben, wie es die französische ist.« Die Franzosen waren ihr kulturelles »Vorvolk« – wie sie sich ausdrückte – und blieben es in einem umfassenderen Sinn die ganze Spanne ihres Lebens hindurch; denn bis zum Wiener Kongreß von 1815 war es immer wieder Frankreich, das mit seiner inneren Entwicklung und seinen Expansionsbestrebungen ganz Europa herausforderte und in Atem hielt; gerade diese politischen Ereignisse, unter denen auch Rahel zu leiden hatte, legten den Grund für vielfältige kulturelle und personelle Verflechtungen zwischen Berlin und Paris und hoben auf ein allgemeines, weltstädtisches Niveau, was unter Friedrich dem Großen mit den Berlin-Aufenthalten der französischen Philosophen Voltaire, Lamettrie und d'Argens individuell und vereinzelt begonnen hatte.

Henriette Herz gehörte, seit sie 1779 im Alter von fünfzehn Jahren mit dem angesehenen Arzt Markus Herz verheiratet worden war, zum kleinen Kreis der mit allen Privilegien ausgestatteten jüdischen Familien in Berlin. Diese Privilegien, die keine Gleichberechtigung bedeuteten und nur auf einen, später auf zwei Nachkommen übertragbar waren, erlaubten ihnen, im Großhandel, im Bankwesen und in den freien Berufen tätig zu sein. In der Mehrzahl handelte es sich um Geschäftsleute, die während des Siebenjährigen Krieges reich geworden waren: die Ephraims durch Beteiligung an der königlichen Münzprägung, die Cohens als Bankiers, die Meyers als Armeelieferanten.

Moses Mendelssohn, in dessen Haus sich diese Familien jeden Samstag trafen, war durch seine philosophischen Schriften und seine weithin bekannte Freundschaft mit Lessing und Nicolai zum Ahnherrn eines neuen »aufgeklärten« Judentums geworden. Im Zentrum seines Denkens stand, seinem eigenen Ausdruck zufolge, eine unsichtbare Kirche, die Menschen unterschiedlicher Glaubensbekenntnisse – Juden, Christen und Mohammedaner in gegenseitiger Achtung vereinen sollte. Mendelssohn hatte in seinen Schriften die Idee einer auf Vernunft und Toleranz basierenden Religiosität entwickelt, die in entscheidenden Fragen abwich von den alten jüdischen Überlieferungen und Ritualen. Er hatte eine geistige Brücke geschlagen zur Aufklärungsphilosophie Immanuel Kants, in der der Glaube an die Existenz Gottes, die Möglichkeit moralischer Entscheidungsfreiheit und an die Unsterblichkeit der Seele als nicht hinterfragbare Gewißheiten, als »Postulate der praktischen Vernunft« gefaßt waren. Kants Lehre hatte gegen Ende des 18. Jahrhunderts in allen jüdischen Salons eine unangefochtene Position inne. Das allgemeine Interesse an philosophischen Problemen war in der Generation, auf die Moses Mendelssohn seine Hoffnungen setzte, so groß, daß die wohlhabenden jüdischen Häuser sehr bald einen guten Ruf in Fragen der herrschenden Philosophie gewannen – was freilich auch bedeutete, daß die Abkehr von der alten tradierten Lebensweise sich viel schneller und radikaler vollzog, als ihr Wegbereiter es für möglich gehalten hatte.

Auch Markus Herz war ein Repräsentant dieses neuen Judentums und liebte es, seine in Königsberg bei Kant selbst erworbene Vertrautheit mit dessen Transzendentalphilosophie bei den jeden Mittwoch in seinem Haus stattfindenden Zusammenkünften unter Beweis zu stellen. Seine »Mittwochsgesellschaft« vereinigte in erster Linie wissenschaftlich Interessierte. Häufig wurden kleine physikalische Experimente vorgeführt, die man zum Anlaß nehmen konnte, über den Fortschritt der Naturerkenntnis zu diskutieren.

Auch wenn sie sich dem enzyklopädischen Wissensdrang ihres Mannes nicht verschloß, wiesen Henriettes eigene Neigungen doch in eine gänzlich andere Richtung. Seit ihrer frühen Jugend zeigte sie großes Interesse an fremden Sprachen. Zu den zehn Sprachen, die sie im Laufe ihres Lebens beherrschen lernte, gehörte das Hebräische und – da sie einer aus Portugal eingewanderten Familie angehörte – auch das Portugiesische. Ihre Sprachkenntnisse wurden zum Signum ihrer Weltaneignung, ihres Wunsches nach menschenverbindender Geselligkeit, sie verhalfen ihr zu vielen Bekanntschaften und nach dem Tode ihres Mannes, als sie nicht mehr zu den Wohlhabenden zählte, auch – zu Geld.

Mit ihrer Jugendfreundin Dorothea, einer Tochter Moses Mendelssohns, teilte Henriette die Begeisterung für die tugendhaften Romanheldinnen des Engländers Richardson. Das für ihre Generation typische empfindsame Lebensgefühl fand in vielerlei Lektüre Nahrung, nicht nur in Erfolgsbüchern wie Goethes »Werther« oder Millers Klostergeschichte »Siegwart«, sondern auch in Zeitschriften und Almanachen. Wielands seit 1773 erscheinende Zeitschrift »Der teutsche Merkur« setzte sich für eine Literatur ein, von der sich weder die weibliche Leserschaft noch Standespersonen ausgeschlossen fühlen sollten. Die für diese Art Literatur charakteristische Verflechtung ethischer, ästhetischer und religiöser Themen verlangte von sich aus bereits nach Gesprächsrunden, in denen man erörtern konnte, ob die Darstellung einer »schönen Seele« gelungen sei, welches Gewicht dem »moralischen Sinn« im menschlichen Handeln zukomme und was für den Glauben an die Seelenwanderung spreche. Die damals vielfach entstehenden Lesegesellschaften schufen insofern Voraussetzungen, die auch für die ersten Salons von großer Bedeutung waren.

Henriette und Markus Herz hatten Zugang zu einer der vornehmsten Lesegesellschaften Berlins, die sich gewöhnlich für einen Abend der Woche beim Hofrat Bauer im königlichen Schloß traf. Zu diesem Kreis gehörten zeitweilig Moses Mendelssohn, die Schriftsteller Ramler, Goecking und Moritz, der Historiker Dohm, der Prediger Spalding, die Grafen Dohna und Bernstorff, ferner die Brüder Wilhelm und Alexander von Humboldt, die fast gleichaltrig mit Henriette waren, sowie deren Erzieher Kunth. Auf den seit 1785 regelmäßig stattfindenden Zusammenkünften war ein Teil des Abends – zumindest in der kälteren Jahreszeit – dem Vorlesen aus neuen Büchern und dem literarischen Gespräch vorbehalten, im Sommer dagegen begab sich die Gesellschaft häufig vor die Tore des Schlosses, um sich im Park mit Schlagball und Pfänderspielen zu unterhalten. Henriette trat vor allem mit Wilhelm, dem älteren der beiden Humboldts, in näheren Kontakt. Er ließ sich von ihr im Hebräischen unterrichten und war bald in der Lage, ihr auf hebräisch mitzuteilen, wie langweilig es auf dem Tegeler Schloß zugehe. Im Stil der Zeit wurde ihre Freundschaft als »Tugendbund« deklariert, dem sich auch Henriettes Freundinnen Dorothea und Henriette Mendelssohn sowie Sarah und Mariane Meyer anschlossen.

Mit der »Mittwochsgesellschaft«, den Abendempfängen beim Hofrat Bauer und dem »Tugendbund« sind die drei eng miteinander verflochtenen Kreise benannt, denen Henriette seit 1787 den Salon ihres eigenen Hauses zur Verfügung stellte. Gerade in der Anfangszeit muß es dabei zu einer Art von edlem Wettstreit zwischen ihr und Markus Herz um die Gunst der Gäste gekommen sein, der nicht selten durch Henriettes bessere Sprachkenntnisse entschieden wurde – wie im Falle Mirabeaus, der sich nach dem Tode Friedrichs des Großen als politischer Beobachter Frankreichs in Berlin aufhielt. Nach wenigen Jahren hatte sich ihr Ruf einer schönen, belesenen und in vielen Sprachen bewanderten Dame allerdings bereits so gefestigt, daß ihr Salon mehr und mehr auch von neugierigen Unbekannten und Reisenden besucht wurde, die sich hier mit nützlichen

Hinweisen und Empfehlungen versehen wollten. Neben Rahels Salon, dessen Bekanntheit allerdings langsamer zunahm, behauptete sich Henriettes bis in die Zeit Napoleons hinein, als zu den berühmten Gästen aus Deutschland – Fichte, Jean Paul, Schiller – die aus Frankreich hinzukamen.

Anders als sein an der französischen Kultur orientierter Vorgänger Friedrich der Große trat der 1786 an die Macht gelangte Friedrich Wilhelm II. als Schirmherr des deutschen Schauspiels auf, förderte die Einführung der deutschen Sprache an der Berliner Akademie und zeigte sich in der Öffentlichkeit zumal als Freund der Musik. Welch tiefgreifende Veränderungen des geistigen Klimas der Regierungswechsel nach sich zog, ließ sich allerdings erst zwei Jahre später in vollem Umfang ermessen, als Friedrich Wilhelm II. den seit langem von ihm begünstigten Theologen Wöllner zum Minister ernannte. Wöllner hatte den späteren König für den mystischen Geheimbund der Rosenkreuzer gewonnen und dessen Aufnahme in den Orden veranlaßt. Bereits mit seinen ersten Amtshandlungen zog er einen scharfen Schlußstrich unter die von Friedrich dem Großen geförderte Toleranz in religiösen Fragen und bedrohte mit einem 1788 erlassenen Religionsedikt jede Abweichung vom orthodoxen lutherischen Standpunkt mit harten Strafen.

Wöllners Überzeugung, daß es für das Allgemeinwohl besser sei, sich zu religiösen Empfindungen zu bekennen – selbst wenn sie in mystischen oder okkulten Bereichen gesucht würden –, zeitigte bald Wirkung: Die 90er Jahre erlebten – nicht nur in Preußen – eine Renaissance übernatürlicher Deutungen des Lebens. Die Geheimbünde der Illuminaten und Rosenkreuzer fanden großen Zulauf. Cagliostro trat als Gründer einer neuen Loge nach altägyptischem Vorbild auf und behauptete, das menschliche Leben verlängern zu können. Mesmer bereiste als bekanntester einer Vielzahl von Hypnotiseuren, Magnetiseuren und Wunderheilern ganz Europa.

Der Klimawechsel, der durch den Ausbruch der Französischen Revolution ein ganz anderes Gewicht erhalten hatte, bedeutete das zumindest vorläufige Ende des geistigen Bündnisses zwischen Lessing, Mendelssohn und Kant und ihrer gemeinsamen Überzeugung, daß es viele Wege zum Monotheismus gebe. Die Mehrzahl der privilegierten jüdischen Familien hielt dennoch an der Aufklärungsphilosophie fest, die das Fundament des neuen Bewußtseins gelegt hatte, und versuchte weiterhin, ihr Haus zu einer Begegnungsstätte vorurteilsloser, weltoffener Geister zu machen – nur daß eben jetzt auch die zahlreichen »Erleuchteten« dieser Jahre dazugehörten, wie der Scharlatan Leuchsenring, den Goethe in seinem Lustspiel vom »Pater Brey« karikiert hat und der häufig unter den Gästen des Rates Ephraim – Schriftstellern und hohen Offizieren – zu finden war.

Gerade unter diesen Umständen gewannen auch die durch Ehen oder Freundschaften befestigten Verbindungen mit dem Ausland besondere Bedeutung. Die jüdischen Häuser waren über die jeweiligen politischen und kulturellen Entwicklungen der Nachbarländer gut informiert und wurden zumal über die Ereignisse in Paris durch einen nicht abreißenden Strom von Besuchern auf dem laufenden gehalten; aber es war schwierig, die Tragweite der Veränderungen nach Robespierres Sturz und der Schließung des Revolutionstribunals abzuschätzen. Man wußte, daß es ein neues Schlichtheitsideal gab, das in der Kleidung und auch architektonisch – im antikisierenden Stil des Directoire – zum Ausdruck kam und einer weiteren Vermischung adliger und bürgerlicher, christlicher und jüdischer Kreise günstig zu sein schien.

Als Schleiermacher, der seit 1796 als Prediger an der Berliner Charité tätig war, die Bekanntschaft von Henriette Herz machte, war sie offenbar der Rolle einer stadtbekannten, von vielen besuchten Frau bereits überdrüssig. Gerade mit ihm, der einer ihrer engsten Freunde wurde, konnte sie noch einmal etwas von der Intimität ihrer empfindsamen Jugendzirkel zurückgewinnen. Auch ihre Freundin Dorothea, damals noch mit dem Bankier Veit verheiratet, war wieder häufiger Gast. Sie lernte hier den durch Schleiermacher eingeführten jungen Friedrich Schlegel kennen, der bald darauf ihr Lebensgefährte wurde. Schlegel konfrontierte den Kreis mit dem neuen romantischen Literaturverständnis, das in ihm einen unermüdlichen Verkünder und Anreger fand. Henriettes Salon nahm zeitweilig wieder den Charakter einer Lesegesellschaft an: Man las mit Vorliebe aus den Dramen Shakespeares und Goethes »Wilhelm Meister«.

Zu den zahlreichen geistigen Projekten, die Schleiermacher in diesen Jahren in Angriff nahm, gehörte auch eine 1799 entstandene

»Theorie des geselligen Betragens«. Sie ist zwar über ein Fragment nicht hinausgelangt, spiegelt jedoch deutlich den Interessenwandel auf einem Gebiet, in dem sich immer noch Knigges ein Jahrzehnt zuvor erschienenes Buch »Über den Umgang mit Menschen« behauptete. Schleiermacher reiht Knigge unter die zielstrebigen Pragmatiker ein, die in anderen immer nur Mittel ihrer eigenen Zwecke sehen können. Knigges egoistischen »Triebkräften« setzt er eine eigene, von einem hohen Anspruch getragene Vorstellung einer »freien Geselligkeit« entgegen, die über die Sphäre unmittelbar praktischer Zwecke hinausgehoben ist – so wie beispielsweise die Konversation, die er in Henriettes Salon erlebte. Die »freie Geselligkeit« kann sich allerdings immer nur in dem Maße entfalten, in dem es einem Personenkreis gelingt, Themen anzusprechen, die alle interessieren, und sie so anzusprechen, daß sich niemand – etwa aufgrund mangelnden Wissens – von vornherein ausgeschlossen oder zurückgesetzt fühlt. Schleiermachers »Theorie« enthält – ähnlich wie die idealistische Philosophie Kants und Fichtes, an die sie sich anschließt, moralische Postulate, Geselligkeit setzt hier ein wohlwollendes Interesse aneinander voraus, das nicht von der Wahl der Gesprächsstoffe abhängen darf; angesichts der Klage späterer Zeiten über den zunehmenden Verfall der Konversation ist es von Interesse, daß damals eine gelungene Unterhaltung zwischen mehr als zwei Personen immerhin noch als Aufgabe angesehen und zum Gegenstand des Nachdenkens gemacht werden konnte.

Nach dem Tode ihres Mannes im Jahre 1803 sah sich Henriette gezwungen, ihre großzügig gehandhabte Gastfreundschaft einzuschränken. In dieser Zeit, in der ihr eigener Salon bereits der Vergangenheit angehörte, knüpfte sie eine Reihe neuer Kontakte an – so zum Haus der Herzogin von Kurland, deren Salon in den Jahren des Direktoriums und auch später noch während der Okkupation Berlins mehr und mehr zu einem Treffpunkt französischer Gäste wurde. Allerdings gab es neben Rahels Salons keinen, in dem das Standesdenken so konsequent durchbrochen war. Zum engeren Kreis gehörten Madame de Staël und August Wilhelm Schlegel, Rahel, Wilhelm von Humboldt, der Publizist und Diplomat Friedrich von Gentz, der Schauspieler und Intendant Iffland, die Sängerin Milder-Hauptmann, der Maler Genelli und der Hofrat Parthey, Schwiegersohn Nicolais, der der Privatlehrer der Herzogin gewesen war und als hervorragender Klavierspieler galt. Henriette Herz erteilte der jüngsten Tochter der Herzogin Englischunterricht und schickte sich fortan mehr und mehr in die Rolle eines Gastes.

Anders als Henriette, deren Bildungsdrang von ihrem Mann alle notwendige Unterstützung erfuhr, wuchs Rahel Levin unter wenig günstigen Bedingungen auf. Ihr Vater, der erfolgreiche Kaufmann Markus Levin, war der geistigen Regsamkeit seiner Tochter mit völliger Verständnislosigkeit begegnet. Nach seinem Tode im Jahre 1789 übernahm die 18jährige Rahel die Erziehung ihrer jüngeren Geschwister und setzte gleichzeitig – erstmals unbehindert und mit großer Ungeduld – ihre Bemühungen fort, ihre literarischen und philosophischen Kenntnisse, ihr Französisch und ihr Klavierspiel zu verbessern. Bereits wenige Zeit nach dem Tode ihres Vaters machte sie es sich auch zur Gewohnheit, Gäste zu empfangen – ungeachtet des Widerstandes ihrer Mutter, die ihr Verschwendung vorwarf, obwohl sie ihren Bekannten nur Tee anbot, der jetzt in den französischen Salons die Schokolade abgelöst hatte, und obwohl sie nur die Kontakte aufrechterhielt, die ihr Vater angeknüpft hatte: Zu seinen bevorzugten Gästen hatte ein Personenkreis gehört, dem wie den Juden damals im allgemeinen der Zugang zu bürgerlichen Häusern verwehrt blieb. Dazu zählten zwei der bekanntesten Schauspieler, Johann Friedrich Fleck und Friederike Unzelmann.

Das bald darauf erfolgte Zerwürfnis mit ihrer Mutter konnte Rahel in ihren Absichten nur bestärken: Die Mansardenwohnung ihres Hauses in der Jägerstraße, das sogenannte Dachstübchen, wurde der Schauplatz ihres ersten Salons. Rahel besaß zu diesem Zeitpunkt weder einen so weitläufigen Bekanntenkreis wie Henriette Herz, noch deren gute Kontakte zur Hofgesellschaft; aber sie verfügte bereits über klare Vorstellungen ihrer eigenen Möglichkeiten und Grenzen. In vielen Briefen und in vielerlei Gestalt gab Rahel ihrer Überzeugung Ausdruck, daß die Unempfindlichkeit ihres Vaters etwas in ihr zerbrochen habe. Ihr fehle »jedes Talent zur Tat« – was zu Anfang sicher auch das fehlende Geschick zur Ehefrau einschloß, wie es den Erwartungen ihrer Zeit entsprochen hätte; aber nach mehreren unglücklich verlaufenen Liebesaffären – mit dem schwedischen Diplomaten von Brinkmann und dem spanischen Gesandten d'Urquijo – war Rahel zu der resignativen Gewißheit gelangt, daß sie das Glück in keiner Gestalt annehmen werde – in welcher Form es ihr auch begegne.

Die Ahnung, daß es eigentlich »der Mut zum Glück« sei, der ihr fehle, überschattete viele Beziehungen, die sie in den Jahren ihres ersten Salons anknüpfte, bestärkte sie aber zugleich darin, jene anderen Talente zur Entfaltung zu bringen, die sie befähigten, die Rolle eines »Menschenmagneten«, einer Sibylle zu übernehmen. Rahels Scharfblick für menschliche Qualitäten und verborgene Möglichkeiten ist vielen zugute gekommen. Einer der ersten war ihr Jugendfreund David Veit, einer der bekanntesten ihr späterer Mann Karl August Varnhagen von Ense, der durch sie ermutigt zu dem wurde, was er war: ein mit vielerlei Verhältnissen vertrauter literarischer Zeuge seiner Zeit.

Rahels impulsives Temperament verlieh ihrer Originalität oft den Charakter einer unnachgiebigen Wahrheitssuche, wobei sie weder sich selbst noch ihre Gäste schonte. Mancher Besucher – so auch ihre Freundin Henriette Herz – empfand ihre Art bei aller Hochachtung als zu direkt und zu freizügig – jenseits dessen, was sich – nach damaligen Vorstellungen – für eine Frau schickte. Damit ist schlaglichtartig auch die neue und für das damalige Berlin beispiellose Qualität ihres Salons und ihres Umgangs mit Menschen bezeichnet, dem so berühmte Zeitgenossen wie Goethe, Madame de Staël und Benjamin Constant hohes Lob zollten.

Rahels geistige Entwicklung wurde wesentlich durch ihre Bewunderung für zwei denkbar verschiedene Männer ihrer Zeit geprägt, von denen jeder sein eigenes Bildungsideal entworfen hatte: Goethe, mit dem Rahel seit ihrer Begegnung in Karlsbad im Jahre 1795 in persönlichem Kontakt stand, betonte, daß in Entsprechung zur Morphologie der Pflanzen und Tiere auch der Mensch immer darauf zu sehen habe, »mit der Welt verbunden ein Ganzes« auszumachen. Fichte dagegen, der sich seit 1799 in Berlin aufhielt, wurde – außer von Rahel – von der ganzen romantischen Schule, von den Brüdern Schlegel, Tieck, Schleiermacher und ebenso von Wilhelm von Humboldt wegen seiner Ich-Philosophie bewundert, deren Unbedingtheit ihm damals bereits zahlreiche Verdächtigungen und Anfeindungen eingetragen hatte. Fichte beharrte darauf, daß nicht der Staat, sondern der schöpferische Mensch das höhere Prinzip darstelle und daß niemand kultiviert werde, der sich nicht selbst kultiviere. In Rahels Denken gingen diese beiden Einflüsse eine spannungsreiche klassisch-romantische Verbindung ein, der sie bis ins Alter treu geblieben ist.

Da Rahel von Anfang an lebhaftes Interesse für die ästhetischen Ideen der Brüder Schlegel bekundet hatte, wurde ihr Haus zwischen 1797 und 1802 zu einem bevorzugten Treffpunkt der Berliner Romantiker. August Wilhelm Schlegel machte seit 1801 in einer Vorlesungsreihe öffentlich Front gegen den immer noch herrschenden literarischen Geschmack der Aufklärung, wie er in Berlin vor allem durch Nicolai und den Kritiker Garlieb Merkel vertreten wurde. Die sich mehr und mehr ausdehnende literarische Fehde, in die auch Schiller und die Erfolgsdramatiker Kotzebue und Iffland einbezogen wurden, trug entscheidend zur Vergrößerung von Rahels Bekanntenkreis bei. Die Brüder Schlegel zogen viele Gäste nach sich – wie den noch jungen Adalbert von Chamisso, den Theologen Theremin, den Kriminalrat und Verleger Julius Ed. Hitzig, den Sprachforscher A. F. Bernhardi und nicht zuletzt Ludwig Tieck, der unter Romantikern die gleiche Verehrung genoß wie Goethe und Fichte und den viele – aufgrund seiner Vortragskunst – auch für einen genialen Schauspieler hielten.

Varnhagen hat später in Form eines fingierten Erlebnisberichts einen Abend in Rahels Salon geschildert, die er zum damaligen Zeitpunkt noch nicht kannte.

So sicher und unanfechtbar er sich über Wesensart und Gesprächsthemen ihrer Gäste auch auslassen kann – es entsteht dennoch kein authentischer Eindruck ihres Salons. Zu sehr schiebt sich das Bemühen des Verfassers in den Vordergrund, vor allem ihre vornehmsten Bekannten – wie den Fürsten Anton Radziwill und Prinz Louis Ferdinand – zur Geltung zu bringen, zu sehr erscheint auch Rahels temperamentvoller, oft aphoristisch und unzusammenhängend wirkender Sprachduktus, wie ihre Briefe ihn zeigen, geglättet.

Varnhagen entsprach damit freilich einem Bedürfnis Rahels; denn die Geheimnisse eines schönen Prosastils, den sie außer bei Goethe auch mehr und mehr an Varnhagen bewunderte, waren – wie Heinrich Heine erzählt – eines ihrer Lieblingsthemen im Salon.

Für die Zeit nach Napoleons Einzug in Berlin war Varnhagen über Rahels Verhältnisse aus eigenem Augenschein informiert. Er hatte, seit er 1803 Privatlehrer im Hause des Kaufmanns Cohen geworden war, bereits mit vielen aus ihrem romantischen Freundeskreis Bekanntschaft geschlossen, ohne daß sich ihre Wege gekreuzt hätten. Erst 1808 lernte er sie bei Henriette Herz kennen und machte ihr kurz darauf einen Antrittsbesuch. Varnhagen, damals noch Medizinstudent ohne rechte Neigung, war von Rahels geistigem Horizont, ihrem Sprachwitz und ihrer Offenheit erstaunt und begann bald, durch häufige Besuche ihr Vertrauen zu erwerben.

Rahels Salon war – wie Varnhagen in seinen »Denkwürdigkeiten« schildert – gegen Ende der französischen Einquartierung praktisch aufgelöst. Mancher ihrer Freunde – wie der Prinz Louis Ferdinand – war bereits dem Krieg zum Opfer gefallen, andere sahen sich zu einem unsteten Wanderdasein gezwungen. Zu einer Verbindung zwischen beiden kam es aufgrund der Kriegsereignisse erst 1814, als der Wiener Kongreß bereits seine Tätigkeit aufgenommen hatte. Varnhagen hatte sich den österreichisch-russischen Alliierten zur Verfügung gestellt, hatte an deren siegreichem Einzug in Paris teilgenommen und war auf Wunsch des Staatskanzlers Hardenberg dessen Adjutant auf dem Wiener Kongreß geworden. In den folgenden Jahren unternahm er mehrere Anläufe, seine weitere Verwendung im diplomatischen Dienst zu sichern, schied dann aber freiwillig – mit dem Titel eines Legationsrates – aus, da ihn seine liberale Grundhaltung mehr und mehr in Widerspruch zum restaurativen politischen Klima dieser Ära brachte.

1819 ließ er sich zusammen mit Rahel, die bis dahin ebenfalls ein unstetes Leben in verschiedenen Städten geführt hatte, wieder in Berlin nieder.

Seit der Flucht des preußischen Königshauses vor Napoleon im Jahre 1806 hatte die Berliner Romantik eine Wendung ins Politische genommen und an der Ästhetisierung bestimmter, dem Mittelalter verpflichteter Leitideen mitgewirkt, die durch die von Achim von Arnim 1811 ins Leben gerufene »Christlich-Teutsche Tischgesellschaft« einen institutionellen Rahmen bekam. Erklärtes Ziel der »Tischgesellschaft« war die Bildung eines »neuen Rittertums des Geistes und der Wahrheit«, dessen Kräfte der umfassenden sozialpolitischen Reform ganz Deutschlands zugute kommen sollten. Zu den 49 Gründungsmitgliedern, von denen zwei Drittel dem preußischen Adel entstammten, gehörten Brentano, Eichendorff, Fichte,

Fouqué, Iffland, Kleist, Adam Müller, Schleiermacher, Schinkel, der Verleger Reimer sowie eine Reihe von Regierungsvertretern. Dem Geiste des Mittelalters nachempfunden war auch der Kult um die preußische Königin Louise, die – im Gegensatz zu ihrem Gatten Friedrich Wilhelm III. – von der Wichtigkeit der Vereinigung überzeugt war, und auch ihrer Rolle als Dichtermuse gerecht wurde.

So hatte Rahel, als sie 1819 nach Berlin zurückkehrte, nicht nur Mühe, die lange unterbrochenen Kontakte wiederaufzunehmen, es fiel ihr auch schwer, in der romantischen Bewegung etwas von der gedanklichen Kühnheit wiederzufinden, der Aura von Weltschmerz und Ich-Kult, für die sie sich in ihrer Jugend begeistert hatte. Die alten Kreise waren ohnehin längst zerstreut, Tieck und die Schlegels hatten Berlin verlassen, zu Achim von Arnim und seiner Frau Bettina, deren Stadtwohnung unweit Rahels neuer Wohnung in der Französischen Straße lag, gewann sie kein näheres Verhältnis. Chamisso, ein Jugendfreund Varnhagens, lebte zwar nach seiner Weltreise wieder in Berlin, wo er Kustos des Botanischen Gartens geworden war; aber er zeigte an der Geselligkeit, die ihm Rahel bieten konnte, kein großes Interesse und blieb daher – ähnlich wie E. T. A. Hoffmann, der die Weinhandlung Lutter und Wegener allen Salons vorzog – ein seltener Gast. Fouqué schließlich, der durch sein »Undine«-Märchen und E. T. A. Hoffmanns gleichnamige Oper zu einem der bekanntesten Schriftsteller geworden war, fand sich zwar regelmäßig bei Rahel ein; aber hier zeigte sich bald, daß der romantische Mittelalterkult, dem Fouqués umfangreiches literarisches Werk verpflichtet ist, ihr fremd blieb – ebenso fremd wie das eremitenhafte Leben, das er auf seinem Gut Nennhausen bei Rathenow führte. Jahre zuvor, in der Gründungsphase der »Christlich-Teutschen Tischgesellschaft«, war ein derartiger Lebensstil häufig zu einer Zeit des Wartens verklärt worden – angesichts einer »heiligen Vergangenheit«, aus der – wie Karoline von Humboldt es 1811 in einem Brief formulierte – »ich denn doch wohl noch hoffe, Zukunft zu bilden«. Das politische Klima Berlins, wie Rahel es nach ihrer Rückkehr empfand, war jedoch zu allem anderen angetan, nur nicht zu einer heroischen Geste des Wartens. Nachdem sie sich so lange dem eigentlichen Politisieren in ihrem Salon verweigert hatte, erreichten sie nun die Spätfolgen der Französischen Revolution in einer Weise, die ihr – angesichts verhärteter politischer Fronten, Gesinnungsschnüffelei und rigider Pressezensur – auch im privaten Rahmen ein neues taktisches Geschick im Umgang mit Menschen abverlangte.

1821 ließ sich ein junger Mann mit der Empfehlung seines Verlegers bei Rahel einführen, der ihr noch einmal Gelegenheit gab, sich als »Menschenmagnet« zu fühlen. Der damals 24jährige Heinrich Heine war sich freilich, seit er die Bonner Romantik-Vorlesungen August Wilhelm Schlegels gehört hatte, seiner literarischen Vorlieben und Möglichkeiten bereits weitgehend bewußt. In Rahel fand er »die geistreichste Frau«, der er je begegnet war, eine ideale Leserin seiner frühen Gedichte, der er in Dankbarkeit »Die Heimkehr« in seinem »Buch der Lieder« widmete, und den Fixpunkt all seiner wehmütigen Erinnerungen an die kurze, turbulente Zeit in Berlin, in der – wie er später schrieb – »die Flamme der Wahrheit mich mehr erhitzte als erleuchtete«.

Rahel ihrerseits nahm bald Züge an ihm wahr, die sie mit der Sorge erfüllten, ihm werde ein ähnliches Schicksal beschieden sein wie Clemens Brentano, dem damals oft zitierten Beispiel eines von frühem Erfolg verwöhnten Genies, das in reiferen Jahren den hochgespannten Erwartungen seiner Jugend nicht gerecht werden kann. Nicht allein Rahel fiel am jungen Heine eine impulsiv hervorbrechende Streitlust auf, die seiner berechtigten hohen Selbsteinschätzung etwas Anmaßendes gab und sie zu wiederholten Malen veranlaßte, ihn zu ermahnen, er müsse »wesentlich werden«.

Heine hörte sich ihre Ermahnungen mit der Geduld des aufrichtigen Bewunderers an, ging aber im übrigen seiner Wege, die ihn in den Salon der Elise von Hohenhausen, zu Lutter und Wegener und auf die in diesen Jahren mit großem Aufwand veranstalteten Redouten und Maskenbälle führten.

Namentlich durch Varnhagen wurden Rahels zweitem Salon eine Reihe politisch stark profilierter Historiker – darunter Ranke und Raumer – und der Rechtswissenschaftler und Hegel-Schüler Eduard Gans zugeführt. Mit ihm, der sich in Berlin dank seiner rhetorischen Fähigkeiten schnell einen guten Ruf erworben hatte, kam es bei Rahel zu häufigen Streitgesprächen. Er war der einzige, dem sie – was sonst in ihrem Salon verpönt war – das Dozieren gestattete. Gans ließ sich gerne über die Unterschiede seiner philosophisch begründeten Rechtslehre zur herrschenden historischen Rechtswissenschaft aus, wie Savigny sie vertrat, oder über Wert und Unwert der Saint-Simonistischen Lehre vom religiösen Sozialismus.

Während der junge Heine noch eher zu den Zuhörern gehört haben dürfte, fand Gans bei Rahel in Alexander von Humboldt seinen mächtigsten Gegner. Humboldt, der nach langjährigem Paris-Aufenthalt erst 1827 nach Berlin zurückgekehrt war, hatte sich hier mit den sogenannten »Kosmos-Vorlesungen«, die teils in der Universität, teils in der Singakademie stattfanden, in der gebildeten Bevölkerung einen geradezu triumphalen Erfolg bereitet. Die »Kosmos-Vorlesungen« faßten mit erstaunlicher Universalität das gesamte Naturwissen der Zeit zusammen, sie stellten den Versuch einer allgemein verständlichen physikalischen Weltbeschreibung dar, die jedoch nie ihr Ziel aus den Augen verlor, einen Beitrag zu leisten zu einem veränderten, geläuterten Naturgefühl und zur Hebung des materiellen Wohlstands in der Welt. Im privaten Kreis machte Humboldt keinen Hehl aus seiner Überzeugung, daß im neuen Zeitalter der Naturforschung, zu deren Nestor er wurde, kein Platz mehr sei für den Glauben an die Unsterblichkeit der Seele, ebensowenig für eine idealistische Philosophie, wie sie nach Fichte vor allem durch Hegel und durch seinen Schüler Gans vertreten wurde.

In Opposition zu ihm wie zu Gans stand der 1825 als Professor für Geschichte an die Berliner Universität berufene Leopold von Ranke. Ranke, der den Kräften des preußischen Konservatismus zuneigte, war allerdings bekannt dafür, daß er in privaten Zirkeln allen politischen Auseinandersetzungen auswich und sich auf ästhetische und historische Themen beschränkte. Ungeachtet dessen kam es zwischen ihm und dem liberalen Varnhagen mehr und mehr zu Verstimmungen, die ihn – zu Rahels Bedauern – bewogen, dem Haus der Arnims den Vorzug zu geben.

Daß auch Rahels zweiter Salon innerhalb weniger Jahre zu einem Anziehungspunkt des intellektuellen Berlin wurde, legte nicht zuletzt Zeugnis ab von ihrem wachen Sinn für die Gegensätze und Spannungen der veränderten Zeit. »Wir sehen unendlich verschiedene Klassen«, schrieb sie ihrem alten Freund Friedrich von Gentz, »aber die Glieder einer jeden bequemen sich gern, ja geflissentlich, Anteil an Geistigem und Literarischem zu nehmen.« Die Rolle, die ihr in den letzten Jahren ihres Lebens zufiel, war die einer Mittlerin. Goethe, um den es still geworden war in Weimar, fand in ihr eine unermüdliche Verkünderin der großartigen Entwürfe, die sie in seiner Dichtung wie in seinem Leben wahrnahm. Sein Denken der Schriftstellergeneration nahezubringen, der auch Heine angehörte, eine lebendige Form der Verehrung – fernab vom Gefühl des Epigonentums – zu ermöglichen, blieb eins ihrer Hauptanliegen. Andererseits verzieh sie gerade Heine sein ironisch gebrochenes Verhältnis zu Goethe, weil sie in seiner Dichtung neue zukunftsträchtige Töne vernahm und in dem Kampf, den er sein Leben lang kämpfte, etwas von den geistigen Konflikten ihrer eigenen Jugendzeit wiederfand – allerdings in verschärfter Form: vom Kampf um die Errettung der inneren Wirklichkeit, im Zeichen der Poesie, der Phantasie, der selbsterzeugten Illusion – auch wenn von alledem nichts als ein längst durchsichtig gewordener schöner Schein bliebe. Eine völlig unerwartete Bestätigung ihres literarischen Empfindens erhielt Rahel von ihrem Freund Gentz, der ihr 1830 in einem vertraulichen Brief mitteilte, wie verwirrend es für ihn sei, dem Zauber eines Dichters verfallen zu sein, dessen politische Gesinnung er ganz und gar nicht teile. Gentz, überzeugter Anhänger Metternichs, war durch seine Leidenschaft für die junge, sehr erfolgreiche Tänzerin Fanny Elßler in Stimmung versetzt worden, sich mit der Dichtung seiner Zeit zu beschäftigen, fand Heines Widmung an Rahel vor den »Heimkehr«-Gedichten und überließ sich, wie er schreibt, in täglichen stundenlangen »Bädern« den »melancholischen süßen Gewässern« des »Buchs der Lieder«.

Erst kurze Zeit vor ihrem Tod im Jahre 1833 hat Heine, der mittlerweile in Paris lebte, Rahel noch einmal besucht, die ihm – trotz mancher Verstimmung – nichts nachtrug. Die Nachricht von ihrem Tod verstärkte in ihm das schmerzliche Gefühl, an einer Zeitenwende zu stehen, ein »abgedankter Fabelkönig« aus dem Reich der Romantik zu sein, deren Ära zu Ende gegangen war. Rahel hatte geholfen, »die alte Zeit zu begraben, und bei der neuen Hebammendienste geleistet«. Darin sah er ihre und Varnhagens Bedeutung. An ihn, dem er in Freundschaft verbunden blieb, schrieb er 1840 aus dem Gefühl zunehmender Vereinsamung heraus: »Wir, wir verstanden einander durch bloße Blicke ... diese Augensprache wird bald verloren sein, und unsere hinterlassenen Schriftmäler, z. B. Rahels Briefe, werden für die Spätergeborenen doch nur unenträtselbare Hieroglyphen sein – das weiß ich ...«

Carl Friedrich Zelter, der seit 1800 als Nachfolger Faschs die Berliner Singakademie leitete, hatte in einem über Jahre sich hinziehenden Briefwechsel versucht, die preußischen Kulturbehörden für seine Vorstellungen einer staatlich geförderten Musikerziehung und -Pflege zu interessieren. 1809 – nach der Rückkehr des Hofes aus dem Exil – war seinen Bemühungen ein erster Erfolg beschieden. Dem von Jahr zu Jahr sich wachsender Beliebtheit erfreuenden Chor wurde ein Raum im Akademiegebäude angewiesen, das sich Unter den Linden nahe der heutigen Staatsbibliothek befand. Zu den zahlreichen Nachteilen des neuen Übungsraums gehörte der Geruch der nahen königlichen Pferdeställe, eine unzureichende Heizung und schließlich der Umstand, daß der Raum auch für Vorlesungen und Kunstausstellungen genutzt wurde, so daß die Chorproben weiterhin oft in privatem Rahmen stattfinden mußten.

Bereits wenige Jahre später war der Chor allerdings so angewachsen, daß sich das Problem der Übungsräumlichkeiten erneut und dringlicher als zuvor stellte. Zu den Mitgliedern der Singakademie zählten damals viele namhafte Künstler und Gelehrte, darunter Achim und Bettina von Arnim, der Arzt Hufeland, der Historiker Raumer, die Ehepaare Schadow, Schinkel, Schleiermacher und – als einer der ältesten Teilnehmer – Friedrich Nicolai, zu dessen Abendgeselligkeiten schon zur Jugendzeit von Henriette Herz jene Art von Hausmusik gehört hatte, die zu Beginn des 19. Jahrhunderts vielfach gepflegt wurde: Am beliebtesten waren Chor- und Sololieder volkstümlichen Charakters, deren Repertoire durch Zelter, Johann Friedrich Reichardt und J. A. P. Schulz vermehrt worden war.

Bei dem rasch steigenden musikalischen Niveau der Singakademie wuchs das Bedürfnis, auch größere und schwierigere Chorwerke aufzuführen. Zelter, der das öffentliche Interesse an den Messen und Passionen Johann Sebastian Bachs wiedererweckt hatte, studierte im eigenen Haus mit einem Kammerchor Motetten Bachs sowie andere Werke älterer, in Vergessenheit geratener Komponisten ein. Nach dem Vorbild der »Freitagsmusiken« bei Zelter entstanden in der Folge eine Reihe von Sängerkreisen, die ambitioniert genug waren, ganze Opern und Oratorien im privaten Rahmen zu Gehör zu bringen – so etwa der 1819 von dem Komponisten Bernhard Klein gegründete »Convent«, der sich jeden zweiten Sonntag im Hause des Hofrats Parthey traf.

Die Tagebücher seiner Tochter Lili Parthey, einer Schülerin Zelters, geben Aufschluß darüber, daß das Interesse an Lesungen und literarischen Gesprächen, das daneben weiter bestand, zumindest im musikliebenden Bürgertum eine starke Konkurrenz bekommen hatte. Lili Parthey nennt den »Convent« ihres späteren Ehemanns Bernhard Klein auch »Singetee«. Zu den vielen Berühmtheiten, in deren Kreisen sie sich bewegte, zählte der Fürst Anton Radziwill, der zu Teilen des Goetheschen »Faust« eine Bühnenmusik komponiert hatte und in seinem Haus in der Wilhelmstraße oder auch in verschiedenen Salons Streichquartettabende arrangierte, bei denen er selbst als virtuoser Cellist hervortrat.

Ein Streiflicht fällt in Lili Partheys Tagebüchern auch auf die jungen Geschwister Fanny und Felix Mendelssohn. Zelter hatte ihnen zunächst Privatunterricht erteilt, 1820 waren beide in die Singakademie aufgenommen worden und entfalteten bald darauf eine rege und vielseitige Tätigkeit, die das öffentliche Interesse an musikalischen Darbietungen sehr gefördert haben. Felix hatte seine ersten größeren Erfolge mit der Ouvertüre zu Shakespeares »Sommernachtstraum« und mit der Wiederaufführung der »Matthäus-Passion«, die 1829 unter seiner Leitung zum eigentlichen Beginn der Bach-Renaissance wurde. Fanny, ebenfalls als Pianistin und Komponistin tätig, machte vor allem durch die musikalischen Matineen auf sich aufmerksam, die ab 1825 in der geräumigen Gartenwohnung ihres Elternhauses, des Rebeckschen Palais' in der Leipzigerstraße, stattfanden. Diese »Sonntagsmusiken«, bei denen Klaviersonaten und Chorwerke aufgeführt wurden, wurden schnell zu einem beliebten Treffpunkt der feinen Gesellschaft. Zu den ständigen Gästen gehörten auch Rahel und Varnhagen, Henriette Herz, Schleiermacher, Hegel, Heine und Alexander von Humboldt.

Fanny Mendelssohn war verheiratet mit dem Maler Wilhelm Hensel. Wie sein Sohn Sebastian Hensel berichtet, hatte er die Gewohnheit, die Gäste des Hauses mit dem Zeichenstift zu porträtieren, während sie abends beim Tee sich an der Unterhaltung beteiligten oder der Musik lauschten. Daraus entstand eine über 1000 Blätter umfassende Porträtsammlung von großer Natürlichkeit, die zugleich Aufschluß gibt über den weitverzweigten Bekanntenkreis des Mendelssohn-Henselschen Hauses.

Wilhelm Hensel war Fanny auf einem der größten und prächtigsten Hoffeste vorgestellt worden, in dem die nach dem Wiener Kongreß geradezu monomanische Züge annehmende Begeisterung für Schauspiel, Ballett und Oper einen nicht wieder erreichten Triumph feierte. Höhepunkt dieses 1821 zu Ehren des Besuchs des russischen Thronfolgerpaares gegebenen Festes war die Aufführung des Märchenspiels »Lalla Rookh«, das auf dem gleichnamigen Versepos des irischen Dichters Thomas Moore basierte und die Reise einer indischen Prinzessin zu ihrem Bräutigam schildert. Der mit orientalischer Pracht ausgestattete Zug, der durch Mitglieder des Hofes dargestellt wurde, bewegte sich durch die lange Flucht von Sälen und Fluren des Schlosses, um schließlich im sogenannten Weißen Saal auf einer Bühne sich zu wechselnden »Lebenden Bildern« zu gruppieren. Die Begleitmusik zu den Tableaux vivants stammte von Spontini, Schinkel hatte die Dekorationen entworfen, die künstlerische Leitung war dem jungen Wilhelm Hensel übertragen worden, der durch die Aquarelle, in denen er die Stationen des Märchenspiels festhielt, zu einem bekannten Maler wurde.

»Lalla Rookh« war für kurze Zeit das Hauptgespräch in allen Salons, ein Widerschein davon findet sich auch in Lili Partheys Tagebüchern und in Karoline de la Motte-Fouqués »Briefen aus Berlin«. Die allgemeine Begeisterung über die an die aufwendigsten Feste des Ancien régime anknüpfende Pracht von »Lalla Rookh« darf freilich nicht über die politische Hellhörigkeit der Zeit hinwegtäuschen. Der großzügigen Unterstützung dieser Kunstbegeisterung, für die dem König unter der Ägide des Generalintendanten Graf von Brühl keine finanziellen Mittel zu hoch erschienen, haftete schon zu Beginn die Besorgnis über eine wachsende Unzufriedenheit in der Bevölkerung an, die sich schließlich auch entlud – allerdings zunächst nicht in Berlin, sondern in Paris, wo es 1828 nach der Uraufführung von Aubers Oper »Die Stumme von Portici« zu spontanen Unruhen kam, die bereits auf die zwei Jahre später erfolgende Julirevolution vorauswiesen. Mit den gleichzeitig in Brüssel, Mailand und Warschau entstandenen Unruhen ging auch in Berlin jene Zeit ihrem Ende entgegen, in der es Rahel noch vermocht hatte, die konträrsten Geister in ihrem Salon zu versammeln und ihre Unverträglichkeit auf einer höheren ästhetischen oder lebensphilosophischen Ebene aufzuheben.

Es läßt sich kaum ein größerer Kontrast denken als der zwischen der äußerlich ruhigen, mit vielerlei körperlichen Leiden behafteten Rahel und der kleinwüchsigen, auch in vorgerücktem Alter noch überaus agilen Bettina von Arnim. Bettina lebte seit ihrer Verlobung mit Achim von Arnim – im Jahre 1810 – in Berlin. Zu einer Annäherung zwischen den beiden Frauen kam es indes erst viel später, als Bettina nach dem Tode ihres Mannes, den sie 1831 verloren hatte, begann, ihr schriftstellerisches Lebensresümee zu ziehen.

Bettina war 1807 im Alter von 19 Jahren von Frankfurt aufgebrochen, hatte – wegen der unruhigen Zeiten in Männerkleidung – Weimar besucht, wo sie den von ihr schwärmerisch verehrten Goethe kennenlernte, und war auf dieser Reise auch zum erstenmal nach Berlin gekommen. In den folgenden Jahren war hier um Achim von Arnim, der damals mit Bettinas Bruder Clemens Brentano die Wohnung teilte, jener Kreis entstanden, der zur Gründung der »Christlich-Teutschen Tischgesellschaft« führte und – während Rahels Abwesenheit von Berlin – zu einem der wichtigsten geistigen Sammelpunkte der Stadt wurde. Bettinas eigene Neigungen wiesen allerdings – wie sich später zeigte – in eine andere Richtung. Wenngleich Goethe in ihrem Leben die Bedeutung eines allumschließenden Elements besaß und auch behielt, war die anfangs so gute Verständigung schnell ins Stocken geraten, sobald es um die Musik und die Persönlichkeit Beethovens ging, der zu Bettina eine große Zuneigung gefaßt hatte, oder um das Heldentum des Freiheitskämpfers Andreas Hofer, den sie nicht weniger verehrte als künstlerisches Genie. Während ihr Goethe-Kult schon bald nach ihrer Hochzeit etwas Statuarisches bekam und tatsächlich zum Entwurf eines geplanten Goethe-Denkmals führte, nahm sie die Energie ihres literarischen und sozialen Engagements, das sie nach Achim von Arnims Tod entfaltete, aus jenen anderen Quellen.

An der Selbstentdeckung der Schriftstellerin Bettina von Arnim scheint Rahel einen gewissen Anteil gehabt zu haben. Ihre so ganz andere Art der Menschenbehandlung, ihr nachsichtiges und doch unnachgiebiges »Eingehen ins Individuelle« wurde für Bettina mehr und mehr zum Vorbild. Nach Rahels Tod blieb sie in engem Kontakt zu Varnhagen, der ihr aus eigener schriftstellerischer Erfahrung heraus manchen Rat erteilen konnte. Erst in dieser Zeit zog sie mit ihrem 1835 erschienenen Briefroman »Goethes Briefwechsel mit einem Kinde« das Resümee ihrer lebenslangen Bekanntschaft. In ähnlicher Form folgte wenig später der Briefwechsel mit ihrer unglücklichen Jugendfreundin, der romantischen Schriftstellerin Karoline von Günderode.

Mit zunehmendem Alter war in Bettina die Bereitschaft gewachsen, die Bekanntheit ihrer Person und ihren Einfluß in Fällen individueller Not und sozialer Ungerechtigkeit geltend zu machen. So setzte sie sich für den noch wenig beachteten, psychisch zerrütteten Maler Carl Blechen ein, hatte maßgeblichen Anteil an der Berufung der Brüder Grimm nach Berlin, die 1837 wegen ihrer Mitunterzeichnung des Protestschreibens der Göttinger Sieben des Amtes enthoben worden waren. Gipfelpunkt ihres sozialpolitischen Engagements wurde die 1843 erschienene Schrift »Dies Buch gehört dem König«, das sich mit den Zuständen in der Arbeitersiedlung vor dem Hamburger Tor, dem sogenannten Vogtland befaßte. Bettina gab darin einen wahrheitsgetreuen Bericht des Massenelends, das sie aus eigener Anschauung kannte, seit sie während der großen Choleraepidemie von 1831/32 im Vogtland die Organisation von Nahrung und Arzneimitteln übernommen hatte.

Wie ernst Bettina es mit ihrem Engagement nahm, zeigen nicht nur die scharfen Repliken, die sie selbst ihrem Schwager, dem Staatsrat Savigny erteilte, als er sie ihres Buches wegen tadelte. Sie versuchte auch, auf den jungen Kronprinzen Waldemar Einfluß zu nehmen, der – seit sie 1840 ihre beiden älteren Töchter bei Hofe eingeführt hatte – ein häufiger Gast ihres Hauses war. Bettinas Fürstenideal war im Stil der Zeit mittelalterlich drapiert, unterschlug aber die Dringlichkeit handfester sozialer Maßnahmen keineswegs. Kronprinz Waldemar erhielt jedoch keine Gelegenheit, sich als Herrscher neuer Prägung zu zeigen. Er starb, erst 32jährig, bereits 1849. König Friedrich Wilhelm IV. dagegen, dessen Minister Bettina als »Esel« tituliert hatte, reagierte auf ihr Buch mit der gleichen Unschlüssigkeit, mit der er bis 1848 die Entscheidung hinauszögerte, durch eine Volksvertretung im Landtag der konstitutionellen Monarchie den Weg zu ebnen. Alexander von Sternberg beschreibt in seinen »Erinnerungsblättern aus der Biedermeierzeit« den Beginn der Regentschaft Friedrich Wilhelms IV. im Jahre 1840 als Zeit großer Erwartungen. Allgemein bekannt war, daß der Thronfolger, der sich in seiner Jugend von Schinkel und Rauch im Zeichnen hatte unterrichten lassen, seine Regierung mit zahlreichen Verschönerungsplänen für die Stadt antrat, daß er auf Prachtentfaltung und Repräsentation mehr Wert als sein Vorgänger legen und auch der Förderung der Künste und Wissenschaften besonderes Augenmerk schenken würde. Tatsächlich gehörte es zu seinen ersten Maßnahmen, vier berühmte Männer, denen er sich verbunden fühlte, nach Berlin zu berufen: Tieck machte er zu seinem persönlichen Vorleser, Rückert und Schelling gewann er für die Universität, den Maler Cornelius beauftragte er mit Entwürfen für die Ausmalung eines königlichen Mausoleums, das im Stil eines Camposanto neben einer ebenfalls neuen Dom- und Hauptkirche liegen sollte, für deren Ausführung der Architekt Stüler zuständig war. Beide Bauwerke sind allerdings über die Fundamente nie hinausgelangt. Vollendet hat Stüler dagegen den vom König gewünschten monumentalen Erweiterungsbau des Museums, bei dem es zu dem Streit um Sarah Levys Grundstück kam, von dem Fanny Lewald in ihren Erinnerungen erzählt.

Der anfangs so laut begrüßte, äußerst kostspielige Kunstsinn Friedrich Wilhelms IV. trug in der ohnehin gespannten politischen Atmosphäre des Vormärz zur weiteren Polarisierung der Geister bei. Nicht selten ging der Riß auch mitten durch einzelne Familien – wie im Falle Bettina von Arnims, deren Verhältnis zur Hofgesellschaft sich – nicht erst seit ihrem »Buch« für den König – zunehmend schwieriger gestaltete. Während Bettina brieflich und persönlich mit der liberalen Intelligenz Kontakt pflegte, empfingen im anderen Trakt ihres Unter den Linden gelegenen Hauses ihre beiden älteren Töchter Maxe und Armgard ihre jungen Verehrer, meist Söhne von Ministern und Diplomaten.

Zum Freundeskreis von Bettinas Töchtern gehörten – ungeachtet des großen Altersunterschiedes – auch die in Hofkreisen beliebten, als unzertrennlich geltenden Schwestern Bardua. Caroline, die ältere der beiden, war im Berlin der 20er Jahre schnell zu einer gefragten Porträtmalerin geworden, auch wenn sie sich kaum gegen die übermächtige Konkurrenz von Schadow, Begas, Wach oder Hensel behaupten konnte. Zu den bekanntesten Persönlichkeiten, die sie anläßlich ihrer künstlerischen Erfolge in Berlin porträtierte, zählten Paganini und Carl Maria von Weber. Durch Zelter, bei dem ihre jüngere Schwester Mine Bardua Gesang studierte, hatten beide bald

Zugang zur musikalischen Welt Berlins gefunden, insbesondere auch zum Haus von Fanny und Felix Mendelssohn, deren Sonntagsmatineen sich damals bereits großer Beliebtheit erfreuten. Durch Julius Ed. Hitzig, der nach dem Tode seines Freundes E. T. A. Hoffmann in seinem Haus in der Friedrichstraße einen Salon unterhielt, waren die Barduas mit vielen Schriftstellern gut bekannt, die die literarische Romantik repräsentierten: Fouqué, Chamisso, Raupach, Houwald und Salice-Contessa. Bei Hitzig traf man sich, um über neue Literatur zu sprechen – beispielsweise über das unerschöpfliche Thema der in rascher Folge erscheinenden »Waverley«-Romane von Sir Walter Scott –, und nach seinem Vorbild hatten auch die Barduas seit den 20er Jahren ihren Jour fixe mit Abendtee, manchmal einem kleinen Diner, und regelmäßigen literarischen Gesprächen.

Neben den Abendempfängen wurde es – mit wachsender Bekanntheit Carolines – mehr und mehr Brauch, den Schwestern einen Morgenbesuch abzustatten. Diese Stippvisiten nahmen schließlich so überhand, daß Caroline, die um diese Zeit gewöhnlich bereits an einem neuen Porträt arbeitete, sich ausbat, der Besuch möge – beim Abschied – nicht durch ihr Atelier gehen, sondern den Hinterausgang durch die Küche benutzen – woran sich selbst die vornehmsten Gäste wie die Prinzessin Wilhelm oder Kronprinz Waldemar hielten. Zu den Morgenbesuchern gehörte – in den letzten Jahren ihres Lebens – auch Rahel, die in Mine Barduas Tagebüchern als eine Frau von ungebrochener geistiger Lebendigkeit beschrieben ist.

Bettina von Arnims Bekanntschaft hatten die Schwestern erst nach Rahels Tod gemacht. Sie lernten sie 1833 im Hause des Staatsrats von Savigny kennen, auf dessen prächtigen Soireen Mine häufig als Sängerin auftrat, während Caroline für das Arrangement der beliebten »Lebenden Bilder« zu Rate gezogen wurde.

Mit Mine Bardua, die bald zu Bettina und deren Töchtern ein sehr enges Verhältnis besaß, war jener Kreis vollzählig, der zur Keimzelle des sogenannten »Kaffeter« wurde, über dessen Entstehung auch die Jugenderinnerungen Maxe von Arnims Aufschluß geben. Der »Kaffeter« war bei seiner Gründung im Jahre 1843 als ein reiner Mädchenbund geplant, eine Art weibliches Gegenstück zum Dichterverein »Tunnel über der Spree«, nur daß die Teilnehmerinnen, bis auf die damals bereits 40jährige Mine Bardua, alle sehr jugendlichen

Alters waren. Der »Kaffeter« hatte sich der Pflege der auch später noch sehr beliebten Kunst der Travestie von Versepen oder Gedichten verschrieben; es wurden aber auch eigenständige romantisch inspirierte Gedichte oder Märchen verfaßt, von den als mittelalterliche Burgfräuleins kostümierten Mitgliedern vorgetragen und zur allgemeinen Begutachtung freigegeben. Einigen Ehrengästen zuliebe – Hans Christian Andersen und Emanuel Geibel – war der Gedanke des reinen »Jungfrauenordens« bald durchbrochen worden, der »Kaffeter« zog mehr und mehr Neugierige aus dem Umkreis des Hofes an und erlebte mit der Einladung des Königs einen Höhepunkt, der sich nach 1848 schwerlich hätte wiederholen lassen.

Die vornehmste Spielart des Salons boten in den 40er und 50er Jahren die Häuser des Museumsdirektors von Olfers, des Ägyptologen Lepsius sowie das Palais der Radziwills in der Wilhelmstraße. Der Besuch, der hier aus und ein ging, setzte sich aus Gelehrten, Mitgliedern des diplomatischen Korps und höheren Beamten zusammen. Einer, der zu diesen drei Salons Zugang hatte, war der Gesandtschaftsprediger und spätere Legationsrat im Auswärtigen Amt Heinrich Abeken.

Seine Frau Hedwig, die der Olfersschen Familie entstammte, hat in der von ihr herausgegebenen Briefsammlung ihres Mannes auch eine detaillierte Beschreibung des Salons ihrer Eltern hinterlassen. Zu den engsten Freunden des Hauses gehörte der Kunsthistoriker und Philologe Herman Grimm, der Sohn Wilhelm Grimms, mit seiner Frau Gisel, der jüngsten Tochter Bettina von Arnims, die als Zigarre rauchendes »Enfant terrible« in manchen Tagebüchern der Zeit auftaucht. Von Herman Grimm stammt die aufschlußreiche Bemerkung, der Geist des Salons Olfers sei vom »Programm Wilhelm von Humboldts« völlig okkupiert gewesen. Der Glaube an die wahre geistige Macht der Deutschen habe sich bei der Dame des Hauses weniger in der Hoffnung geäußert, daß der kulturellen Größe auch die politische folgen müsse, als vielmehr im Unbehagen an einer Gegenwart, die ihrer Ansicht nach zur Zersplitterung der besten Kräfte und Fähigkeiten führte. Sie lebte mit einem stillen Verlangen nach jener nun endgültig der Vergangenheit angehörenden empfindsamen Epoche vor 1800, in der man – wie sie in einem

Brief aus den 50er Jahren schrieb – »der Außenwelt und des Berufes so sehr vergaß, daß die Menschen nur als Romanhelden erschienen«.

Im Salon der Frau von Olfers gab es wenig Tagesklatsch, viele musikalische Darbietungen, kleine Theateraufführungen und im allgemeinen keine politischen Gespräche; wenn aber politisiert wurde, geschah es so, wie Alexander von Sternberg es in seinen »Erinnerungsblättern« beschrieben hat: Die Herren zogen sich zum Zwiegespräch in die Fensternischen zurück, ohne daß die Dame des Hauses eingegriffen hätte. Eben darin liegt der unübersehbare und zeittypische Unterschied zu der Unbeirrbarkeit, mit der Rahel und Bettina darauf bestanden, Mittelpunkt ihres Salons zu sein, den Verlauf der Begegnungen und Gespräche nicht sich selbst zu überlassen, sondern nach Gutdünken verborgene Konflikte zur Sprache zu bringen und offenen Gegensätzen mit einer eleganten Wendung die Schärfe zu nehmen.

Auch vom Salon des Ägyptologen Richard Lepsius existiert eine eingehende Beschreibung. Als er sich 1854 zum Bau eines Hauses entschloß, das nach englischen Vorbildern in neogotischem Stil ausgeführt wurde, lag das Grundstück in der Bendlerstraße nahe der Matthäikirche noch außerhalb der Stadt. Bernhard, der Sohn von Richard Lepsius, hat in den von ihm herausgegebenen Tagebüchern seiner Mutter die Entstehung dieses Hauses, der »Casa Lepsia«, festgehalten. Seine detaillierten Angaben zur Einrichtung des Salons ergänzen sich mit der Wiedergabe zahlreicher Tischgespräche, von denen seine Mutter, eine Tochter Lili Partheys und Urenkelin Friedrich Nicolais, in ihren Tagebüchern berichtet. En passant entsteht hier ein Eindruck vom steten Zuwachs öffentlichen Interesses, das die Altertumskunde im allgemeinen und die Ägyptologie im besonderen zwischen 1829, als der Plan eines Archäologischen Instituts erstmals Gestalt annahm, und 1855 erfuhr, als Richard Lepsius Mitdirektor des neuen Ägyptischen Museums wurde.

Darüber hinaus zeigen die Tischgespräche und das gesamte Leben im Salon des Hauses Lepsius jene friedliche Koexistenz künstlerischer, historischer und naturwissenschaftlicher Interessen, wie sie zumindest für die erste Hälfte des 19. Jahrhunderts charakteristisch war. Die Anlässe der Geselligkeit verweisen häufig auf Gedenktage – seien es die jährlichen Goethe- und Schiller-Feiern oder das große

Schinkel-Jubiläum von 1864; aber die Gespräche beziehen sich gewöhnlich auf Grabungsfunde – wie die überraschende Freilegung des Dionysos-Theaters am Fuße der Akropolis, auf abenteuerliche Entdeckungsreisen wie denen des Afrikaforschers Rohlfs oder auf neue atstronomische Berechnungen, von denen der berühmte Tischnachbar Alexander von Humboldt zu berichten wußte.

Das Leben Julius Eduard Hitzigs, der für den schriftstellerischen Nachwuchs mehrerer Generationen in Berlin Bedeutung gewann, verbindet die Blütezeit des romantischen Salons mit der Epoche der seit den 30er Jahren zahlreicher werdenden und schließlich tonangebenden literarischen Kreise und Vereinigungen des Bürgertums. Der junge Paul Heyse verkehrte in den letzten Lebensjahren Hitzigs häufig in seinem Haus. Eine seiner Töchter war mit dem Kunsthistoriker und Akademieprofessor Franz Kugler verheiratet, der mit ihr das Obergeschoß bewohnte und damals einen Kreis junger, künstlerisch ambitionierter Freunde um sich geschart hatte. Die Mehrzahl von ihnen wurde später sehr berühmt: Die angehenden Kunsthistoriker Jakob Burckhardt und Wilhelm Lübke zählten dazu, der Architekt und Schinkel-Schüler Richard Lucae und der noch als Apotheker tätige Theodor Fontane, der neben Heyse ebenfalls eine Beschreibung des Kuglerschen Hauses hinterließ.

Die Bewirtung bei Kugler war auf ein Minimum von Tee und kalter Küche beschränkt. »Niemand kam«, schreibt Heyse, »um eines Soupers willen«; aber wie Fontane betont er, daß die Seele dieser Abende Kuglers Frau Clara war, die schöne und hochgebildete, zwischen den literarischen Berühmtheiten der Berliner Romantik aufgewachsene Tochter Eduard Hitzigs. Fontane hat seinen Rückblick in den größeren Zusammenhang seiner Mitgliedschaft in der 1827 von dem Redakteur und Kritiker Saphir gegründeten Dichtervereinigung »Tunnel über der Spree« gestellt, der sich auch der Kuglersche Kreis anschloß. Die bunt zusammengewürfelte Tunnel-Gesellschaft, zu der Studenten, Kaufleute, Schauspieler, Ärzte und Offiziere gehörten, traf sich jeden Sonntag in einem bestimmten Kaffeelokal zur gemeinsamen Begutachtung gerade enstandener literarischer Versuche – meist waren es Balladen oder Erzählungen. Ungeachtet des humoristischen Tunnel-Jargons, zu der auch die

Umbenennung der Neumitglieder in berühmte Persönlichkeiten gehörte, stellten die nicht immer jungen Teilnehmer hohe Ansprüche an sich und hofften – selbst wenn sie auf anderen Gebieten bereits Erfolg hatten – auf ihren literarischen Durchbruch.

Fontanes Darstellung des literarischen Lebens der 40er und 50er Jahre berührt – aus der Sicht späterer Tage – eine Vielzahl von Indizien jenes Mentalitätswechsels, mit dem sich die Aufwertung einer realistischen, mit der Sprache und dem Denken aller gesellschaftlichen Klassen vertrauten Literatur anbahnte. Einer, der diesen Wechsel nur unter Schwierigkeiten vollziehen konnte, war Theodor Storm, der während seiner mehrjährigen Zeit im preußischen Staatsdienst nach 1852 ebenfalls den »Tunnel« besuchte.

Nicht ohne Ironie beschreibt Fontane, wie unwohl Storm sich stets dabei gefühlt habe, seine Gedichte vor der Geräuschkulisse überfüllter Cafés vorzutragen. Dem Romantiker, als den Fontane ihn sah, war die Atmosphäre seines idyllischen Hauses in Potsdam gemäßer, in dem er häufig Gäste aus Berlin zum Tee empfing, oder auch der Kuglersche Salon.

Die Lebenserinnerungen der 1811 geborenen Schriftstellerin Fanny Lewald ziehen insofern einen Schlußstrich unter die große Zeit der Salon-Geselligkeiten, als sie selbst sich als eine Spätgeborene einstuft, die vom Glanz vergangener Tage nur mehr wenig gesehen hat. Ihre in den 60er Jahren des vorigen Jahrhunderts erschienenen Memoiren führen noch einmal zurück an den Beginn der 40er Jahre, in die Zeit, in der Fanny Lewald gerade ihren ersten literarischen Erfolg hatte und sich mit vielen Kreisen des damaligen Berlin bekannt machte. Fannys Bewunderung für Rahel und Henriette Herz führte zu einer regelrechten Spurensuche, einer Suche nach der verlorenen Zeit jenes anfangs so überschaubaren Kreises, der damals – »à la tête de la jeune phalange« – seinen Teil dazu beigetragen hatte, den Kastengeist der Feudalzeit zu durchbrechen.

Zu den Höhepunkten ihrer »Lebensgeschichte« gehört daher die Beschreibung einer überalterten Tischgesellschaft im Hause von Sarah Levy, bei der Fanny erstmals der Hofrätin Herz begegnete und den nicht wesentlich jüngeren Eduard Hitzig kennenlernte. Die Gastgeberin, ebenfalls bereits über 70 Jahre alt, war eine Jugendfreundin Rahels gewesen und hatte in der Napoleonischen Ära einen bekannten Salon.

Die Wehmut, die über allen Erinnerungen Fanny Lewalds liegt, galt freilich nicht nur der in unerreichbare Ferne gerückten Zeit Rahels oder Sarah Levys. Viele Personen, die sie im Berlin der 40er Jahre kennengelernt hatte, waren, als sie ihre Memoiren schrieb, nicht mehr am Leben. Zu ihnen gehörte auch der Schriftsteller und Philologe Theodor Mundt, der einzige aus dem Kreis des »Jungen Deutschland«, der zu Rahel in den letzten Jahren ihres Lebens in ein näheres Verhältnis getreten war. Zu ihnen gehörte Rahels engster Vertrauter Varnhagen, von dessen auch im Alter noch beeindrukkender Gedankenentfaltung in der freien Rede Fanny – wie bei keinem anderen Zeitgenossen – eine lebendige Anschauung einer hohen Kultur des mündlichen Ausdrucks erhielt. Anders als Rahel, die dieses Talent auch bewundert hatte, aber unter das Joch eines ausgewogenen literarischen Stils gebracht sehen wollte, zeigte sich Fanny von Varnhagens Schriften weniger beeindruckt als von seiner Gesprächsführung, in der er vieles schärfer und pointierter formulierte. Wie für Bettina von Arnim wurde er auch für Fanny Lewald zu einem Anreger und Förderer ihres literarischen Ehrgeizes, der ihren Blick – seinen eigenen Neigungen entsprechend – vor allem auf das Material lenkte, aus dem die Chronik einer Epoche entsteht.

Zu den Verstorbenen gehörte schließlich auch die Schriftstellerin Therese von Bacheracht, mit der Fanny für die kurze Zeit, in der sie sich in Berlin aufhielt, eine enge Freundschaft verband. Sie war damals – Mitte der 40er Jahre – durch mehrere unter dem Namen »Therese« veröffentlichte Gesellschaftsromane bekannt geworden. Therese, die von ihrem Mann, dem russischen Generalkonsul, getrennt lebte, besaß in Berlin nur ein Zimmer in einem Gasthof. Dieses Hotelzimmer war aber bald in aller Munde. Therese hatte die Ära der ästhetischen Tees für beendet erklärt, hielt statt dessen Bier und Koteletts bereit und zündete sich – George Sand imitierend – zum großen Beifall der Gäste gerne eine Zigarre an. Diese sogenannte Kotelettenbrüderschaft blieb jedoch – so sehr sie für Gesprächsstoff sorgte – auf wenige Abende beschränkt.

Wie die schöne Therese war auch Fanny eine Frau neuen Typs, von einer wißbegierigen und kämpferischen Selbständigkeit. Sie und ihr Mann, der Schriftsteller Adolf Stahr, standen mit vielen Künstlern des liberalen Spektrums in Verbindung – wie Berthold Auerbach, Friedrich Spielhagen und der englischen Romanautorin

George Eliot, die 1854 Berlin besuchte. Dennoch weist Fanny Lewalds Verlangen nach erfüllten Gesprächen in all ihren Schriften in die Vergangenheit zurück.

In ihrer Aphorismensammlung »Gefühltes und Gedachtes« spitzt sich ihr Unbehagen an der Gegenwart in dem Satz zu, niemand besäße mehr die Ruhe zum Genuß am Gedankenaustausch, die von den Erfordernissen ihrer Karriere erschöpften Männer suchten nurmehr Zerstreuung und Amüsement – in der Oper, der Posse oder bei den sogenannten Loretten. Die Frauen der gebildeten Gesellschaft seien »aufgegeben worden«.

Fannys Blick kehrt oft zurück zur Zeit Lessings und Mendelssohns, in der die Worte »Wohlwollen« und »Duldsamkeit« noch einen anderen Klang hatten, und umkreist auch die Bruchstücke eines umfassenderen geistig-moralischen Konzepts – des »honnête homme«, von dem seit Montaigne in allen Gesellschaftslehren die Rede war als idealer Vereinigung von Bildung, Vornehmheit, Weltoffenheit und religiöser Toleranz.

Verschüttet worden war aber nicht nur die kosmopolitische Zuversicht vergangener Zeiten, sondern auch die romantische Idee einer Aufrichtigkeit aus Leidenschaft, einer Liebe, die nicht blind macht, sondern sehend, nicht im bloßen Überschwang endet, sondern in einem Zustand großer Hellsichtigkeit. Auf der Verkörperung dieser Idee, die in den Tagen des »Werther«-Fiebers neu entdeckt worden war, beruhte Rahels Anziehungskraft gerade auf jene Männer, die am Wandel der Zeiten so unmittelbar mitwirkten wie Prinz Louis Ferdinand.

Dem Freundschaftsverhältnis der beiden und dem damals möglichen geistigen Austausch zwischen den Geschlechtern widmete Fanny Lewald den 1849 erschienenen Roman »Prinz Louis Ferdinand«. In den 60er Jahren, als sie ihre »Lebensgeschichte« verfaßte, war es längst keine Selbstverständlichkeit mehr, daß Vertreter verschiedener politischer Lager gesellschaftlich miteinander verkehrten. Dort aber, wo sie es schlechterdings mußten – wie in der Hofgesellschaft –, machte man aus seiner Abneigung, aus der Unvereinbarkeit der Ansichten und Haltungen keinerlei Hehl. Auch der kurz nach der Reichsgründung von Bismarck eingeleitete Kulturkampf stand im Zeichen persönlicher Animositäten. Offiziell gegen die Machtposition der katholischen Kirche gerichtet, gab er Bismarck den erwünschten Anlaß, die romfreundlichen Aktivitäten der Kaiserin Augusta und der Fürstin Radziwill zu attackieren, bei denen die katholischen Würdenträger aus und ein gingen. Da sich dieser Machtkampf zumindest teilweise in Salons angebahnt und abgespielt hat, konnte er zur Befestigung eines später weitverbreiteten Vorurteils beitragen: Daß in Salons schon immer intrigiert und konspiriert wurde und daß die Absicht, verschieden denkende Menschen verschiedener Klassen in anregenden Gesprächen zu vereinen, auch früher bestenfalls nur intime Zirkel Gleichgesinnter hervorgebracht habe.

Ungeachtet dessen setzte Fanny Lewald noch im Alter, nachdem ihr Mann 1876 gestorben war, den Versuch fort, einen Salon im Stil ihrer Vorbilder Rahel und Henriette Herz zu führen.

I. Gesellschaft und Konversation in Berlin vor 1800

Nicolais Gastfreundschaft: »Heiße Suppen« und »scharfe Messer«

Nicolai hatte sein neues Haus im Jahre 1787 mit allem Luxus der damaligen Zeit eingerichtet. In den noch vorhandenen Rechnungen finden sich Möbel, die wir kaum dem Namen nach kennen: Etagèren, Bergèren, Torchèren, Guéridons u. a. Nicolai machte es nun zum Sitze der ausgedehntesten Gastfreundschaft. Da sein Ruf sich durch ganz Deutschland verbreitete, so reiste nicht leicht ein fremder Gelehrter durch Berlin, ohne Nicolai zu besuchen. Einige ließen sich bei ihm persönlich melden, andre begnügten sich, um die kostbare Zeit des vielbeschäftigten Mannes nicht zu sehr in Anspruch zu nehmen, ihre Karten in der Buchhandlung, welche zu ebner Erde eingerichtet war, abzugeben. Ein Gehilfe der Buchhandlung hatte das Nebenamt, darüber ordentliche Listen anzufertigen, welche Freitags dem Principale vorgelegt wurden; er strich diejenigen Personen an, die am Sonnabende eingeladen werden sollten, und fast alle Sonntage versammelte ein glänzender Mittagstisch die alten und neuen Gäste. Waren fremde Dichter zu bewirten, so wurden von den Berlinern Ramler, Göckingk, die Karschin zugezogen; für die Philosophen war Moses Mendelssohn eine anziehende Persönlichkeit; die Pädagogen scharten sich um Gedike und v. Rochow, die Bibliophilen um Biester und Ölrichs; für die Theologen hatten Teller, Zollikofer, Zöllner einzustehn; für die Mediziner Theden und Selle; die Ästhetiker waren durch Engel repräsentiert, die Juristen durch Suarez und Klein; von den Musikern wurden Fasch und Zelter aufgesucht, von den Künstlern Bernhard Rode, Chodowiecki und Meil.

So bildete Nicolais Haus eine Reihe von Jahren hindurch den literarischen und geselligen Mittelpunkt der Residenz; es vertrat die Stelle der späteren Clubs und Casinos. Die Solidität der Bewirtung war mit anständiger bürgerlicher Pracht gepaart; als Eigentümlichkeit wurde bemerkt, daß die Fremden oft von den Nicolaischen »heißen Suppen« und »scharfen Messern« erzählten.

Obgleich diese Gastmahle längst aufgehört hatten, als ich anfing, heranzuwachsen, so sind doch manche Vorkommnisse aufbewahrt, von denen eins mir haften geblieben.

Ein fremder an Nicolai empfohlener Gelehrter wurde zu einer großen Mittagstafel gezogen, an der unter andern Engel und der Probst Zöllner Teil nahmen. Engel war damals Theaterdirektor und wegen seines Talentes im Erzählen berühmt, allein er hatte die Eigenheit mancher guter Erzähler, daß er, einmal unterbrochen, nicht so leicht wieder das Wort nahm. Zöllner erzählte ebenfalls sehr gut, liebte aber nach einer Unsitte, welche damals besonders den Geistlichen soll angehangen haben, zweideutige Geschichten. Engel machte an jenem Tage anfangs einige ernsthafte Bemerkungen, wurde bald unterbrochen, und saß von nun an stumm, Zöllner dagegen erging sich in dem bekannten frivolen Thema mit großer Ausführlichkeit. Als der Fremde am andern Tage bei Nicolai sich beurlaubte, und von diesem gefragt wurde, wie ihm die Herren gefallen, erwiderte er: O sehr gut, nur hätte ich Zöllner für den Theaterdirektor und Engel für den Probst gehalten.

Mit der edlen Frau Elisa von der Recke war Nicolai in dauernder Freundschaft verbunden. Die Freimütigkeit mit welcher sie ihre Beziehungen zu dem Betrüger Cagliostro bekannt gemacht, hatte ihr den Beifall und die Bewunderung der ganzen für Aufklärung schwärmenden gebildeten Welt erworben, an deren Spitze Nicolai stand.

Als daher Frau von der Recke in Berlin erwartet wurde, freute sich Nicolai, ihr in seinem neuen Hause einen festlichen Empfang bereiten zu können. Allein es zeigte sich ein unerwartetes Hindernis, indem Madame Nicolai erklärte, die fremde Dame sei ihr zu vornehm, und sie wolle sie nicht sehn. In der damaligen zeremoniösen Zeit war dies für einen Hausherrn ein noch schlimmerer Fall als jetzt. Allein was war zu tun? Es mußte wenigstens der Versuch gemacht werden, dies Hindernis zu überwinden. Als Frau von der Recke bei Nicolai vorfuhr, eilte er ihr bis an den Wagen entgegen, und führte sie die Treppe hinauf, unter der Versicherung, daß er das neue Haus hauptsächlich darum erworben, um sie würdig empfangen zu können. Im Vorsaale verließ er sie, um seine Frau zu rufen, und Frau von der Recke hörte durch die halbgeöffnete Tür die sehr vernehmlichen Worte meiner Großmutter: ich will von deinem adligen Pack nichts wissen! – Eine andre wäre wohl auf der Stelle umgekehrt, um das Haus nie wieder zu betreten; allein Elisa öffnete die Türe ganz, trat in das Zimmer, und sagte mit der ihr eignen milden Hoheit: meine Liebe, ich bin kein adliges Pack, sondern die Freundin Ihres vortrefflichen Gemahles, und bitte Sie, auch meine Freundin zu sein! Wer hätte da widerstehn können? Die beiden Frauen wurden in der Tat Freundinnen; der lange fortgesetzte noch vorhandene Briefwechsel zeigt genugsam, daß diese Freundschaft von beiden Seiten eine aufrichtige war; aus den Briefen meiner Mutter und meiner Tante Lottchen geht hervor, daß Elisa vom ganzen Nicolaischen Hause wie ein Schutzgeist höherer Ordnung verehrt wurde.

Nicolai genoß in jener Zeit als Buchhändler und Schriftsteller eines großen Rufes; sein Haus gehörte zu den ersten bürgerlichen Vereinigungspunkten. Er leitete nicht bloß die Liebhaberkonzerte im Korsikaschen Saale, sondern veranstaltete auch bei sich größere Musikaufführungen, in denen das neuste und beste zum Vortrag kam. Mein Vater als bedeutender Klavier- und Flötenvirtuos war ihm sehr willkommen: Es wurde ein eben erschienenes Konzert von Mozart aufgelegt, in welchem mein Vater zwei Flötensoli meisterhaft vom Blatte spielte. Nicolai war so entzückt davon, daß er ihn nach der Aufführung umarmte und küßte. An eine nähere Verbindung wurde aber noch nicht gedacht. Wie konnte mein Vater, als Mann ohne Stand und Vermögen darauf Ansprüche machen, sich um die Tochter eines so reichen und angesehenen Hauses zu bewerben?

Doch bei zunehmender gegenseitiger Neigung wurde diese Schwierigkeit endlich beseitigt. Göckingk besaß als Geheimer Ober-Finanzrat einen bedeutenden Einfluß im Ministerium. Durch ihn erhielt mein Vater eine auskömmliche Stelle im General-Finanzdirektorium. Er konnte sich nun in aller Form um die längst geliebte Wilhelmine bewerben. Die Hochzeit ward am 19. Juli 1797 in dem Gartenhause in der Lehmgasse No. 18 gefeiert. Eine kleine Parterrewohnung im Nicolaischen Stadthause, deren Fenster teils in den Hof, teils in den dichtbewachsenen, von hohen Mauern umgebenen Hausgarten gingen, wurde fortan der Sitz des glücklichsten Familienlebens. Mein Vater wandte alles an, um dem alternden, bereits verwitweten Schwiegervater das Leben so angenehm als möglich zu machen. Dies wurde von dem letzteren um so mehr empfunden, als er in seiner eignen Familie viel Herbes erfahren hatte.

Aus Johann Gottfried Schadows Jugend: »Was hilft uns die feine Bildung?«

Von den beiden erwähnten Prachtbauten auf dem Gensdarmen-Markt stürzte der schon weit vorgerückte deutsche Turm am 28. Juli Morgens 3 Uhr herab; von den unten schon aufgerichteten Säulen blieben einige stehen. Herr *v. Gontard*, welcher es nicht wagte, dies Ereignis dem Könige zu melden, ließ seinen Bau-Inspektor *Becherer* aufsitzen. Um 9 Uhr im Lustgarten vor dem Schlosse in Potsdam hörte der König die Botschaft ruhig an, fragend: ob Menschen dabei zu Schaden gekommen? Bei der Antwort: nein! wendete der König den Rücken und sagte: bon. Der Wiederaufbau wurde dem Baurat *Unger* übertragen. Dem Herrn *v. Gontard* widerfuhr weiter kein Zeichen von Ungnade.

Die Berliner, denen Ruinen nur aus Kupferstichen oder Malereien bekannt waren, fanden diese Ruine sehenswert und hatte solche auch wegen der Dimension etwas Grandioses. Künstler und Dilettanten zeichneten darnach; Kunsthändler und Kupferstecher benutzten es eiligst. Meister *Tassaert* schickte seinen 17jährigen Lehrburschen *Gottfried Schadow* ins französische Komödienhaus, wo ein Fenster für ihn bedungen war, von wo er die Ruine aufnahm. Es fanden sich bald Leute, welche behaupteten, diese Zeichnung sei die am besten geratene. Von da ist die Zeit zu datieren, wo die Kunstfreunde erfuhren, daß ein solcher Bursche vorhanden sei. Die famose Zeichnung und die andern samt den Kupferstichen sind seitdem verschwunden. Er wurde von da an in manchem guten Hause gleichsam als stattlicher Student aufgenommen, unter andern auch bei dem Hofmaler *Frisch*, in dessen wildem Garten Nachmittags gebildete und vornehme Leute sich zusammen fanden. Der freundlichste aller Wirte gab dann manches Blatt aus seiner schönen Sammlung von Kupferstichen zum Anschauen, mit Hinweisung auf die Verdienste des Meisters. Bis ins Jahr 1783 wurde der Zutritt im Hause des Dr. Marcus Herz ihm so vertraulich, daß die schöne Frau des Hauses ihm Modell saß zu ihrer Büste. Mann und Frau empfingen an zwei Abenden der Woche Gesellschaft.

In jener Zeit lebten in Einverständnis: Gedicke, Biester, Nicolai, Engel, Ramler, Moses Mendelssohn, Spalding, Teller etc. Marcus Herz als praktischer Arzt und als Verfasser der Abhandlung vom Schwindel, außerdem witziger Kopf, stand allgemein und auch bei seinen Kollegen in hoher Achtung. Des Lavoisier Entdeckungen hatten ihn dermaßen bezaubert, daß er kostbare Apparate herbeischaffte, um uns an Nachmittagen Experimente vorzutragen. Als leidenschaftlicher Tabakraucher blieb er Herr in seinem Zimmer. Hier empfing er an den Gesellschafts-Abenden junge Ärzte, durchreisende Gelehrte, unter denen nur namentlich anzuführen Geheime-Rat Selle, der Königliche Leibarzt; N. *Kunth*, Erzieher der berühmten Brüder Wilhelm und Alexander v. Humboldt; Klaproth; Staatsrat Karsten etc.

Im Salon der Hausfrau daneben waren zugleich mehre jüngere Männer, der deutschen Dichtkunst ergeben, das hierin Neuerscheinende beibringend, besprechend, rezitierend und kritisierend. Von den vielen Namen sind wenige in der Erinnerung geblieben: der Schwede Brinkmann, von dem Verse in Druck erschienen; Woltmann, auch Geschichtschreiber; einer Namens Meyer, Almanach versifax; Meierink; v. Kleist und die Gebrüder Grafen Dohna; der ältere Graf wurde Staats-Minister, der jüngere bekleidete mehre Gesandtschaften. Der berühmte Schleiermacher kam mehre Jahre später erst hinzu.

Einen Abend war unser Er mit beiden Eheleuten allein; der Wohnung gegenüber war ein Tanzboden, man hörte Musik, das Stampfen und Juchhee der Tänzer. Frau Herz sagte zu ihrem Manne: was hilft uns die feine Bildung, zu diesem Grad von Fröhlichkeit bringen wir es nie. Ihr Mann sagte: dagegen entbehren jene auch des stillen Genusses, den ein gutes Buch gewährt, und der Mitteilung von Entdeckungen im Bereiche der Naturkräfte zum Wohle der Menschheit.

Außer der Büste, seinem eigentlichen Fache, zeichnete unser junger Künstler Profile nach dem Leben; das von Marcus Herz wurde gestochen. Was hiervon aus jener Zeit noch vorhanden, zeigt, daß Niemand da war, der es besser machte. *Cuningham* kam erst 1784 nach Berlin. *Graff* in Dresden galt für den besten Portrait-Maler;

Tischbein hatte einen Rang neben ihm, er hatte die Geschicklichkeit, in Escarpins und mit Manschetten zu malen. *Weitsch* von Braunschweig kam später.

Die drei geistlichen Kurfürsten, die Erzbischöfe von Bamberg und Salzburg und die mehrsten regierenden Herren hatten Hofmaler, auch mitunter Kunst-Akademien. *Meusel*, dem von allen diesen Berichte zukamen, führt eine Unzahl berühmter Künstler auf und sieht sich gedrungen zu sagen: der große *Bernhard Rode* und der große *Chodowiecki*, der Auszeichnung halber. *Liszewski* arbeitete nicht mehr wegen hohen Alters; er hatte Vortreffliches geleistet unter der Bedingung, daß die Modelle ihm 24 Sitzungen gewährten, wie denn sein Reiter zu Pferde in der dresdener Gallerie ein Meisterstück in Prosa zu nennen ist. Der Frau *Terbusch* war es gelungen, den Herzog von Würtemberg und den alten General v. Zieten gut zu portraitieren; die schöne Madame Herz malte sie als junges Mädchen in der Figur einer Psyche, ein schwaches Produkt. Sie ging nach Paris, malte daselbst, in der Absicht, Mitglied der Akademie zu werden. Auf die artigste Weise wurde sie drei Jahre hingehalten, verzehrte da das Ersparte und kam reich an Kummer und Gram zurück. Sie sah nicht ein, daß Männer wie *Greuze*, der alte *Vernet*, *Carl Vanlo* und *Pigol* mehr verlangen, als sie inne hatte. *Grassi* ward am Hofe von Gotha hoch gestellt; er hatte Geschmack und Poesie. *Döll*, Hof-Bildhauer daselbst, wurde für einen Meister gehalten, so wie *Bause* in Leipzig für einen großen Kupferstecher. *Casanova*, Direktor der Kunst-Akademie in Dresden, wußte es zu machen, daß es bis heute unentschieden geblieben, ob er geschickt oder ungeschickt war. *Schulz* daselbst hatte sich in Paris als Kupferstecher gut ausgebildet, auch einige treffliche Blätter geliefert. Wegen Mangel an Aufträgen übernahm er die Kompanie-Fabrikation der kolorierten sächsischen Gegenden.

Lesegesellschaften: »Man las damals anders als jetzt.«

In meiner Jugendzeit wurde viel mehr gemeinschaftlich gelesen als jetzt. Teils kaufte man damals noch weniger schönwissenschaftliche Bücher, während es doch in Berlin zu jener Zeit nur eine irgend wohlversehene Leihbibliothek gab, die Viewegsche in der Spandauer Straße, teils bezweckte man, sich über das Gelesene gegenseitig zu verständigen. Wie es denn überhaupt hinsichtlich der Mittel, welche man ergriff, um sich zu bilden, und die Art, auf welche jeder im geselligen Verkehr sein Wissen anderen mitteilte, anders stand als jetzt. Einmal schon sprach man unbefangen und rückhaltlos aus, man habe das Bestreben, sich zu bilden, ein Wort, welches jetzt beinah lächerlich geworden ist. Weil man aber die Absicht und das Verlangen darnach aussprach, fanden sich sehr tüchtige Männer, und später, als die Pedanterei schon mehr einer freieren Bewegung Platz gemacht hatte, selbst berühmte Gelehrte, welche es nicht unter ihrer Würde hielten, den so Strebenden ihr Bestes mitzuteilen. Oft trugen sie in geselligen und sehr gemischten Kreisen vor, was unsere heutigen Gelehrten vielleicht nur Studierenden und Studierten vorzutragen der Mühe wert achten würden. Ebenso vereinigten sich sogar Gelehrte aller Fächer, Philologen, Philosophen, Theologen, Juristen usw. mit Frauen und Männern, welche an Wissen und Urteil weit unter ihnen standen, um sich miteinander an Erzeugnissen der schönen Literatur zu erfreuen, welche man sich wie gesagt zu diesem Zwecke vorlas.

Daß unter solchen Verhältnissen die Fähigkeit, gut vorzulesen, lebhaft angestrebt wurde, ist begreiflich. Auch mein Mann achtete dies Talent sehr, und kurz nach unserer Verlobung fragte er mich, ob ich lesen könne? – Da er mich während meines Brautstandes, und namentlich während der ersten Zeit desselben, meist wie ein Kind behandelte – und in der Tat war ich dies, denn ich zählte damals kaum dreizehn Jahre, und wurde auch im Hause selbst als Braut zu meinem großen Verdrusse noch so genannt –, so bezog ich diese Frage auf das Mechanische des Lesens und fühlte mich um so mehr durch sie gekränkt, als ich nicht nur schon fast die ganze Viewegsche Leihbibliothek zweimal durchgelesen hatte, sondern auch einst auf dem Wege dahin, einen schauerlichen Roman in der Hand, vor seinem Fenster, zu welchem er eben hinaussah, ausgeglitten und hingefallen war; was er, meiner Meinung nach, um so weniger hätte vergessen dürfen, als meine Beschämung darüber ihm nur zu sichtbar geworden war. Tränen rollten über meine Backen, und kaum vermochte ich ein leises: Ja! herauszubringen. Er bat mich nun, ihm etwas vorzulesen. Aber nach den ersten Zeilen schon sagte er, lächelnd zwar, doch mit der ihm eigentümlichen witzigen Schärfe: »Das nenne ich: ablesen!« – Nun las er mir seinerseits vor, und er las ganz vortrefflich. Jetzt verstand ich erst, was er gemeint hatte, und erklärte ihm, nun müsse ich freilich gestehn, nicht lesen zu können. »Ich werde es Sie lehren!« sprach er; und ich mußte mir schon den meine Eitelkeit verletzenden, aber mir sehr förderlichen Unterricht gefallen lassen.

Ich las später, wie man mir sagte, gut. Als ich einmal Goethes ›Fischer‹ in Gegenwart Zelters las, schien dieser sehr erfreut von der Art meines Vortrages des Gedichts, ja er sagte dem Dichter davon. Es zeugt von Goethes trefflichem Gedächtnis, selbst für Unbedeutendes, daß er, als ich ihn nach Jahren in Dresden sah, Zelters Bericht noch in Erinnerung hatte. Ich dankte diesem sehr freundliche Äußerungen des Dichters über die Sache. –

Eine der frühesten Lesegesellschaften, deren ich mich erinnere, war die, welche sich wöchentlich im Hause meiner ein Jahr früher als ich verheirateten Freundin Dorothea Veit, der Tochter Mendelssohns, später Friedrich Schlegels Gattin, versammelte. Zu ihr gehörten außer dieser Freundin und mir unter anderen mein Mann, Moritz, David Friedländer und eine zweite Tochter Mendelssohns. Gewöhnlich wurde Dramatisches gelesen, und ich darf sagen, gut. Mendelssohn war uns ein fleißiger und aufmerksamer Zuhörer. Aber wie schlichen wir auch um ihn herum, um ein Wort des Urteils von ihm zu hören! War es gar ein beifälliges, wie glücklich waren wir! – Der Weise war so gut und mild in seiner Weisheit. Dabei liebte er den Scherz, aber der seine war nie beißend. Selbst seinem Tadel wußte er eine anmutige, ja wohltuende Form zu geben. Ich war verwöhnt, weil man mir huldigte, und geneigt, selbst über harmlose Neckereien empfindlich zu werden. Als dies eben einmal wieder der Fall gewesen war, tadelte er mich ernst deshalb, schloß aber mit den Worten: »Sie sollten doch so etwas ruhig ertragen können!«

Etwas später, etwa um das Jahr 1785, bildete sich eine Lesegesellschaft, an welcher die ausgezeichnetsten Männer Berlins von den verschiedensten Fächern und Altern teilnahmen. Ich will unter ihnen nur Engel, den stets alten und etwas pedantischen Ramler, Moritz, Teller, Zöllner, Dohm, den Juristen Klein und meinen Mann nennen. Auch die weiblichen Mitglieder ihrer Familien gehörten ihr an. Außerdem aber auch die beiden sechzehn- bis achtzehnjährigen Brüder Wilhelm und Alexander von Humboldt, damals schon von feiner Sitte, lebendig, geistreich, kurz, durchaus liebenswürdig, und von umfassendem Wissen. Sie waren zu jener Zeit schon in unser Haus eingeführt, und so konnte es denn bei ihrem Interesse für alles Schöne, welchem sich später wohl auch einiges für die Schönen unserer Gesellschaft beimischte, nicht fehlen, daß sie dieser angehörten.

Die Versammlungen fanden stets bei dem Kastellan des Königlichen Schlosses, Hofrat Bauer, statt, dessen Frau ihrer Zeit den Anspruch machte, ein bel-esprit zu sein, und zwar im Winter im Schlosse, im Sommer in einem Garten, welchen Bauer vor dem Königstor besaß. Gelesen wurde jedesmal. Kleinere und größere Aufsätze, lyrische und epische Dichtungen, Dramatisches usw. wechselten ab, und sowohl Männer als Frauen lasen vor. Aber im Winter tanzten wir Jüngeren nach dem frugalen Abendessen, und ich erinnere mich, daß Alexander von Humboldt mich an einem jener Abende die damals noch neue Menuet à la Reine lehrte, und im Sommer spielten wir allerlei gesellige Spiele im Freien, bei welchen sich jedoch oft auch die Älteren beteiligten, schlugen Ball usw. Diese Allotria wurden freilich stets nur zu großer Unzufriedenheit der Frau Bauer getrieben, welcher nie genug gelesen werden konnte.

Engel präsidierte gewissermaßen in dieser Lesegesellschaft. Er führte die Irrenden auf den richtigen Pfad, und zwar im Winter von einem Platze hinter dem Ofen aus, welchen er stets einnahm, wann er nicht las. Ich erinnere mich noch, daß, als eines Abends Frau Bauer das Wort: Kritiker in einem Aufsatze, in welchem dasselbe wiederholt vorkam, stets: Krítiker aussprach, Engel nicht müde wurde, den Fehler zu korrigieren »Krítiker!« erschallte es immer von neuem hinter dem Ofen hervor, und wie die Folge bewies, immer vergebens. Die Sache war allerdings geeignet, den Anwesenden ein Lächeln abzunötigen, aber deshalb erschien uns die Frau noch nicht lächerlich, und Engel und alle die Notabilitäten unseres Kreises erschienen sich nicht so, in ihren literarischen Unterhaltungen eine solche Frau zur Genossin zu haben. –

So lebten wir ein ganzes Jahr auf hochvergnügliche Weise miteinander, von manchem geistigen Nutzen für alle. Der Eindruck, den ich auf Wilhelm gemacht, entging mir nicht, auch schrieben wir einander – ich ihm sehr ruhig, denn ich war es, er mir weniger so, doch wäre es nicht zur Leidenschaft in ihm gekommen, wäre ich zurückhaltender gewesen, so wie überhaupt weder irgendeine Art von Verhältnis noch auch, was man den Hof machen nennt, stattfinden kann, wenn die Frau nicht entweder darin eingeht oder doch geschehn läßt, was sie nicht sollte geschehn lassen. Jede Frau hat es in ihrer Gewalt, den sich ihr nähernden Mann, auf wie feine, geistige Weise er es auch tue, von sich entfernt zu halten, denn sieht er, daß es ihr wahrer Ernst ist, *daß* er fernbleibe, so bleibt er es auch, und die entstehende Neigung oder auch Leidenschaft geht in sich selbst zurück, und – hiermit habe ich mir mein Urteil gesprochen, denn meine Eitelkeit allein war schuld, daß so viele Männer aller Arten und aller Stände mir den Hof machten und in heftige Leidenschaft entbrannten.

Etwas später bildete sich ein sogenanntes ›Teekränzchen‹, in welchem jedoch ebenfalls öfter gelesen wurde und an welchem unter anderen G. v. Brinckmann, Graf Christian Bernstorff, Ancillon, Gentz und Leuchsenring teilnahmen, welches jedoch auch von solchen Freunden, die sich in Berlin damals nur zeitweise aufhielten, wie zum Beispiel von Dohm und Karl La Roche, bei ihrer Anwesenheit hier stets besucht wurde.

In den letzten Jahren des vorigen Jahrhunderts endlich wurde eine Lesegesellschaft gegründet, welche sich noch bis jetzt erhalten hat. Ihr Gründer war Feßler, welcher sich durch sie vielleicht das beste Andenken erwarb, welches er in Berlin hinterließ, da seine anderweite Tätigkeit hier, oft nicht mit Unrecht, vielfach angegriffen wurde. Diese Gesellschaft jedoch, welche noch heute unter dem Namen ›Mittwochs-Gesellschaft‹ besteht, hat sehr förderlich gewirkt. Sie versammelte sich damals im Englischen Hause. Auch an ihr nahmen gleich anfangs Männer der verschiedensten Fächer teil, Gelehrte, Künstler, Staatsmänner. Aber Frauen waren auch hier nicht ausgeschlossen, ja sie waren tätige und gern gesehene Mitwirkende. Zu den ersten Teilnehmern gehörten unter anderen Herz, Fischer, der Physiker, Hirt, Schadow und der große Schauspieler Fleck. Herz las hier wissenschaftliche Abhandlungen aus verschiedenen Fächern, Fischer physikalische, die er durch Experimente erläuterte. Schönwissenschaftliches fehlte auch hier ebensowenig als Dramatisches, und keiner las das letztere schlechter als der, welcher der erste Stern an einem damals wahrhaft glänzenden Theaterhimmel war, als Fleck. Ihn inspirierten nur die Bretter. Auf ihnen sprach er hinreißend, jedes Gefühl mit unnachahmlicher Wahrheit ausdrückend, jedes unwiderstehlich in dem Hörer anregend.

Freilich mußte man auch in dieser Gesellschaft hinsichts der geistigen Kost bisweilen genügsam sein; immer aber hinsichts der leiblichen, denn man aß nach dem Lesen ungemein schlecht. Und dies bei einigen Talglichten, die kaum mehr als einen Dämmerschein über einen Saal, lang und schmal wie ein Darm, verbreiten. Aber keiner war anspruchsvoll, keiner tat vornehm, und so störten uns denn diese Äußerlichkeiten nicht. –

Mehrere der Teilnehmer der Feßlerschen Gesellschaft kamen in unser Haus, so wie fast jeder an Geist bedeutende Fremde es besuchte. Unter so begünstigenden Umständen bildete sich unser Haus, von welchem ich ohne Übertreibung sagen kann, daß es in nicht langer Zeit eines der angesehensten und gesuchtesten Berlins wurde. Herz zog durch seinen Geist und als berühmter Arzt die Leute an sich, ich durch meine Schönheit und durch den Sinn, den ich für alles Wissenschaftliche hatte, denn es gab kaum eine, in der ich mich nicht einigermaßen umgesehen hätte, und einige betrieb ich ernstlich, so Physik und später mehrere Sprachen.

Eine lange Reihe von Jahren lebte ich mit allen vorzüglichen Menschen Berlins in geselligem Verkehr. Wozu das Leben mich durch den Umgang mit ausgezeichneten Menschen gemacht hat, dafür danke ich allein Gott.

Man las damals anders als jetzt, so wie auch auf der Bühne anders gesprochen wurde als jetzt. Zunächst meist mit gerundeter, klangvoller Stimme. Denn wer vorlesen oder gar die Bühne betreten wollte, strebte vor allem, sein Organ zu bilden. Die Annahme, daß die wohltuenden Stimmen, welche man damals von den Brettern herab hörte, und deren einige noch in die neuere und neueste Zeit hinüberreichten, z. B. in der Bethmann, in Beschort, in der Schröck, eben nur Gaben der Natur waren, würde sehr irrig sein. Die damaligen Bühnenkünstler hielten vielmehr die sorglichste Ausbildung ihres Organs für eine ihrer ersten Berufspflichten. Sie glaubten nicht, man spreche tönend, rund, weich, weil man überhaupt spreche, wie sie auch nicht einmal glaubten, man gehe auf eine gefällige Weise, weil man sich überhaupt gehend fortbewegen könne; sie lernten beides. Dafür ersparten sie sich andererseits manche Mühe, an welcher es unsere neuen Bühnenhelden und -heldinnen leider nicht fehlen lassen. Denn hatten sie jene Vorbildung erworben, so strebten sie, eine Rolle einstudierend, wohl sich in sie hineinzudenken, sich hineinzufühlen, meinten aber nicht, beim Vortrage derselben etwas anderes tun zu müssen, als mit ihren eigenen schönen menschlichen Stimmen zu sprechen, wie es der jedesmalige Moment des Dramas erforderte oder ihnen eingab. Daß solch ein Held, Liebhaber, Bösewicht von der Bühne herab mit einem ganz anderen Tonfalle sprechen müsse, als irgendein Mensch in der Wirklichkeit spricht, ja mit dem absonderlichsten, und zumal im ernsten Drama, fiel ihnen entfernt nicht ein, und Iffland, der schon etwas von dieser Unart hatte, galt auch trotz seines trefflichen Spiels bei allen Leuten von Geschmack in dieser Beziehung für einen Manieristen, namentlich solange der so ganz unverkünstelte Fleck mit seinem wahrhaft wunderbaren Naturell neben ihm stand, und mehr noch der, wenn auch in einigen Rollen sehr anerkennungswerte, Mattausch, der nun wieder ein Nachahmer der Manier Ifflands war.

Gleiche Ansichten leiteten die Dilettanten bei dem damals sehr häufigen Lesen dramatischer Werke mit verteilten Rollen. Man trug sie mit möglichstem Verständnis des betreffenden Charakters und seines Verhältnisses zum Ganzen des Werkes und mit möglichst gebildetem Organe vor, dann aber auch mit möglichster Natürlichkeit. In dieser Art hatte ich in früherer Zeit oft die Leonore von Sanvitale in Goethes ›Tasso‹ mit Beifall gelesen. In späterer forderte mich der verstorbene Delbrück einmal auf, mit Frau von Knoblauch, der Tochter des Ministers Schrötter, und der Schauspielerin Demoiselle Beck, welche sich in die Rolle der Prinzessin teilen wollten, den ›Tasso‹ zu lesen. Ich sagte ihm: das geht nicht, das wird abscheulich! Jedes Wort dieser Damen wird gewichtig auftreten wie ein Flügelmann, denn sie werden glauben, auch die Kehlen müßten vom Kothurn zeugen. Ich werde leichtweg lesen, wie ich spreche. Wie soll da Einklang in die Bewegung kommen? – Aber Delbrück bestand, ich fügte mich dem Wunsche des Freundes, und der Erfolg war, wie ich ihn vorhergesagt hatte. Ich sah ein, daß ich nicht mehr vorlesen dürfe und daß man froh sein müsse, wenn das Vernünftige sich auch nur eine Zeit hindurch geltend gemacht hat.

Die ersten jüdischen Salons: »Pour comble kamen wir zuletzt in Mode«

Mit Moses Mendelssohn war das Streben, sich deutsche Bildung und Gesittung anzueignen, in den Juden Berlins, und namentlich in der jüngeren Generation, erwacht. Die Männer wendeten sich, durch ihn angeregt, philosophischen Studien zu. Aus diesen Bestrebungen gingen allerdings sowohl philosophisch gebildete Männer, wie zum Beispiel David Friedländer, als tüchtige Philosophen von Fach, wie Salomon Maimon, Bendavid und andere, hervor. Da jedoch die Philosophie von ihren Jüngern wissenschaftliche Vorbildung, geistige Tiefe und bedeutende Opfer an Zeit fordert, die meisten damaligen Juden aber Kaufleute waren und ihren Handelsgeschäften mit Eifer oblagen, so ist es begreiflich, daß ein Teil bald von diesem Studium gänzlich abließ, ein anderer es doch sehr dilettantisch betrieb. Die Frauen wendeten sich, teils durch Mendelssohn persönlich, teils durch seine Aufsätze in den ›Briefen, die neueste Literatur betreffend‹ und in der ›Allgemeinen Deutschen Bibliothek‹ veranlaßt, mit dem Feuer, mit welchem lebhafte Naturen ihnen bis dahin gänzlich Unbekanntes erfassen, der schönen Literatur zu. Ihnen standen natürlich in diesen Bestrebungen viel weniger Hindernisse entgegen als den Männern in ihren philosophischen. Die größten waren diejenigen, welche manchen von ihnen durch ihre Eltern entgegengesetzt wurden. Denn diese sahen nicht nur in einer deutschen Bildung zugleich eine auf christlichem Boden ruhende, sondern waren auch jeder Beschäftigung ihrer Kinder abhold, welche diese, ohne einem äußern Berufe zu dienen, von dem Kreise und den Interessen der bis dahin patriarchalisch gestalteten Familie abziehen konnte. Aber der Widerstand wurde nur zu einer neuen Anregung. Die reicheren Juden, schon durch ausgebreitete Geschäftsbeziehungen in manchen Berührungen mit Christen, waren in dieser Hinsicht die nachsichtigsten.

Zuerst war es die am drastischesten wirkende Poesie, die dramatische, mit welcher man sich vorzugsweise beschäftigte. In den Häusern der reicheren Juden wurden bereits in meiner Kindheit Schauspiele aufgeführt. Schon etwa in meinem neunten Jahre, also ungefähr um 1773, wohnte ich, wie ich früher erzählt habe, in dem Hause eines jüdischen Bankiers der Darstellung eines Trauerspiels bei. Es war dies ›Richard der Dritte‹ – von welchem Verfasser, weiß ich nicht mehr –, und die Töchter des Hauses hatten in demselben die weiblichen Hauptrollen übernommen. Der Eindruck dieser ersten dramatischen Vorstellung, welche ich überhaupt sah, wurde ein unauslöschlicher. – Später war das Lesen mit verteilten Rollen sehr an der Tagesordnung und blieb es bis in das erste Jahrzehnt dieses Jahrhunderts hinein. Aber man war bald nicht bei der dramatischen Literatur stehengeblieben. Man suchte sich mit der deutschen schönen Literatur in ihrem ganzen Umfange bekannt zu machen, und eine besondere Gunst des Geschickes wollte, daß die Blütezeit derselben eben damals begann. Ihre Meisterwerke wurden mit uns, und es ist etwas anderes, eine große Literaturepoche erleben, schon was das Interesse an ihren Erzeugnissen und das Verständnis derselben betrifft, und an dem ersten Urteil über die letzteren mitarbeiten, als sie als ein Abgeschlossenes nebst den fertigen Urteilen über sie und ihre Werke überkommen.

Der daneben noch fortdauernde Einfluß der französischen Literatur auf einen Teil der deutschen führte bald auch auf sie hin. Noch lebte Voltaire im Anfange der Epoche, von welcher ich spreche, ja er schrieb noch, und kein Name hatte einen Klang gleich dem seinen. Die französische Sprache war von den Töchtern der wohlhabenden Juden schon etwas früher, wie oberflächlich auch immer, getrieben worden. Die Alten hatten aus Gründen der Nützlichkeit nichts dagegen; sie war eine Sprache, durch welche man sich in allen zivilisierten Ländern verständlich machen konnte. Die Töchter hatten freilich meist ganz andere Gründe. Sie bezweckten hauptsächlich, ungeniert und in der Modesprache mit den Hofkavalieren und hübschen jungen Offizieren zu konversieren, die das Geld, welches sie von den Vätern erborgten, oft nur durch die Aufmerksamkeiten bezahlten, welche sie den Töchtern erwiesen. Jetzt aber wurde sie aus besseren Gründen mit Erfolg studiert, man wollte sich befähigen, die älteren und neueren Schriftsteller Frankreichs in der Ursprache zu lesen.

Aber doch hatte damals schon Lessing die dramatische Poesie der Franzosen mit seiner hellen kritischen Leuchte beleuchtet und zugleich die Aufmerksamkeit auf Shakespeare gelenkt. Die Übersetzungen der Dramen des letzteren, welche man vor der Schlegelschen besaß, waren weniger geeignet zu befriedigen als auf die

Quelle hinzuleiten, und dieser Weisung genügen zu können, suchte man sich Kenntnis der englischen Sprache zu erwerben. Sie eröffnete zugleich den Zugang zu manchen Romanen der Zeit, welche der Liebesschwärmerei der jugendlichen Mädchenherzen süße Kost boten. Und daß ich es gestehe, wir hatten alle selbst einige Lust, Romanheldinnen zu werden. Keine von uns, die nicht damals für irgendeinen Helden oder eine Heldin aus den Romanen der Zeit schwärmte, und obenan stand darin die geistreiche, mit feuriger Einbildungskraft begabte Tochter Mendelssohns, Dorothee. Aber auch an Wissen und geistiger Fähigkeit stand sie obenan.

Auch die Kenntnis der italienischen Dichter in der Ursprache eröffneten sich mehrere aus unserm Kreise, der allgemach um so mehr nun auch schon junge Ehefrauen umfaßte, als die jüdischen Mädchen damals sehr früh heirateten. Da nun manche der jungen Ehepaare ihr Haus den beiderseitigen Bekannten eröffneten, so wurde dies Gelegenheit, den Geist, welcher sich durch die Beschäftigung der Frauen mit der Literatur, ihre Unterhaltung darüber und die Ideen, welche sich durch beide in ihnen erzeugten, gebildet hatte, zur Kunde und Teilnahme weiterer Kreise zu bringen. Und dieser Geist war in der Tat ein eigentümlicher. Er war allerdings einerseits aus der Literatur der neueren Völker hervorgegangen, aber die Saat war auf einen ganz ursprünglichen, jungfräulichen Boden gefallen. Hier fehlte jede Vermittelung durch eine Tradition, durch eine von Geschlecht zu Geschlecht sich fortpflanzende, mit dem Geist und dem Wissen der Zeit Schritt haltende Bildung; aber auch jedes aus einem solchen Bildungsgange erwachsene Vorurteil.

Einer solchen Natur dieses Geistes und dem Bewußtsein derselben in seinen Trägerinnen ist die Üppigkeit, der Übermut, ein sich Hinaussetzen über hergebrachte Formen in den Äußerungen desselben zuzuschreiben; aber er war unleugbar sehr originell, sehr kräftig, sehr pikant, sehr anregend und oft bei erstaunenswerter Beweglichkeit von großer Tiefe. Die höchste Blüte desselben offenbarte sich etwas später in Rahel Levin. Sie war etwa sechs Jahre jünger als ich und die meisten meiner Freundinnen, aber die Wärme ihres Geistes und Herzens im Verein mit dem Unglück hatten sie früh gereift. Ich habe sie von ihrer ersten Kindheit an gekannt und weiß daher, wie früh sie die hohen Erwartungen rege machte, welche sie später erfüllte.

Die christlichen Häuser Berlins boten andererseits nichts, welches dem, was jene jüdischen an geistiger Geselligkeit boten, gleichgekommen oder nur ähnlich gewesen wäre. Allerdings gab es auch schon damals hier Männer der Wissenschaft, wenngleich Berlin erst dreißig bis vierzig Jahre später eine Universität erhielt. Aber diese blieben, nachdem sie den größten Teil des Tages ihren Studien und ihren Amtsgeschäften gewidmet hatten, entweder zurückgezogen im engsten Kreise ihrer Familie oder trafen einander an irgendeinem öffentlichen Orte, wo sie bei einem Glase Bier sehr ernst und sehr pedantisch über gelehrte Gegenstände diskutierten; und ein sogenannter Montags-Club, dessen Teilnehmer aus den geistigen Notabilitäten der Stadt bestanden, brachte es damals selten nur auf zehn Mitglieder. Ihre Frauen hätten ihrer Eigenschaft als gute und ehrsame Hausmütter Eintrag zu tun geglaubt, wenn sie geistigen Interessen irgend Raum in sich gegönnt hätten, und nächstdem wäre ihre Gegenwart bei den gelehrten Gesprächen ihrer Eheherren diesen eine Störung geworden, hätte sie ihnen nicht gar eine Profanation ihres Heiligtums der Wissenschaft geschienen. – Zu den wenigen, welche bisweilen geladene Gesellschaft bei sich sahen, gehörte Nicolai. Er war auch gastfreundlich gegen fremde Gelehrte, so wie er denn auch später an einem Kränzchen teilnahm, welches sich abwechselnd bei dem Juristen Klein, dem General-Chirurgus Görcke, in unserem Hause und in dem einiger anderen Freunde versammelte, zu welchem auch jeder in das Haus des jedesmaligen Wirts eingeführte Fremde geladen wurde und welches für die damalige höhere Geselligkeit Berlins nicht ohne Bedeutung war: aber ein eigentliches Haus machte auch Nicolai nicht, ungeachtet er die Mittel dazu besessen hätte. Nur von einem Gelehrten Berlins läßt sich sagen, daß er ein Haus machte, wenn man es nämlich als ein Kennzeichen eines solchen betrachtet, daß Freunde und Eingeführte auch ungeladen gastlichen Empfanges sicher sind, und dieser eine gehörte seinem äußeren Berufe nach dem Kaufmannsstande an. Es war dies Moses Mendelssohn. Das Haus dieses trefflichen Mannes, dessen Einkünfte als Disponent in einer Seidenwarenhandlung im Verein mit dem Ertrage seiner schriftstellerischen Arbeiten immer noch wenig bedeutend waren und welchem die Sorge für sechs Kinder oblag, war dennoch ein offenes. Selten berührte ein fremder Gelehrter Berlin, ohne sich bei ihm einführen zu lassen. Seine und der

Seinigen Freunde kamen ungeladen, daher auch die geistreichen Freundinnen der Töchter des Hauses. Fehlten alte orthodoxe Juden ebenfalls nicht, gegen welche Mendelssohn sich stets als ein freundlich gesinnter Glaubensgenosse erwies, so waren es doch die intelligentesten der Stadt. Und Mendelssohn übte diese ausgedehnte Gastfreundschaft, ungeachtet die Familie sich ihrethalben große Beschränkungen auferlegen mußte, wobei dennoch die materiellen Genüsse, welche sein Haus den Gästen bot, die Grenzen strengster Mäßigkeit nicht überschreiten durften. Ich wußte, als genaue Freundin der Töchter, daß die würdige Hausfrau die Rosinen und Mandeln, damals ein Naschwerk de rigueur, in einem bestimmten Verhältnis je nach der Zahl der Gäste in die Präsentierteller hineinzählte, bevor sie in das Gesellschaftszimmer gebracht wurden. – Aber Mendelssohns Haus war immer nur eines und konnte nicht das geistige Bedürfnis vieler befriedigen.

Von einem christlichen bürgerlichen Mittelstande, welcher andere geistige Interessen gehabt hätte als diejenigen, welche der äußere Beruf etwa anregte, war damals hier noch nicht die Rede. Es gab da viele ehrenwerte Familientugenden, aber jedenfalls noch mehr geistige Beschränktheit und Unbildung. Der höhere christliche Kaufmannsstand zählte nur noch wenige Mitglieder, und es stand bei ihm in geistiger Beziehung nicht viel anders. In den Häusern desselben wurden wohl große prächtige Gastmähler und Feste gegeben, die Töchter des Hauses wurden in dem verweichlichendsten Luxus erzogen, aber von Bildung ward nur der äußerlichste Firnis angestrebt. Von dem Beamtenstande war der niedere bei geringen Einkünften mit Amtsgeschäften überhäuft, die Not in den Büros und die Not im Hause, letztere durch die oft zahlreiche Familie verursacht, drückte jede etwa erstrebte geistige Erhebung sofort nieder. – Die hohen Zivil- und Militärbeamten teilten das Geschick des Hofes, welchem der bei weitem größte Teil durch adelige Geburt angehörte und welchem eine geistreiche und anregende Geselligkeit gänzlich abging.

Das letztere war erklärlich genug. In einem monarchischen Staate kann nur der gesellige Kreis des Herrschers den Mittelpunkt für die Geselligkeit des Hofes bilden. Und an einem solchen fehlte es eben unter der Regierung Friedrichs des Großen sowie unter der seines Nachfolgers. Den Umgang des ersteren bildete nur eine kleine Anzahl von Freunden, meist Franzosen. Wenige andere Personen, selbst vom Hofe, wurden zugezogen, und von einer aus Herren und Damen gemischten Gesellschaft war da nicht die Rede. Die Königin aber lebte getrennt von dem Könige in fast gänzlicher Zurückgezogenheit im Schlosse zu Schönhausen und kam nur mitunter zu Haupt- und Staatsaktionen nach Berlin. Unter seinem Nachfolger konnten die anderweiten Verbindungen des Königs der Gemahlin desselben wenig Veranlassung sein, ihren Sinn für Ruhe und Bequemlichkeit zu überwinden, die Kreise des Königs aber konnten eben jener Verbindungen halber nicht zu jenem Mittelpunkte werden. Es gab nur hergebrachte große Hoffeste, Couren, vorschriftsmäßige Assembléen bei den hohen Zivil- und Militärbeamten zur Karnevalszeit und tödliche Langeweile, namentlich für die jungen Edelleute.

Diesen wehte von Frankreich schon die revolutionäre Luft entgegen, welche die Schriften der Enzyklopädisten angefacht hatten, in Deutschland hatte ihnen Goethe die Ahnung einer neuen geistigen Zukunft erschlossen. Was konnten ihnen nun jene Gesellschaften bieten, was selbst das Haus, sogar wenn man in diesem nicht ohne geistige Interessen war! Hier waren Haller, Hagedorn, Gellert, Ewald von Kleist und die dramatischen Schriftsteller à la Gottsched und Bodmer noch die Heroen der deutschen schönen Literatur. Lessing war dort schon ein freigeistiger Neuerer. – Auch in den Familienkreisen Geistlosigkeit und Langeweile! – Wenn Alexander von Humboldt in jenen Jahren einer gemeinschaftlichen Freundin und mir von dem seiner Familie gehörenden Schlosse Tegel aus schrieb, datierte er den Brief gewöhnlich von: Schloß Langeweile. Freilich tat er dies meist nur in solchen Briefen, welche er in hebräischen Schriftzügen schrieb, denn in dieser Schrift hatte ich ihm und seinem Bruder Wilhelm den ersten Unterricht erteilt, den später ein anderer auf sehr erfolgreiche Weise fortsetzte, und sie schrieben sie trefflich. In Briefen, deren Inhalt jedem zugänglich gewesen wäre, kundzugeben, man unterhalte sich besser in Gesellschaft jüdischer Frauenzimmer als auf dem Schlosse der Väter, war damals für einen jungen Edelmann nicht ganz unbedenklich!

War es aber zu verwundern, daß, als inmitten solcher gesellschaftlichen Verhältnisse oder eigentlicher Mißverhältnisse eine geistreiche Geselligkeit sich bot, sie trotz der damals gegen die Juden herrschenden Vorurteile begierig von denjenigen ergriffen wurde, welche überhaupt auf dem Wege mündlichen Ideenaustausches geistige Förderung suchten? Nicht minder begreiflich aber ist es, daß es unter den Männern die jüngeren waren, welche sich zuerst diesen Kreisen näherten. Denn der Geist, welcher in diesen waltete, war der einer neuen Zeit, und nächst dem waren die Trägerinnen desselben durch eine Gunst des Zufalls zum Teil sehr schöne junge Mädchen und Frauen. Und ebenso lag es in den Verhältnissen, daß zuerst der strebende Teil der adeligen Jugend sich anschloß, denn der Adel stand in der bürgerlichen Gesellschaft den Juden zu fern, um selbst, indem er sich unter sie mischte, als ihresgleichen zu erscheinen.

Freilich aber änderten sich innerhalb unseres Kreises die Verhältnisse früh genug. Der Geist ist ein gewaltiger Gleichmacher, und die Liebe, welche hin und wieder auch nicht unterließ, sich einzumischen, wandelte oft den Stolz gar in Demut. Höfisches Wesen vollends hätte sich hier, wo Zwanglosigkeit eine Lebensbedingung war, bald der Satire ausgesetzt gesehen. Sie richtete sich ohnedies schon gegen die ganze Klasse des Hofadels mit seinem kalten steifen Formenwesen. Da der Hof damals aber viel um allerlei Prinzen und Prinzchen trauerte, die niemand kannte, auch er selbst nicht, und man ihn daher kaum anders als mit sogenannten Pleureusen sah, so wurde der Hofadel in unserm Kreise gewöhnlich durch den Spitznamen ›Pleureusenmenschen‹ bezeichnet.

In diesen Kreis war nach und nach wie durch einen Zauber alles hineingezogen, was irgend Bedeutendes von Jünglingen und jungen Männern Berlin bewohnte oder auch nur besuchte. Denn Selbstbewußtsein und Lebensfrische duldeten nicht, daß das einmal aufgesteckte Licht unter den Scheffel gestellt würde, und schon leuchtete es daher in weitere Fernen. Auch geistesverwandte weibliche Angehörige und Freundinnen jener Jünglinge fanden sich allgemach ein. Bald folgten auch die freisinnigen unter den reiferen Männern, nachdem die Kunde solcher Geselligkeit in ihre Kreise gedrungen war. Ich meine, pour comble kamen wir zuletzt in Mode, denn auch die fremden Diplomaten verschmähten uns nicht.

Und so glaube ich nicht zuviel zu behaupten, wenn ich sage, daß es damals in Berlin keinen Mann und keine Frau gab, die sich später irgendwie auszeichneten, welche nicht längere oder kürzere Zeit, je nachdem es ihre Lebensstellung erlaubte, diesen Kreisen angehört hätten. Ja die Grenze ist kaum bei dem Königlichen Hause zu ziehen, denn auch der, jedenfalls geniale, Prinz Louis Ferdinand bewegte sich später viel in denselben. Rahels Briefwechsel, soweit er erschienen ist, kann einigermaßen zum Belege meiner Behauptung dienen. Ich sage einigermaßen, denn waren gleich die Freunde und Freundinnen, an welche ihre Briefe gerichtet, und die, welche in denselben erwähnt sind, mehr oder minder auch die der Genossen dieser Gesellschaft, so würde doch die vollständige Veröffentlichung desselben gewiß noch mehr bedeutende ihr befreundete Persönlichkeiten vorführen; und überdies stand sie zu mehreren einer etwas früheren Zeit angehörenden nicht in Beziehung. Ja ebensowenig fürchte ich zu übertreiben, wenn ich ausspreche, daß der diesen Kreisen entsprossene Geist in die Gesellschaften selbst der höchsten Sphären Berlins eindrang, denn schon die äußere Stellung vieler, welche ihnen angehörten, macht dies erklärlich. Nächst dem aber fand dieser Geist fast überall leere Räume.

II. Henriette Herz: Berühmte Gäste – stille Abende

Friedrich Schleiermacher: »Sie besonders, die Herz, schränkt ihre persönliche Bekanntschaft sehr ein«

Berlin, d. 30st. Mai 1798

...Du mußt Dich nicht wundern, Liebe, daß es mit meinem Schreiben so auffallend schlecht geht, es steckt nichts dahinter als das lautere Wohlbefinden und Lebensgenuß. Der Sommer hält mich an tausend Stricken gefangen und läßt mich nicht los; ich komme kaum dazu, die Hälfte von alle dem zu tun, was ich mir vorsetze, und doch kann ich eigentlich nicht unzufrieden mit mir sein. Ich lebe, ich mache andern angenehme Stunden, ich bin ihnen nützlich beiher, was kann man denn auf dieser Welt mehr tun? Am meisten lebe ich jetzt mit der Herz; sie wohnt den Sommer über in einem niedlichen kleinen Hause am Tiergarten, wo sie wenig Menschen sieht und ich sie also recht genießen kann. Ich pflege jede Woche wenigstens einmal einen ganzen Tag bei ihr zuzubringen. Ich könnte das bei wenig Menschen, aber in einer Abwechslung von Beschäftigungen und Vergnügungen geht mir dieser Tag sehr angenehm mit ihr hin. Sie hat mich Italienisch gelehrt oder tut es vielmehr noch, wir lesen den Shakespeare zusammen, wir beschäftigen uns mit Physik, ich teile ihr etwas von meiner Naturkenntnis mit, wir lesen bald dies, bald jenes aus einem guten deutschen Buch, dazwischen gehn wir in den schönsten Stunden spazieren und reden recht aus dem Innersten des Gemüts miteinander über die wichtigsten Dinge. So haben wir es seit dem Anfang des Frühlings getrieben, und niemand hat uns gestört. Herz schätzt mich und liebt mich, so sehr wir auch voneinander unterschieden sind. Der Herz ihre Schwestern, ein Paar liebe Mädchen, freuen sich, sooft ich komme, und sogar ihre Mutter, eine verdrießliche und strenge Frau, hat mich in Affektion genommen. Kannst Du nach diesem wohl denken, daß uns von seiten unserer besten Freunde ein paar unangenehme Tage gekommen sind? Schlegel und die Veit haben zusammen Besorgnisse gebrütet, daß ich gegen jenen und die Herz gegen diese, ihre älteste und unzertrennliche

Freundin, kälter würden. Die Veit machte mir Vorwürfe, daß ich Schlegeln nicht wäre, was ich ihm sein könnte, daß ich über sein Tun und seine Werke nicht offen gegen ihn wäre, daß ich sein Gemüt nicht schonte, zu ihr käme ich auch nicht, man müßte am Tode sein, um meine Teilnahme zu erregen, ich wäre alles nur par charité, und wenn die Leute wieder auf den Beinen und glücklich wären, ließe ich sie gehn. Schlegel bekannte mir aufrichtig, er wäre eifersüchtig auf die Herz, meine Freundschaft mit ihr wäre so schnell und so weit gediehen, als er es mit mir nicht hätte bringen können, er sei fast nur auf meinen Verstand und meine Philosophie eingeschränkt, und sie habe mein Gemüt. Was hatte ich da ins klare zu bringen, und wie stach ich ab gegen die andern mit meiner Ruhe und Sicherheit. Beim Licht besehn, war dann neben dem allen noch etwas andres. Beide nämlich, sowohl Schlegel als die Veit, hatten einige Besorgnis, daß ich mich über mich selbst täuschte, daß Leidenschaft bei meiner Freundschaft gegen die Herz zum Grunde läge, daß ich das früher oder später entdecken und daß es mich unglücklich machen würde. Das war mir denn zu arg, und ich habe ausgelassen darüber stundenlang gelacht. Daß gewöhnliche Menschen von gewöhnlichen Menschen glauben, Mann und Frau könnten nicht vertraut sein, ohne leidenschaftlich und verliebt zu werden, das ist ganz in der Ordnung, aber die Leiden von uns beiden! So wunderbar war es mir, daß ich mich gar nicht darauf einlassen konnte, sondern nur ganz kurz Schlegeln auf mein Wort versicherte: es wäre nicht so und würde auch nie so werden. Die arme Herz aber war ein paar Tage ganz zerrüttet über diesem Mißverständnis. Dem Himmel sei Dank, ist alles wieder im Gleichen, und wir gehn ungestört unsres Weges fort. Von Schlegel habe ich aber jetzt wenig Genuß. Seit einigen Tagen ist sein Bruder aus Jena hier, der als Dichter und als neuer Übersetzer des Shakespeare bekannt ist. Er wohnt in der Stadt in einem Hause, wo ich nur wenig sein kann, und Schlegel ist fast immer da. Dieser Bruder hat weder die Tiefe noch die Innigkeit des hiesigen, er ist ein feiner, eleganter Mann, hat sehr viel Kenntnisse und künstlerisches Geschick und sprudelt von Witz, das ist aber auch alles. Ich habe Schlegeln geweissagt, daß sein Bruder keinen Sinn für mich haben würde, und wie es scheint, habe ich recht. Vor einigen Tagen habe ich mit ihnen beiden bei Iffland gegessen, den ich sonst schon ein paarmal gesehn habe, und mich da sehr gut amüsiert. Das komische

Talent dieses Mannes ist ganz einzig, er ist voll lustiger und ergötzender Anekdoten, und die agiert er gleich so köstlich, daß man so seiner Kunst weit mehr froh wird als auf dem Theater. Dabei ist er höchst gutmütig, was Leute mit dieser Gabe so selten sind, und das Bewußtsein, daß er seiner Gesinnungen wegen, mit denen er aber nicht prahlt, Achtung verdient, läßt es einem recht wohl bei ihm sein. Die Herz ist auch sehr auf dem Wege der Besserung, und ich denke, sie soll in acht Tagen ganz wiederhergestellt sein. Alsdann geht auch der ältere Schlegel wieder ab, und ich bekomme den meinen wenigstens zum Teil wieder und hoffe ganz in mein gewohntes Leben zurückzukehren... Deinen Wunsch, etwas von mir gedruckt zu sehn, kannst Du jetzt noch auf eine andre Art erfüllen; aber freilich nur sehr im kleinen. Die beiden Schlegels nämlich geben zusammen ein neues Journal heraus unter dem Titel: Athenäum. In dem zweiten Stück desselben steht unter der Rubrik: *Fragmente* eine große Menge einzelner Gedanken, von denen freilich viele, welche sich bloß auf die abstrakte Philosophie beziehen, Dich eben nicht interessieren können; andere aber wirst Du gewiß gern lesen. Unter diesen nun sind mehrere von mir, und ich überlasse Dir, wenn Dir dies Journal zu Gesicht kommt, herauszufinden, wo Du etwas von meiner Art witterst; ich dächte, es sollte Dir nicht schwer werden, mich zu entdecken. Schicken kann ich Dir's nicht, weil man einzelne Stücke nicht bekommt; auch wird das zweite Stück nur eben erst gedruckt. So weit hat mich nun Schlegel gebracht, aber daß ich etwas Größeres schreiben sollte, daraus wird nun nichts. Ich kann meine Zeit besser brauchen, und überdies macht es mir eine höchst unangenehme Empfindung, etwas von mir gedruckt zu sehn. Kaum habe ich es bei diesen paar Gedanken ausgehalten, die zusammen wohl schwerlich einen Bogen ausmachen... Romane kommen jetzt überhaupt nicht vor meine Augen. Statt aller andern habe ich vor einiger Zeit mit der Herz den ›Wilhelm Meister‹ wieder gelesen. Ihre Krankheit hat aber eine Unterbrechung gemacht, und wir sind mitten in den ›Bekenntnissen einer schönen Seele‹ stehngeblieben. Daß Goethe hierbei irgendeinen Original-Aufsatz in Händen gehabt hat, ist mir sehr klar, und ich getraue mich sogar mit der größten kritischen Gewißheit ganze Stellen anzugeben, die gewiß echt und bis auf Kleinigkeiten unverändert, und andere, die gewiß sein Machwerk sind. Im Anfang hat er gewaltig viel teils gemacht, teils anders zusammengestellt, um die ganze Denkungsart, wie die Leute sagen, psychologisch einzuleiten und verständlich zu machen, und hat dadurch eigentlich nichts verständlich gemacht, als daß er nichts davon versteht. Die Anmaßung, auch so etwas in einem Buch zu haben, welches gewissermaßen die ganze menschliche Natur umfassen soll, hat sich selbst gestraft. Ich rede, als ob Du den ›Wilhelm Meister‹ gelesen hättest, und weiß es doch nicht; ich wollte aber wohl, Du läsest ihn der Merkwürdigkeit wegen... Einen andern unserer lieben Schriftsteller, Friedrich Richter, den Verfasser des ›Hesperus‹, werde ich wahrscheinlich in einigen Wochen sehn; er hält sich jetzt in Leipzig auf und will eine Reise nach Berlin machen...

D. 4t. August 1798. Soeben, meine Liebe, komme ich von der sich so nennenden reisenden Dame, die in ihren Briefen über Berlin der jüdischen Frauen so angelegentlich und so sonderbar gedenkt. Es ist Madame Unger, eine kränkliche, ältliche, grämliche Frau, die Berlin gewiß seit vielen Jahren nicht länger als auf einige Tage verlassen hat. Warum sie so eine eigne Pique gegen die Juden hat, weiß ich nicht, sie soll aber in ihr schon sehr alt sein. Daß junge Gelehrte und Elegants die hiesigen großen jüdischen Häuser fleißig besuchen, ist sehr natürlich, denn es sind bei weitem die reichsten bürgerlichen Familien hier, fast die einzigen, die ein offenes Haus halten und bei denen man wegen ihrer ausgebreiteten Verbindungen in allen Ländern Fremde von allen Ständen antrifft. Wer also auf eine recht ungenierte Art gute Gesellschaft sehn will, läßt sich in solchen Häusern einführen, wo natürlich jeder Mensch von Talenten, wenn es auch nur gesellige Talente sind, gern gesehen wird und sich auch gewiß amüsiert, weil die jüdischen Frauen, die Männer werden zu früh in den Handel gestürzt, sehr gebildet sind, von allem zu sprechen wissen und gewöhnlich eine oder die andere schöne Kunst in einem hohen Grade besitzen. Auch ich würde ein paar von diesen Häusern besuchen, wenn ich nicht den Zirkel meiner Bekanntschaften ein für allemal geschlossen hätte und wenn mich nicht dieses Mißverhältnis zwischen den beiden Geschlechtern abschreckte, bei dem es nur gar zu auffallend ist, daß man nur der Frauen wegen hingeht. Mit Herzens und Veits ist das eine ganz andere Sache. Die ersten sehen zwar auch viele Fremde, und es kommt nicht leicht ein merkwürdiger

Mensch nach Berlin, der sie nicht besuchte, und auch hier sind sie in den ausgebreitetsten Verbindungen, aber sie halten doch nicht, was man ein offenes Haus nennt, und ich besonders bin meistenteils en famille bei ihnen und vermeide es, große Gesellschaft dort zu sehn, weil mir wirklich zu wenig daran liegt. Sie besonders, die Herz, schränkt ihre persönliche Bekanntschaft sehr ein, und wenn sie nicht des Mannes wegen müßte, und weil sie einmal eine bekannte Frau ist, so würde sie gewiß nur mit ein paar Menschen leben. Veits aber sind gar nicht in diese Klasse zu setzen und leben sehr eingezogen. In dieser Rücksicht also gehöre ich weder unter die Elegants noch unter die jungen Gelehrten, obgleich ich mich in anderer Rücksicht bestrebe, zu beiden gerechnet zu werden. Mit Sack habe ich auch dieser Tage eine Herzenserleichterung über meinen jüdischen Umgang gehabt. Er sagte mir offenherzig, er hätte auch deswegen gewünscht, daß ich nach Schwedt gegangen wäre, weil er fürchte, meine Art zu existieren möchte meiner Beförderung hier hinderlich sein, und ein paar Jahre Abwesenheit würden das besser gutmachen, was sich sonst vielleicht nicht ändern ließe. Er sei, wie ich wisse, nicht pedantisch genug gegen den Umgang mit Juden zu sein (wie denn auch sein Vater und sein Schwiegervater mit Mendelssohn viel umgegangen sind), aber für diese bureaux d'esprit, für den Umgang, wie ihn Madame Unger beschriebe, habe er doch keinen Sinn, und wenn es gar zu bekannt wäre, daß ich so ganz unter diesen Menschen lebte, so müßte das doch auf viele Leute einen nachteiligen Eindruck machen, und er selbst besorge, der Ton, den man in diesen Gesellschaften nach und nach annehme, würde mir mit der Zeit Gleichgültigkeit und Widerwillen gegen mein Amt geben. Über den letzten Punkt suchte ich ihn denn zu beruhigen und ihn über das erste eines Besseren zu überzeugen. Was kann einem doch das unbefugte Schreiben über Gegenstände, die der Schreiber nicht recht kennt, für Not machen! Die Lieder aus dem ›Meister‹, welche Du wünschest, habe ich schon abgeschrieben hier. Musiziert nur fleißig, Ihr lieben Lotten, und recht schöne Sachen. Nicht alles, wovon Du mir gesagt hast, kenne ich, das Matthissonsche nicht, nur die Reichardtschen Kompositionen von Goethe. Schreibe mir doch, ob Ihr diese Goethischen Lieder von Reichardt alle habt, oder welche Ihr abschriftlich besitzt, so kann ich Euch entweder die ganze Sammlung schicken oder wenigstens von Zeit zu Zeit eins einlegen.

Wenn ich nur wüßte, was Ihr liebt, würde ich keinen Brief notenleer schicken; meine musikalischen Freundinnen werden mir dazu gern behülflich sein. Ich gehe jetzt öfter als sonst, um Musik zu hören, ins Theater und habe nun kürzlich zwei gar herrliche Operetten gehört, den ›Arur‹ von Salieri und die beiden kleinen Savoyarden von Dalayrac. Bei Gelegenheit des letzten sah ich denn auch in einem kleinen Stück, das vorher ging, unsern Iffland wieder spielen, ein Vergnügen, das ich lange nicht genossen habe und das mich ganz aufs neue ergriff...

»Genlis sehen Sie vermutlich und beurteilen Sie selbst«

Ich habe Frau von Genlis während ihrer Anwesenheit in Berlin viel gesehn, denn ich nahm Unterricht bei ihr. Eine Freundin von mir, welche sie sehr für sich zu interessieren gewußt hatte, führte sie mir – es war im Jahre 1798 – nach meiner Sommerwohnung im Tiergarten zu. Als ich zur Erwiderung des Besuches zu ihr nach der Stadt fuhr, fand ich sie in dem schlechten kleinen Zimmer einer engen Straße der Neustadt, nahe der heutigen Dorotheenstraße. Hier saß die berühmte Gräfin Genlis, Marquise de Sillery, vor einem Windofen und kochte ihre Schokolade. Auf einem etwas gebrechlichen Tische stand ein schlechter hölzerner Leuchter mit einem dünnen Talglichte. Auf einem sogenannten Schappen, wie sie sonst nur in Küchen stehen, fehlte es nicht an Töpfen, Pfannen und anderem Kochgeschirr, und ein gewisses Gerät unter dem Bett bemühte sich nicht im mindesten, sich zu verbergen. Auch die Bewohnerin des Zimmers wäre nicht imstande gewesen, den Eindruck eines niederländischen Genrebildes der unfeineren Gattung, welchen das Ganze machte und der sich mir sogleich beim Eintreten aufdrängte, zu verwischen, denn in der gewöhnlichsten und vernachlässigtesten Kleidung, das schon ergrauende Haar unordentlich unter der wenig sauberen Haube herabhängend, saß sie bei ihrem Geschäfte, hätte nicht eine schöne Harfe, welche in einer Ecke des Zimmers stand, die wenig erfreuliche Illusion gestört. Sie schien in dieser Umgebung einen ganz ausgesprochenen Ausdruck zu haben, sie sah ernst und befremdet aus wie ein gebildeter Mann, der durch Zufall in eine unfeine Gesellschaft geraten ist. Bald aber ward uns ein zweiter, wenngleich nicht so in die Augen fallender Gegensatz bemerkbar. Auf einem Tische befanden sich, unter vielen anderen sehr heterogenen Gegenständen, künstliche Blumen und saubere Körbchen, welche Frau von Genlis anfertigte.

Schon damals traf ich Verabredungen mit ihr wegen eines mir zu erteilenden Unterrichts im französischen Stil; nächst dem wollte ich französische Klassiker mit ihr lesen. Aber für diesmal scheiterte das Vorhaben an der auf höheren Befehl erfolgten Ausweisung der Frau von Genlis. Das Hindernis, welches ihrem Aufenthalt entgegenstand, wurde jedoch in kurzem beseitigt, und sie kehrte nach Berlin zurück.

Als nun der Unterricht beginnen sollte, und Frau von Genlis von mir hörte, daß ich die Stunden nicht allein nehmen wolle, erklärte sie mir sofort, daß, wenngleich sie auch Herren unter ihren Schülern zähle, sie doch nie einen Herrn und eine Dame gemeinschaftlich unterrichte. Wie sie denn überhaupt die Trennung der Geschlechter bis ins wunderlichste trieb. So trennte sie zum Beispiel, als sie sich später in Berlin wieder in den Besitz eines kleinen Büchervorrats gesetzt hatte, die männlichen Schriftsteller aufs sorgfältigste von den weiblichen. Nicht nur wurde jedem Teile eine andere Seite des Repositoriums eingeräumt, zu größerer Sicherheit blieb auch noch ein leerer Zwischenraum zwischen ihnen. – Ich sah mich nach einer Gefährtin um und fand sie in der als Schriftstellerin nicht unbekannten Frau Sophie Bernhard, geborene Gad.

Frau von Genlis wohnte jetzt schon etwas besser; das Zimmer, in welchem sie Unterricht erteilte, war ein reinliches Zweifenster-Zimmer. Auch war sie nicht mehr allein. Sie hatte eine Frau Klebe, geborene de la Garde, von der französischen Kolonie zu sich genommen, und nächstdem wohnte der kleine Casimir bei ihr, welcher ihr Schüler auf der Harfe war, später als einer der ersten Virtuosen auf diesem Instrumente Europa durchreiste und sich namentlich in Frankreich einer gewissen Berühmtheit erfreute.

Mich hatte sie besonders in Affektion genommen, weil ich, ihrer Behauptung nach, ihrer Tochter oder Pflegetochter, ich weiß dies nicht mehr genau, ähnlich sah. Aber das hinderte sie nicht, mit meinem französischen Stil sehr unzufrieden zu sein. Meine Arbeiten unterlagen vielfachen Korrekturen, während sie sich von denen meiner Gefährtin sehr befriedigt erwies. Doch die Szene änderte sich, als es an das Vorlesen der französischen Klassiker ging. Da wurde ich mit Lob überschüttet, während die andere ihr nichts zu Dank tun konnte. Die Komödie namentlich las ich, ihrer Behauptung nach, vortrefflich. Aber als wir zur Tragödie übergingen, wurde sie wieder unzufrieden. »Ce n'est pas là le ton de la tragédie!« rief sie einmal über das andere. Ich wußte wohl, woran es lag, daß sie diesen bei mir vermißte, und bat sie, mir einige Stellen aus einem Trauerspiele vorzulesen; worauf ich ihr denn erklärte, daß ein solcher hohler Pathos mir völlig unerträglich sei und ich lieber darauf verzichte, Tragödien zu lesen, als daß ich mich zu ihm verstände. »Vous ne voulez pas lire la tragédie?« rief sie, »vous qui êtes fait pour la jouer? vous avec votre figure tragique?«

Sie selbst war freilich eine ganz vortreffliche Schauspielerin. Ich sah sie einmal in dem Hause des reichen jüdischen Kaufmanns Cohen so meisterhaft spielen, daß ich nicht umhin konnte, ihr nach der Vorstellung mein Kompliment deshalb zu machen. »Mais«, rief sie mit einem vieldeutigen Lächeln, »j'ai joué la comédie toute ma vie!«

Ich glaube übrigens nicht, daß sie jemals schön war, ungeachtet man ihr selbst damals, wo sie schon im Anfange der Fünfziger stand, sehr deutlich ansah, daß sie früher den Anspruch gehabt hatte, hübsch genannt zu werden. Sie war schlank und gut gewachsen, ihr Teint war von großer Klarheit, ihr Auge dunkel und lebendig, ihre Züge waren fein, aber es fehlte den Verhältnissen des Gesichts einiges an der Regelmäßigkeit, welche ein notwendiges Erfordernis der Schönheit ist. Daß sie niemals gut und fest angekleidet war, schadete nächstdem ihrer Erscheinung. Ich wenigstens habe, so lange ich sie kannte, ihre Kleidung nie anders als salope gesehen.

Ihr früheres Verhältnis zu dem Herzoge von Orleans wurde viel besprochen. Aber wenn es in der Tat so verfänglicher Art war, wie man behauptete, so muß man erstaunen, daß Louis-Philippe und seine Schwester, welche beide nicht nur sehr sittlich sind, sondern auch das Andenken ihrer Mutter hoch verehren, sie mit so viel Rücksicht behandelten. Der erstere bot ihr sogar eine Wohnung im Schlosse an. Sie nahm sie jedoch, an ihre bisherige einmal gewöhnt, nicht an. Ich meinerseits habe bei unserer Bekanntschaft nichts an ihr wahrgenommen, was mich berechtigt hätte, sie für unsittlich zu halten, und würdige und einsichtige Frauen teilten meine Ansicht.

So schrieb mir Sophie von La Roche im Jahre 1798 während der Anwesenheit der Genlis in Berlin über sie: ›Genlis sehen Sie vermutlich und beurteilen Sie selbst. Es fällt mir schwer, das Böse zu glauben, so man von ihr sagt. Man überhäufte mich schon in Paris damit, wo ich nur sagen konnte: prouvez moi qu'elle a le temps d'écrire des livres, d'élever et d'instruire les enfans d'Orléans et de faire ce que vous dites, alors je vous croirai. Es ist schwer, geistvoll oder schön zu sein, weil man immer in Gefahr ist, von Männern, die gern leiten – oder gern versuchen wollten, verleumdet zu werden.‹

»Höre denn doch zuviel diesen Jean Paul herausstreichen«

Ich lernte Jean Paul schon bei seiner ersten kürzeren Anwesenheit in Berlin im Frühjahr 1800 kennen. Er wohnte damals in einem ziemlich obskuren Wirts- oder eigentlich Kaffeehause, ja das vulgäre Wort ›Kneipe‹ möchte für dasselbe das bezeichnendste Wort gewesen sein. Mit ihm, dem überaus Unbefangenen, wohnte dort die schon von mir erwähnte Sophie Bernhard, geborene Gad, welche später Domeier, den Leibarzt des Herzogs von Sussex, heiratete, dessen Bekanntschaft sie in Berlin gemacht hatte, wohin er im Gefolge des Herzogs gekommen war. – Sophie Bernhard war eine geistreiche und sehr gutmütige Frau, nichts weniger als schön, aber sehr empfänglichen Herzens, und vorzugsweise richtete sich ihr Gefühl auf Literaten. Da sie mit einer großen Fülle des Busens gesegnet war, so wurde in Berlin scherzweise von ihr gesagt: sie lege die Gelehrten an ihre Brüste.

Richter war im allgemeinen in Berlin nicht eben wählig hinsichts seiner Wohnungen, und einmal hatte er sich in dem Hause in der Neuen Friedrichsstraße, in welchem ich wohnte, ein ziemlich schlechtes Stübchen im Hofe gemietet. Dies hinderte jedoch nicht, daß die ausgezeichnetsten und vornehmsten Damen dort bei ihm vorfuhren und ihn besuchten, und besonders viel war die bekannte Gräfin Schlabrendorf, zugleich eine Freundin Sophiens, dort bei ihm.

Überhaupt ist es kaum zu beschreiben, wie viel Aufmerksamkeit ihm von den Frauen, selbst von denen der höchsten Stände, erwiesen wurde. Sie wußten es ihm Dank, daß er sich in seinen Werken so angelegentlich mit ihnen beschäftigt und bis in die tiefsten Falten ihres Sinnes und Gemüts zu dringen gesucht hatte; hauptsächlich aber dankten es ihm die von höherer Bildung und die vornehmen Damen, daß er sie so viel bedeutender und idealer darstellte, als sie in der Tat waren. Dies hatte jedoch seinen Grund darin, daß, als er zuerst Frauen der höheren Stände schilderte, er in Wirklichkeit noch gar keine solche kannte und einer reichen und wohlwollenden Einbildungskraft hinsichtlich ihrer freien Spielraum ließ, diejenigen aus diesen Klassen jedoch, welche er später kennenlernte, alles anwendeten, um die ihnen schmeichelhafte Täuschung in ihm zu erhalten und ihm möglichst ideal zu erscheinen. So hat er die Frauen der höheren Stände, so viele er deren auch später sah, eigentlich niemals kennengelernt, ja diejenigen, deren Bekanntschaft er machte, in gewisser Beziehung immer falsch beurteilt. Nicht, als ob er die Bedeutenden für unbedeutend gehalten hätte – das Umgekehrte begegnete ihm wohl bisweilen –, aber die Kenntnis der Eigenschaften, welche eben ihre Eigentümlichkeit ausmachten, erlangte er am wenigsten, weil fast keine sich ihm gab, wie sie war, sondern meist alle ihm nur ihre glänzendsten Seiten zuwendeten, welche selten ihre bezeichnenden waren. Dadurch verwirrte sich auch sein Urteil hinsichtlich der wenigen, welche ihm für nichts anderes gelten wollten als für das, was sie wirklich waren, und ich rechne mich zu diesen. Er war viel, und ich glaube gern, in unserm Hause, aber zu meinem Verdruß glaubte ich zu bemerken, daß er in mir vor allem eine von ihm vorausgesetzte Gelehrsamkeit achtete, eine Eigenschaft, auf welche ich weder Anspruch hatte noch machte.

Zeichnete ihn die Berliner Gesellschaft aus, so stellte er seinerseits diese sehr hoch. Es war die Mischung aller Stände innerhalb derselben, welche ihm besonders behagte, und allerdings kontrastierte die hiesige Gesellschaft in dieser Beziehung sehr von der damaligen sächsischen, welche er bis dahin vorzugsweise gekannt hatte. –

Man darf übrigens von seiner Schreibart keinen Schluß auf seine Unterhaltung ziehen, wozu man um so sehr geneigt sein könnte, als fast jedes seiner kleinsten Handbilletts den Stil seiner Schriften trägt. Er sprach anspruchslos, klar, geordnet und sehr selten humoristisch. Dabei war er sehr eingehend und ließ noch lieber mit sich sprechen, als daß er selbst gesprochen hätte. – Es wohnte ein tiefes Gefühl in ihm, namentlich für seine Freunde, und es war mir immer rührend, wenn er mir von seinem Freunde Emanuel sprach, für welchen, als einem Juden, er ein besonderes Interesse in mir voraussetzen konnte. Emanuel wollte im Herbst 1801 nach Berlin kommen. Er empfahl ihn mir brieflich als ›seinen Glaubensgenossen in höherem Sinne‹, der nach Berlin, ›der hohen Schule seiner Religionsgenossen‹, reisen wolle. Aber Emanuel, der jedenfalls ein ausgezeichneter Mann gewesen sein muß und dessen Bekanntschaft ich gern gemacht hätte, kam nicht, schickte jedoch den Brief. –

Von den Damen, welche von der zuvorkommendsten und schmeichelhaftesten Aufmerksamkeit für Richter waren, sind selbst die Königin Luise und ihre Schwester, die damalige Prinzeß Luise von Preußen, nicht auszunehmen. Die Königin führte ihn selbst in Sanssouci umher, und die Aufmerksamkeiten, welche ihre hohe Stellung sie verhinderte ihm persönlich zu zollen, ließ sie ihm durch ihren, ebenfalls für ihn sehr eingenommenen Bruder, den Prinzen Georg, jetzigen Großherzog von Mecklenburg-Strelitz, erweisen. Unter den Damen des Hofes war viel und mit hoher Anerkennung die Rede von Jean Paul, und als er beabsichtigte, sich in Preußen niederzulassen, wurde der König sogar bewogen, ein Kabinettsschreiben an ihn zu erlassen, in welchem er ihm erklärte, daß ihm seine Übersiedlung nach Preußen angenehm sein würde. Als er jedoch später beim Könige um eine Präbende anhielt, wurde sie ihm nicht bewilligt. Dem Könige war es zuletzt der Begeisterung für Jean Paul zuviel geworden. Ich habe dies von einer Freundin der Königin, irre ich nicht, von Frau von Berg. Der König äußerte: »Höre denn doch zuviel diesen Jean Paul herausstreichen. Mag ganz gute Romane geschrieben haben – für den Liebhaber, denn mir war das, was mir davon zu Händen gekommen ist, ein bißchen gar zu kraus –, aber dies ist doch ein Verdienst, das sich noch halten läßt. Wie will man erst von einem großen Staatsmann sprechen, oder von einem Helden, der das Vaterland gerettet hat? Die Damen verstehen immer das Maßhalten nicht.« –

Ich hatte Jean Paul mit Schleiermacher bekannt gemacht, dessen ganze Persönlichkeit ihm sehr wohl gefiel, und ihm auch dessen ›Reden über die Religion‹ zu lesen gegeben, welche er mir mit einem Schreiben voll begeisterten Lobes zurückschickte. Später kamen ihm auch Predigten Schleiermachers zu. Auch über diese schrieb er mir. Sie seien vortrefflich, sagte er in diesem Schreiben, und nur seine ›Reden‹ seien zehnmal besser.

Viel weniger zufrieden als Jean Paul mit Schleiermachers Leistungen war dieser es mit denen des anderen. Dem Manne der klassischen Form konnte Jean Pauls Formlosigkeit nicht behagen. Aber auch der Inhalt mancher seiner Werke befriedigte ihn wenig, und selbst an dem hochgefeierten ›Titan‹ hatte er viel auszusetzen. Er schrieb mir kurz nach dem Erscheinen über diesen: ›Es sind doch wahrlich alles die alten Sachen und auch in der Geschichte und den Dekorationen die alten Erfindungen, welches eine schreckliche Armut verrät. Selbst die Charaktere sind, wenn auch nicht gerade kopiert, doch ganz in dem alten Genre. Indes ist vieles besser als in dem ›Hesperus‹ und der ›Loge‹, selbst die Geschmacklosigkeit.‹ – Nachdem er den Anhang und die Clavis gelesen hatte, fuhr er fort: ›Nachgerade wird doch Richter so klug, die Sachen, die gar nicht in das übrige hineinwollen, allein zu drucken, er richterisiert aber doch so sehr, daß sie dem anderen angehängt werden müssen und daß sie auch unter sich nicht zusammenhängen dürfen. Nur wie er den Anhang komisch und satirisch nennen kann, ist schwer zu begreifen. Das einzige recht Komische ist eine Satire auf ihn selbst, eine Anspielung, seine Bücher zu machen, nämlich ein Erzählungsspiel, wo man in eine angefangene Erzählung hineinbringen muß, was einer sagt. Doch wird es nicht übelgenommen, wenn man auch bisweilen nur scheint, es hineingebracht zu haben. Auch fängt er an, Noten zu machen zu seinem Witz, und schließt sogar mit einer solchen, und wenn noch mehrere Frauen ihm sagen, daß er schwer sei – fällig nämlich, so wird er gewiß noch mehrere Verbesserungen dieser Art anbringen.‹ –

Doch würde man Unrecht tun, diese brieflichen Expektorationen Schleiermachers an eine Freundin so zu betrachten, als sprächen sie seine vollständige Ansicht über Jean Pauls schriftstellerische Leistungen aus. Er wußte auch vieles an diesen zu schätzen. Um eine erschöpfende Kritik war es ihm in solchen flüchtigen Mitteilungen nicht zu tun. –

Madame de Staël: »Qu'est-ce qu'elle dit?«

Eine Frau ganz anderer Art als Frau von Genlis war freilich Frau von Staël, welche fünf bis sechs Jahre später in Berlin war als jene und zu welcher ich in mannigfachen Beziehungen gestanden habe. Es ist nicht möglich, sich eine lebendigere und geistreichere Unterhaltung zu denken als die ihre. Allerdings aber wurde man von ihr fast bis zum Übermaß mit Geistesblitzen überschüttet. Und nicht minder lebhaft als im Antworten war sie im Fragen, ja ihre Fragen folgten einander mit solcher Schnelligkeit, daß es kaum möglich war, ihr genügend zu entgegnen. Ihr unersättlicher Durst nach Vermehrung ihrer Kenntnisse ließ ihr keine Ruhe, aber ihre Sucht, den subtilsten Geist, welcher aus den Tiefen der Wissenschaft aufsteigt, im Fluge von der Oberfläche wegzuhaschen, war schon bei ihrer Anwesenheit in Berlin Gegenstand leichten Spottes, und dieser blieb ihr nicht immer verborgen. Prinz August fragte sie einmal in meiner Gegenwart: ob sie denn nun schon glücklich in den Besitz der ganzen Fichteschen Philosophie gelangt sei? »Oh, j'y parviendrai!« antwortete sie mit großer Entschiedenheit, zugleich aber auch mit einer Schärfe des Tons, welche bewies, daß sie die Meinung des Fragenden wohl verstanden hatte.

Mit dieser Fichteschen Philosophie hat sie manche gute Leute nicht wenig gequält. – Ich begegnete eines Tages dem Professor Spalding, dem Philologen. »Ach«, rief er mir schon in der Entfernung einiger Schritte entgegen, »morgen steht mir ein saueres Diner bevor! – Im Laufe desselben soll ich ein Werk, das ich nicht ganz verstehe, in eine Sprache übertragen, die mir nicht geläufig ist.« Und es ergab sich, daß er zu Frau von Staël eingeladen war, um ihr beim Diner so nebenher ein philosophisches Werk Fichtes in französischer Sprache beizubringen.

Ein Diner, und zwar bei der Herzogin von Kurland, war es auch, bei welchem ich ihre Bekanntschaft machte, und zwar ein sehr interessantes, denn in der nur kleinen Gesellschaft befand sich außer ihr und Johannes Müller noch Prinz Louis Ferdinand.

Ich sah sie seitdem öfter bei mir. Sie hatte kaum August Wilhelm Schlegel kennengelernt, als der Wunsch, daß er sich ihr anschließe und sie begleite, sehr rege in ihr ward, und da Schlegel demselben anfangs nicht entsprechen wollte, so bat sie mich, ihn dazu zu bestimmen. »Vous avez quelque ascendant sur lui!« sagte sie mir. »Ich will ja nichts von ihm, als daß er meinen Sohn und meine Tochter im Deutschen unterrichte, alle übrige Zeit soll ihm ja bleiben! – Er schützt die Übersetzung des Shakespeare vor. Aber ich sehe die Notwendigkeit nicht ein«, rief sie mit großer Lebhaftigkeit, »den englischen Dichter eben in der Hauptstadt Preußens zu übersetzen!«

Es konnte ihr jedoch nicht lange verborgen bleiben, daß es in der Tat nicht der englische Dichter, sondern eine berlinische Dame war, was ihn an Berlin fesselte. Schlegel hing mit zärtlicher Freundschaft an Sophie Bernhardi, geborener Tieck, nachherigen Frau von Knorring. Sobald Frau von Staël dies erfahren hatte, drang sie in mich, Schlegel und seine Freundin zu mir einzuladen, damit sie die letztere kennenlerne. Vergebens stellte ich ihr vor, daß Frau Bernhardi nicht französisch spreche, während sie das gesprochene Deutsch nicht verstehe. »Je la verrai parler!« rief sie mit ihrer überwältigenden Lebhaftigkeit. – Ich mußte nun eine größere Gesellschaft einladen, um durch sie die Absicht der Frau von Staël möglichst zu maskieren.

Ein Wunder wäre es jedoch gewesen, hätte Frau Bernhardi nicht bemerken sollen, worauf es abgesehen war. Denn kaum hatte sie irgend etwas gesprochen, so rief Frau von Staël Schlegeln aufs lebhafteste zu: »qu'est-ce qu'elle dit?« – und dieser, der hinter ihrem Stuhle stand, mußte das Gesagte übersetzen. Dabei verfuhr er denn aber aus Treue so treulos als möglich. Denn hatte Frau Bernhardi irgend etwas gesagt, was möglicherweise der Staël nicht behagen konnte, so gab er etwas anderes dafür. Dies erregte dann in der Gesellschaft ein Lächeln, von welchem ich befürchten mußte, daß es der Frau von Staël, weil sie es eben nicht zu deuten wußte, befremdlich werden könnte. Um daher einer möglichen größeren Unannehmlichkeit vorzubeugen, benutzte ich eine Gelegenheit, dem trügenden Dolmetscher in scherzendem Tone das Handwerk zu legen. Als nämlich Frau Bernhardi einmal behauptete, die französische Sprache sei eine durchaus unmusikalische und für den Gesang im geringsten nicht geeignet, Schlegel aber auf das ›qu'est-ce qu'elle dit?‹ der Frau Staël der anderen eine Äußerung in den Mund legte, welche einem Lobspruch auf das melodische Element in der französischen Sprache ziemlich ähnlich sah, berichtigte ich den Übersetzer und machte so den Fragen der Frau von Staël ein Ende, die sich alsdann in der Tat hinsichts der Frau Bernhardi mit dem voir parler begnügte. –

Frau von Staël gab während ihres Aufenthalts in Berlin an jedem Freitage eine Soiree, aber sie lud jedesmal nur drei Damen dazu ein. Ich gehörte öfter zu den Eingeladenen und erinnere mich des letzten dieser Abende als eines vorzugsweise geistvollen und anregenden. Die drei weiblichen Mitglieder der Gesellschaft waren diesmal, außer der Wirtin, die Herzogin von Kurland, Frau von Berg und ich. Besonders geistreich und liebenswürdig erwies sich an diesem Abende Prinz Louis Ferdinand; wie er denn überhaupt einer der liebenswürdigsten Fürsten war. Es ist wahr, daß er bei alledem einen gewissen ton de corps de garde nie völlig unterdrücken konnte. Doch machte ihn dieser nicht irgend unangenehm, er diente nur dazu, ihm eine bestimmte, eigentümliche Färbung zu verleihen. So verfuhr er eben an jenem Abende, hinsichts meiner auf eine Weise, die, von jedem anderen geübt, unzart, ja verletzend gewesen wäre, bei ihm jedoch sich wie gemütliche Teilnahme darstellte. Er faßte mich nämlich bei der Hand und führte mich vor die Herzogin von Kurland. »Betrachten Sie diese Frau!« rief er. »Und diese Frau ist nie geliebt worden, wie sie es verdiente!« – Recht hatte er in letzterem freilich. So unendlich gut mein Mann gegen mich war, so liebend er sich die Bildung meines Geistes angelegen sein ließ, so vertrauensvoll er mir alle Freiheit gewährte, die mir das Leben verschönen konnte, eine Liebe, wie ich sie im Herzen trug, kannte er nicht, ja wenn ich sie äußerte, wies er sie gleich einer Kinderei zurück.

Schon vor dieser Szene hatte ich gegen den Prinzen geäußert, daß ich ihn noch nie Piano spielen gehört hätte, und er war so freundlich, mir zu versprechen, daß er am nächsten Freitage sein Instrument zu Frau von Staël bringen lassen wolle. Doch an diesem Freitage bei dieser gab es keine Soiree mehr. Sie hatte die Nachricht von der Krankheit Neckers, ihres Vaters, erhalten und war eiligst abgereist, um ihn noch zu sehn. Aber sie fand ihn nicht mehr unter den Lebenden. –

III. Die Zeit der ästhetischen Tees

Der Salon der Herzogin von Kurland: »Ein schönes Haus unter den Linden No. 7«

Einen grellen Gegensatz zu den dunkeln einförmigen Winterabenden beim Großvater Nicolai bildeten die glänzenden Gesellschaften bei der Herzogin von Kurland, wohin mein Vater uns nur in sehr seltnen Fällen mitnahm, weil er den richtigen Grundsatz hatte, daß für einfache, bürgerlich erzogene Kinder eine solche fürstliche Pracht nichts tauge.

Die Herzogin hatte sich nach dem Tode des Herzogs in Deutschland niedergelassen; sie lebte den Winter in Berlin, den Sommer auf ihrem Landgute Löbichau bei Altenburg. Ihr Mann, der letzte Herzog von Kurland, hatte sich entschlossen, da sein einziger Sohn gestorben war, sein Herzogtum i.J. 1795 an Rußland zu verkaufen. Der Preis war auf eine Million Dukaten festgesetzt worden, allein nach dem Tode des Herzogs (i.J. 1800) gerieten die russischen Abzahlungen allmählich ins Stocken; alle Reklamationen waren umsonst; im Wege des Prozesses blieb gar nichts zu erwarten, und so erhielten denn die Erben, wie ich dies später aus dem Munde der Herzogin selbst erfuhr, statt eines Dukatens nicht mehr als 17 Silbergroschen.

Schon früher hatte der Herzog in Deutschland große Güterankäufe gemacht; in Schlesien erwarb er das Herzogtum Sagan, in Böhmen die Herrschaft Nachod, in Sachsen das Landgut Löbichau. In Berlin besaß die Herzogin ein schönes Haus unter den Linden No. 7, das in meiner Jugend allgemein mit dem Namen des kurländischen Hauses bezeichnet wurde. Sie richtete sich darin auf das geschmackvollste ein, und versammelte einen Kreis von allen Berliner Notabilitäten um sich.

Von den vier Töchtern der Herzogin erhielt die älteste, Wilhelmine, das Herzogtum Sagan; sie war zuerst an den französischen Prinzen Rohan, dann an den russischen Fürsten Trubetzkoi verheiratet. Die zweite Tochter Pauline heiratete den regierenden Fürsten von Hohenzollern-Hechingen, die dritte, Jeanette, den neapolitanischen Fürsten Acerenza-Pignatelli. Die vierte Tochter Dorothea lebte bei ihrer Mutter; sie war im Jahre 1806, als wir Kinder anfingen in das herzogliche Haus zu kommen, 13 Jahre alt und von wunderbarer Schönheit. Als ich später den Wilhelm Meister las, bemerkte ich, daß das Bild, welches ich mir von Mignon machte, der Prinzessin Dorothea glich. Die dunkeln unergründlichen Augen hielt man anfangs für braun, sie waren aber von einem intensiven Blau; Stirn und Nasenwurzel von vollendeter griechischer Reinheit, die Nase selbst vielleicht etwas zu lang, die Oberlippe von wahrhaft klassischem Schnitt, das Oval des Gesichtes von feinster Zeichnung. Ihr rabenschwarzes glänzendes Haar trug sie ganz einfach gescheitelt, und hinten in einen Knoten geschürzt. Beim Sprechen stieß sie ein ganz klein wenig mit der Zunge an, und dies gab ihr in unsern Augen einen noch größeren Liebreiz. Da sie 6 Jahre älter war als Fritz, und 4 Jahre älter als ich, so sahen wir zu ihr mit größtem Respekt empor. Der Ausdruck ihres Gesichtes war gewöhnlich sehr ernst, aber noch höre ich ihr helles herzliches Lachen, wenn Fritz uns seine Späße vormachte.

Wir Kinder verkehrten bei der Herzogin meist in einem Zimmer neben dem Salon. Eines Abends belustigte uns Fritz durch die Nachahmung der verschiedenen Tierstimmen, worin er eine große Virtuosität besaß. Er krähte wie ein Hahn, bellte wie ein Hund und miaute wie eine Katze. Dies alles wußte er anfangs so geschickt zu mäßigen, daß er hoffen konnte, im Salon nicht gehört zu werden; allein beim Blöken des Kalbes vergaß er sich so sehr, daß der unharmonische Ton weithin durch die Zimmer schallte. Ganz entrüstet und mit gerunzelter Stirn eilte mein Vater herein, um Fritzen die verdiente Strafpredigt zu halten; er wurde aber bald durch Prinzeßchens Schmeichelworte begütigt.

Eines Abends fanden wir bei Prinzeßchen eine nicht mehr ganz junge Frau von hoher Gestalt und von wahrhaft wunderbarer Schönheit. Wir erfuhren, es sei eine arme Jüdin, Madame *Herz*, von der die Prinzessin englischen Unterricht erhielt. Nie werde ich den Glanz dieser Erscheinung vergessen. Wenn die Prinzessin eine ideale jugendliche Figur, eine Hebe oder Venus darstellte, so konnte man Madame Herz einer Juno oder Proserpina vergleichen.

Henriette Herz:
»Es herrschte völlige Zwanglosigkeit«

Goeckingk war es, welchem ich die Bekanntschaft der trefflichen Herzogin Dorothea von Kurland verdankte, die Bekanntschaft mit ihm aber verschaffte mir eine Reise nach Leipzig, auf welcher ich wenige Jahre nach meiner Verheiratung eine unserm Hause befreundete Familie begleitete.

Die Herzogin von Kurland hielt sich anfangs dieses Jahrhunderts im Winter in der Regel in Berlin auf, und im Jahre 1803 machte mir Goeckingk den Vorschlag, ihre jüngste Tochter im Englischen zu unterrichten. Meine pekuniäre Lage machte mir zu jener Zeit, wo die Pensionen aus der Witwenkasse noch pünktlich gezahlt wurden, diesen Schritt nicht zu einer Notwendigkeit, und ich war daher wenig geneigt, ihn zu tun. Aber Goeckingk hatte sehr richtig bemerkt, daß meine geselligen Verhältnisse, welche zu Lebzeiten meines Mannes eine seltene Ausdehnung hatten, nach dessen Tode beschränkter geworden waren, weil sowohl Schicklichkeit als das Versiegen der reichen Einnahmen, welche dieser aus seiner ärztlichen Praxis bezogen hatte, mir nicht mehr erlaubten, wie bis dahin, selbst ein bedeutendes Haus zu machen, während doch, wie ich nicht leugnen will und bei der Art der Gesellschaft, in welcher ich mich stets bewegte, zu leugnen nicht Ursach habe, das Leben in der Gesellschaft mir ein Bedürfnis geworden war. Er legte daher einen besonderen Akzent auf die schönen geselligen Verhältnisse, in welche ich durch meine Einführung in das Haus der Herzogin treten würde, und besiegte so sehr bald meinen Widerstand.

In der Tat kann man sich die Annehmlichkeiten, welche das Haus der Herzogin in dieser Hinsicht bot, nicht groß genug denken. Schon die liebenswürdige, geistvolle Dame des Hauses hätte es zu einem anziehenden machen müssen. Aber die Herzogin war die erste Frau so hohen Standes, und ist vielleicht die einzige in Berlin geblieben, welche die Ansicht, daß in der Gesellschaft der geringste dem Stande nach dem Höchsten gleichzusetzen sei, wenn er den Erfordernissen einer höheren Geselligkeit entspreche, praktisch durchführte, und überhaupt so durchzuführen imstande war. Denn es war hierzu erforderlich, daß das Haus von jemandem gemacht wurde, welcher die höchsten Personen zu sich einzuladen berechtigt war. Und dennoch gehörte die Unabhängigkeit, die Energie, der Geist und die taktvolle Humanität der Herzogin dazu, um nicht an dem Unternehmen zu scheitern, und leugnen läßt es sich bei alledem nicht, daß es ihr von manchem eifrigen Kämpen für das Althergebrachte Anfechtungen und Verkennung genug zugezogen hat. Aber sie hat sich durch dessen Durchführung nicht bloß um die geselligen Verhältnisse Berlins, sondern weit über diese hinaus um die Förderung der Achtung wahren Menschenwertes seitens der äußerlich Höhergestellten ein großes Verdienst erworben. Diese letzteren, und namentlich der weibliche Teil derselben, welche bis dahin selten Personen, die außerhalb der Hoffähigkeit standen, in engeren Kreisen gesehen hatten, lernten nun auch diese, befreit vom Zwang einer geistbeengenden Etikette, kennen, ja sie, die sich bis dahin im ausschließlichen Besitze feiner geselligen Formen geglaubt hatten, mußten sich gestehen, daß Geist und Urbanität im Verein sich auch hier zugleich natürlichere, wohltuendere, mannigfaltigere und bedeutungsvollere zu schaffen wissen. Einladungen an Personen der höchsten Stände waren der Herzogin nie ein Grund, Niedergestellte, welche zu ihrem geselligen Kreise gehörten, uneingeladen zu lassen. Man speiste abends stets an verschiedenen Tischen, und es herrschte völlige Zwanglosigkeit hinsichts der Plätze, welche die Gäste einnehmen wollten, aber mit großer Feinheit wußte die edle Wirtin doch auch hier eine ihr erwünschte Mischung der Stände zu bewirken. So erinnere ich mich, öfter meinen Platz am Tische neben der liebenswürdigen Prinzessin Luise von Preußen, Gemahlin des Fürsten Radziwill, gehabt zu haben. – Daß man in diesem Hause zugleich die höchsten geistigen Notabilitäten fand, darf ich wohl kaum versichern.

Der Frau von Staël verhalf ihre Einführung bei der Herzogin zur schnellen Bildung eines geselligen Kreises für ihr Haus. Sie wählte eben die Personen dazu, welche sie im kurländischen Palaste kennengelernt hatte. – In beiden Kreisen war mir ein Mann, der sich damals eines europäischen Rufes erfreute und fast nie in denselben fehlte, die am wenigsten angenehme Erscheinung. Dies war Johannes von Müller. In der Tat war es auch nur sein Name, welcher ihn zum Zutritt zu denselben berechtigte, seine geselligen Vorzüge waren es nicht. Seine Unterhaltung klang schon nicht geistreich, wenn er französisch sprach, eine Sprache, die Leute von einigem

Geiste gewissermaßen zum Esprit herausfordert, aber sie erschien oft plump, wenn er mit seiner schweizerischen Aussprache und seinem besonders störenden, gurgelnden ›ch‹ deutsch sprach. Dabei war sein Äußeres unangenehm, seine Gesichtszüge waren breit, zerflossen, sein Mund sah stets aus, als sei er mit Fett bestrichen, eine Voraussetzung, welche bei dieses Gutschmeckers Rüstigkeit im Essen sehr berechtigt gewesen wäre, hätte man nicht zugleich vorauszusetzen gehabt, daß der Wein, welchen er in großer Fülle genoß, das Fett wieder abspülen mußte. Es konnte unter diesen Umständen nicht fehlen, daß er das Stichblatt der Scherze und der Satire des anmutigen und etwas übermütigen Prinzen Louis Ferdinand wurde, in dessen Gesellschaft er sehr viel war. Er, der Prinz und der holländische Gesandte Dedel schlemmten fast jeden Abend miteinander. Nach den Soireen bei Frau von Staël wenigstens war dies regelmäßig der Fall,denn dort machten sie gar kein Hehl aus ihrem Vorhaben. Müllers Weinlaune ergötzte, wie es schien, den Prinzen sehr. »Laßt uns sehen«, rief er eines Abends im Hinausgehen, »was unser Gelehrter heute noch für Streiche machen wird!« Das Verhältnis erinnerte mich ein wenig an das seines Großvaters Friedrich Wilhelm I. zu Gundling. –

Die Herzogin von Kurland hätte bei aller schönen Weiblichkeit doch Energie genug gehabt, um ein großes Reich zu beherrschen, und ihr politischer Blick machte zuweilen den Gedanken rege, daß eine solche Bestimmung eine ihr angemessene gewesen wäre. Schon als sie eine Frau in den Zwanzigern war, hatten die Stände Kurlands gewünscht, daß sie die Regentschaft übernehme, und an ihr lag es nicht, wenn der Herzog, ihr Gemahl, nicht in besserem Einvernehmen mit diesen Ständen war, denn trat ein solches vorübergehend ein, so hatte eben sie es durch oft schwierige Unterhandlungen vermittelt. Um so höher hatte man die Anspruchslosigkeit der hochbegabten Frau zu schätzen, welche in ihrem Hause nur bestrebt schien, die freundliche Förderin einer schönen Geselligkeit zu sein.

Das Haus Cohen:
»Viele Stunden wurden mit Vorlesen verbracht«

Während der ersten Zeit, bevor meine Zimmer eingerichtet waren, schlief ich nach dem Garten hinaus, in einem Saale, der als physikalisches Kabinett diente. Mit dem frühsten Tage, vom Glanze der bewegten Wipfel, von den Stimmen der Vögel, dem erquickenden Morgenhauche getroffen, stand ich lebensfroh auf, eilte in das tauige Grün, frühstückte dort oder am offnen Fenster des Bibliothekzimmers, und hatte mit wechselndem Entzücken schon viel gelustwandelt und gelesen, wenn nach und nach das übrige Haus erschien, und die Eltern ihren Geschäften und die beiden muntern Knaben dem Lernen noch erst im Freien eine dem ganzen Tage zugute kommende Frist gaben. Der hierauf beginnende Unterricht war für mich nur leicht; die Kinder hatten noch besondre Lehrer, auch für solche Gegenstände, in welchen ich recht gut hätte unterrichten können, und vorzüglich nahm die Übung in der Musik vor- und nachmittags mehrere Stunden ein. Zum Mittagessen, dem gewöhnlich wieder eine Erlustigung im Garten voranging, waren nicht selten Gäste eingeladen, nähere Freunde und Freundinnen des Hauses, auch wohl interessante Fremde. Die Unterhaltung, im allgemeinen gütig und heiter, durch einige Prätention des Hausherrn auch wohl zu besonderer Lebhaftigkeit gesteigert, pflegte sich unter Spazierengehen fortzusetzen, und nach abermaligen Arbeits- und Lernstunden rief, von sechs Uhr an, der freiste Nachmittag und Abend die Hausgenossen und etwaigen Besuch zum Lustwandeln, Spielen, zu Gespräch und Teetrinken wiederum in den Garten, wo Zusammensein und Absonderung nach Belieben wechselte. Öfters zog ich mich zurück, um für mich allein zu lesen oder zu schreiben, und fand mich wieder ein, sobald eine neue Erscheinung mich anlockte. Ein glücklicher Verlauf schöner Tage, wie man sie auch spät noch wünschen möchte!

Ich war aber vor allem auf Erfüllung meiner neuen Pflichten bedacht, und wollte diesem Berufe vollständig genügen, bevor ich den Zwecken eigner Förderung oder Neigung nachhinge. Ich entwarf einen schriftlichen Erziehungsplan, der mit ungeteiltem Beifall aufgenommen wurde, ich begann in Gestalt eines Tagebuchs allerlei pädagogische Notizen und Erfahrungen niederzuschreiben; diese

Übung und das Lesen mancher empfohlener Werke, worunter auch Rousseaus Emile, gereichten mir zu großem Nutzen. Aufmerksam suchte ich die Wendungen des Lehrens und Mitteilens, wodurch richtige Auffassung und fester Eindruck am sichersten gewonnen wären; sorgfältig und teilnehmend schloß ich mich der kindlichen Sinnesart an, und ein freundliches Walten von Liebe und Vertrauen war der glückliche Erfolg. Da mir für mich selbst aber noch so viel zu erwerben und fortzusetzen oblag, so strebte ich, die Zeit, welche mir im Laufe des Tages und besonders am Anfange und Ende desselben reichlich gelassen war, so fruchtbar als möglich anzuwenden. Ohne Hilfe von Vorlesungen, deren regelmäßiger Besuch jetzt nicht möglich war, konnte mein medizinisches Studium nicht gedeihen, ich gab dasselbe nicht auf, aber schob es einstweilen beiseite, und suchte dafür andre, durch die Umstände nicht verschlossene, sondern wohl gar besonders eröffnete Wege um so besser zu benutzen. Ich legte es darauf an, die Haupttatsachen der Geschichte mir im Zusammenhang aufzureihen, sie in ihrer notwendigen Folge und Wechselwirkung einzusehen, und hatte hiezu, wie für begleitende geographische Studien, die schönsten Hilfsmittel zur Hand. Poesie und Literatur jeder Art schlossen sich an; zu eignen Aufsätzen, Gedichten, und besonders auch zu Briefen an Freunde, wobei Eberty mir am nächsten stand, fand sich immerfort Anlaß. Damit meiner Ausbildung noch besser nachgeholfen würde, unternahm es Herr Cohen, der seine Kenntnisse gern lehrend übte und zeigte, mit mir höhere Mathematik und englische Sprache zu treiben. Auf diese Weise schien ich beschäftigt genug, und meine Zeit hinreichend ausgefüllt. Doch Fleiß und Freudigkeit leisteten in wenigen Stunden viel, die glücklichen Tage behielten noch weiten Raum, um andern Lebensinhalt aufzunehmen, andre Gebilde hervorzutreiben.

In dieser ersten Zeit war das Haus ungewöhnlich lebhaft, weil eine Schwester der Madame Cohen, die Baronin von Boye, dasselbe durch ihre gastliche Anwesenheit erfreute. Einem schwedischen Major verheiratet, der in Stralsund seinen Standort hatte, dachte sie ihm dorthin bald nachzufolgen, nachdem sie eben mit ihm aus Paris und dem südlichen Frankreich zurückgekehrt war, und nur einige Wochen bei den Ihrigen in Berlin noch verweilen sollte. Diese Dame war gewohnt, die Huldigungen größerer und kleinerer Kreise auf sich zu ziehen, die glänzendste Welt hatte sie eben in vollem Maße genossen, früher auch das Beste von Bildung und Literatur sich fleißig angeeignet; dem vielleicht unzureichenden äußeren Reize gesellte sie gern die bedeutende Mithilfe der Gemüts- und Geistesregsamkeit, der vornehmen Eleganz und Eigenheit, und auch humoristische und geniale Wagnisse verschmähte sie nicht, um nur im Augenblicke voranzubleiben. Die Schwester war ihr mit treuer Freundschaft zugetan, mit höchstem Wohlgefallen die Mutter, Madame Bernhard, eine Witwe, die das Leben noch genießen wollte, und ihren Reichtum deshalb gern aufwandte. Regelmäßig an den Sonntagen, aber auch außerdem nach Gelegenheit und Einfall, besuchte man letztere auf ihrem Landhause zu Charlottenburg, wo zahlreiche und zum Teil ausgezeichnete Gesellschaft die gastfreieste und üppigste Bewirtung fand. Die kurze Zeit, welche Frau von Boye noch zu bleiben zugesagt, wurde bestens benutzt.

Fast kein Tag verging ohne Gesellschaft, teils in der Stadt, teils auf dem Lande. Graf Alexander zur Lippe, Professor Darbes, Graf Casa Valencia von der spanischen Gesandtschaft, die Hofrätin Herz, die herrliche Sängerin Marchetti-Fantozzi nebst dem italienischen Dichter Filistri lernt' ich in diesem Kreise kennen; auch dem damals jugendlichen und geistesregen Adam Müller und der von ihm geführten Madame Sander, die als schöne Frau durch den Ruf mir schon bekannt war, begegnete ich hier zuerst, nicht ohne wechselseitige Anziehung.

Jüngere Frauenzimmer waren vorzüglich dem Cohenschen Hause angehörig und bedeutsam. Ich nenne zuerst Mademoiselle Seiler, eine zarte Schönheit, in erster Jugend bescheiden blühend, vortreffliche Klavierspielerin und als solche durch Unterricht dem Hause nützlich, war schon um der Musik willen gern gesehn und mit großer Sorgsamkeit behandelt; noch stärker aber wirkte die Neigung, welche Herr Cohen zu dem lieblichen Wesen kaum verleugnen mochte und durch tägliches Beisammensein nährte, wozu teils gemeinschaftliche Musikübung, teils Lehrstunden im Englischen, den gültigsten Anlaß gaben. Karoline Lehmann, nachherige Gattin des berühmten Tonkünstlers Clementi, war gleichfalls ausgezeichnet musikalisch; sie kam gewöhnlich mit ihrer Mutter, oft aber auch allein, und hatte mit besonderer Zuneigung in Madame Cohen eine mütterliche Freundin gesucht und zugleich eine für die Jugend noch mit reinstem Sinn anteilvolle Vertraute gefunden; konnte man sie nicht geradezu schön nennen, so stand sie doch im frischesten und üppigsten Reiz aufgeblühter Jugend, und ließ in munterer sowohl als schwärmerischer Unschuld noch unendliche Zauberkräfte ahnden, in deren Wirkungsbereich man sich gern stellen oder doch hineindenken mochte. Die dritte, Henriette Hübschmann, Tochter einer vermögenden, durch kalten Weltverstand und satirische Bitterkeit nicht selten abstoßenden Mutter, war dagegen durch freundlich kluge Teilnahme und durch scherzhaften Witz einnehmend, der das regsame Persönchen allerliebst kleidete.

Gegen den Reiz dieser jüngeren Mädchen war ich genug befestigt; gleiche Anmut und Liebenswürdigkeit und größere Schönheit hatte ich schon verehrt, auch nahm ihr Wirken nicht grade mich zum Ziel. Mein Sinn war auf romantischen, poetischen Austausch, auf geistig gesteigertes Verhältnis gewandt, und mein Herz wollte sich nicht entzünden lassen, außer mit Beihilfe literarischer Glut; auch mußte dafür einiges Bemühen eintreten, um die im allgemeinen vorschwebenden Phantasieflüge an einen näheren bestimmten Gegenstand festzubannen. Für alles dies war von andrer Seite her überflüssig gesorgt. Frau von Boye hatte mich in meinen Anlagen und Richtungen leicht aufgefunden, und noch leichter wurde es ihr, mich ihre Vorzüge wahrnehmen zu lassen und mit ihnen vollauf zu beschäftigen. Eine schmeichelhafte Berücksichtigung tat mir um so wohler, als ich mit jedem Tage den Wert einer solchen Dame höher schätzen mußte, deren Gespräch mit allem Übergewichte der Weltbildung das Gebiet der Poesie durchflatterte, und die nicht nur mit den Schriften, die ich am meisten verehrte, sondern auch mit den Autoren befreundet war, mit Jean Paul Richter, Friedrich Schlegel, Fichte, ja sogar mit dem wenig bekannten Meyern, dessen politischer Roman Dya-Na-Sore mich erst kürzlich mit erhabenen Entzückungen erfüllt hatte. Das Bedeutendste für mich aber war ihr während der Reise geführtes Tagebuch, in welchem alle Eindrücke der großen Erscheinungen aus dem Natur-, Gesellschafts- und Kunstleben, ja selbst die Gefühle eines bewegten Herzens, mit vieler Wärme niedergelegt waren. Nur dem engsten Vertrauenskreise wurde dies Tagebuch in ausgewählten, gegen jede Störung gesicherten Stunden vorgelesen, und dabei gleichwohl noch manches überschlagen. Zu solcher Begünstigung mitberufen zu sein, mußte ich mir hoch anrechnen. Herrschte bei diesen Mitteilungen das Sentimentale vor, so ließ bei andern Gelegenheiten die freieste Laune sich aus, die unschüchternste Lebendigkeit, welcher vollauf beizustimmen die andern bisweilen kaum den Mut hatten. In dergleichen Augenblicken rief sie einesmals ganz unerwartet unter vielen Anwesenden mich auf, meinend, mir sei auch noch zweifelhaft, was ich von ihr halten solle; ich aber faßte mich schnell, und antwortete beherzt, ich wisse es recht gut, und wolle es nötigenfalls beweisen. Bald nachher trennte sich die Gesellschaft, mich aber trieb es zu schreiben, und nach einer halben Stunde war eine Charakterschilderung fertig, die ich nach ungefährem Raten und Voraussetzen auf die herausfordernde Dame geschmiedet hatte; nach ihrem guten Beispiel entschlug ich mich schon der Schüchternheit, und brachte das Blatt den Frauen, die größtenteils noch beisammen waren, gab es aber an Madame Cohen, und bat, sie möchte zusehen, wiefern das Bildnis zu erkennen wäre. Nach dem ersten Durchblicken wurde das laute Vorlesen verlangt, und da ich es an Schmeichelhaftem und etwas Stechendem nicht hatte fehlen lassen, auch manche Züge wirklich getroffen und einige auf gut Glück versuchte Angaben zufällig die richtigen waren, so wurde des Wunderns und Rühmens sowie des Scherzes und der Fröhlichkeit fast kein Ende. Von dieser Charakterschilderung wurde weiterhin noch oft gesprochen, ich mußte erfahren, daß man sie als einen Beweis meiner großen Fähigkeiten ansah, und daß man mich deshalb höher stellte, als man vorher getan. Die entschiedenste Wirkung aber übte das Blatt auf meine Bezüge mit Frau von Boye. Sie hatte schon bisher mich ausgezeichnet, jetzt tat sie es nur um so mehr und gleichsam von Rechts wegen; mit großem Ernst und gefühlvoller Emphase trug sie mir Freundschaft und inniges Vertrauen an. Das letztere bewies sie mir alsbald dadurch, daß sie mir gestand, sie bedürfe meiner Mitwirkung und meines Einflusses, um auch abwesend in diesem Kreise manches nach ihrem bessern Sinne zu leiten und zu halten. Sie setzte mich deshalb sofort in Kenntnis von den innern Verhältnissen des Hauses, von dem Charakter ihrer Mutter, ihrer Schwester und ihres Schwagers, und wie jeder zu behandeln sei. Hauptsächlich warnte sie mich vor dem letztern, der bei wenig Gehalt viele Schwächen und Eigensinn und besonders in scheinseliger Eitelkeit kein Maß habe. Ihre Schwester, welche für sich selbst genug treue Festigkeit, aber in betreff anderer nur zu leicht duldsame Nachgiebigkeit zeige, wünschte sie durch mich unterstützt, und ebenso die Kinder gegen die Einwirkung des Vaters möglichst gestärkt. Dergleichen Mitteilungen, welche sogar absichtlich für Madame Cohen kein völliges Geheimnis sein sollten, versetzten mich in die seltsamste Lage, und indem sie mich einerseits zur vorsichtigsten Haltung und Klugheit nötigten, regten sie anderseits mein Inneres zu den lebhaftesten Einbildungen und Ansprüchen auf, welche unter fortwährendem Nachschüren endlich als leidenschaftliche Empfindung aufflammen wollten.

Diese Stimmung gehörte jedoch nicht mir allein, sie war in ähnlichen Mischungen gleich einem Wetterstand über den ganzen Kreis verbreitet, und half sich gegenseitig tragen und erhitzen.

Neues Zuströmen erfolgte zu diesen schön anschwellenden poetischen und sentimentalen Fluten durch die Bekanntschaft, die mir nach einiger Zeit in Charlottenburg mit einem preußischen Offizier zuteil wurde, der sich mir als Dichter enthüllte, und zwar als einer von der seltsamsten Art, die großenteils schon darin begründet lag, daß dieser deutsche Dichter eigentlich ein Franzose war. Herr von Chamisso hatte als Knabe mit seinen Eltern die Heimat beim Ausbruche der Revolution verlassen, war als Emigrierter nach Berlin gekommen, hier bei der verwitweten Königin als Page und darauf als Offizier im Infanterie-Regiment von Goetz angestellt worden, und in diesem Verhältnisse geblieben, während seine Familie, gleich den meisten andern Emigrierten, denen es gestattet war, begierig das Vaterland wieder aufgesucht hatte. Den Franzosen konnte Chamisso in keinem Zuge verleugnen, Sprache, Bewußtsein, Sinnesart, Manieren und Wendungen, alles erinnerte an seine Herkunft, nur war sein ganzes Wesen dabei mit einer besondern, seinen Landsleuten sonst nicht grade eignen Ungeschicklichkeit behaftet, die doch vielfache Gewandtheiten und Fertigkeiten gar nicht ausschloß, sondern ihnen nur etwas Wunderliches zugesellte, woraus denn freilich allerlei hervorging, was er selbst oder andre als Unfall oder Übelstand zu tragen hatten. Seine langen Beine, die knappe Uniform, der Hut und Degen, der Zopf, der Stock und die Handschuhe, alles konnte ihm unvermutet Ärgernis machen; am meisten aber und sichtbarsten kämpfte er mit der Sprache, die er unter gewaltigen Anstrengungen mit einer Art von Meisterschaft und Geläufigkeit radebrechte, welches er auch in der Folge zum Teil mit Vorliebe beibehielt. Er hatte deutsche Lieder und Elegien gedichtet, sogar einen Faust in Jamben angefangen, und ich hörte mit Staunen und Bewunderung, was er davon mit seiner zerquetschenden Aussprache, in einer Türe stehend und den Durchgang hemmend, mir aus dem Gedächtnis hersagte. Dieser Poesie wurde ich sogleich ein rühmender Verbreiter, und alsbald des Dichters, der sich als der bravste Kerl von der Welt zu erkennen gab, vertrauter Herzbruder. Die deutsche Bildung und Sprache waren der Gegenstand seiner tiefsten Verehrung und Sehnsucht, und unsre Bestrebungen in diesem Gebiete arbeiteten seitdem in förderlichstem Verein. War aber sein Geist durchaus den Deutschen zugewandt, so hatte doch in seinem Herzen eine schöne Landsmännin den Vorzug behalten, welche durch Schicksale in das der Cohenschen Familie verwandte Edelingsche Haus zu Charlottenburg als Erzieherin verschlagen war; sie nannte sich Ceres Duvernay, hatte ein kleines Söhnchen bei sich, und vereinte mit tiefer Schönheit eine seltne Bildung, wie sie denn Englisch und Italienisch vollkommen sprach, und ebenso den Shakespeare und Tasso wie ihren Racine las. Ihre Auszeichnung und Lage deutete auf höhere, doch unglückliche Verwicklungen, deren Geheimnis aber, aller Forschungen ungeachtet, stets bewahrt geblieben.

Einen neuen Mitstrebenden entdeckte und gewann ich in einem jungen Manne, der im Cohenschen Hause von Kindheit an lebte, wie ein Sohn gehalten wurde, und auf dem Kontor beschäftigt war, aber sich außer den bestimmten Zeiten wenig sehen ließ, und überhaupt in seiner schweigsamen Stille sich wenig bemerkbar machte, obgleich er für durchaus klug und kundig galt. Eines Tages führte zufälliges Gespräch uns näher zusammen, wir vertieften uns in Betrachtungen des Lebens und der Poesie, seine Verschlossenheit hielt gegen meine andringende Wärme nicht aus, er bekannte mir, daß auch er dichte, und wollte mir seine Erzeugnisse nicht vorenthalten. Seine Gedichte waren klar und empfindungsvoll, sie entzückten mich, und als ich den andern meine gemachte Entdeckung mitteilen, ihnen die Verse wiederholt vorlesen durfte, wollte man das Wunder kaum glauben, vereinigte sich aber bald in Lob und Beachtung des aus seinem bisherigen Inkognito hervorgetretenen Dichters, und ich genoß die reinste Freude, in Wilhelm Neumann einen so würdigen als fähigen Freund erworben zu haben.

Unser verstärkter Bund geriet nun in tätige Bewegung, wir bereicherten durch Austausch unsre Gefühle und Ansichten, teilten einander unsre Schriftsteller mit, und suchten uns gemeinschaftlich zur Höhe der Literatur emporzuheben. Ich begann Klopstock, Voß und Wieland weniger festzuhalten, wiewohl ich sie nicht aufgab, sondern ihren schon zu sehr mißkannten Wert noch mit Glück behauptete, selbst einmal gegen Adam Müller, der mir auch Hölty, Salis und andre solche noch einräumen mußte. Dagegen stieg Schiller mächtig empor, und allen überragte mehr und mehr Goethe, dessen Schriften und besonders Wilhelm Meister unsre Hauptbücher wurden. Die Paradoxen des Athenäums und die Sprüche des Novalis führte hauptsächlich Lippe bei uns ein, die Gedichte von Wilhelm Schlegel las ich still und laut zu vielen Malen. Neumann hatte sich manches von Tieck ersehen; Schleiermacher wurde genannt, ich erhielt seine Monologen durch Frau von Boye zum Geschenk, und dieser strenge, aber schwungvoll ausgedrückte wissenschaftliche Inhalt wurde mit dem lyrisch-sentimentalen des Hölderlinschen Hyperion als gleichartige Erquickung von uns Dürstenden genossen. Wir hatten alle erstaunlich viel zu lernen, und nicht bloß nach innen, sondern auch nach außen hin zu lernen, um unsrem geistigen Erschauen die erforderliche Unterlage zu geben, und dieses Lernen konnte für uns nur aus fortwährendem Erleben und Betreiben hervorgehen. Wir sahen einander bei allen Gelegenheiten; jeder sonst gleichgültige Besuch, jede Fahrt über Land, jedes Geschäft wurde uns bedeutend und fruchtbar, und wir waren weit entfernt, diese Bildungsschule unangenehm zu finden, so sehr wir deren Mängel in betreff der wünschenswerten gelehrten Kenntnisse und Übungen einsahen. Die Gesellschaft gewann durch diese geistige Bewegung zusehends an Leben und Reiz, und die Sprüche des paradoxen Ernstes, die Einfälle der Laune und des Witzes fielen so reichlich ab, daß ich anfing, sie in ein kleines, zu diesem Zwecke gehaltenes blaues Heft zu sammeln, wo besonders die wunderlichen und oft ungemein treffenden Schlagworte Lippes sich anhäuften. Frau von Boye behauptete in diesem Treiben ihre Stelle, und war ihm nach Kräften förderlich, wiewohl schon mitunter einige Regungen zuckten, die wegen des Weitergehens bedenklich machen konnten, denn eine der ersten Wirkungen unsrer wetteifernden Tätigkeit mußte sein, daß wir gewahr wurden, wir seien bisher wie in der Literatur so auch im Leben allzu zahm und billig gewesen, und nun annahmen, wir dürften vieles keck als gemein und gering verwerfen, was wir bisher geachtet, und müßten uns, um nicht als geduldige Hasenfüße zu gelten, als stößige Böcke gebärden. Die Schlegelschen Gesinnungen und Beispiele hatten viel Verführerisches für junge Leute, welchen, bei schon befestigter feiner Bildung, ihre abgetragenen Unarten als etwas doch vielleicht Geniales zum nochmaligen Wiederanprobieren noch nicht zu entfernt lagen. Aber wir hielten, gutgeartet und brav, uns bei allen Lockungen doch bescheiden genug.

In diese chaotische Gärung, aus der sich nach Zufall und ohne Ziel und Ordnung alles neu gestalten sollte, fiel uns zum Glück bald ein stärkendes Licht der Autorität, durch welche neben so vielem Schwankenden und Verworrenen auch wieder Festigkeit und Zusammenhang vor Augen stand. Ich lernte nämlich Fichten kennen. Frau von Boye, die ihn öfters besuchte, lud mich mit ihm zusammen in ihre Loge, um die Braut von Messina zu sehen. Späterhin sahen wir ebenso die Eugenie von Goethe. Mit Ehrfurcht huldigte ich dem tiefen und großen Charakter, mit Freimütigkeit forderte und bestritt ich seine Aussprüche, soweit meine Kräfte reichten. Er ließ mich freundlich gewähren, und beschied mich wohlwollend in seine Wohnung. Hier sah ich einen Weisen, dessen Handlungen mit seinen Worten und Lehren eins waren, und der vom Lichte der Gedanken wie von sittlicher Würde strahlte. Seine gedrungene, kräftige Gestalt und sein nachdrucksvolles Reden mußten sich im ersten Moment dem Ohr und Auge unverlöschbar einprägen. Willig gab er mir Bedürftigem seine leitenden Ratschläge, ließ sich auf das einzelne meiner Lage und meiner Studien mit mir ein, empfahl mir dringend das klassische Altertum, sagte mir gradezu, ich müsse vollständiger die Römer und gründlich die Griechen kennenlernen, zeigte mir Ziel und Weg, gebot strengen Wandel und eisernen Fleiß, und wies mich dagegen für jetzt noch von aller Bemühung mit eigentlicher Philosophie entschieden zurück. Ich glaubte einen göttlichen Mann vor mir zu sehen, wenn er so sprach, die Gradheit und Redlichkeit leuchteten ihm aus den Augen, und liebevolle Güte begleiteten seinen erhabenen Ernst. Wenn seinen Ermahnungen ganz nachzuleben auch weder mein Sinn noch selbst die Gelegenheit erlaubte, so blieb doch dies Vorbild tief in meiner Seele, und ich nahm von Zeit zu Zeit immer wieder meine Zuflucht zu dem herrlichen Manne, der dann jedesmal mit Nachsicht und Kräftigung meinem guten Willen beistand. Auch Chamisso machte seine Bekanntschaft und erfuhr gleiche Einwirkung von ihm, die andern Freunde nicht minder, und für uns alle blieb fortan über allem trüben und irren Gewoge des Lebens dieser Stern in hellem Glanze leuchtend und leitend, zu dem wir zuversichtlich emporblickten, um uns zum Rechten und Wahren zu reinigen und zu stärken.

Inzwischen war die Zeit herangerückt, da Frau von Boye die schon immer aufgeschobene Reise nach Stralsund wirklich anzutreten dachte. Die zarten und vertraulichen Beziehungen hatten sich bis dahin nur gesteigert und nach außen möglichst geheim zu halten gesucht. Wiewohl dergleichen Geheimnis selten eines bleibt, und die Beteiligten selbst es am wenigsten zu bewahren pflegen, so behielt doch eine besondere Zusammenkunft, welche an einem ausgewählten Tage, da zwiefacher Vorwand unsre Abwesenheit genugsam entschuldigte, für den ganzen Abend in völliger Freiheit und Sicherheit mir beschieden war, den strengen Gewahrsam undurchdringlicher Umhüllung und unverbrüchlicher Verschwiegenheit. Frau von Boye bewohnte ganz allein die während des Sommers leerstehende Stadtwohnung der Madame Bernhard, die Bedienung war entfernt, ich wurde ungesehen eingelassen, und mit der Türe hinter uns war eine Reihe von Zimmern abgeschlossen, in welchen wir uns nach Wunsch zu gegenseitiger Mitteilung so behaglich als ungestört vereinigt fanden. Der Reiz dieses Erlebnisses war ungeheuer, so viel Romantisches hatte mir noch kein früherer Moment geboten, ich schwelgte in den erhebendsten Vorstellungen. Früheres Leben, gegenwärtige Verhältnisse, Menschen und Zwecke, künftige Aussichten, die Welt der Dichtung und der Liebe, alles wurde mit Erregtheit und Vertrauen, ja sogar mit Heftigkeit durchgesprochen. Leicht konnte diese wunderliche Glut, die sich nur immer in sich selber aufwirbelte, als eigene Phantasterei erscheinen, und die Gefahr eines üblen Eindrucks mag nahe genug gewesen sein; aber in den, wie ich sie schon einmal genannt, poetischen und mimischen Gestalten, zu denen ich mich begeisterte, lag nichtsdestoweniger ein so starkes Element wahrhafter Empfindung, ein so fester Grund von Seele und Geist, daß auch eine so verständige und erfahrene Frau, wie Frau von Boye war, nicht nur ohne Verdruß, sondern sogar mit bewegtem Anteil dem so doch wohl nicht erwarteten Schauspiele zusehen und einigermaßen in dessen Sinne mitspielen konnte, indem sie doch gestand, daß ihr dergleichen noch niemals vorgekommen sei. Der lange Sommerabend, dessen leidenschaftliche Gespräche auch zuweilen durch schweigendes Auf- und Abgehen, oder Vorlesen von Briefen, und durch Genuß einiger Erfrischungen unterbrochen wurden, verging mir wie ein Augenblick, und Mitternacht war vorüber, als ich wieder ebenso geheim und unbemerkt, wie ich gekommen war, entlassen wurde, und langsam durch die stillen sommerlichen Straßen den herrlichsten Heimweg zurücklegte. Vielmals ist es gesagt worden, und täglich erneut sich die Bestätigung, daß die frühen Triebe der Jugend vorzugsweise eine geistige Wendung nehmen, und Unschuld und Reinheit oft am sichersten da bewahrt sind, wo sie am meisten gefährdet scheinen. Frau von Boye wußte ohne Zweifel, wie sicher hierauf zu vertrauen sei, und sie irrte sich keineswegs, denn hätte die günstige Gelegenheit eine Prüfung auferlegt, so wäre sie vollkommen bestanden worden; allein selbst eine solche Benennung wäre schon zu viel, wo nicht einmal eine Spur von Gedanken, die miteinander in diesem Betreff gekämpft hätten, zu finden war. Die Erneuerung solchen Zusammenkommens hatten wir uns zugesagt, sie unterblieb indes durch mancherlei Umstände, die bei ernstlicherem Willen vielleicht kein Hindernis gewesen wären; der Argwohn, daß auf jener Seite einige Lauigkeit eingetreten sei, verbitterte mir die letzte Zeit vor dem Abschied. Als dieser wirklich stattfinden mußte, erhoben sich die schmerzlichsten Regungen, welche nur durch liebevolle Teilnahme und die schönsten Zusagen eines belebten und reichen Briefwechsels einigermaßen besänftigt wurden. Auch gleichgültige Personen unsres Kreises, denen bloß das Äußerliche sichtbar geworden, sprachen es ohne Hehl aus, daß durch diese Abreise besonders ich viel müsse verloren haben, da solch täglicher Umgang voll aufstörender und durcheinander mischender Beweglichkeit sich ihnen selbst als schätzbar erwiesen und als besonders mir zugute kommend wohl hatte erkennen lassen.

Die Lücke war in der Tat groß, und der Abstich der nächsten Zeit von der vorigen durch öde Stille in der ganzen Umgebung sehr bemerkbar. Ein lebhafter Briefwechsel zwischen beiden Schwestern beförderte anfangs auch mir manches Blatt, allein die Fortsetzung wurde weiterhin für mißlich erklärt, und unterblieb endlich, ohne daß doch in den Gesinnungen etwas verändert sein sollte, man getröstete sich vielmehr eines nahen Wiedersehens, das aus mancherlei Gründen wahrscheinlich wurde. Mir bot inzwischen das umgebende Leben manches Neue und in dem Alten manches Übersehene zur Beachtung dar. Die junge Mädchenwelt des Hauses Edeling, unter Obhut der schönen Erzieherin Duvernay, drang lebhafter heran, und veranlaßte kleine Bewegungen; größere bewirkte die schöne Mariane Saaling, welche in Madame Cohen eine würdige Freundin ehrte und sie jetzt häufiger besuchte; der Eindruck dieses Mädchens war der einer jungen Göttin, und wer sie nur sah, mußte ihr huldigen; dies geschah von allen Seiten, von mir doch am wenigsten, der ich ihren Geist vielleicht zu gering anschlug, durch ihn wenigstens nicht angezogen wurde. Mehrere meiner Bekannten umseufzten sie förmlich als Liebhaber; das war mir sehr gleichgültig; grade mit einem ernstlichen Bewerber aber bekam ich ihretwegen fast Händel. Ein Herr von Hake, gewesener Offizier, den ich von Kiesewetter her kannte, durfte sich auf seinen Erfolg bei Frauen etwas einbilden, ein Fräulein von Alvensleben hatte sich, weil er sie verlassen, sogar erschossen, worauf er gegen die als Rächer auftretenden Verwandten die so schimpfliche als abenteuerliche Verpflichtung eingegangen war, sich von jedem Orte augenblicklich zu entfernen, wo vier Herren von Alvensleben ihre Anwesenheit ihm kundtun würden. Er galt schon damals, wie noch jetzt, für einen Taugenichts, selbst bei seinem Bruder, dem jetzigen Kriegsminister, und die Art, wie er dem Zustande seiner Sachen aufzuhelfen meinte, widersprach diesem Rufe nicht. Er machte nämlich die Spekulation, das schöne Mädchen um ihres Vermögens willen zu heiraten, ließ sich durch mich bei Cohens einführen, wo er die Gelegenheit zur Förderung seiner Absicht zu finden dachte, und vertraute mir diese sogar, die ich noch dazu sehr klug und richtig finden sollte. Ich aber brach kurz mit ihm ab, und ließ seinen ferneren Besuch fehlschlagen; da dies nicht ohne Unhöflichkeit möglich war, so beklagte er sich bitter über mich, und meinte, er würde mich deshalb zur Rechenschaft ziehen. Ich war auf alles gefaßt, allein er ließ nichts von sich hören, und als ich ihn in späteren Zeiten wiedersah, wollte er sich nur der alten Bekanntschaft freuen. Der geringfügige Vorgang machte auf mich doch großen Eindruck, und war mir als erste Erfahrung dieser Art wichtig; ich hatte mich einem Edelmann und

Offizier in einer Sache, wo das Ritterliche wahrlich ganz auf meiner Seite war, als persönlich gegenüberstehend und alle möglichen Wendungen eines solchen Falles wenigstens denken müssen, und ich wußte nun zuverlässig, wie ich es freilich auch vorher nicht bezweifelt, daß ich mir auch in dergleichen Gelegenheiten nicht fehlen würde.

Karoline Lehmann bekam ebenfalls um diese Zeit einen Bewerber, der uns allen ein Greuel war, den wir aber leider nicht so beiseite schaffen konnten. Es war der alte Muzio Clementi, der durch sein Talent und seinen Reichtum stark empfohlen war, und das junge, mittellose Mädchen gleichsam zu erkaufen dachte. Die Eltern waren für ihn, das Mädchen, einer aufgeregten Neigung zu einem vornehmen jungen Manne schon im stillen entsagend, wankte nur noch zwischen jenem Beifall und der heftigen Mißbilligung, die wir Jüngern laut werden ließen, und die in zweien von uns einen tiefern Quell hatte, als wir andern vermuten konnten. Ein besondrer Jammer war es, daß auch die liebliche Seiler, gleich in ihrem ersten Frühling, einem tölpischen Bräutigam vorausbestimmt wurde, welchem ihr Vater Verbindlichkeiten hatte, die er durch seine Tochter ganz bequem abzutragen dachte. Die einzige Henriette Hübschmann erschien frei von Neigung und frei von drohenden Banden, und erhielt sich noch eine Weile so, bis ihr später das Glück wurde, eine Heirat ganz nach ihrem Sinne zu treffen, wobei wenigstens das künftige Unglück, das sich auch hier nachgehends gewaltsam eindrängte, in der ersten guten Zeit völlig verborgen blieb.

Was wir in dieser Art vor Augen hatten, sowohl von geschlossenen als von noch zu schließenden Ehen, war nicht gemacht, uns von solcher Verbindung einen guten Begriff zu geben, im Gegenteil, die ganze Einrichtung, der nur Liebe und Achtung zugrunde liegen sollte, und die wir in allen diesen Beispielen eher auf alles andre gegründet sahen, wurde uns gemein und verächtlich, und wir stimmten schreiend in den Spruch von Friedrich Schlegel ein, den wir in den Fragmenten des Athenäums lasen: »Fast alle Ehen sind nur Konkubinate, Ehen an der linken Hand, oder vielmehr provisorische Versuche und entfernte Annäherungen zu einer wirklichen Ehe, deren eigentliches Wesen nach allen geistlichen und weltlichen Rechten darin besteht, daß mehrere Personen nur eine werden sollen.« Auch der höhnische Übermut am Schlusse jenes Fragments, wo gesagt wird, es lasse sich nicht absehen, was man gegen eine Ehe *à quatre* Gründliches einwenden könnte, und daß der Staat die mißglückten Eheversuche nicht zusammenhalten, sondern vielmehr neue befördern solle, gefiel uns ungemein, und wir führten dergleichen ärgerliche Reden oft und auch zur Unzeit im Munde. Die schlechte Meinung aber von Heirat und Ehe blieb mir eingepflanzt, und bei allen Vorstellungen und Absichten, die ich meiner Zukunft aneignete, war der Gedanke, Bräutigam und Gatte zu werden, als ein lächerlicher und verkehrter gänzlich ausgeschlossen.

Inmitten dieses jugendlichen Umgangs erfuhr ich doch die meiste Annäherung zu Madame Cohen, die als sorgsame Mutter und tüchtige Hausfrau höchst verehrungswert erschien, und mit edlem Sinn und warmer Empfindung auch unsern Jugendlichkeiten Anteil und Nachsicht schenkte. Sie war durch die laute Schwester schweigsam gewöhnt, wenn sie aber sprach, vernahm man Wahrhaftes und Herzliches. Da Herr Cohen sowohl auf den Abendspaziergängen im Garten, als bei den Musikübungen im Zimmer, wenn Mademoiselle Seiler zum Besuche da war, sich vorzugsweise mit dieser beschäftigte und absonderte, so fühlten wir andern uns um so zwangloser, sprachen und lasen, was uns gefiel, und so wurde z. B. der ganze Wilhelm Meister von mir vorgelesen, wobei nur einigemal Neumann oder Lippe mich ablösten. Gegen den Hausherrn, der mit Goethe nicht zufrieden war, sondern an Wieland hielt, und uns zuweilen auch seinerseits mit Vorlesungen aus Agathon oder Aristipp quälte, machten wir gemeinschaftlich ein wenig verhohlene Opposition, und er hatte den Verdruß, seinen Geschmack und sein Talent im eignen Hause am wenigsten gelten zu sehen; um so lieber wandte er sich damit an das schöne Kind, dem in Vergleich des bevorstehenden Loses die Bewerbungen eines solchen Mannes noch als geistreich und liebenswürdig gelten konnten.

Hier ist nun auch eines persönlichen Erscheinens zu gedenken, dessen erster Eindruck mir in jener Zeit wurde. Eines Abends, da Herr Cohen, einer leichten Unpäßlichkeit wegen, das Bette hütete, und ich daneben sitzend den zum Tee Versammelten aus Wieland einiges vorlas, wurde Besuch gemeldet, und bei dem Namen entstand sogleich die Art von Bewegung, welche sich der Erwartung von Ungewöhnlichem und Günstigem verknüpft. Es war Rahel Lewin oder

Robert, denn auch den letztern Namen führte sie schon damals. Oft schon hatte ich sie nennen hören, von den verschiedensten Seiten her, und immer mit einem so besondern Reize der Bezeichnung, daß ich mir dabei nur das außerordentlichste, mit keinem andern zu vergleichende Wesen denken mußte. Was von ihr insonderheit Lippe und Frau von Boye mir gesagt, deutete auf ein energisches Zusammensein von Geist und Natur in ursprünglichster, reinster Kraft und Form. Auch wenn man einigen Tadel gegen sie versuchte, mußte ich im Gegenteil oft das größte Lob daraus nehmen. Man hatte von einer gerade jetzt waltenden Leidenschaft viel gesprochen, einer Verbindung mit einem Spanier von der Gesandtschaft, Raphael Urquijo, die, nach den Erzählungen, an Größe, Erhebung und Unglück alles von Dichtern Besungene übertraf. Ich sah in gespannter Aufregung, den andern zum Lächeln, dem nahen Eintritte der Angekündigten entgegen. Es erschien eine leichte, graziöse Gestalt, klein, aber kräftig von Wuchs, von zarten und vollen Gliedern, Fuß und Hand auffallend klein; das Antlitz, von reichem schwarzen Haar umflossen, verkündigte geistiges Übergewicht, die schnellen und doch festen dunklen Blicke ließen zweifeln, ob sie mehr gäben oder aufnähmen, ein leidender Ausdruck lieh den klaren Gesichtszügen eine sanfte Anmut. Sie bewegte sich in dunkler Bekleidung fast schattenartig, aber frei und sicher, und ihre Begrüßung war so bequem als gütig. Was mich aber am überraschendsten traf, war die klangvolle, weiche, aus der innersten Seele herauftönende Stimme, und das wunderbarste Sprechen, das mir noch vorgekommen war. In leichten, anspruchslosen Äußerungen der eigentümlichsten Geistesart und Laune verbanden sich Naivität und Witz, Schärfe und Lieblichkeit, und allem war zugleich eine tiefe Wahrheit wie von Eisen eingegossen, so daß auch der Stärkste gleich fühlte, an dem von ihr Ausgesprochenen nicht so leicht etwas umbiegen oder abbrechen zu können. Eine wohltätige Wärme menschlicher Güte und Teilnahme ließ hinwieder auch den Geringsten gern an dieser Gegenwart sich erfreuen. Doch kam dies alles nur wie schnelle Sonnenblicke hervor, zum völligen Entfalten und Verweilen war diesmal kein Raum. Kleine Neckereien mit Graf Lippe, der kürzlich bei ihr nicht war angenommen worden, und deshalb böse tun wollte, erschöpften sich bald; der ganze Besuch war überhaupt nur kurz, und ich wüßte mich eigentlich keines bestimmten Wortes zu erinnern, in welchem etwas ausgeprägt Geistreiches, Paradoxes oder Schlagendes sich zur Bewahrung dargeboten hätte; aber die unwiderstehliche Einwirkung des ganzen Wesens empfand ich tief, und blieb davon so erfüllt, daß ich nach der baldigen Entfernung des merkwürdigen Besuchs einzig von ihm reden und ihm nachsinnen mußte. Man scherzte darüber, und weil der Scherz fast verdrießlich wurde, so trotzt' ich ihm desto eifriger durch Niederschreiben eines Sonetts, das den empfangenen Eindruck begeistert schildern wollte, und das ich die Dreistigkeit hatte, eben weil man sie mir bezweifelte, am andern Tage versiegelt abzuschicken, ohne daß ich weiterhin etwas von der Sache gehört oder ihr nachgefragt hätte. Rahel Lewin selbst wiederzusehen war mir darauf jahrelang nicht beschieden. Ihr Name aber blieb mir als ein ungeschwächter Zauber in der Seele, nur ahnte ich auf keine Weise, daß mit jenem frühen Begegnen und jenen vorlauten Zeilen ein erster Ring gefügt worden, an welchen viele folgende sich einst anreihen und die entscheidendste Wendung und die dauerndste Vereinigung meines Lebens geknüpft sein sollte.

Alles und jedes mehrte nur immer unsre Gedichte, und sie wuchsen bald allzu gedrängt, als daß sie nicht endlich aus dem Pult unruhig an das Licht gestrebt hätten. Der Gedanke des Druckenlassens ging mir und Chamisson plötzlich auf, als wir am späten Abend allein im Garten wanderten, wir vereinigten uns auf der Stelle zu seiner gemeinsamen Ausführung, zu welcher die Herausgabe eines Musenalmanachs so bequem als anständig erschien. Wir teilten die Sache Neumann mit, der voll Eifer beitrat. Als wir aber unsre Vorräte näher untersuchten, fanden wir das meiste wegen persönlicher Rücksichten kaum mitteilbar, und da wir nur das Beste liefern wollten, so fiel die Auswahl so klein aus, daß wir uns nach andern Zuschüssen umsehen mußten. Chamisso unternahm es, auf Werbung auszugehen, und einige Freunde anzusprechen, von deren poetischen Liebhabereien er schon Kenntnis hatte. Allein, noch ehe wir selbst gedruckt waren, sahen wir uns gleich zuerst in Stolz und Macht des Richteramts versetzt, und mußten die ersten Beiträge, die uns angeboten wurden, des Druckes unwert erklären. Besser gelang es mit andern. Der damalige Referendarius beim Kammergericht, jetzige Kriminaldirektor Hitzig, übergab willkommene Übersetzungen aus dem Spanischen, Englischen und Italienischen, nebst ein paar eignen Stücken unter seinem Vornamen Eduard; Ludwig Robert, Bruder von Rahel Lewin, steuerte aus seinem Schatze reichlich bei, und ein Kandidat des Predigtamtes von der französischen Kolonie, Franz Theremin, beglückte uns mit einigen Blättern, denen er aber jede Andeutung seines Namens versagte. Durch eine unglückliche Nachgiebigkeit von Chamisso kam auch ein Gedicht von dem sogenannten Naturdichter Gottlieb Hiller hinein, das wir nachher hundertmal verwünschten. Nun war ein leidliches Manuskript beisammen und geordnet, allein jetzt mußte damit ein Durchbruch bei irgendeinem Verleger versucht werden, und hier zeigten sich große Schwierigkeiten. Chamissos und meine Bemühungen bei Buchhändlern, die wir kannten oder nicht kannten, schlugen sämtlich fehl, man wagte nicht an der Vortrefflichkeit unsrer Gedichte zu zweifeln, aber man wollte Namen, die schon bekannt und berühmt wären, und wir mußten voll Ingrimm sehen, daß man dafür auch solche gelten ließ, über die wir uns weit erhoben glaubten, und deren wir uns nur geschämt hätten. Endlich war nichts andres zu tun, wenn wir gedruckt sein wollten, als es auf unsre Kosten zu werden, und Hitzig schaffte einen guten Mann in Leipzig, der seine Firma dazu hergab. Chamisso war es eigentlich, der mit seinem Gelde das Unternehmen machte, und obgleich Neumann und ich einen Teil der Exemplare ihm abkauften, wird er doch bei dem sonstigen geringen Absatz nicht ganz ohne Einbuße davongekommen sein. Genug, wir waren gedruckt, wir alle zum erstenmal, und das war keine Kleinigkeit!

Von dem literarischen Werte dieser Jugendversuche kann gar keine Rede mehr sein; ganz unabhängig von diesem aber verknüpfte sich für uns Teilnehmer jedoch ein unendlicher Lebensgewinn mit diesem grünen Buche, wie es von der Farbe seines Umschlags fortan hieß. Unsre Freundschaft befestigte sich durch dieses gemeinsame Auftreten, neue schlossen sich zahlreich an, verwandtes Streben und empfänglicher Sinn nahmen, wenn auch nur im stillen, von uns Kunde, und in weiter Ferne und späten Jahren begegneten uns noch werte Wirkungen einer damals erregten günstigen Aufmerksamkeit. Aber auch unmittelbar durften wir unsern Mut, unsre Zuversicht und selbst unser Talent durch ein Erscheinen erhöht fühlen, daß wir unter keines fremden Namens Gunst und Schutz, sondern als Neulinge selbständig in eigner Leitung gewagt. In den Stand eines Autors zu treten, wäre es auch nur mit so geringen Mitteln, als die unsrigen damals, dürfte zu keiner Zeit, solange nicht die literarischen Verhältnisse und selbst die Sitten eine große Umwandlung erfahren, als etwas Gleichgültiges anzusehen sein. Die Ehre und der Reiz, welche damit verbunden sind, schimmern lockend auch den Königen und Helden, und von allen Genüssen, die dem Alter nach und nach absterben, hält dieser am längsten an. Man denke daher, welch ein Schritt für uns Jünglinge dies war; wir empfingen damit eine neue Mündigkeit, die wir selbst uns gaben; wir traten auf das Feld, wo die Kränze lagen, und wenn wir Dichter zu sein behaupteten, so mochte dies im ästhetischen Sinne noch ferner wie bisher bejaht oder verneint werden können, im literarischen waren wir es aber einmal gewiß.

Aufsehen genug bewirkten wir; in unserm nächsten Kreise das außerordentlichste; die Frauen besonders waren gereizt und geschmeichelt, an dem Schmuck unsrer Dichtung, der jetzt erst gefaßt worden, so nahen Teil zu haben. Herr Cohen war fast empfindlich, und prüfte sich, ob er selber nicht auch zu dem Musenalmanach hätte beitragen können, er wollte sich das gar nicht verneinen, und gab zu verstehen, sein schlummerndes Talent hätte wohl gleiche Aufmerksamkeit wie das seines Neumann verdient. Kiesewetter, den ich noch von Zeit zu Zeit sah, fand unter meinen Gedichten zwar die Überbleibsel dessen, was er an mir gerühmt und gefördert hatte, allein sogleich ein Sonett an Friedrich Schlegel und überhaupt so viel Sonette, daß er mich gradezu für verloren gab. Bald kamen aber auch die öffentlichen Kritiken, einige Tagesblätter gaben uns ein mäßiges Lob, andre setzten uns tief hinab. Man wußte nicht recht, was man aus uns machen sollte; die Hauptfrage, ob wir der neuen oder der alten Schule angehörten? war nicht leicht zu entscheiden, da wir keine Fahne trugen und sowohl für das eine wie für das andre sich Zeichen fanden. Einige Schlegelianer sahen das Alte für überwiegend an, und geißelten uns tüchtig, indem sie auch das, was zu dem Neuen strebte, für verfehlt erklärten. Am schlimmsten aber verfuhr Garlieb Merkel mit uns, der verrufene kleine Kritiker, der den Verstand und Geschmack gegen die neue Schule zu verfechten unternommen hatte, und in diesem Kampfe das possierliche Schauspiel und die traurigsten Blößen gab. Doch galt er bei vielen Leuten noch als eine Stütze der guten Literatur, und weil er uns unbedingt für Jünger der neuen Schule erklärte, so mußten wir es auch sein, obgleich weder durch literarische Richtung noch durch persönliches Anschließen irgendeiner von uns bis jetzt dahin zu rechnen war, sondern bei einigen vielmehr noch Abneigung und Widerwillen bestand. Der Fall, daß ich Parteifarbe tragen sollte, die mir fremd war, hat sich in der Folge oft genug wiederholt, und wird sich immer da einfinden, wo ein redlicher Sinn dem eignen Lichte folgt, ohne dieses so stark leuchten lassen zu können, daß andre ihm folgen, denn nichts will die Welt schwerer glauben, als daß man nicht sein Heil in der Menge suche, und daher, wenn man nicht Dienste austeilen kann, solche nehme. Ich kann es noch heute (1831), da achtundzwanzig Jahre seitdem verflossen sind, mit tiefster Wahrheit ebenso wie damals beteuern, daß mir diese ungünstigen und zum Teil höhnischen Kritiken wenig Kummer machten, sie empörten mich eher, aber mich niederschlagen konnten sie nicht. Der echten Lebensquelle in mir war ich versichert; daß sie strömte, war nicht meine Willkür, ob meine Gedichte für sich selbst vor dem Publikum bestehen konnten, oder nur zu dem Gedichte meines Lebens gehören sollten, das mußte sich eben erweisen, und wie sehr ich das erstere wünschen und hoffen mochte, so blieb doch das letztere auch noch ein gutes Los. Auch wandten wir Freunde den Sinn von dem Publikum völlig ab, und suchten Gewinn und Lust einzig im Innern unsers eignen Treibens, welches in sich selbst erhoben wurde, und auch von außen Zuwachs erfuhr.

Chamisso machte mich zuvörderst mit den Poeten des Almanachs, die mir persönlich noch fremd waren, bekannt. Ich sah Hitzig und Robert, und endlich auch Theremin, der mir sogleich als ein höherer unter diesen Geistern erschien, und mich besonders durch seine schöne, wohlklingende und edle Sprache einnahm. Was für Ideen wir austauschten, mit welchen Kenntnissen wir einander gegenseitig aushalfen, in was für Ansichten und Urteilen wir uns abwechselnd einigten und schieden, welche Entdeckungen uns aufgingen, das ließe sich für solche, die nicht ähnliches erlebt haben, kaum darstellen. Weil jeder den Tag über seine Geschäfte hatte, so verlegten wir unsre Zusammenkünfte auf den späten Abend bis tief in die Nacht. Diese poetischen Tees des grünen Buches, wie wir sie nannten, weil dasselbe die Grundlage und Hauptbeziehung unsres Zusammenkommens blieb, nahmen ihren Anfang sehr einfach bei Hitzig, der vielen Raum hatte, und durch liebenswürdigen Sinn und geselligen Geist den anziehendsten Vereinigungspunkt bildete; und so gaben uns diese Zusammenkünfte durch innige Wärme der Freundschaft und durch geistige Erhebung ein reines Glück zu kosten, welches die Nacht uns von den Sternen herabzurufen schien, im Gegensatze des Tages, der die Verbundenen wieder in die mannigfachsten Geschäfte einer Wirklichkeit zersplitterte, die sich auch noch von jenem geheimen Lichte möglichst erhellen sollte. Die späteren Tees, die dann abwechselnd auch bei Lippe, Robert und Theremin gehalten wurden, hatten schon die Einfachheit und Unschuld der ersten nicht mehr, es drängten sich schon mehr Ansprüche und Absichten herzu. Auch hatte die Gesellschaft schnell zugenommen. Ein sinnvoller gutmütiger Stubengenosse und nachheriger Schwager Hitzigs, Adolph von Uthmann, und ein liebenswürdiger Schicksalsgefährte Chamissos, Graf von Lafoye, französischer Emigrierter und preußischer Offizier wie er, und auch in Kenntnis und Übung des Deutschen ihm nachstrebend, brachten dem ursprünglichen Ton und Behagen keine Änderung. Unruhiger, verschiedenartiger, belebter und zerrissener wurden die Abende durch die Einführung Koreffs, eines jungen Arztes aus Breslau, der seine Studien in Berlin vollendete, und seine universelle Genialität auch in Gedichten, unerschöpflich aber in jeder Redeweise, in erhabenen, humoristischen und possenhaften Ausbrüchen an den Tag legte; mit ihm gleichzeitig wurde auch der Buchhändler Georg Reimer, der Geheimrat Pistor, Herr von Redtel und darauf noch einige andre wirkliche oder angebliche Poesiefreunde zu unsern Versammlungen gezogen, wo nun die glänzendste Unterhaltung gepflegt wurde. In der Folge kehrte mehr Einfachheit und Innigkeit zurück, die Gesellschaft war kleiner, Koreff tiefer mit uns befreundet und gefühlvoll-ernst in seinen Mitteilungen; meistens trafen wir bei Chamisso auf der Wache zusammen, wenn er sie am Brandenburger oder Potsdamer Tore hatte, und zwischen den militärischen Unterbrechungen hin verwachten wir halbe und ganze Nächte in Gesprächen über Poesie oder Studien- und Lebenspläne, deren Ausführung uns leider noch ferne lag.

Karl August Varnhagen von Ense: »Ein Gedicht war mir wichtiger als der ganze Staat«

Die nächsten Pfingstferien benutzte ich zu einem Besuch bei Fouqué in Nennhausen, einem bei Rathenow im Havellande gelegenen Gute seines Schwiegervaters, des Herrn von Briest, wohin ich schon längst eingeladen war und sehnlich verlangt hatte. In Gesellschaft Bernhardis, der trotz seiner außerordentlichen Dickleibigkeit sehr gut zu Fuße war, machte ich mich frühmorgens auf den Weg, und mit Hilfe einer für die letzten Meilen genommenen Postfuhre kamen wir noch bei guter Zeit daselbst an. Schon unterwegs hatte Bernhardi, der mehrmals dort gewesen und dem ganzen Hause vertraut war, mich mit den Personen und Verhältnissen vorläufig bekannt gemacht, und so dankenswert dies im Augenblicke selbst mir gelten mußte, so war es im Grunde doch eher das Gegenteil, denn mein Gefährte konnte sich in seiner satyrischen Laune eines Zuges von Gemeinheit nicht wohl erwehren, und pflegte neben weichlicher Empfindsamkeit seine Wahrnehmungen gern in das Grobsinnliche zu treiben, wobei nicht selten nur das Widrige und Schlechte übrigblieb. So war denn auch in betreff Nennhausens, noch ehe ich es betrat, meine Unbefangenheit schon gestört und meine Aufmerksamkeit unfreiwillig zu mißliebigen Gegenständen hinabgedrängt. Der Besitzer von Nennhausen war Herr von Briest, ein vortrefflicher, in jedem Betracht ehrwürdiger Mann, von großer, hagerer Gestalt, milder Freundlichkeit und wohltuendem Ernst. Er hatte noch im Siebenjährigen Kriege gedient, dann als Rittmeister seinen Abschied genommen, und sich auf sein Land zurückgezogen, wo er in geistiger und wirtschaftlicher Beschäftigung ein edles Leben führte. Ein schöner Park war durch ihn entstanden, ausländische Bäume und Gesträuche hatte er angepflanzt, und jeden Fortschritt im Landbau für sich und seine Dorfleute bestens zu benutzen gesucht. Die letztern liebten und ehrten ihn als einen väterlichen Herrn, bei welchem sie in allen Fällen guten Rates und wirksamer Hilfe versichert waren. »Von dem Mann«, sagte mir ein alter Bauer, »hab' ich noch mein Lebtag nichts Ungeschicktes gehört.« Der Name von Briest lebte in diesen Gegenden schon von alten Zeiten her in bestem Ruhme; ein Landrat dieses Namens hatte bei des Großen Kurfürsten Überfall der Schweden in Rathenow zu dem Siege wesentlich mitgewirkt, wie dessen auch Friedrich der Große in den Brandenburgischen Denkwürdigkeiten ehrend erwähnt. Jetzt war derselbe Name auch mit den Vorzügen deutscher Wissenschaft verknüpft; in Fichtes und Niethammers philosophischer Zeitschrift hatte Hülsen, der eine Zeitlang in Nennhausen bei seinem Freunde gelebt, philosophische Briefe an Briest drucken lassen. Ein Augenblick von Schwäche nur, den er in seinen hohen Jahren für eine sein Hauswesen leitende Verwandte gehabt, und in dessen Folge er diese geheiratet hatte, gab zu mancherlei Bemerkungen Anlaß, die besonders das Mißverhältnis betrafen, daß die Tochter des Hauses, Frau von Fouqué, in ihrer ehemaligen Dienerin nun ihre Stiefmutter anerkennen mußte. Ebenso erfuhr ich, daß Fouqué, nachdem er wegen Brustbeschwerden aus dem Kriegsdienste seinen Abschied genommen, sich von einer früheren Gattin mit Aufopferung von Hab und Gut eiligst habe scheiden lassen, um nur so schnell als möglich seine jetzige Frau zu ehelichen, die ihrerseits schon einem Rittmeister von Rochow verheiratet gewesen, aber auch bereits wieder von ihm geschieden, und sich von dem zärtlichen Spiel des blonden Minnesängers in der Einsamkeit von Nennhausen hatte rühren lassen. Früher hatte sie in Potsdam gelebt, in dem muntern und leichtsinnigen Kreise der Kameraden ihres Mannes, der späterhin wegen Zerrüttung seiner Umstände, und besonders, wie man sagte, wegen Spielschulden sich eine Kugel durch den Kopf gejagt. Frau von Fouqué, groß und wohlgestaltet, schön von Gesicht, dessen edle Züge nur durch die überaus mächtigen Lippen gestört wurden, ihrer Reize wohlbewußt, wie sich denn ihr wunderschönes Bein mit natürlicher Kunst immerfort und reichlich dem Anschauen darbot, dabei höchst lebhaft und feurig in ihren Regungen und Ansprüchen, wurde als die Herrin des Hauses geschildert, die sich über Vater, Stiefmutter und Gemahl leicht hinwegsetze, alles auf sich beziehe, für sich alles vorwegnehme, und ihre Person und ihre Zimmer viel höher ausgestattet und geschmückt zeige, als es dem übrigen Hause möglich sei. Der gute Fouqué erschien hierbei als ein argloses Kind, welches in den Spielen der Einbildungskraft sich mit aller Freiheit vergnügen dürfe, auch in Ehre und Ansehen keineswegs verkürzt werden solle, aber in allen Beziehungen der Wirklichkeit nicht mitzusprechen habe. Bernhardi lachte und meinte, ich solle mich nun entscheiden, ob ich es mit der Frau oder mit dem Manne halten wolle, in jedem der beiden Fälle würde ich es gut haben, nur beide vereinigen könne ich nicht, das sei nur ihm selber einigermaßen gelungen, als welcher den Mann aufrichtig liebe, und dabei mit kluger Weltkunde sich dem Zutrauen der Frau nicht verschließe, die von ihm glücklicherweise auch weiter nichts verlange. Ich war ohne Bedenken für den guten Fouqué entschieden, der mir in dieser Lage schon gedrückt und bezwackt genug schien, um nicht auch noch den Ersatz, den die Freundschaft leisten kann, ihm verkümmern zu wollen. Das Vorurteil, mit welchem ich diesen Erörterungen zufolge den neuen Kreis betrat, war tüchtig eingerammt, und hielt auch wirklich fest, ungeachtet es im ersten Augenblick eine starke Prüfung zu bestehen hatte. Denn als ich mit Bernhardi, der uns gar nicht erst ankündigen ließ, die Gesellschaft in ihrem gewöhnlichen Beisammensein am Abend bei schon angezündeten Lichtern überrascht und nach den ersten Begrüßungen Platz und Umsicht genommen hatte, so konnte ich mich eines ungünstigen Eindrucks, den mir Fouqués kleine gedrückte Gestalt und piepende Stimme machte, so wenig wie des höchst günstigen erwehren, den ich von Frau von Fouqué empfing, deren Blicke und Reden bei jener ersten Bekanntschaft eine angeregte Teilnahme bezeigten und mir wider Willen eine gleiche abnötigten. Wer weiß auch, welches Geschick hier die Vorsätze im Spiele der Neigungen und der Umgangskünste gehabt hätten, wenn nicht Bernhardi, der mit mir in demselben Zimmer schlief, noch vor Schlafengehen unerbittlich den Mephistopheles gemacht, und mir diese Baronin, wie Jarno dem Laërtes jene im Wilhelm Meister, durch die schlimmsten Bilder und Gleichnisse verleidet, in den folgenden Tagen aber sie selbst nicht so manches Abstoßende gezeigt hätte, besonders eine Art von berechnetem Eigennutz, der mir eine Frau häßlicher macht, als körperlicher Schmutz, und daneben eine Plumpheit adeligen Stolzes, wogegen Fouqués Rittertum als ein artiges Spiel erschien. Sie merkte sehr bald, daß wir nichts zusammen gemein haben würden, und da ihr doch nicht entgangen sein konnte, daß der Stoff dazu in mir nicht völlig gemangelt habe, so stellte sich die Verneinung nur um so feindlicher zwischen uns, und in den ersten Tagen war eine Scheidewand gezogen, die auch in der Folge nie ganz wegfallen konnte. Wir nahmen voneinander nur im Dichterischen und Schriftstellerischen die nötige Kunde. Das Vorlesen der mitgebrachten Kapitel des Doppelromans regte großes Ergötzen und das Versprechen der Mitwirkung auf, persönlich aber blieben wir höflich und kalt, oder vielmehr in schroffer Gleichgültigkeit, als lägen unübersteigliche Klüfte zwischen uns.

Desto liebevoller und befriedigender stellte sich das Verhältnis mit Fouqué. Wer ihn bloß in späteren Jahren gekannt, wird ihm einen tiefen Grund von Edelsinn und Gutmütigkeit nicht absprechen dürfen, wenn auch diese schönen Eigenschaften, und sogar seine dichterische Gabe, jetzt nur von vielem Dünkel und mancher Verbitterung, die ihm das Leben zugeführt, und von unleugbarer Narrheit getrübt hervorleuchten. In jener Zeit aber waren diese Seiten noch völlig zugeschlossen, und der lebhafte, bescheidene, freisinnige und herzliche, von jedem besten Willen beseelte Mann das Bild der reinsten Liebenswürdigkeit. Er sah auf eine zum Teil schmerzvolle Vergangenheit so ergeben zurück, als hätte er nichts mehr zu hoffen, und hoffte so frisch und fröhlich von jedem neuen Tage das Beste, als hätte er noch gar nichts erlebt. Seine Dichtung stand auf der Höhe des genußreichsten Hervorbringens, mit jedem kleinen Erfolg um so leichter befriedigt, als es eigentlich auf allgemeinen Beifall nicht einmal abgesehen war; die üppigste Fruchtbarkeit und anmutigste Leichtigkeit ließen ihm alles zu Gedichten und Reimen werden, was er nur berührte, und diese Art von Stegreifdichten, die stete Gegenwart und Flüssigkeit dieser poetischen Regung und Äußerung, erhöhte für seine näheren Freunde, die das Hervorbringen mit ansahen, den Reiz und die Wärme seiner Dichtergebilde, welche für sich allein und von ihrem Entstehen getrennt betrachtet, allerdings etwas zu stark in die grünen Blätter geschossen dünkten. Mich aber bezauberte dieser reiche Wachstum, der sich gleichsam unter meinen Augen entfaltete und mehrte, denn Fouqué hatte nicht nur ganze Schubladen mit schon abgeschlossenen Handschriften gefüllt, sondern in der kurzen Zeit unsrer Anwesenheit sahen wir den Vorrat um große und kleine Stücke bereichert; jeder Tag und jede Stunde, besonders aber regelmäßig der frühere Nachmittag, fand Fouquén zum Schreiben aufgelegt, und dann schrieb er seine Sachen, Lyrisches oder Dramatisches und gleicherweise epische Prosa, fast ohne auszustreichen, ununterbrochen hin, so schnell die Feder laufen mochte. Viele Stunden wurden mit Vorlesen verbracht, andre mit Erzählungen, ein guter Teil des Tages auch mit Spazierengehen in dem herrlichen Park, welchen der alte Briest mit Einsicht gepflanzt hatte und noch täglich mit Liebe pflegte; ein Wald schloß sich an, ein dunkelblauer See breitete sich aus, die geringen Anhöhen waren wohlbenutzt, und so machte Nennhausen ordentlich den Eindruck einer schönen Gegend. Wir machten auch einigen Besuch in der Nachbarschaft, andrer kam, andrer fand sich ein. Die Abende verbrachte man gesellig bei Tee und Abendessen, zwischen welche für den alten Briest wohl eine Schachpartie sich eindrängte; zuweilen auch ergötzte man sich mit Pistolenschießen oder Kegeln, letzteres vorzüglich einem alten verkrüppelten Offizier aus dem Siebenjährigen Kriege, Herrn von Laßberg, zuliebe, der bei seinem Freunde Briest für den Rest seiner Lebenstage großmütig Aufnahme gefunden hatte, und bei jenem Spiel besonderes Vergnügen und seinen kleinen Vorteil fand.

Rahels erster Salon: »Ordentliche Dachstubenwahrheiten«

Unterdes hatte sich die Gesellschaft durch einige Frauenzimmer vermehrt, mit denen auch Brinckmann sich gleich zu tun machte. Sie gehörten zum Hause; die eine nahm sich des Teemachens an, der anderen wurde ich vorgestellt, sie war die Schwägerin der Dlle. Levin, mit der sie übrigens keine Geistesverwandtschaft zeigte. Um so mehr fiel mir die liebevolle und sorgsame Art auf, mit der diese sie behandelte, in das Gespräch zog, und ihre unbedeutenden Äußerungen geltend machte. Brinckmann, der wieder zu mir getreten war, sagte mir, das sei kein Wunder, seine vortreffliche Freundin habe so vielen Geist, daß sie dessen von niemanden verlange, und mit anderen guten Eigenschaften zufrieden sei. Zudem aber hege sie die stärkste und zärtlichste Zuneigung für ihre ganze Familie, darin sei sie die echte Orientalin, für die Mutter, die in der Tat eine äußerst gute und würdige Frau sei, für die Geschwister; besonders aber liebe sie leidenschaftlich zwei kleine Nichten, Töchter dieser Schwägerin.

Er schilderte mir in wenig Worten die Brüder; ein jüngster war in der weiten Welt; von den beiden anwesenden war mir der ältere als Kaufmann angegeben worden, er benahm sich zurückhaltend und abgemessen, gefiel mir aber nicht; der jüngere hingegen, Ludwig Robert, zeigte ein bequemes Dasein, eine lässige Gleichgültigkeit, die gesellschaftlich einen angenehmen Eindruck machte; seine Physiognomie war bedeutend, der scharfe Denker und Beobachter blickte selbst aus der Lässigkeit hervor. Beide Brüder machten zu der herzlichen Wärme und edlen Freiheit der Schwester ein um so stärkeres Gegenbild, als ihr besonders für diese Brüder eine stets tätige und beinahe zärtliche Sorge immerfort anzumerken war.

Das Gespräch wurde sehr lebhaft, und wogte, zwischen den Personen wechselnd, über die mannigfachsten Gegenstände hin Ich wäre nicht fähig, die raschen Wendungen und den verschiedenartigen Inhalt hier wiederzugeben, und wage den Versuch nicht. Man sprach vom Theater, von Fleck, dessen Krankheit und wahrscheinlich nahen Tod man allgemein beklagte, von Righini, dessen Opern damals den größten Beifall hatten, von Gesellschaftssachen, von den Vorlesungen August Wilhelm Schlegels, denen auch Damen beiwohnten. Die kühnsten Ideen, die schärfsten Gedanken, der sinnreichste Witz, die launigsten Spiele der Einbildungskraft wurden hier an dem einfachen Faden zufälliger und gewöhnlicher Anlässe aufgereiht. Denn die äußere Gestalt der Unterhaltung war, wie in jeder anderen Gesellschaft, ohne Zwang und Absicht, alles knüpfte sich natürlich an das Interesse des Augenblicks, der Person, des Namens, deren gerade gedacht wurde. Vieles, was in Anspielungen bestand, und irgendeine Kenntnis voraussetzte, entging mir ganz, anderes wenigstens teilweise. Doch wenn Friedrich Schlegel seine Meinung sagte, zwar mühsam und unbeholfen, aber auch tief und gediegen, in der eigentümlichsten Werkstätte geschmiedet, so fühlte man gleich, daß hier kein leichtes Metall ausgegeben werde, sondern ein schweres und kostbares; wenn Schack, leicht erzählend, manche Personen, die durch Rang und Weltstellung bedeutend waren, in pikanter Weise schilderte, wenn er kleine Bemerkungen geschickt einschob, so waren die Vertrautheit und Übersicht unverkennbar, mit denen er eine unendliche Erfahrung großweltlichen Lebens spielend behandelte. Die Heiterkeit und Laune der Mad. Unzelmann wirkten unaufhörlich belebend ein. Ludwig Robert und Brinckmann erwiesen sich als echte Gesellschaftskinder. Alle waren auf natürliche Weise tätig, und doch keiner aufdringlich, man schien ebenso gern zu hören als zu sprechen. Am merkwürdigsten war Dlle. Levin selbst. Mit welcher Freiheit und Grazie wußte sie um sich her anzuregen, zu erhellen, zu erwärmen! Man vermochte ihrer Munterkeit nicht zu widerstehen. Und was sagte sie alles! Ich fühlte mich wie im Wirbel herumgedreht, und konnte nicht mehr unterscheiden, was in ihren wunderbaren, unerwarteten Äußerungen Witz, Tiefsinn, Gutdenken, Genie, oder Sonderbarkeit und Grille war. Kolossale Sprüche hörte ich von ihr, wahre Inspirationen, oft in wenig Worten, die wie Blitze durch die Luft fuhren, und das innerste Herz trafen. Über Goethe sprach sie Worte der Bewunderung, die alles übertrafen, was ich je gehört hatte.

Ludwig Robert wurde aufgefordert, seine neuesten Gedichte mitzuteilen. Er ließ sich nicht lange bitten, und las ein paar Elegien mit vielem Ausdruck vor. Sie ahmten den Ton der Goetheschen sehr glücklich nach, hatten aber ihren eignen Inhalt. Nur Friedrich Schlegel verzog die Miene, und stimmte nicht in den Beifall ein. Auch Dlle. Levin selber trotz des augenscheinlichen Eifers, den Bruder zu begünstigen, litt etwas bei dieser Vorlesung, und verbarg zuletzt ihre Ungeduld nicht. Ich erlaubte mir, sie über die Richtigkeit meiner Wahrnehmung heimlich zu befragen. Sie sah mir ehrlich und grad ins Gesicht, und sagte lebhaft: »Sie haben recht gesehen; es ist mein Tod, mir vorlesen zu lassen; ich hab' es nie geliebt, aber oft kann ich's besser aushalten.«

Durch Vermehrung des Besuchs – zwei Spanier, Graf Casa-Valencia und Chevalier d'Urquijo, beide Diplomaten, waren gekommen, – ließ der Vorleser sich nicht irren. Aber nach Beendigung eines Gedichts, welches vielleicht nicht allgemein verständlich gewesen, verlangte Mad. Unzelmann, der Dichter solle doch Komisches und Witziges mitteilen, dessen er ja den größten Vorrat habe. Der lieblichen Frau war nicht zu widerstehen, ihrem anmutigen Gesuch aber trat Gualtieri mit der ungestümsten Forderung bei: »Ich weiß es ja, liebster Robert«, rief er aus, »Sie haben auf uns alle wunderschöne Spitzverse gemacht, auch auf mich ganz allerliebste, tun Sie mir den Gefallen und lesen Sie die vor, ich will sie hören, ich kann alles hören, nur ohne Scheu heraus damit!«

Robert las im Stillen für sich einige Blätter, lachte und entschuldigte sich, es ginge doch nicht. Nur um so heftiger drang man in ihn, alle beteuerten, sie wollten nichts übel nehmen. Schon wollte er lesen, da verbat es seine Schwester, sie wolle dergleichen nicht leiden, sagte sie, es sei ein schlechter Spaß, und es verletze insgeheim doch jeden sich in seiner Eigenheit verspottet zu sehen, niemand dürfe das fordern, niemand es gewähren. Aber nichts half. Die erregte Tadellust wollte ihre Beute. So wurde denn einiges gelesen, was großen Beifall erwarb; Schack, die Unzelmann, Schleiermacher, Wilhelm von Humboldt, kamen ganz leidlich weg, einige andere Personen weit schlechter. Das Hauptverdienst dieser Verse war, außer der treffenden Charakteristik, die artige Künstelei, daß die Anfangsbuchstaben der Zeilen jedesmal den Namen bildeten. Gualtieri bestand darauf, sein Akrostichon zu hören. »Nur Geduld«, versetzte Robert, »Sie sollen befriedigt werden, und sogar doppelt, denn Ihren Namen hab' ich zweimal akrostichiert. Hören Sie denn!«

»Glatt; doch unwahr nie, und säß' er an fürstlicher Tafel;
Unrecht scheuend, behauptet er oftmals dennoch das größte,
Arglos, kühn und geschickt, betört im eigenen Scharfsinn;
Listig weicht er sich aus, doch stark auch faßt er sich wieder.
Trau' ihm in seinem Gemach, hier darfst du, darf er sich trauen,
In der Gesellschaft ist Krieg, und dort er Soldat und Gesandter.
Einigen wird er sich nur mit dem, der immer ihm beistimmt;
Redend herrschet er dann; doch läßt er auch kindlich sich leiten;
Ja, so lebt er ein Rätsel, gehaßt und geliebt und gefürchtet!«

Die Bezeichnungen müssen treffend gewesen sein, denn die einzelnen Zeilen und Worte empfingen den größten Beifall; nur Gualtieri stand unbewegt, als wenn er gar nicht wüßte, von wem die Rede sei. Als die anderen aber ihn anriefen, und scherzend um sein Urteil baten, fuhr er aus dem stummen Nachdenken auf: »Das versteh' ich nicht!« rief er. »Lesen Sie doch das zweite, vielleicht ist das deutlicher!« Schärfer gewiß, erwiderte Robert, und las:

»Glaube, dir glaubt er nichts, doch glaubt er alles sich selber,
Undankbar stets denkt er, er danke nur alles sich selber.
Alles scheint er zu lieben, und liebt nur den Schein und sich selber.
Laut im Streit, und nicht lauter, so schreit er, und hört nur sich selber.

Tiefes Gefühl bleibt tief ihm verborgen, er fühlt nur sich selber.
In Verlegenheit bringst du ihn nie, doch oft er sich selber.
Ehre ist ihm das Erste, drum ehrt er auch ehrlich sich selber.
Reizbar ist er und reizend, und reizt auch öfters sich selber.
Jahrlang könnt ihr ihn tadeln, es hilft nichts, er tadelt sich selber.«

Der gesellschaftliche Applaus wird oft durch Kleinigkeiten unmäßig; ich sah es hier. Komisch und spannend war nur Gualtieris Gegenwart. Er fühlte sich mehr geschmeichelt, als beleidigt, mehrmals hatte er gelächelt, mehrmals sein »Gutgesagt« dazwischen geworfen. Als aber das Stück zu Ende war, wurde er doch wieder nachdenklich, und rief verwundert: »Aber Sie machen mich ja ganz und gar zum Egoisten!« Dann nahm er den Dichter langsam unter den Arm, zog ihn beiseit, und sagte: »Hören Sie mal, lieber Robert, was denken Sie sich denn unter einem Egoisten? Ich hoffe doch, nicht gar zu Schlechtes? Und wenn ich nun ein Egoiste bin, was ist damit gesagt? Nein, das müssen Sie mir genauer auseinandersetzen, darüber müssen wir umständlich reden; denn, sehen Sie, wenn ich mich selber fühle, und kenne, und ehre, so heißt das doch nicht« – und somit führte er ihn in das Nebenzimmer, sich in Prosa nochmals vortragen zu lassen, was er in Versen schon zur Genüge sollte vernommen haben. »Der *will* aus dem Regen unter die Traufe«, sagte Dlle. Levin, und »Gutnacht!« rief sie den Abgehenden noch freundlich nach; wirklich kamen sie nicht wieder zum Vorschein.

Dlle. Levin erklärte sich ernstlich gegen solche geist- und kunstreiche Spiele, wie überhaupt gegen alle persönliche Satire, Parodie und Travestie, als gegen einen Mißbrauch der Dichtkunst; alles dies, meinte sie, trage etwas Böses in sich, das zuletzt nur gemeiner Schadenfreude diene; einen großen Unwillen und Zorn, eine heftige Bitterkeit, ein tiefeinschneidendes Charakterisieren aus Einsicht und zur Einsicht, das alles begreife sie und respektiere sie, wo ein innerer Drang es durchaus gebiete, oder wenn wirklich anmutige und unbezwingliche Laune das Gehässige wieder aufhebe.

Schlegel, der sich solcher Vergehen gegen Schiller schuldig wußte, stellte die Xenien als Einwand auf; allein die rasche Gegnerin versetzte: »*Das* Beispiel spricht grade für mich, wenn Sie *die* anführen, stehen Sie schon auf *meiner* Seite! Denn wo ist wohl der Zorn gerechter, der Unwille edler, der Witz lebendiger, als eben in den Xenien? Überdies sind Goethe und Schiller – nun ja! Goethe und Schiller!«

Es waren zwei Fremde gemeldet worden. Dlle. Levin empfing sie höflich; aber in Haltung und Ton war die feine Linie nicht zu verkennen, durch welche sie vielleicht unbewußt ausdrückte, daß es nicht vertrauliche Bekannte waren, mit denen sie sprach. Es war ein Graf aus Wien, ich glaube ein Graf Paar, sein Begleiter aber hieß Meyern, und wäre mir unter diesem Namen leicht entgangen, hätte mir Brinckmann nicht gesagt, daß er der Verfasser des merkwürdigen Buches Dya-Na-Sore sei, der aber jetzt weder Romane noch Indien, sondern nur Krieg und England und Bonaparte im Kopfe trage. Ich hatte früher in diesem schmerzlichen Romane geschwelgt, und seine sehnsüchtigen Liebes- und Vaterlandswünsche innig mitempfunden, um so mehr wünschte ich nun, den Mann selber kennenzulernen, dem es gelungen war, die großen Drangsale der nächsten Wirklichkeit in eine entlegene Dichtungswelt hinauszutragen. Allein es war unmöglich, mehr als ein gewöhnliches Höflichkeitswort aus ihm zu locken, er schwieg sogleich wieder, und sah nur immer beobachtend und prüfend auf die Personen hin, die gerade sprachen. Ich vernahm später, er habe es sich zum Gesetz gemacht, als Österreicher in Preußen sich möglichst verschlossen zu halten.

Mittlerweile hatte die Gesellschaft sich mannigfach in verschiedene Gesprächsrichtungen abgezweigt, die nur selten auf Augenblicke zu einer allgemeinen zusammenflossen, wenn etwa eine Behauptung, ein Scherz, ein Witz, lebhafter ausbrach und größeren Anteil weckte. Die Gesellschaft war zu zahlreich und zu belebt, um sie noch in einer Einheit zusammenzuhalten und zu leiten; die Wirtin konnte nichts tun, als auch ihrerseits mit einzelnen anknüpfen, aber ich bemerkte wohl, daß sie hiebei stets aufmerksam blieb, und immer da einzuwirken wußte, wo Stockendes zu beleben, Mißliebiges abzubrechen, Störendes auszugleichen, Angenehmes zu vermitteln war. Auch meine vergebliche Bemühung mit Meyern war ihrem scharfen Blick nicht entgangen, und ein Wort von ihr hatte Hrn. von Schack bestimmt, durch eine Frage über Wien den schroffen Mann zugänglich zu machen, der aber auch diesmal seine Antwort so kurz als möglich einrichtete.

Mit Wohlgefallen sah die Wirtin den Abbé und den besternten

Diplomaten in abgesondertem Gespräch ganz vertieft. Schack begegnete ihr in diesem Bemerken, sie winkte ihm, und ich hörte, daß sie ihm auf den Vorwurf, warum sie ihm nicht erlaubt habe, den Kerl wegzubeißen, voll sanftem Eifer antwortete: »Ist es denn so nicht besser? Welch Vergnügen, zu sehen, wie die beiden sich für uns unschädlich machen! Einer schluckt den anderen ein; und ich wette, sie suchen sich bald lieber anderswo auf, und wir sind sie los.«

Ich weiß nicht, wer es sich erlaubte, einen in ziemlich schmutziges Gewand gekleideten Witz vorzutragen; niemand wollte lachen, und betroffen über die Unziemlichkeit schwiegen alle. Doch Dlle. Levin, die wieder auf dem Sofa Platz genommen, duldete die Pause nicht, in welcher die Unart sich gleichsam fortsetzte, schnell übersah sie das Terrain, und löste die eigene und fremde Verlegenheit, strafte und beseitigte die Ungebühr, indem sie plötzlich, aus aller Menge unerwartet meinen Meyern mit den Augen fassend und ihm das Wort zuwendend, mit dem Ausruf: »Ich weiß *auch* Saugeschichten!« eine noch stärkere, aber schon dadurch unschuldigere Derbheit einleitete, und dann unvergleichlich rasch und komisch eine französische Anekdote, ich glaube nach Chamfort, sehr glücklich und schicklich erzählte, mit solcher Anmut und Gewalt, wie ich Ähnliches nur noch einmal in meinem Leben, viele Jahre später von der Frankfurterin B – leisten sah! Alles fühlte sich wie befreit, und lachte aus vollem Herzen, niemand aber mit solchem Vergnügen und Abandon, wie mein störrischer Meyern, laut und heftig fing er immer aufs neue an, so daß er die anderen auch immer wieder mit fortriß. Noch eine ganze Zeit wiederholte er sich die Worte: »Ich weiß *auch* Saugeschichten!« und lachte mit größtem Behagen, bis nach und nach der beobachtende Ernst in seinen Mienen wieder die Oberhand nahm.

Mehrere der Damen und Herren hatten sich bereits entfernt, und ich hielt es für schicklich, ebenfalls an den Rückzug zu denken; allein Brinckmann wollte davon nicht hören, und versicherte, daß es hier noch gar nicht spät sei, im Gegenteil würden wohl noch einige Leute kommen, ja er hielt es nicht für unmöglich, daß noch zwei seiner angebeteten Freundinnen, die herrliche Freiin von A – aus Wien, – das Ister-Mädchen, wie Dlle. Levin sie nenne –, nach abgetanem anderen Besuche noch hier einspräche.

Das Hereintreten eines Mannes, den der Zuruf: »Guten Abend, Gentz!« mir sogleich als den berühmten Publizisten zu erkennen gab, erregte einige Bewegung. Selten habe ich so viel Schüchternheit mit so viel Dreistigkeit beisammen gesehen, wie im Äußeren dieses Mannes vereinigt war. Mit zaghafter Unsicherheit prüfte er gleichsam die Gesichter und die Plätze; und war nicht eher ruhig, bis er sie alle untersucht hatte. Ich als Fremder schien ihm wohl unbedeutend, die anderen erkannte er als Günstige, nur Friedrich Schlegel flößte ihm einen heimlichen Schauder ein, auch wählte er den diesem fernsten Platz. Behaglich und sicher zwischen Mad. Unzelmann und seinem Beschützer Schack, knüpfte er mit beiden gleich ein Gespräch an, das bald aber für alle gemeinsam wurde. Er erzählte von seinem Mittage, er hatte bei dem Minister Grafen Haugwitz gegessen, dort Gesandte und Generale gesprochen, die neusten Neuigkeiten aus London und Paris erfahren. Mad. Unzelmann verbat aber alle Politik, und verlangte nur solche Nachrichten, an denen auch sie teilnehmen könnte. »Ganz recht, mein Engel«, erwiderte Gentz mit Lebhaftigkeit, auch wir sprachen am wenigsten von Politik, sondern von den Sitten, den Vergnügungen, von – ist Gualtieri nicht hier? – der Depravation, die sich wieder einfindet in Paris, von den Liebeshändeln, den Theatern, den Restaurateurs, – nicht wahr, das sind hübsche Gegenstände?«

Schack, der kürzlich in Frankreich gewesen war, und am Hofe des Ersten Konsuls Bonaparte der ersten preußischen Uniform große Ehrenauszeichnung zugezogen hatte, richtete einige Fragen an Gentz, allein dieser antwortete wenig, und schien durch Schlegel beunruhigt, der ihn stets finstrer ansah, und seinen Widerwillen deutlich in seinen Zügen ausdrückte; die hingemurmelten Worte »feiler Schreiber, nichtswürdiger Freiheitsfeind«, und andere solche Artigkeiten, welche dem damals revolutionär und republikanisch gesinnten Verfasser der Lucinde gemäß waren, erreichten zwar nicht des Feindes Ohr, aber die reizbare Seele desselben schien jeden bösen Hauch schon in der Ferne zu wittern.

Dlle. Levin zog ihn aus der Verlegenheit, indem sie ihn nach einem Frauenzimmer fragte, das ihn lebhaft beschäftigen mußte, denn mit dem größten Feuer sprach er von dämonischem Reiz und ebensolchem Charakter, die ihn entzückten und in Verzweiflung setzten; er klagte sich strafbarer Schwäche an; »aber«, fuhr er fort, »was kann ich dafür? Amor ist blind, und wirft auch mir die Binde über die Augen!«

»Nein, nein!« rief Dlle. Levin; »in *dem* Punkt ändre ich die Mythologie! Amor ist *nicht* blind, und hat *keine* Binde; im Gegenteil, er *löset* jede, und die Liebe sieht klar und scharf, und daß sie, trotz allem was sie sieht, zu lieben fortfährt, das ist ihr höchstes Kennzeichen!«

Gentz wollte den Satz bestreiten, gab ihn aber bald und immer mehr zu, und rief ihn dann als die wunderbarste Belehrung aus, die er fortan selber ausbreiten und vertreten wolle. »Wohl ist dieses Thema unerschöpft und unerschöpflich«, sagte er, »und Ihnen, Herzenskundige, kommt es zu, solche Wahrheiten auszusprechen, vor denen die Irrtümer ganzer Zeitalter, ja der Mythologien selbst, zusammenbrechen!« Er fuhr in dieser Weise fort, sprach von dem Glück und dem Unglück der Liebe, von ihren Gründen und Bedingnissen, ihren Wirkungen und Ausgängen; erst nur in kleineren Sätzen, die er noch konversationsartig an seine Nachbarn richtete, frageweise, problematisch, allmählich entwand er sich diesem Bezug und Ton, nahm einen freieren Schwung, wagte kühnere und festere Behauptungen, und als er sich der Gesinnung und Beistimmung seiner Zuhörer völlig versichert halten durfte, öffnete er gleichsam alle Schleusen seiner Beredsamkeit, deren gewaltiger Fluß nun unwiderstehlich einherströmte, und uns mit staunender Bewunderung erfüllte. Friedrich Schlegel und seine Lucinde hätten hier etwas lernen können! Gentz sprach mit Eifer und Wärme, mit Scharfsinn, mit Fülle, und ein solcher Wohlklang, ein solches Wogen der Worte, eine solche Folge glücklicher Ausdrücke, guter Zusammenfügungen, leichter Übergänge, ein solches wirkliches Einnehmen und Bereden, ist mir seitdem bei keinem Menschen wieder vorgekommen. Auch fesselte er jede Aufmerksamkeit und gewann jeden Beifall. Nur unsere Wirtin, welche die klugen vergnügten Augen fest auf ihn gerichtet hielt, rief bisweilen ein »Recht, Gentz!« ein »Prächtig«, oder »Bravo«, dann auch wohl ein »Warum nicht gar!« oder »O nein!« dazwischen. Die anderen horchten schweigend. Ich wünschte mir Glück, von dieser so oft gerühmten und mir bis dahin immer etwas zweifelhaft gebliebenen Vortrefflichkeit ein so glänzendes und in dieser Art vielleicht einziges Beispiel so zufällig erlebt zu haben.

Noch war alles gespannt, und einzelne Funken sprühten noch, gleichsam verspätete Nachzügler des wallenden Feuerstroms, als eine neue Erscheinung auftrat, Prinz Louis Ferdinand! Die ganze Gesellschaft erhob sich einen Augenblick, aber gleich rückte und setzte sich alles wieder zurecht, und der Prinz nahm seinen Platz neben Dlle. Levin, mit der er auch unverzüglich ein abgesondertes Gespräch begann. Er schien unruhig, verstört, ein schmerzlicher Ernst verdüsterte sein schönes Gesicht, doch nicht so sehr, um nicht eine liebevolle Freundlichkeit durchschimmern zu lassen, die bei seiner hohen herrlichen Gestalt, und freien gebieterischen Haltung, um so wirksamer für ihn einnahm. Ich war vom ersten Augenblick bezaubert; einen so günstig ausgestatteten Menschen hatte ich noch nicht gesehen, ich mußte mir bekennen, in solcher Person und in solcher Weltstellung durch das Leben zu gehen, das sei denn doch einmal ein Gang, der der Mühe wert sei! Solche Heldenfigur gibt in der Tat eine Vorstellung von höherem Geschlecht, Beruf und Geschick, und wirft in das, was uns bisher nur als Dichtung erschienen, ein lebendiges Zeugnis von Wirklichkeit.

Brinckmann vergötterte den Prinzen, und sprach mit Liebe von seinen menschlichen Eigenschaften, mit Bewunderung von den in ihn gelegten Kräften, die ihn fähig machten, das Größte zu leisten, jeden Entschluß zu fassen, jede Tat zu vollbringen, zu der eine starke Seele nötig. »Doch leider«, fuhr er fort, »ist es auch sein Unglück, einen so hohen Beruf zu haben, den zu erfüllen die Gelegenheit fehlt. Denn was soll er tun? Ein gleich großer, aber nicht so begünstigter Genius erränge sich erst eine Stellung, und verwendete *dazu* seine Kraft; dieser aber *hat* seine Stellung, und kann nichts erstreben, als was grade sie *nicht* zugesteht. Nur die Welt der Empfindung ist ihm noch übrig und offen, auch hat sein ganzes Wesen sich *da*hin geworfen, er liebt, liebt leidenschaftlich, und unbefriedigt, und stellt auch hierin wieder ein eigentümliches und reiches Menschengeschick dar.«

Der Prinz war aufgestanden, und hatte sich die Fremden vorstellen lassen, nämlich die beiden Österreicher und mich, die übrigen waren ihm schon bekannt, und zum Teil, wie Schack, Brinckmann und Gentz, völlig vertraut. Seine Leutseligkeit war vornehm, und doch durchaus menschenfreundlich, ohne den Beigeschmack von Herablassung, der die Gnade der Großen meistenteils so ungenießbar macht. Auch wurde der Prinz durchaus nicht schmeichlerisch behandelt, die herkömmlichen Formen der Ehrerbietung fehlten nicht, allein außer diesen konnte ihn nichts erinnern, daß er mehr sei, als die anderen. Nach wenigen Augenblicken fand ich mich so unbefangen und behaglich in seiner Gegenwart, als hätte ich ihn schon jahrelang gekannt. Ihn selber schien kein Zwang befallen zu können, er verfuhr und sprach, als ob er unter geprüften Freunden sei.

Diese Freiheit, sich überall ohne Scheu auszusprechen, war allerdings ein köstliches Vorrecht seiner hohen Stellung, aber um dasselbe auszuüben, war doch wieder er selbst erforderlich. Ihn kompromittierte nichts, weil er sich nie für kompromittiert ansah. Was man ihm nachsagte, das kümmerte ihn nicht. In seiner Sphäre wagte sich niemand an ihn, und eine fremde Macht, vor der ein Prinz von Preußen sich gebeugt hätte, gab es nicht. So sprach er ohne Zurückhaltung seinen Unwillen und Grimm gegen Bonaparte und gegen die freundschaftlichen Verhältnisse aus, welche die Höfe mit ihm unterhielten. Eine der Anklagen, die er gegen ihn vorbrachte, war in dem Munde eines Prinzen sonderbar; man war überrascht, jenem vorgeworfen zu sehen, daß er die Freiheit untergrabe!

Merkwürdiger noch, als in diesen Äußerungen, erschien mir der Prinz in einigen anderen, welche hinter scheinbarer Zerstreutheit und Unaufmerksamkeit die feinste Beobachtung und tiefste Menschenkenntnis verrieten. So sprach er von seiner Familie, von seiner Schwester, der dem Fürsten Anton Radziwill verheirateten Prinzessin Luise, von seinem Bruder, dem Prinzen August, mit ebenso großer Zuneigung als Offenheit, als ob uns allen dieser Umgang und diese Einsicht wie ihm selber vertraut sein müßten. Seinen Schwager den Fürsten Radziwill schien er besonders zu lieben, die gemeinsame Liebe zur Musik wirkte hier mächtig ein. Er vermißte ihn, und fragte, ob er schon dagewesen? Auf die Bemerkung, er sei wohl zur Jagd gefahren, lächelte der Prinz. »Zur Jagd?« wiederholte er, »da kennen Sie meinen Schwager nicht! O ja, er fährt zur Jagd, wenn es sein muß, er macht alles mit; aber alles, was er tut, tut er nur im musikalischen Sinn, und zum Beispiel auf der Jagd ist ihm an Wild und Beute nichts gelegen, sondern seine Jagdlust läuft einzig darauf hinaus, daß er sich mit der Büchse unter einen Baum stellt, und dann vor sich hin singt: ›*La caccia! la caccia!*‹«

Die den Fürsten näher kannten, bestätigten eifrig das treffende Gleichnis, und bewunderten nur, daß der Prinz, der so wenig acht zu haben schien auf das, was um ihn vorging, zu dieser Auffassung habe kommen können.

Der Prinz nahm seinen Hut, und schickte sich zum Fortgehen an, wir alle taten desgleichen, und eben wollten Brinckmann und ich als die letzten dem Prinzen folgen, als auf der Treppe der Fürst Radziwill uns begegnete, und unter freudigen Äußerungen den Prinzen wieder zu dem Salon zurückführte.

Brinckmann aber und ich wir gingen unseres Weges weiter. Als wir auf die Straße kamen, fanden wir den Himmel ausgestirnt, die Luft milde, und es gefiel uns, in der breiten Straße noch zu lustwandeln. Ohnehin war ich von dem erlebten Abend in großer Aufregung, und fühlte das Bedürfnis, manches auszusprechen und vieles zu fragen, was mir aufgefallen oder nicht klargeworden war. Wer hätte mir hierbei besser dienen können, als mein Begleiter, wo wäre größere Bereitwilligkeit zu finden gewesen!

Wir waren etwas auf dem Gendarmenmarkt umhergegangen, kehrten aber nun in die Jägerstraße zurück, wo der Wagen des Prinzen noch vor dem Hause hielt. In dem Zimmer oben war ein Fenster geöffnet, und Klaviertöne erklangen. Wir standen still, und lauschten; der Prinz phantasierte mit genialer Fertigkeit, Dlle. Levin und Fürst Radziwill standen mit dem Rücken gegen das Fenster, und wir hörten einigemal die Stimmen ihres Beifalls. Wie gern hätten wir die unsere hinzugefügt! Das Spiel des Prinzen war kühn und gewaltig, oft rührend, meist bizarr, immer von höchster Meisterschaft. Nach einer halben Stunde hörte er auf, bald nachher fuhr er mit seinem Schwager nach Hause. Die Uhr war halb eins. Auch wir gingen nun, und Brinckmann brachte mich zu meinem Gasthof, wo mir aber die empfangenen Bilder und Eindrücke noch lange den Schlaf versagten.

Irgendein Vorurteil, wie das mißfällige Gerede der Leute aus den verschiedensten Kreisen und Standpunkten seit so langer Zeit mir wohl hätte aufbürden mögen, hatte ich nicht, auch wäre dasselbe an ihrer Gegenwart sogleich zerschellt; der schlichte, natürliche Empfang, die harmlose Klarheit und das anspruchslose Wohlbehagen des anfänglich nur auf Gleichgültigkeiten fallenden Gesprächs, mußten jede mitgebrachte Spannung auflösen, und nach und nach erhob sich dagegen eine neue, die ganz dem Augenblicke selber angehörte, und schon darin begründet lag, daß jedes Wort, rein und lauter wie der frische Quell aus dem Felsen, auch dem gleichgültigsten einen Reiz des Lebens, einen Charakter von Wahrheit und Ursprünglichkeit gab, welche durch die bloße Berührung jedes Gewöhnliche zu Ungewöhnlichem verwandelten. Ich empfand auf diese Weise eine neue Atmosphäre, die mich wie Poesie anwehte, und zwar durch das Gegenteil dessen, was gemeinhin so heißt, durch Wirklichkeit anstatt der Täuschung, durch Echtheit anstatt des Scheins. Es konnte jedoch nicht fehlen, daß unser Gespräch, dem nach allen Seiten so viele Wege vollkommen vorbereitet waren, sehr bald auf bedeutendere Dinge überging und endlich ganz in Beziehungen des innern Lebens verweilte, zu welchen Bücher, Personen und Verhältnisse, die jeder von seiner Seite kannte und auch dem andern bekannt wußte, den ergiebigen Stoff nicht mangeln ließen. Wir sprachen von Friedrich Schlegel, von Tieck, von Frau von Staël, von Goethe, teils in literarischer, teils in gesellschaftlicher Hinsicht, und unsre eigne Sinnesweise konnte sich an diesen bedeutenden Anknüpfungspunkten sehr gut entfalten und ungewöhnliche Bekenntnisse mit vieler Freiheit wagen, ohne die Zurückhaltung einer ersten Bekanntschaft zu überschreiten.

Nicht gar zu lange waren wir allein geblieben, so fand sich andre Gesellschaft ein; der Major von Schack vom Regiment Gensd'armes, der das Unglück und die Schmach des preußischen Militärs mit großer Fassung trug, und noch sogar einigen Schimmer in die jüngst vergangene Zeit zurückwarf, wo er und die Seinigen als Glanz und Blüte dieses stolzen Kriegswesens erschienen waren; der stattliche, weltmännisch frei und klug sich bewegende, in allen Untugenden erfahrne, dabei persönlich tapfre Edelmann würde doch schwerlich einen günstigen Eindruck gemacht haben, hätte ihm nicht, als Zuflucht des Bessern in ihm und als Auflösungsmittel von Schlechterem, ein unerschöpflicher Humor gedient, der in Witz und Satire einen geistigen Gehalt kund gab, und dadurch manchem sonst Verwerflichem ein Gegengewicht wurde; ihn begleitete bei seinen podagrischen Leiden ein führender Freund, Namens Vetter, ein ausgemachter Zivilist, vortrefflich angezogen, fein und gewandt, mehr ausweichend als vordringend, nach eignem Sinne aufmerksam und träumerisch, in seinen unwillkürlichen Äußerungen meist überraschend original und launig, und von seiner Stimmung oder seinem

Standpunkt aus auch gründlich wahr. Ich hatte von ihm schon oft und mancherlei gehört, jetzt konnte ich die fremden Urteile an ihm selber messen. Nächst einigen andern Personen, worunter ein gutmütiger französischer Offizier, Kapitän Bribes, als Einquartierung, erschien auch unvermutet noch Frau von Boye, die für mich unter so vielen Fremden zwar kein Anhalt mehr sein konnte, aber doch vermittelnd wirkte. Die Gesellschaft war ungemein belebt, in größter Freiheit und Behaglichkeit, jeder gab sich als das, was er sein konnte, es war kein Grund noch Hoffnung des Gelingens, hier irgendeinen Schein zu heucheln, die Unbefangenheit und gute Laune Rahels, ihr Geist der Wahrheit und des Geltenlassens, walteten ungestört; ich durfte mich mit jugendlicher Übertreibung gegen die Franzosen ereifern, ein andrer seine theatralischen Mitteilungen auskramen, der Franzose empfing in seinen Liebesangelegenheiten launigen Rat von Schack, und dieser ließ Vetter seine heftig demokratischen Gesinnungen anhören; alles ging leicht und harmlos dahin, jeder zu herbe Ernst wurde von Witz und Scherz aufgefangen, die ihrerseits wieder, bevor sie ausarten konnten, von Wahrheit und Verstand ergriffen wurden, und so blieb alles belebt zugleich und gemäßigt; ein wiederholter Anflug von Musik, wozu das offne Fortepiano einlud – Rahel war sinnvolle Kennerin und fertige Meisterin –, vollendete das Ganze, und man trennte sich noch bei guter Zeit, in erhöhter und klarer Stimmung, die ich für mich allein dann unter dem reinen Sternenhimmel noch eine Weile nachgenoß, indem ich vergebens in meinen bisherigen Erinnerungen einen ähnlichen Abend suchte.

Wenige Tage nur ließ meine Ungeduld einem wiederholten Besuche vorangehen, und schon mit diesem wuchs das Vertrauen so schnell, daß ich nun täglich zu kommen mich berechtigt hielt. Ich war begierig, diese neuen Anschauungen zu verfolgen, diesen eigentümlichen Wahrheiten und großartigen Aufschlüssen, welche sich mit jedem Schritte glänzender vor mir ausbreiteten, noch näher zu treten, und diese neuen, von Einsicht durchströmten Empfindungen zu genießen, deren ich gewahr wurde. Unendlich reizend und fruchtbar war diese Erstlingszeit eines begeisterten Umganges, in welchen auch ich die besten Güter zum Tausche brachte, die ich besaß, und insofern kaum geringere als ich empfing. Hier fand ich das Wunder anzustaunen, daß Rahel, in gleichem Maße, als andre

sich zu verstellen suchen, ihr wahres Innere zu enthüllen strebte, von ihren Begegnissen, Leiden, Wünschen und Erwartungen, mochten ihr dieselben auch zum Nachteil auszulegen sein, ja ihr selber als Gebrechen und Fehl erscheinen, mit eben solcher Unbefangenheit und tiefen Wahrheit sprach, als hätte sie nur Günstiges und Schmeichelhaftes anzuführen, sich nur der schönsten Glücksfälle zu rühmen gehabt. Diese Aufrichtigkeit, derengleichen ich nie in einem andern Menschen wieder gesehen habe, und deren sogar J. J. Rousseau nur in schriftlicher Mitteilung fähig gewesen zu sein scheint, konnte mich sogar einigermaßen bedenklich und irre machen, indem oft scharfe Härten aus den leidenschaftlichen Bekenntnissen hervorsprühten, und in dem Erlebten wie in dem darüber Gedachten ein eignes Element aufwogte, das als gewaltsam und schonungslos leicht widrige Empfindungen weckte, besonders wenn man voraussetzte, daß nach der gewöhnlichen Weise auch hier neben dem Ausgesprochenen noch Verschwiegenes im Hintergrunde liege. Dies war aber hier der Fall keineswegs, Rahel sagte in betreff ihrer selbst rücksichtslos die ganze Wahrheit, und würde, auch die beschämendste und nachteiligste, wäre eine solche vorhanden gewesen, demjenigen nicht verhehlt haben, der im Schein edlen Vertrauens und einsichtiger Teilnahme sie darum befragt hätte. Sie glaubte, indem sie wahr sei, niemals sich etwas zu vergeben, noch durch Verschweigen etwas zu gewinnen, und dieses höchste, ausgleichende, versöhnende Interesse für die Mitteilung der Wahrheit, welches sie empfand, setzte sie für deren Würdigung auch bei andern stets, wiewohl leider meist fälschlich, immer aufs neue voraus.
Ich sah nun Rahel auch in ihrer Familie, die treffliche Mutter war mir bald gewogen, die andern aber ließ ich in gleichgültiger Höflichkeit, und Ludwig Robert fand mich freilich für seine Verse jetzt noch weniger aufmerksam, als früher. Hier mußte mir nun sofort ein unermeßlicher Abstand klar werden, der zwischen Rahel und ihren sämtlichen Geschwistern lag. Sie stand in der Mitte eines größeren Familienkreises völlig allein, nicht verstanden, nicht anerkannt, nicht gehegt und geliebt, wie sie es bedurfte und verdiente, sondern gleichgültig außer acht gelassen, oder eigensüchtig benutzt und mißbraucht, wenn die Gelegenheit sich anbot; ihre außerordentlichen Gaben, sofern sie als Tatsachen auch äußerlich hervortraten, konnte man ihr nicht absprechen, eigentümliche Denk- und

Sinnesart, Gemütskraft, Geist, Witz und Laune mußte man ihr zugestehen, aber keiner von ihren Brüdern glaubte davon nicht wenigstens ebensoviel zu haben, und noch dazu die größere Besonnenheit und Ruhe, wofür man sich die nüchterne Selbstsucht und teilnahmslose Mattigkeit anrechnete. Mit dem, was Rahel ihnen großmütig lieh und als Almosen spendete, glaubten die andern ihr überlegen zu sein. Von der Flamme edler Begeisterung, von dem Triebe menschlich reinen Mitgefühls, von dem heiligen Dienste der Wahrheit, welche Rahels Inneres erfüllten, ihre Eigenschaften beseelten und bewegten, von diesem inneren Wesen wußten die andern nichts. Sie selbst aber setzte alles, was in ihr war, auch bei ihnen voraus, nahm jeden Funken von Gabe und Willen, von Sinn und Leisten, mit höchster Anerkennung, mit entzückender Güte auf, und konnte es nicht begreifen, wenn die weitern Äußerungen und Handlungen dann mit den so günstig gedeuteten nur allzu bald nicht mehr übereinstimmen wollten. Aus diesem Gegensatz und Irrtum entstanden natürlich viele Unrichtigkeiten und Nachteile, deren Folgen sich späterhin traurig genug darstellten; die Sache selbst aber war mir schon damals deutlich, und ich wollte mein Einsehen nicht einmal sehr verhehlen. Ich glaubte Iphigenien unter den Barbaren in Tauris aufzufinden, und fühlte mich nur um so stärker zu ihr hingezogen, als ich mir bewußt war, ihr einen Ersatz anbieten zu können, ihr eine Gebühr darbringen zu dürfen, die ihr nur allzu oft versagt wurde.

Unser Vertrauen wuchs mit jedem Tage. Gar zu gern teilte ich alles mit, was ich als wichtigsten und daher auch in mancher Art geheimsten Ertrag meines bisherigen Lebens wußte, und dem ich keine edlere Stätte finden konnte, keine, wo ein lebhafterer, einsichtsvollerer und wahrheitsfrischerer Sinn ihm entgegengekommen wäre. Weit entfernt, Billigung für alles zu finden, vernahm ich manchen Tadel, und andres Mißfallen konnt' ich auch unausgesprochen erraten; nur fühlte ich wohl, daß die Teilnahme für mich dabei nicht litt, sondern eher wuchs, und bei diesem Gewinn konnte mir alles übrige nichts anhaben. Auch wurde ich mir selbst gleichsam entrückt in der gewaltigen Anziehung der außerordentlichen Gebilde, welche zum Austausche meiner Gaben sich vor mir ausbreiteten. Mir war vergönnt, in das reichste Leben zu blicken, wie nur der Mund der Wahrheit und die Hand der Darstellung dasselbe aus der nahen Vergangenheit heraufzubeschwören vermochten. Das Leben war reich in seinen äußern Verhältnissen, unendlich reicher aber durch seinen innern Gehalt, dem jene sich gänzlich unterordneten. Prinz Louis Ferdinand, der geniale, heldische Mensch, den sein hoher Standpunkt leider mehr für seine Fehler als für seine großen und schönen Eigenschaften begünstigte, hatte hier seine reinsten Empfindungen, sein innigstes Streben und Denken, seine edelsten Erhebungen, im Genuß einer geistesregen, gemütvollen Freundschaft gehabt, einer Freundschaft, deren starkem Vertrauen ebenso sein politisches Sinnen, wie seine verliebte Leidenschaft und jede Wendung des bedrängten Geistes und Herzens sich erschließen durfte, eines Anteils gewiß, wie sonst nur die mitergriffne Neigung ihn hervorzubringen pflegt. Männer wie Gentz und Friedrich Schlegel und beide Humboldt waren diesem Kreise beeifert zugetan, bald um Blüten und Früchte von daher zu sammeln, bald um deren zu bringen und immer ihren besten Beifall hier zu finden. Graf von Tilly, Gustav von Brinckmann, der Baumeister Hans Genelli, von Burgsdorf, Major von Gualtieri, Ludwig und Friedrich Tieck, Fürst von Ligne, Graf Casa Valencia, Fürst Reuß, Navarro und so viele andre Diplomaten, Militärs, Gelehrte und Künstler hatten sich eingefunden und mit höherem Sinn und erregtem Bedürfnis geistigen Behagens sich angeschlossen und einheimisch gemacht. Von ausgezeichneten Frauen wäre Karoline von Humboldt zu nennen, deren jüngere Jahre als ungemein reizend geschildert wurden, dann Friedrich Schlegels nachherige Frau Dorothea Veit, ferner die Gräfin von Schlabrendorf, die Gräfin Pachta aus Böhmen, die liebliche Schauspielerin Friederike Unzelmann und die merkwürdigste, eigentümlichste und reizendste von allen, Pauline Wiesel, deren noch späterhin zu gedenken sein wird. Eine herrliche Bildergalerie, durch welche ich unter lebensprühenden Erklärungen geleitet wurde! Die Bilder nämlich allein waren noch gegenwärtig, der Kreis selber jetzt durch die Zeitverhältnisse völlig aufgelöst, nachdem schon die einzelnen Menschengeschicke durch Tod, Entfernung und andre Wandelbarkeit die dichten Reihen gelockert hatten.

Aber nicht nur diese reiche Sammlung bedeutender Bildnisse wurde mir gezeigt, sondern noch ein andrer Schatz aufgeschlossen, der das anteilvolle Gemüt ungleich stärker ansprach. Rahel gehörte zu den seltenen Wesen, denen die Natur und das Geschick die Gabe zu lieben nicht versagt hatten. Was dazu gehörte, was daraus entstehen mußte, wenn die Weihe der höchsten Empfindung diesen Geist und diesen Sinn vereinend ergriff, sie emporzuheben, sie zu zerschmettern, das konnte ein Dichtungskundiger ahnden; doch übertrafen die Einblicke, die mir wurden, alles was ich zu ahnden fähig gewesen war. Die Glut der Leidenschaft hatte hier überschwenglich die edelste Nahrung gefunden und aufgezehrt; andres Leid und andrer Untergang erschien dagegen gering und kaum noch mitleidswert. Eine erste Neigung hatte Graf Karl von Finkenstein erweckt und durch jahrelange Bewerbung gesteigert; allen Hindernissen zum Trotz war eine förmliche Verbindung so gut wie gewiß, als ein edles Selbstbewußtsein gegen die Mißgunst des Geschickes mutig hervortrat, ihr keine zweideutige Gabe danken, sondern nur die reinste annehmen wollte, dem Freunde alle schon geknüpften Bande gelöst in die Hand legte zu freiem Schalten, alle Zusagen für nichtig erklärte, um sie nur durch ganz freien Entschluß rein und vollständig, oder gar nicht wieder zu erhalten. Der Erfolg allerdings rechtfertigte die Probe, denn der Freund, schwach und unsicher, bestürmt von Verwandten, welche damals noch auf Standesgleichheit zu halten suchten, gegen sein besseres Innere hart, hatte die schlechte Stärke, die dargebotene Großmut anzunehmen. Der Bruch wurde lebenslang als schmerzliche Kränkung empfunden, doch weder persönlich angerechnet, noch je bereut. Nach längerer Zwischenzeit, in welche eine schwere Krankheit und darauf eine Reise nach Paris gefallen war, hatte Rahel sich in ein neues Lebenslos geworfen gesehen; der Spanier Urquijo, von seinem Gesandten bei ihr eingeführt, nahm ihren Sinn, ihr Herz, ihr ganzes Wesen unwiderstehlich ein. In welchen Gluten diese Leidenschaft niederbrannte, welche Qualen aus ihr emporstiegen, und welche Trümmer davon übrig blieben, diese tragische Geschichte wurde mir sowohl mündlich in ihren noch unerloschenen Zügen mitgeteilt, als auch späterhin durch die schriftlichen Denkmäler vergegenwärtigt, welche davon erhalten waren. Die Briefe und Tageblätter, welche mir aus einziger Gunst des Vertrauens zum Lesen gegeben wurden, enthielten eine Lebensfülle, an welche das, was von Goethen und Rousseau in dieser Art bekannt ist, nur selten hinanreicht; so mögen die Briefe von Frau von Houdetot gewesen sein, deren Rousseau selbst als unvergleichbar mit allem andern erwähnt, ein solches Feuer der Wirklichkeit mag auch in ihnen gebrannt haben. Diese Papiere, nachdem sie lange in meiner Verwahrung gewesen, sind leider im Jahre 1813 verloren und wahrscheinlich vernichtet worden, bis auf wenige, die kein genügendes Bild geben. Es scheint, als solle dergleichen nicht zum literarischen Denkmal werden, sondern heimgehen mit den Personen, denen es unmittelbar gehörte. Nächtelang saß ich über diesen Blättern, ich lernte kennen, wovon ich früher keinen Begriff gehabt, oder vielmehr, was in meiner Ahndung geschlummert, wurde mir zur wachen Anschauung. Nur das dünkte mich ein Traum, daß ich zu diesen Schriften gekommen war und an solchem Dasein so nahen Anteil gewann.

Die Fülle und Kraft persönlicher Lebensentwicklung waren mit der Schönheit und Erhebung dichterischen und philosophischen Geisteslebens in engem Bündnisse, sie bewegten sich beiderseits in bezugvoller Übereinstimmung. Schon sehr früh, weit früher, als irgend eine literarische Meinung der Art sich gebildet hatte, war Rahel von Goethes Außerordentlichkeit getroffen, von der Macht seines Genius eingenommen und bezaubert worden, hatte ihn über jede Vergleichung hinausgestellt, ihn für den höchsten, den einzigen Dichter erklärt, ihn als ihren Gewährsmann und Bestätiger in allen Einsichten und Urteilen des Lebens enthusiastisch angepriesen. Jetzt erscheint das sehr leicht und natürlich, und niemand will Goethes eminentes Hervorragen verneinen, denn sogar im Bemühen, sie einzuschränken, gibt man die Bejahung zu; allein damals, wo der künftige Heros noch in der Menge der Schriftsteller mitging, und an Rang und Ruhm ganz andere weit voranstanden, wo die Nation über den Gehalt und sogar über die Form der geistigen Erzeugnisse noch sehr im Trüben urteilte, und meist an kleinlichen Nebensachen und äußerlichen Überkommnissen hing, damals war es keine Kleinigkeit, mit gesundem Sinn und Herzen aus dem Gewirr von Täuschungen und Überschätzungen sogleich das Echte und Wahre herauszufühlen und mit freiem Mute zu bekennen. Die Liebe und Verehrung für Goethe war durch Rahel im Kreise ihrer Freunde längst zu einer Art von Kultus gediehen, nach allen Seiten sein leuchtendes, kräftigendes Wort eingeschlagen, sein Name zur höchsten Beglaubigung geweiht, ehe die beiden Schlegel und ihre Anhänger, schon berührt und ergriffen von jenem Kultus, diese Richtung in der Literatur festzustellen unternahmen. Gedenkenswert erscheint es, daß, während diese Männer ihre Anbetung doch nicht ohne einige Absicht auf Ertrag und Lohn ausübten, Rahel ihrerseits mit völligem Selbstvergessen verfuhr; sie hatte Goethen im Karlsbade persönlich kennen gelernt, und er mit Aufmerksamkeit und Anteil ihres Umganges gepflogen, wie auch noch späterhin desselben mit Hochschätzung gedacht, ohne daß sie im geringsten eine Verbindung festgehalten, einen Briefwechsel veranlaßt hätte; im Gegenteil, sie erwähnte wenig der Person, desto beeiferter aber des Genius, und nicht die zufällige Bekanntschaft, sondern die wesentliche, die das Lesen seiner Schriften gab, genoß und zeigte sie mit Stolz und Freude. Spät erst entdeckte ich unvermutet in vergessenen Briefen die aus Goethes Mund über Rahel vernommenen und ihr berichteten rühmlichen Äußerungen. In der Philosophie stand ihr gleicherweise der edle Fichte voran, für dessen Geistescharakter sie stets in gleicher Verehrung blieb, wenn auch sein Geistesgehalt bei weitem nicht alles abschloß, was ihr Gedankenflug forderte oder gestatten mochte. Friedrich Schlegel, Novalis, Schleiermacher, ja selbst Schelling und Steffens waren ihr teils persönlich, teils den Schriften nach bekannt und wert. In der Musik waren ihre Lieblinge Gluck, Mozart und Righini; die italienische Schule im Gesang und nebenher auch im Tanze allem andern vorausgeltend. Und damit dem Schätzen und Lieben auch der Gegensatz des Mißachtens und Verwerfens nicht fehlte, so waren ihr ebenso früh und so entschieden, wie jene im guten, die damals beliebten Bühnenherrscher Kotzebue und Iffland im schlechten bemerkt, lange vorher, ehe noch die zum Bewußtsein erwachende literarische Kritik ihre mutigen Angriffe gegen diese Götzen der Masse gerichtet hatte. Namentlich klagte sie, daß Iffland, abgerechnet sein großes persönliches Talent, das doch dem echten Genius eines Fleck nicht zu vergleichen war, durch sein wachsendes Ansehen und Einwirken die Bühne und Schauspielkunst in Berlin auf weithinaus zugrunde richte, ins Gemeine und Manierierte hinabziehe, und der leitenden Behörde wie selbst dem Publikum die falschesten Maximen und Urteile einflöße und verhärte. Diese Polemik hat Wurzel gefaßt und sich in der Folge durch namhafte Autoritäten ausgebreitet, doch lange nicht so sehr, daß nicht noch heutigestages das Verdienst der richtigen Voraussagung durch vielfältigen Augenschein leider bewährt stünde.

Ich war nicht sobald in diesen neuen Lebensstrom eingegangen, als ich schon eilte, meinen Freunden eifrigen Bericht zu geben, ihnen Schritt für Schritt den neuen Gewinn aufzuzeigen und ihnen alles zu gönnen, was sie davon sich anzueignen Fähigkeit und Lust haben möchten. Die Hofrätin Herz war verwundert, wollte nicht recht begreifen, wie Rahel und ich uns auf die Dauer verstehen könnten, meinte jedoch lächelnd, interessant und original würde ich nachher nicht leicht eine Frau mehr finden. Chamisso und Neumann kannten Rahel schon längst, doch ohne Näherung, und meine begeisterte Rede wurde ihnen eine Art Vorwurf, daß sie das Ausgezeichnete entweder nicht zu würdigen verstanden, oder nicht anzugehen gewagt; in beiden zeigte ich mich jetzt ihnen überlegen, und wenn sie auch einigen Zweifel und Unglauben spielen ließen, der mich scherzend verwirren sollte, so mußten sie doch bald den Ernst meiner Überzeugung erkennen, und sich zuletzt der durch hundert unabweisliche Zeugnisse sprechenden Geistesmacht beugen. Aber ein hartnäckiger Widersacher blieb mir Harscher, wiewohl ich gerade ihm die eindringlichsten und häufigsten Mitteilungen machte. Er war sehr fähig, anzuerkennen und zu bewundern, und zeigte sich oft ganz hingerissen von tiefen und reichen Einzelheiten, die ich ihm berichtete, so daß er die andern schalt und beschämte, welche bei ihm Tadel und Widerspruch gehofft hatten, und es gab wohl Fälle, wo er staunend ausrief: »Hier ist alle Tiefe der Schleiermacherschen Ethik, was sag' ich? hier ist mehr als Schleiermacher, denn hier ist die Wissenschaft in Form des Lebens selbst!« Doch dergleichen Entflammung dauerte nicht lange, sondern gab unvermerkt wieder einem Mißwollen und einer Übellaune Raum, welche tief in seinem Gemüte lagen, und gegen ein so freies und gesundes Wesen, wie sich in Rahel darstellte, um so bittrer ausbrachen, als dies mit seinem krankhaften und zerknitterten im hellsten Gegensatze war. Er konnte etwas so Selbständiges, aus dem Ganzen Lebendes, und ohne Kunst und Anstrengung Wahrheit und Schönheit Produzierendes schlechterdings nicht vertragen, ja eine Art Neid und Eifersucht ergriff ihn, und er wandte alles an, um mich von dem neuen Verhältnisse wieder abzuziehen. Er selbst folgte mir zwar zu Rahel, erfuhr die liebreichste Aufnahme, genoß der belebendsten Gespräche, und konnte des Staunens und Betrachtens kein Ende finden; allein gerade das verdroß ihn wieder, er wollte sich nicht überboten sehen, und blieb wieder weg, weil er den Zauber, wie er sagte, nicht wollte Herr über sich werden lassen. Seine ernstlichen Erörterungen aber, seine spöttischen Launen, und was er sonst versuchte, nichts hatte diesmal die geringste Gewalt auf mich; er sah es selber ein, und ließ mich meiner Wege gehen, zufrieden, daß ich neben der neuen Hinneigung auch unserm alten Verhältnisse nach wie vor die treuste Beflissenheit widmete, und mich nach dieser Seite eben so wenig wie nach jener irre machen ließ.

In meinen Briefen nach Hamburg war ich gewohnt, mit völliger Offenheit meine Lebensbegegnisse und meinen Sinn auszusprechen, ich verhehlte der lieben Freundin keine der Bewegungen, die meinen Geist oder mein Gemüt ergriffen, und so hatte ich ihr auch in der Freude meines Herzens ganz begeistert von Rahel geschrieben. Mein Vertrauen war um so rückhaltloser, als gerade dies mich am stärksten mit Fanny verband, seit von ihr so dringend festgesetzt und beteuert worden war, daß unsre wechselseitige Teilnahme und Zuneigung uns zwar immer verbunden halten, aber einzig als Freundschaft uns beglücken solle. Meine Erwähnungen von der Bekanntschaft mit Rahel, und wie sehr ich an ihrem Umgange Gefallen fände, bewirkten jedoch Verstimmung, und wurden durch die wehmütige Klage, ich würde neben einer so überaus klugen Frau nun wohl jede andre dumm finden, und durch mißtrauische Warnungen erwidert, woraus ich wohl sehen konnte, daß bei gewissen Verzichtungen und Lossagungen, wenn sie auch vollkommen ernst sind, doch der Fall der Anwendung immer peinlich wird, und daß man leichter sein Wort geben mag, als dabei genommen sein will. Aber dennoch blieb Fanny bei ihren einmal gegebenen Erklärungen, daß sie in ihrem schon bestimmten Lose verharren und mit mir kein neues teilen werde, wie reizend und beglückend dies ihr immer leuchten wolle. Sie wies jede Gegenvorstellung mit verstärkten Gründen von sich. Die Worte mochten aber sein, wie sie wollten, in der Sache fühlte ich nur zu gut den ungeheuren Zwiespalt, in den ich mich hatte kommen lassen, und aus dem ich mir mit bestem Willen nicht zu helfen wußte. Ich empfand es deutlich und schmerzlich, daß die Bande meines Innern gegen Fanny keineswegs gelöst, gegen Rahel aber in bedeutender Anknüpfung begriffen seien. Ich war aufrichtig nach beiden Seiten und gegen mich selber dazu, aber auch dadurch wurde in der Sache nichts gebessert, und da nach keiner Seite ein Grund oder Anlaß des Aufgebens vorhanden war, im Gegenteil die stärksten Triebe des innigsten Festhaltens gleichmäßig fortwirkten, so sah ich mir dieselben Verschlingungen, die ich schon in diesem Betreff mit Harscher zu tragen hatte, nochmals und mit weit schwererem Druck über den Kopf geworfen. Für mich hatte dies fürerst nach außen die Wirkung, daß ich nun selbst verdrießlicher und abgeschlossener gegen die andern wurde, und sie nach ihrem sparsamen Sinn auch sparsamer behandelte.

Rahel bezog im Laufe des Sommers eine ländliche Wohnung in Charlottenburg, und ich ließ mir angelegen sein, sie dort so oft als möglich zu besuchen. Meine Arbeiten drängte ich zusammen auf den früheren Teil des Tages, meinen sonstigen Umgang schränkte ich mehr und mehr ein, und wenn der Nachmittag mir noch nicht frei wurde, so ließ ich selbst den dunkelnden Abend mich nicht abhalten, die Stunde Weges zu Wagen oder zu Fuß eilig zu durchmessen, um den meist drangvollen Tag in der labendsten Erholung zu beschließen. Die größere Einsamkeit, in welcher ich die Freundin hier sah, gab unserm Gespräch und ganzen Zusammensein einen freieren Gang und reicheren Ertrag; der heimliche Schattenplatz vor der Tür des kleinen Hauses in der abgelegenen Schloßstraße, die kühlen Spaziergänge in den duftenden Gartenwegen, durch die breiten bäumereichen Straßen des damals überaus stillen Ortes, längs des Ufers der Spree und über die Brücke, diese Reize der Örtlichkeit, oft noch erhöht durch die volle Pracht des Mond- und Sternenhimmels, sind mir in der Erinnerung unauflöslich verwebt mit den erhabensten Geistesflügen und den zartesten Schwingungen des erregten Gemüts, welches denn doch zugleich leidenschaftlichen Spannungen und geselligem Widerstreite genugsam eröffnet blieb, und daher von sentimentaler Verweichlichung gar nicht bedroht war.

Bekenntnisdrang in Briefen: »Ich bin von außen ganz verschüttet«

Berlin, den 3. Jan. 1794

Nun will ich Ihnen alles deutlich sagen, worin Sie sich über mich irren; es ennuyiert mich gar nicht, Beschreibungen von Menschen zu machen, außer aus Ungeduld, daß ich die Buchstaben machen muß, und daß ich unmöglich all die Gedanken hinschreiben kann, die mir dabei zubrausen: aber es befriedigt mich nicht, niemals; und Sie würden davon überzeugt sein, wenn Sie einen Augenblick wissen könnten, wie viel Details, Kleinigkeiten aller Art, ich immer von solch einem Menschen weiß, wie richtig und deutlich er vor mir steht, wieso ich das immer weiß, und die Gelegenheiten meistens total vergessen habe, ich also gar nicht imstande bin, es mitzuteilen, es immer zu weitläufig würde, und wie selten ich Sprache dazu habe. Hingegen bin ich meistens, wo nicht immer, mit dem Beklagen, Klagen oder Anpreisung einer Sache zufrieden, die ich mache, die scheint mir immer sehr richtig, und auch ganz natürlich, denn da mal' ich nur meine Empfindungen und Meinungen über die Sache ab, und das *kann* mit nichts andrem als Worten geschehen, auf die sich doch ein jeder, wenn er nur ein Vaterland hat, wo man spricht, besinnen muß. (Daß noch Gefühl, eignes Denken, und keine Nachahmung dazu gehört, weiß ich.) Auch bin ich darum nicht nach Kenntnissen begierig, weil mir lauter ungenügende Menschen aufstoßen, obgleich das wahr ist; nein, weil ich wirklich weiß, wie notwendig sie sind, wie nützlich und tagtäglich notwendiger, und sie als das einzige Mittel halte, unsere Talente anzuwenden, als wahre Hilfsmittel zum Denken, die man keineswegs erraten kann. Wenn ich also unter den Haufen von Menschen, die mir vorkommen, nun endlich die zu suchen scheine, von denen ich glaube, sie wissen was, und besonders ganz was anderes als ich, so ist es, um daß sie mich wenigstens von *der* Seite okkupieren, und gar nicht, weil ich so eigentlich Bestätigung von ihnen verlangte; wenigstens aber Streit, und *oft* erwarte ich auch Berichtigung. Und wenn ich so in Unmut und Betrübnis über meine Eigenseitigkeit klage, so schmacht' ich eigentlich nicht nach Menschen-Bestätigung als Bestätigung, mehr als Vergnügen des gewünschten Übereinkommens, und klage über die unglückliche Tournüre, die ich habe, nicht wie die andern braven Leute denken zu können: wahr oder unwahr gilt hier gleich...

Berlin, den 9. März 1799

Brief über Brief bekomme ich, mein guter lieber Brinckmann, und Sie denken, ich antworte Ihnen nicht! Nein, wir haben Ihnen einen großen Brief durch Geheimrat Ephraim geschickt. Den scheinen Sie aber nicht bekommen zu haben. Ihnen, mein Freund, sollt' ich von allen, die ich kenne, am ersten schreiben; Sie machen sich am allermeisten daraus. Sie sind durchdrungen von Artigkeit, und fühlen's auch schon als solche am meisten. Artigkeit bleibt's immer; und wenn man auch seinem geliebtesten Freunde Dinge, die einen wirklich drücken, schreibt. In der Entfernung sich noch so mechanisch mit ihm abgeben wollen, es bleibt immer viel. Darum, mein lieber Brinckmann, rechne ich's Ihnen auch so *hoch* an, daß Sie schreiben: nur überhaupt schreiben, und dann mir, die es so *cavalièrement* zu empfangen scheint; und es ganz anders empfängt. Ich versichere Sie – und mit Bedacht – Ihre meisten Korrespondenten rabattieren vom Wert Ihrer Briefe, weil Sie so vielen schreiben und so oft, und bei mir steigen sie, umgekehrt, dadurch im Preis. Es ist, als wollte man sich nicht geschmeichelt fühlen oder freuen, wenn ich lache, weil ich viel lache: es ist ein großer Unterschied in diesem Lachen; und so weiß ich ihn auch in Ihrem Schreiben zu machen. Ich lache, weil ich einmal gutmütig, richtig – episch gestimmt bin (hab' ich von Humboldt gelernt) – weil ich reizbar bin, und nie auf meine momentane Stimmung versessen – wie man *sehr* gewöhnlich spricht – bin. Sie schreiben, weil Sie gutmütig, voller Egards, Einfälle und in tausend Rapports mit den Menschen sind, die alle Faulheit überwiegen, die Sie auch noch, wenn's aufs Rühmen und Messen ankommt, mit der Horde von letzten gemein haben; und worauf sie sich etwas einbilden. Genug von ihnen! aber nicht zu viel: denn das wollt' ich Ihnen sagen. Es liegen sechs Briefe von Ihnen auf meinem Tische. Ich distinguiere ganz allein den großen, wo von Madame Staël die Rede ist. Was in dem steht, schreiben Sie nur mir! Mein lieber Freund! geht es Ihnen schlecht? Mir auch! (Ich *wollte* Ihre Briefe wieder durchlesen, aber ich habe die Kraft nicht; sie liegen alle neben mir.) Ich werde aus dem Gedächtnis schreiben. Es geht mir schlecht! und *ich weiß* nicht, wie es mir ohne den Gedanken gehen würde, daß die Humboldt wiederkommt. Rasend werde ich nicht, und umbringen tu' ich mich auch nicht; aber ich sterbe aus *langueur* und das tu' ich jetzt auch. Heiraten sagen Sie. Ich kann nicht heiraten; denn ich kann nicht lügen. (Denken Sie nicht, daß ich mir etwas darauf einbilde: ich kann nicht, wie man die Flöte nicht spielen kann.) Sonst tät' ich's jetzt. Ich würde mir zur *tâche* und zum Lebensplan machen, einen Mann glücklich zu machen, der mich aus allen seinen Kräften liebt, und den meine Gegenwart schon beglückt. Aber ich kann mir keine Äußerung der Liebe für ihn abgewinnen: und es geht also nicht. Es ist ein braver, rechtlicher, gescheiter Mensch, ohne Vorurteile – aber *meine* fehlen ihm – er denkt, man liebt, sieht sich betrogen, und nimmt einen konvenablern, der einem *en gros* alles anbietet, was man vernünftig fordern kann, und von dem man mehr, als er je ein Weib lieben konnte, geliebt ist. Es ist ein kluger, und ein nobler Mann; was weiß er aber alles nicht! – ich wäre fremd bei ihm; und er heimisch bei mir. Das täuscht ihn auch; und das verführte ihn. Das ängstigt und schmerzt mich auch, ich hätte ihn nicht heimisch sollen werden lassen. Kaum aber – ich weiß das auch – kann ich *das* wehren. Noch auf eine Manier kann ich heiraten: wenn ich dem Menschen fast gleichgültig bin, und *er alle* seine Freiheit behält, und mir seine Person gefällt. Das fühl' ich, und weiß ich deutlich. Vorurteile muß er schon einmal nicht haben, sonst halt' ich's nicht aus. Tugendhaft will ich gern sein: das bin ich jetzt auch – und bin zu nichts anderm gemacht –, nur zum Lügen muß mich ein dummer Mann nicht zwingen können, und ich mich stellen müssen, als ob ich ihn ehrte. Reden muß ich können, was ich will: und mein Lästern muß er lieben: und wenn ich ihn ehren könnte! was *ich* ehren nenne!! – ich *glaube*, ich weiß nicht – ich wäre *noch* glücklicher als durch die Liebe. Nun hab' ich Ihnen auch *gesagt*, was Sie längst wissen: und das Diplom des Freundes schriftlich ausgefertigt. Das wollt' ich; das verdient der Staël-Brief, wo auch Sie mich so besonders auszeichnen. (Ich lese ihn nicht, aber ich weiß.) Sie schreiben mir darin (ich lese ihn doch!), Sie schreiben mir, Sie lieben mich in der Entfernung inniger und treuer; ich glaub' es Ihnen. Sie haben auch eine von den in sich wahren Menschen gefunden, die es nie aufhören können zu sein, und die ein scharfer Verstand über sich selbst erhellt, und ihnen Rechenschaft ablegt; das *sind* Freunde: das haben Sie erkannt, und für ewig. Kein Wust, kein Mißverstand konnte da nicht stören, kein Rost ansetzen. Auch ich wußte es immer. Und oft was Kälte schien, war *Stolz* – heißt Freude – und *sécurité*. Ich schicke Ihnen das erste Blättchen dieses Briefes mit, das mich so *rührte*, und schmeichelte – Sie schicken mir es gleich wieder! – schmeichelte, sag' ich, die Schönheiten der Natur schmeicheln uns auch; ich *verstehe* unter Schmeicheln nichts Falsches. Jeder reine Genuß schmeichelt, ist eine Schmeichelei des Schicksals; welches uns ebenso gut *alles* versagen kann. Verstehen Sie mich? Wenn ich mich gehen lasse, werde ich unverständlich. Ich beantworte nun Strophe nach Strophe Ihren Brief – ich antworte eigentlich schon den ganzen Winter in mir –; Brinckmann, Sie schreiben mir meisterhaft über die Staël, und eine Ungeduld ergreift mich, daß ich's nicht kann drucken lassen. Zwar würden es dann auch die Letzten lesen, aber die Ersten auch. Ich habe Sie ganz verstanden, glauben Sie mir's! Lehren Sie sie deutsch. Sagen Sie ihr, sie hätte *au fond de l'Allemagne* eine innige Anbeterin; sie wäre mir in der unglücklichsten Epoche meines Lebens wie ein Gott zu Hilfe gekommen; *la terre m'avait manquée sous mes pieds,* da hätt' ich dies in ihrem Buche *sur les passions* gelesen, welches Sie mir gaben: *»A vingt-cinq ans la terre nous semble manquer sous nos pieds«*, unsre Freunde, unser Geliebter verläßt uns – »wir müßten unser Glück im Lieben finden, das könne uns niemand rauben«, wie ich das las, kannt' ich sie, und gelobte ihr Liebe. Es gibt kein Glück: es gibt nur Sieg, und Plaisir. Hierin hat man ewig zu wählen, oder vielmehr nur die Natur, ob sie uns eine blonde oder brünette Seele mitgibt. Sagen Sie ihr, sie soll mich nicht verachten, weil ich ein Frauenzimmer bin: auch bei mir hätte es schwer gehalten, sie gelten zu lassen. Sagen Sie ihr, ich kenne sie wahrscheinlich besser als irgend jemand, mit dem sie je liiert war. Sie wissen, was bei mir Goethe ist. Alles, mein ganzes innres Leben, und er – ist eins bei mir. Aber ich glaube nicht, daß ihr Goethe geholfen hätte; freilich, wenn sie ihn verstanden hätte, so hätte sie das andere auch gewußt, und ein Probierstein ist er, ausbilden tut man sich durch ihn, der Stern im Leben ist er, aber ohne ihn muß man alles sein. Vielleicht wenn sie eine Deutsche wäre. Im Grunde – muß man alles von selbst sein. Ihr Staël-Brief endigt, ich soll manchmal mit unsern Freunden von Ihnen sprechen – wenn ich Ihnen nun sage, daß alle Abend – wenigstens – die Rede von Ihnen ist; daß wir Ihrer bald leichter, bald ernster, und immer mit Liebe gedenken. Die Liman, meine Schwester, alle sind wir Ihnen gut! Sie leben immer unter uns: ach! und wir hoffen, Sie kommen wieder. Wenden Sie alles an! Selbst meine Mutter, wenn sie mir vorrechnet, ich habe alle Freunde verloren, kommt Brinckmann an die Spitze. Wo sollten Sie uns auch nicht einfallen; wer ergriff alles leichter, durchsah es besser, und war voll schonenderer Rücksichten, und *wahrer* Höflichkeit; wem stand besser seine Laune zu Gebot, selbst im Schmerz! Ich lese Ihren zweiten Brief; der mit dem Staël-Brief zusammen kam. Darin schreiben Sie mir, Sie sind verwaist, traurig und mutlos, und setzen hinzu: »Ich fühle, daß ich diese Klagen eigentlich bloß in den Schoß einer schwachen, gutmütigen Freundin ausschütten sollte – Sie sind freilich nicht *schwach*, aber Sie sind außerordentlich *gescheit*, und *das* ist beinah das Nämliche.« Auch begehren Sie keinen Trost usw. Wie können Sie mir *das* schreiben? Kennen Sie mich nicht? Ich zeige eine harte, rohe Außenseite, weil ich es sonst nicht aushielt', und die andern mit. Wenn *ich* meine Wunden *zur Schau* tragen sollte, wie die andren – ihre Ritze –, es wäre eine Schlachtbank. O! glauben Sie nicht, daß das, was ich Ihnen sage, übertrieben ist. Darum bin ich nur so erschrokken, wenn mir etwas widerfährt, weil es auf ewig ist. Ein zartes Gemüt beleidigen, heißt es verderben. Wem sollen Sie sonst etwas sagen, als mir! *dazu* bin ich gemacht. Schon oft dünkte mich, wenn ich mir nichts mehr denken konnte, und ich denk' es eigentlich: darum hab' ich nur eine solche Seele, wie ich habe, darum widerfuhr, bis auf die geringste Kleinigkeit, mir alles so, und nicht anders, damit ich verstehen soll, was jeder fühlt, und was jedem fehlt; das ist der einzige Menschentrost, der andre kommt von Gott! von der *ganzen* Welt, in aller ihrer Ausdehnung und Bewegung. Um keine Gabe will ich geachtet sein, keinen Vorzug will ich genießen, alles ist ein Talent, aber dies ist ein selbsterrungenes, eine *einzige* Gabe! um diese müßte man mich auszeichnen, ehren; *ich* liebe mich darum. Und alles tadelt mich darum. Ich trage *dies* leicht; aber verächtlich ist es mir. Darum appuyiere ich darauf, wenn man mich verkennt. Ich bin zu reich, um zu prahlen *(pour étaler)*, und aus *wahrer* Bescheidenheit tu' ich's nicht; sie sind mir alle zu arm, und ich sollte noch Kostbarkeiten zeigen? »Frech wohl bin ich geworden, ihr Götter wißt, und wißt *nicht* allein, daß ich auch fromm bin und treu.« Das sei mein Epitaph. Wenn wir uns nicht wiedersehen, oder wenn wir uns auch wiedersehen, sehen Sie diesen Brief als mein Testament an. Er ist mit einer Wahrheit geschrieben, wie man auf dem Totenbette spricht – vielleicht glauben Sie, aus Furcht, Gott behüte! – weil man's da nicht mehr der Mühe wert hält, unwahr zu sein. Zeigen Sie der Humboldt diesen Brief, wenn Sie wollen. Sie schreiben mir ferner, Sie wären »kindisch« und »toll mit Methode«? Nun toll-kindischer, kurz, ärger als ich selbst ist nichts. Ich bilde mich aber sehr; ich will nicht mit Gewalt glücklich sein; und weiß, *wieso* sich widersprechende Dinge nicht vereinigen lassen, als das äußere und das innere Glück; nur eine harte Wahl bleibt dem Menschen, und das ist, *selon moi*, sein freier Wille, von dem man so viel spricht. Bei manchen geht *das* nun freilich zusammen, und auf Augenblicke immer nur, und sähen sie *ganz* genau nach, nie. Meine Fähigkeiten sind immer noch nicht angegriffen, und daher bin ich immer noch gut, episch gestimmt. *Je suis rassie, aber, traurig!* und bei guter Laune, *höchst* verwundet; und über dies und über mich selbst erhaben. Daraus werden *Sie* klug; ich bin's. Ich schreibe so garstig. Das hält mich auch zu schreiben ab, wenn es mir darauf ankommt, das zu sagen, was ich will.

Bald bin ich hier allein, ohne *Bekannte*... Was ich tu', weiß ich nicht; entweder ich geh' nach Prag, wenn die Pachta will, woran ich zweifle – dies mündlich, im Winter in Paris –, oder ich geh' nach Pyrmont, oder mit Schlegels, die nach vierzehn Tagen hierher kommen auf einen Monat, nach Jena. Alles ist unbestimmt bei mir, und ich will sehr diesmal auf die innre Stimme lauschen. Kommen Humboldts wieder nach Paris, so komm' ich zum Winter hin, wenn ich bei ihr wohnen kann. Freuen Sie sich also. Das ist alles, was ich von Plänen im Leibe führe; *das* sind meine Lebenspläne. Das gefällt mir schon! und was ich habe, wirklich besitze, macht mich freude-*trunken*. Meine Freiheit ist im Grunde groß. Nichts setzt ihr eine Grenze als mein Vermögen, und wer fände die nicht endlich. Wissen Sie, wieviel Geld ich mir jetzt wünsche, außer »das viele«? So viel, ein Findelhaus zu errichten. Dann nähm' ich mir Kinder heraus, die mir wohlgefielen, zum Erziehen; und das wären *meine*. *Adieu, mon ami!* Sei'n Sie nicht zu dankbar, lieber Brinckmann, und leben Sie wohl! Jetzt geht der Frühling an. Die Sonne scheint recht, Adieu! Es grüßt alles, was lebt...

Freitag, 2 Uhr mittag, den 29. November 1811

Ein leichtes Flußfieber, welches mich Montag befiel, hinderte mich, Schriftzüge zu machen, was seit einer großen Nervenkrankheit mir immer schwer wird, und auch immer das erste wird, was ich unterlassen muß; diese Schwierigkeit geht dann auf Gedanken, Empfindung und Ausdruck über; sonst hätte ich wohl gleich auf Ihren Brief geantwortet, den ich Sonntag abend, als ich meine Nichten zu einem Ball anzog, erhielt. Ich möchte Ihnen danken, wenn man dergleichen bekommen könnte, ohne es zu verdienen; in dieser Antwort will ich Ihnen von neuem zeigen, daß ich es wohl verdiene, so von Ihnen bedacht und angeredet zu werden! Und diese Erkenntlichkeit wird Ihnen der wahrste wirklichste Dank sein. Ich gratuliere Ihnen aus dem teilnehmendsten, einsichtsvollsten Herzen, daß Ihnen jene schöne Erscheinung begegnete; und mir, daß Sie mir nach so langem Schweigen davon sprechen mußten. (Ich merke, daß ich *noch* nicht schreiben kann, und hunderttausend bessere Briefe Ihnen während fünf Tagen geschrieben habe als dieser hier. Auch hat man mich hier mit einem Besuch, und einem Brief und Einlage gestört. Jetzt also – wie zur Unzeit, hör' ich auf: doch nein! noch ein bißchen!) *Könnt'* ich Sie nur für verliebt halten! – was Sie mir verbieten – von der Liebe kann man nichts Absurdes sagen, sagt Chamfort; und so ist es auch wahr, daß sie die tiefste Überzeugung ist. Ich freue mich also Ihres Glücks, daß Sie ein Geschöpf von Angesicht zu Angesicht sahen, welches jeden Ihrer Blicke von neuem reizt, und die Überzeugung in Ihnen zum Leben hervorruft, daß es ein reiner, lieber, verstehender Engel ist. Je vollkommener das Geschöpf, je weniger von unserm eignen Herzensglanz beschienen, je »freudenreicher«, »ruhiger«, je weniger »Verlangen« flößt es ein. Lieben ist ein außerirdisches Verhältnis; eine Empfindung. Ein Glück. Alles übrige, was sich auf Besitz, außer dem Herzen, bezieht, Verhältnis; schlecht, und peinigend. Ich tadle hier niemand: ich bedaure *uns alle*! Ich gönne Ihnen diese helle Sonne im Leben, die das Graue, erstickend-Tötende verscheucht, und die zum Erstaunen weckenden Kinderfarben wieder hervorruft; das Herz zum neuen Umschwung alles Lebens und Seins berührt! Es hängt von Ihnen ab, ob Sie es verliebt nennen wollen, das erfrischte Sein; ich beneide es Ihnen; ich gönne es Ihnen. Ich möchte es auch haben; ich freue mich, daß Sie von dem Zauber getroffen sind. Ohne das Glück, namenlos zu lieben, ist die Erde mir ein unverständlicher, ängstlicher Klumpen; entweichender himmelaufsteigender Dunst alles Denken! *Ihnen* wird alles doppelt gedeihlich; und des Herzens und der Augen Liebling wird Ihnen gütige Göttin, Muse; die wohl weiß, was Liebe ist, und es nicht verschmäht, sich den Augen, dem Herzen zu fügen, in der geliebten Erscheinung! Also vielfach glückauf! Warum aber sprechen Sie von der Schönen wie von einer wirklichen Bewohnerin des Himmels; warum sollte sie nicht wiederkommen? Sie sie nicht besuchen können, oder finden, treffen? Wäre das Glück zu groß? Fassen Sie es! Wollen Sie durch Leben nichts an der Empfindung, an dem Eindruck stören? Lassen Sie's gehen, wie Gott will. Bleibt es so, so bleiben Sie, wie Sie sind; muß es anders werden, so konnt' es anders werden: *ist* der letzte Fall, so wünsch' ich Ihnen mit aller seiner Sehnsucht den ersten; und so tun Sie auch...

Gestern war ich kränklich, und allein von drei bis nachts ein Uhr auch zu lesen nur halbstundenweise fähig. Da kramt' ich in einer kleinen, kleinen! Kinderkommode, und fand inliegendes Billett, mit Schnallen von meinem Vater, manches von meiner Mutter, und Trümmern alten Lebens aller Art. Damit man die Karte nach meinem Tod erkennen soll, schrieb ich drauf, was auf der Rückseite steht: als ich es aber unvorsichtigerweise auf die Karte selbst geschrieben hatte, gefiel sie mir nicht mehr, und ich steckte sie gleich zu Ihrem letzten Briefe. Hier ist sie nun: Ihnen kann sie dadurch nicht unangenehmer sein, und muß Ihnen ein doppeltes Geschenk gewähren. Sie ist ein Wechsel, worauf Ihnen die Tücher sogleich ausgeliefert werden sollen. Auch sollen Sie die Briefe und Billetts haben, die ich von Louis konserviert habe: weil Sie sie am meisten lieben werden. Sie aber vermachen sie, mit den Tüchern, wieder Ihrem liebsten Verwandten, und so der weiter, und immer der Liebste dem Liebsten. Er ist ein geschichtlicher Mann. Er war die feinste Seele: von beinah niemand gekannt, wenn auch viel geliebt; und viel verkannt. Es ist nicht Eitelkeit, daß ich mich so mit hinüberspielen möchte. Meine ehrenvollsten Briefe sind verbrannt, daß Feinde sie nicht lesen! Denn alles schrieb der Vielverworrene der vertrauten Freundin, oft auf einen Bogen, auf einer Blattseite. Mit wahrhaftem Vollgefühl sag' ich Ihnen aber: »Schade, daß *meine* Briefe an ihn nicht da sind!« Gerne ließ ich der Welt das Exempel, wie wahrhaft man mit einem Königlichen Prinzen, der schon vom Ruhm geführt, und hoch geliebt war, sein kann. Er hat alles, was er schriftlich besaß – wie ich – vor dem letzten Ausmarsch in Schricke verbrannt, weiß ich vom Major Möllendorf. Auch hat sich nichts gefunden. Sonst hätte man das Geklatsche schon gehört. *Man kann* Fürsten die Wahrheit sagen; und verschweigt man sie bei einem Wütrich, um Martern auszuweichen: so wird er dies schon merken. Mißhandelt wurde Louis oft – zur Empörung – aber schmeichlen taten sie ihm doch, und die Wahrheit hab' ich ihm nicht sagen hören, wenn nicht Persönlichkeit dazu trieb; und großartig dies nur von *einer*; von

Paulinen. Mir aber machte er es möglich, sie ihm jedesmal, wie ich sie einsah, zu zeigen. Halb, gewiß, gebührt diesem menschlichsten Menschen dieser Ruhm! Das Menschlichste im Menschen faßte er auf; zu diesem Punkte hin wußte sein Gemüt jede Handlung, jede Regung der andern zurückzuführen. Der war sein Maßstab, sein Probierstein; in allen Augenblicken des ganzen Lebens. Das ist das Schönste, was ich von ihm weiß. Nie sprach er darüber mit mir, nie ich mit ihm. Ich sah es aber ein, lebenslang. Er errötete, wenn Menschen von andern zum Narren gehalten wurden: das sah ich, als man dies einmal ziemlich gelinde mit einem verrückten Juden Schapse in seiner Gegenwart vornahm: er schenkte ihm Wein ein, und behandelte ihn geschwind als Gast. Mein Verhältnis zu ihm war sonderbar: beinah ganz unpersönlich. Obgleich er seine letzte Lebenszeit mit und bei mir zubrachte (mehr als die letzten drei Jahre). Von uns zueinander war nicht die Rede. Doch mußt' er mir alles sagen: komponierte er, sollt' ich bei ihm sitzen; spielte er – am Ende gezwungen – Karten, auch. Mein Greuel! Ich werde Ihnen noch viel von seinem Innren sagen, wie ich's weiß, was Sie aufschreiben können. Wir hatten einmal, er, und ich, und Pauline, eine Kontestation, wo denn häufig drin vorkam, was er mir gesagt hatte, und nicht hätte sagen sollen; und er machte ihr dieselben Vorwürfe. Mit einemmale, gelangweilt, sagte ich zu ihm: »Prägen Sie sich fest ein, daß Sie mir alles wiedersagen, und daß mir Pauline auch alles wiedersagt: *ich* kann das nicht behalten, was ich sagen, oder was ich verschweigen soll, solchen Kopf habe ich nicht. Sie sagen es mir ja dann doch beide zusammen.« Er lächelte ganz fein, und unvermerkt, und schwieg. Einmal schrieb ich ihm eine Antwort nach Schricke, sehr aus dem Herzen, worin ich ihm sagte: »Wenn ich Ihnen die Wahrheit nicht sagen soll, so hab' ich Ihnen gleich gar nichts zu sagen; dies ist unser einzig Verhältnis.« Ich schrieb ihm »Gnädiger Herr«; und »Königliche Hoheit«; und Sie. Im Gespräch ebenso, nur in sehr guter Laune, im Scherz, und urgenten Fällen anders. Er nannte mich *Kleine*, Levi, oder Rahel, oder Mademoiselle Levi vor Leuten. Vor vielen Jahren, als wir noch nicht so sehr liiert waren, und er nur viel zu mir kam: attackiert' er mich über Goethe. Ich sprach *nie* von Goethe. Fing mich in einer Türe; und dozierte, wie schlecht Egmont sei, sehr lange, mir zur marterndsten Langenweile, weil ich nur der Schicklichkeit fünf Worte opferte, und gar nicht antwortete.

Wie Goethe einen Helden habe *so* schildern können! in einer miserablen Liebschaft mit solchem Klärchen etc. Ein Jahr vor seinem Tod schrieb er aber seiner Geliebten, er sei vom Herzog von Weimar mit Goethen zu Hause gegangen, habe sich in sein Bette gelegt! Goethe davor; und da wäre er denn bei Punsch aufgetaut, er habe über alles mit ihm gesprochen, und nun habe er gesehen, was es für ein Mann ist; mit noch vielem Lobe, welches er so beschließt: »Laß dies ja der Kleinen lesen; denn alsdann bin ich ihr gewiß unter Brüdern dreitausend Taler mehr wert.« Dies, Fouqué, war mein größter Triumph in der Welt.

Ein großer Prinz, mein Freund, der Vetter meines Königs, der Neffe Friedrichs des Zweiten, der noch von Friedrich selbst gekannt war, mußte mir das schreiben; ohne daß ich je von Goethe mit ihm gesprochen hatte. Es *mußte* der menschlichste Prinz seiner Zeit in seinen eigenen leibhaften Freunden dem größten Dichter huldigen. *Dies* schreib' ich Ihnen *aus Eitelkeit*. Nun aber setzt' ich mich hin, und schrieb Louis einen großen Brief, worin ich ihn bat, sich zu erinnern, daß ich nie mit ihm von Goethe gesprochen hätte, nie ihm gesagt, er soll etwas von ihm lesen; jetzt aber möcht' er es tun, und nicht Einzelnes, um Goethens Werke kennen zu lernen, sondern alles von ihm, um Goethe kennen zu lernen, aus ihrem Zusammenhang. Jetzt sei er's wert, denn jetzt liebe er etc. Er hatte mir erzählt: wie er sonst gar sich nicht hätte zu lieben unterstanden, wenn es nicht eine berühmte Elegante war; wie er war, wie französische Koterien und Familien sind. Eine Menge! Mündlich.

Sie Glücklicher. Ein Kind, eine Familie, eine Muse, Muße, ein schönes Feenbild, alles haben Sie! Ich – bin ziemlich herunter. Wozu leb' ich wohl. Gott weiß es wohl: doch fühl' ich es nicht. Ich bin nichts, tu nichts, erfreu niemand mehr; und mich auch nicht. Und will ich ein Narr werden, so will ich's aus alter Gewohnheit nicht leiden. Eine Dummheit. Labsal ist Narrheit, für arme Leute; sollen die ihr Stück Welt sehen, wie es ist?

Für Ihr Kind möcht' ich die Bibel, wie Rousseau für alle Lafontaines Fablen, verbieten. Welche Reife gehört dazu, dieses Buch nach der neusten Mode – *nach* der neusten, oder nach der *neusten*; wie Sie wollen – zu verstehen! Es muß es für ein Buch von Geschichten halten. An die Anfänge der Dinge, mein' ich, sollen wir nicht

Kinder, sondern sie uns erinnren. Sie meinen das auch; und es ist *Lohn*, für die Kleine solche Geschichten zu lesen.

Gerne käm' ich nach Nennhausen! bin ich aber nicht furchtsam in einem fremden Hause? nicht bequem? an mein Mädchen gewöhnt? Ist nicht trübes Wetter? Sie haben recht, lieber Fouqué, daß Sie sich voraus entschuldigen: Sie werden wohl in den vierzehn Tagen nicht zu mir kommen! Kommt Frau von Fouqué nach Berlin? Legen Sie mich ihr zu Füßen: ich könnte wohl vor ihr knien und mir erzählen lassen, nach den Augen sehen: und auch ihr vom Sommer erzählen. Ich empfehle mich dem ältesten Fräulein, wie alle Meinigen tun. Robert will ja mit dem Fest zu Ihnen schliddren. Adieu! Trauen Sie mir wie bis jetzt.

Ihre Freundin R. R.

Ich habe den ganzen Sommer mit Varnhagen gelebt: im Anfang schlecht; und dann sehr gut. Heute sähe ich ihn sehr gerne. Ich lieb' ihn.

IV. Literarisches und musikalisches Leben um 1820

E. T. A. Hoffmann: »Wenig Behagen an einem so stacheligen Mitgliede«

Geld aber, über seinen Notbedarf, und gesellschaftlicher Wirrwarr waren die zwei Klippen, die Hoffmann nie zu umschiffen verstand. Durch ersteres ließ er sich zu allen Zeiten zur Schwelgerei, namentlich im Trunk, durch letzteren zur Umkehrung aller Regel im Leben verleiten; so daß er aus Tag Nacht und aus der Nacht Tag machte. In diesen zwei Verkehrtheiten, die zuletzt in eine große zusammenflossen, ist die Quelle von Hoffmanns nachmaligem körperlichem und leider auch geistigem Verfall zu suchen und darum erforderlich, etwas ausführlicher über diesen Gegenstand zu sein, wobei einige Worte über eine Spielart des sozialen Verkehrs in Berlin nicht am unrechten Orte stehn mögen. Es leuchtet hierbei zuvörderst ein, daß in der angegebenen Beziehung von den Gesellschaften nicht die Rede sein kann, die aus Leuten bestehen, welche zusammenkommen, um zu essen, zu trinken und in Ruhe ihre Partie Whist zu spielen. Diese sehen sich aller Orten gleich, und zu solchen lädt man auch keine Dichter, wenigstens nicht in dieser Qualität ein.

Es handelt sich vielmehr von gewissen sogenannten gebildeten Kreisen, deren Richtung es ist, alles, was sich in irgendeiner Gattung Ausgezeichnetes darbietet, an sich zu ziehn, um sagen zu können, daß man es auch *bei sich gehabt habe*, für welches *haben* denn, nach advenant, wie der Wandsbecker Bote sagt, der Ehrensold in Tee und Butterbrot bis hinauf zu Austern und Rheinwein bezahlt wird. Dieser Unterschied muß ausdrücklich hervorgehoben werden, denn es ist der einzig wesentliche; – abgesehen davon und von dem, was genau damit zusammenhängt, nämlich bescheidenes Boudoir oder Eufilade von Zimmern, eine Magd in Putz oder Lakaien in Livree, alttestamentarische oder altadelige Wirte, Talglichter oder Wachskerzen (wachsplattierte liegen in der Mitte) u. s. w., – sieht eine dieser Gesellschaften auf ein Haar der andern ähnlich; man kommt nämlich zusammen, um entweder Musik zu machen oder zu andern Kunstleistungen höchstens in einer Vollkommenheit, wie man sie an öffentlichen Orten für Geld mit Leichtigkeit finden kann; oder zu einem laulichen Hin- und Herreden über Theater, neue schöne Literatur u. dergl.; – public spirit fehlt in Berlin in der angeblich bessern Sozietät gänzlich, daher gedeiht dort kein tieferes Gespräch über Angelegenheiten der Welt oder des Vaterlandes, wogegen freilich alles Persönliche, als in das Gebiet der Männerklatscherei gehörig, seine Stelle findet. Kommt nun ein Fremder an, den man in die beschriebenen Kreise zieht, so ist er entweder interessant oder nicht; ist er es, so kann er Künste machen, spielen, singen, dichten, und dann wird er eingeladen, um sich hören und sehen zu lassen; ist er es nicht, so soll er da sein, um zu hören und zu sehen und in der Stadt zu erzählen, daß er da und dort den und den gehört und gesehn, damit nicht verborgen bleibe, daß auch der und der den und den *bei sich gehabt habe*.

Hoffmann schien nun für Zirkel dieser Gattung ein unerhörter Fund. Was konnte der Mann nicht alles! – Bücher schreiben, die in ganz Deutschland von sich reden machten, auf dem Piano fantasieren, Opern komponieren, Karikaturen zeichnen, Witz sprudeln, wie er den Mund öffnete; der Ruf war ihm vorangegangen, und mit Recht erwartete man nun von ihm, daß er, dankbar für die gütigen Einladungen, erst der Gesellschaft ein noch ungedrucktes Manuskript vorlesen, dann die Tochter vom Hause akkompagnieren, dann eine alte Großmutter oder einen vornehmen Beschützer der Künste mit schönen Redensarten unterhalten werde u. s. w., worauf man Gäste genug gebeten und vorbereitet hatte. – Aber wie sah man sich getäuscht, wenn er die furchtbarsten Gesichter zu schneiden anfing, sobald er sich langweilte, und dies geschah immer, wenn sich nicht wenigstens ein ihn anregendes Prinzip in der Gesellschaft entdecken ließ; wenn er laut zu sprechen begann, während man sich mit Musikstücken abquälte, die man sorgfältig ausgesucht, weil er sich in seinen Schriften darüber ausgesprochen, wenn er endlich plötzlich und absichtlich das unsinnigste Zeug redete, sowie er merkte, daß man es darauf angelegt, etwas von ihm abzubekommen.

Wie mochte es aber bei einer Natur wie Hoffmanns sich auch anders gestalten! Um mit dem Strome eines so nichtigen Treibens als das dargestellte, schwimmen zu können, muß man entweder eine sehr kleinliche Eitelkeit, die mit Weihrauch jeglicher Gattung zufrieden ist, oder eine Art von Gutmütigkeit besitzen, die sich an einigem guten Willen, der doch hie und da nicht fehlt, genügen läßt und bei der einem, indem man sieht, daß man Wohlgefallen um sich verbreitet, selbst am Ende wohl und bis auf einen gewissen Punkt gemütlich wird. Von beiden, sowohl von jener Eitelkeit der kleinen Sorte, als von der beschriebenen Gutmütigkeit, war aber niemand ferner als eben Hoffmann. Wie alles, so war auch die Eitelkeit bei ihm in großem Stil; er strebte überall, wo es Genuß galt, – und Eitelkeit gab ihm den höchsten, – nach dem Vollen, Ganzen; abgestandene Beifallsphrasen, wie sie die feine Sozietät heute über einen neuen Tänzer, morgen über das neueste Werk von Goethe und übermorgen etwa über den blutigen Kampf einer unterdrückten Nation aus einem Beutel auszugeben pflegt, konnten ihm keine Freude machen; dabei forderte er, wenn er unterhalten sollte, daß man sich von nichts anderem unterhalten lassen sollte als von ihm, und daß man ihm nicht allein ausschließlich zuhören, sondern mit Geist zuhören sollte, und zwar nicht nur mit eignem Geist, sondern mit seinem Geist, das heißt, mit einem, der entweder fantastisch fliegen oder witzig nachspringen konnte, wie er mit der Taktrolle des schnell dahinsprudelnden Wortes den Ton angab. Welche Ansprüche an einen armen Berliner Tee! Und war dieser nur wenigstens nicht an allem arm, fand sich irgend etwas, was ihn schadlos halten konnte; zwar dumme Männer, aber hübsche Frauen; oder dumme Männer und häßliche Frauen, aber ausgesuchter Wein; ungemütliche Stimmung der Gesellschaft, aber eine fratzenhafte Erscheinung, die ihm Stoff zu irgendeiner poetischen Figur gab; so ging es noch an mit ihm; fehlte es aber an alledem und hielt sich das Ganze in den Grenzen der gewöhnlichen Mittelmäßigkeit, von der die meisten eben meinen: je ne demande pas mieux, so war es mit seiner Laune nicht auszuhalten. Hier erschien denn auch der Mangel an geselliger Gutmütigkeit, von welchem oben gesprochen worden, im vollsten Lichte. War einmal durch das Alltägliche der Dämon der Langeweile – für ihn die furchtbarste der Plagen, – in ihm erwacht, so bemeisterte sich seiner, ohne alle Übertreibungen gesprochen, eine wahre Wut, die charakteristisch in seinen Gesichtsmuskeln spielte und die er, wenn er nicht die Gelegenheit fand, ihr in der Gesellschaft noch Luft zu machen, entweder durch einige gallbittere Sarkasmen oder durch Äußerungen, die er wie Wahnwitz gestaltete, um verlegene Gesichter um sich her zu sehen, auch selbst dann nicht verleugnen konnte, wenn er schon wieder heimgekehrt war, wo er in sein Tagebuch niederzuschreiben pflegte: »schändlich ennuyiert« u. dergl.; ja die ihn oft nach mehreren Tagen noch erfaßte, wenn er seinen Freunden die ausgestandene Qual schilderte. Einmal auf diesem Wege, konnte er nicht zurückgebracht werden, mochten Wirt und Wirtin oder Gäste mit feinem Blick aus dem besten Herzen alles aufbieten, ihn umzustimmen; vielmehr reizte jeder Versuch, ihn in die allgemeine Fröhlichkeit hineinzuziehen, wenn sich eine solche entwickelt hatte, zu größerm Unmut, und in der Regel wandte er sich dann nicht zu einem, der ihn freundlich angeredet, sondern zu einem Dritten, um diesem eine Art von Antwort auf die Frage des Anredenden zu sagen.

Daß nun die zahme Sozietät, wo solche Erscheinungen nicht häufig vorgekommen sein mochten und in der jeder seine Rechnung für einen verlorenen Abend vollständig saldiert zu haben glaubt, wenn es ihm verstattet gewesen, die Langeweile, welche er empfunden, mit der, die von ihm ausgegangen, zu bezahlen, wenig Behagen an einem so stachelichen Mitgliede fand, ist leicht zu begreifen, und nur sehr selten ist der Fall vorgekommen, daß Hoffmann mehr als ein, höchstens einigemal in diese Art von anständigen Teegesellschaften gebeten wurde.

Nunmehr dieser Art der Zerstreuung ledig, wäre er vielleicht gern in den bescheidenen Kreis seiner alten Freunde zurückgekehrt, die, an ein häusliches, zurückgezogenes Leben gewöhnt, doch jahraus, jahrein in einem lebendigen und gedeihlichen geistigen Verkehr standen; der eine ergänzend, wo es dem andern fehlte, und der andere dankbar dafür und liebevoll-empfänglich. Aber, – mochte es sein, daß die Freunde sich verletzt fühlten durch die Leichtigkeit, mit welcher Hoffmann sie auf die erste Lockung der Welteitelkeit der eiteln Welt verlassen; oder sei es, daß er bloß aus dem Gleise gekommen; oder endlich, daß ihm bei glücklich veränderten äußern Umständen die frühern mäßigen Genüsse mit den Freunden nicht mehr ausreichend schienen; – kurz, es machte sich nicht mehr wie sonst, und, Freund aller Extreme, ging er aus der Gesellschaft wohlerzogener Leute, welche, Krämer in Kunst und Leben, beide in kleinen Portionen vertreiben, recta unter die Schar der Großhändler, die, auf die Gefahr des Bankerotts hin, den Genuß des Lebenskapitals allein in dessen möglichst schnellem Umschwung suchen, – aus den Teesalons in das Weinhaus, wo er sein Hauptquartier definitiv aufschlug, sich den Grundsatz aufstellend, daß, wenn man Kunstgenüsse haben wolle, man sie an öffentlichen Orten für sein Geld besser finde als in Privatzirkeln für beschwerliche Kratzfüße und daß die Gesellschaft in der Weinstube vor allen übrigen den Vorzug habe, daß, wenn sie einem nicht gefiele, man weggehen könne, wenn man wolle, ohne daß es der Wirt übelnehme; – Argumente, gegen welche, wenn man an eine gewisse Freiheit gewöhnt ist, wirklich eben nicht viel möchte zu erinnern sein.

So wäre denn der Punkt bezeichnet, von welchem aus Hoffmanns Versinken begann, und, nach den mechanischen Gesetzen des Falles, am Ende leider mit furchtbarer Schnelle. Es darf ein Dritter dies unverhohlen aussprechen, denn er selbst hat es auf seinem Sterbebette nicht allein mit der Klarheit, mit der er alles durchschaute, eingesehn, sondern auch in die Hand des Herausgebers freiwillig und feierlich das Versprechen niedergelegt, sein ganzes Leben ändern zu wollen, wenn Gott ihm die Gesundheit wiederschenkte. Es hat nicht sein sollen; aber schon der Vorsatz dient ihm zur Ehre!

Seine Lebensordnung in den letzten sechs Jahren von 1816 bis 1822 war die. Am Montage und Donnerstage brachte er die Vormittage in den Sitzungen des Kammergerichts, an den andern Tagen zu Hause arbeitend, die Nachmittage in der Regel schlafend, im Sommer auch spazierengehend zu; die Abende und Nächte in dem Weinhause. War er, was häufig, in manchen Perioden täglich geschah, mittags oder abends oder mittags und abends in Gesellschaft, – denn nicht aus aller Gesellschaft, bloß aus der seiner Freunde und aus den feinern Tees war er geschieden; dagegen unter Männern und bei Trinkgelagen immer ein willkommener Gast, – oft abends in zwei Zirkeln von sieben bis neun und von neun bis zwölf gewesen [1]; so ging er, es mochte so spät sein, als es wollte, wenn alle anderen sich nach Hause begeben, noch in das Weinhaus, um dort den Mor-

1 »Von sieben bis acht«, schrieb er einmal dem Herausgeber, »bin ich bei * gewesen, wo vernünftige Leute Tee mit Rum tranken, und von acht bis elf bei **, wo wieder vernünftige Leute Rum mit Tee tranken«, – und beide Kreise waren hiedurch vollkommen charakterisiert.

gen zu erwarten; früher in seine Wohnung zurückzukehren, war ihm nicht gut möglich.

Man denke hiebei aber nicht etwa an einen gemeinen Trinker, der trinkt und trinkt aus Wohlgeschmack, bis er lallt und schläft; gerade das Umgekehrte war Hoffmanns Fall. Er trank, um sich zu montieren; dazu gehörte anfangs, wie er noch kräftig war, weniger; später natürlich mehr; – aber war er einmal montiert, wie er es nannte, in exotischer Stimmung, die, oft bei einer halben Flasche Wein, auch nur *ein* gemütlicher Zuhörer hervorrufen konnte, so gab es nichts Interessanteres als das Feuerwerk von Witz und Glut der Fantasie, das er dann unaufhaltsam, oft fünf, sechs Stunden hintereinander vor der entzückten Umgebung aufsteigen ließ. War aber auch seine Stimmung nicht exaltiert, so war er im Weinhause nie müßig, wie man so viele sitzen sieht, die nichts tun als nippen und gähnen; er schaute vielmehr mit seinen Falkenaugen überall umher; was er an Lächerlichkeiten, Auffallenheiten, selbst an rührenden Eigenheiten bei den Weingästen bemerkte, wurde ihm zur Studie für seine Werke oder er warf es mit fertiger Feder auf das Papier[1]; kurz, er sprach selten seine Freunde, ohne daß er ihnen neue und pikante Curiosa aus dieser seiner Welt zu erzählen wußte.

Unter solchen Umständen hätten auch die, die es am besten mit ihm meinten, ihm diese Erholung gern gönnen können, – oft war der geistreiche Kreis um ihn versammelt, und Fremde, die nach Berlin kamen und ihn gern sehen wollten, suchten ihn, da seine Lebensweise bekannt war, immer in seinem Weinhause auf, – wäre nur der zerstörliche Einfluß zu beseitigen gewesen, den das unausgesetzte Nachtschwärmen, verbunden mit geistiger Anstrengung aller Art am Tage, – da er mit seinen Dienstarbeiten nie im Rückstande blieb und Bücher über Bücher schrieb, – unausbleiblich auf seine Gesundheit äußern mußte. Auch ist nicht zu leugnen, daß der immerwährende Umgang mit einer Gesellschaft, wie sie sich in öffentlichen Häusern zusammenzufinden pflegt, nach und nach die Fä-

1 Die Weinhandlung von Lutter und Wegener in Berlin, – Hoffmann besuchte nur diese eine, – besitzt noch ein ganzes Portefeuille voll dieser zum Teil sehr charakteristischen Blätter; eine Art von Stammbuch, wo die Karikaturgäste, unfreiwillig und unbemerkt, eingeschrieben wurden.

higkeit in ihm untergrub, sich unter edleren Umgebungen würdig zu benehmen, und ein gewisser Zynismus aus seinem Betragen hervorblickte, der solche, die ihn nicht genauer kannten und wußten, welchen Kern die oft rauhe Schale berge, leicht von ihm abzustoßen geeignet war. Endlich hatte das gesteigerte Bedürfnis des Weines, vielen Weines, des besten und allerbesten Weines die Folge, daß er leichteren Erwerb vorzog und Lieblingspläne, die er sein ganzes Leben hindurch in sich getragen hatte, unausgeführt ließ, sie immer auf bessere Zeiten verschiebend. So wollte er nach der beifälligen Aufnahme der Undine noch eine leichte, ans Komische streifende, jedoch sich in einem romantischen Gebiete bewegende Oper komponieren. Hitzig hatte ihm zu diesem Ende das Sujet des Calderonschen galan fantasma, als alle jene Bedingungen erfüllend, empfohlen; er ergriff, nachdem er mit dem Inhalt bekannt gemacht worden, – er selbst verstand nicht spanisch, und damals existierte noch keine Übersetzung, – auf das bloße, ihm mitgeteilte Szenarium die Idee mit einer solchen Liebe, daß er Contessa, der die Bearbeitung des Textes übernommen hatte und dem die Lösung dieser Aufgabe wundervoll gelungen ist, nicht genug antreiben konnte, die Oper zu vollenden; aber als sie fertig war, hat er in Jahren nichts daraus gesetzt als ein paar Lieder. Dies Werk sollte sein höchstes sein, und dabei blieb es. Ebenso ging es mit dem mehrerwähnten Werke von tiefer Intention: lichte Stunden eines wahnsinnigen Musikers; dem dritten Bande des Kater Murr, zu dem der Plan auf das grandioseste angelegt war und den er im Kopfe schon ausgearbeitet hatte, so daß es nur des Niederschreibens bedurfte u. a. m. Dann kamen aber immer Bestellungen von Taschenbuch-Erzählungen mit Anerbietungen von sechs, acht, zehn Friedrichsdor für den Bogen; das gab Aussichten auf neue, gute Weinernten; einmal lief selbst für die Scuderi von den Gebrüdern Wilmans in Frankfurt am Main nächst dem Honorar als Captatio benevolentiae für folgende Jahre eine große Kiste köstlicher Weine in natura ein; und so durch die vorherrschende Neigung überall verstrickt in sklavische Bande, ging die freie Tätigkeit eines so herrlichen Geistes allmählich unter.

Eine Oase voll duftender Blumen tauchten, in den ersten Jahren des wüsten Weinhauslebens, die Serapions-Abende aus demselben auf. Hitzig nämlich, dem es am wehesten tat, Hoffmann seinen wahren Freunden um des Umgangs mit Zechbrüdern willen ganz entfremdet zu sehen, hatte die Einrichtung begründet, daß man einmal in der Woche in Hoffmanns Wohnung zusammenkam, um sich miteinander zu besprechen und das etwa Gearbeitete mitzuteilen, wobei, um den Charakter dieser Gesellschaft nicht zu verletzen, die höchste Mäßigkeit als Hauptgesetz angenommen war, ein Grundsatz, von welchem auch, solange jene Zusammenkünfte bestanden, nicht abgewichen wurde.

Die Grundpfeiler dieses Vereins bildeten nächst Hoffmann Contessa, Koreff, ein ausgezeichneter Arzt[1] und Hitzig. Ein vortrefflicher ineinandergreifendes Quatuor mochte nicht leicht zu finden sein. Koreff war der einzige Mensch, dem Hoffmann geduldig zuhörte, weil er ihn in der Unterhaltung an sprudelndem lebendigem Witze oft und an Kenntnissen immer überbot, auch dabei gutmütig genug war, ihn reden zu lassen, so oft er wollte; Contessa, selbst wenig redend, horchte auf alles, was die Freunde an Witz ausgehen ließen, mit dem beredtesten Beifallslächeln, das ihm unaufhörlich um die Mundwinkel spielte, von Zeit zu Zeit ein kleines, aber entscheidendes Wörtchen zugebend, und Hitzig, der mit Contessa das Publikum bildete und alle drei übrigen länger und besser als sie sich untereinander kannte, verstand darum die Kunst, Lücken im Gespräch auszufüllen, und wo es matt wurde, es wieder anzuregen, sich willig jedes Anspruchs auf Solopartien begebend.

Am Abende eines Tages, der nach dem von Hoffmanns Gattin herbeigebrachten polnischen Kalender den Namen des heiligen Serapion führte, wurde die Gesellschaft eingeweiht, nach jenem Heiligen benannt und gedieh fröhlich, bis sie durch den Umstand, daß Contessa seinen Wohnort von Berlin verlegte und in Koreffs Person begründete Hindernisse, zum großen Leidwesen aller, ihr Ende erreichte; denn wirklich wurde in einer solchen Zusammenkunft ein Maß von Witz und Geist konsumiert, daß ein gewöhnlicher Tee durch die ganze Lebenszeit des Teegebers davon hätte bestehn und noch auf seine Erben ein gutes Teil übergehen können.[2]

1 Sprechend sind beide gezeichnet, Serapionsbrüder, Bd. 2. Contessa, als Sylvester, und Koreff, als Vinzenz.

2 Man vergleiche mit dieser ganzen Erzählung Serapionsbrüder Bd. 1, u. a. a. O.

Heinrich Heine: »Wie man diesen Winter hier lebte«

Großen Festlichkeiten sieht man hier entgegen bei Gelegenheit der Vermählung der Prinzessin Alexandrine.[1] – die Assembleen bei den Ministern sind jetzt geschlossen; die einzigen, die noch fortdauern, sind die, welche dienstags bei dem Fürsten Wittgenstein stattfinden. Unser Staatskanzler befindet sich jetzt ganz hergestellt, und ist teils hier, teils in Glienicke. – Zur Ostermesse erscheinen: Jahrbücher der königl. Preuß. Universitäten. Der Bibliothekar Spiker gibt das Festspiel: Lalla Rookh heraus. – Der Riese, der auf der Königsstraße zu sehen war, ist jetzt auf der Pfaueninsel. – Devrient ist noch immer nicht ganz hergestellt. Boucher und seine Frau geben jetzt Konzerte in Wien. Maria v. Webers neue Opern heißen: Euryanthe, Text von Helmine von Chezy, und: die beiden Pintos, Text von Hofr. Winkler. Bernhard Romberg ist hier.

Ach Gott! es ist eine schlimme Sache mit Notizenschreiben. Die wichtigsten darf man oft nicht mitteilen, wenn man sie nicht verbürgen kann. Kleine Klatschereien darf man ebenfalls nicht schreiben; erstens weil sie oft zu tief in Familienverhältnisse eingreifen, und zweitens und hauptsächlich, weil die, welche in Berlin am amüsantesten sind, oft in der Provinz langweilig und läppisch klingen. Um des lieben Himmels Willen, was interessiert es die Damen in Dülmen, wenn ich erzähle, daß jene Tänzerin jetzt im Dualis sprechen könnte, und jener Leutnant auffallend falsche Waden und Lenden trägt? Was kümmerts diese Damen, ob ich in jener Tänzerin eine oder zwei Personen annehme, und ob ich jenen Leutnant aus ⅔ Watte und ⅓ Fleisch, oder aus ⅔ Fleisch und ⅓ Watte bestehen lasse? Was soll man endlich Notizen über Menschen schreiben, von denen man gar keine Notiz nehmen sollte?

Wie man diesen Winter hier *lebte*, läßt sich von selbst erraten. Das bedarf keiner besonderen Schilderung, da Winterunterhaltungen in jeder Residenz dieselben sind. Oper, Theater, Konzerte, Assembleen, Bälle, Tees (sowohl dansant als médisant), kleine Maske-

1 Spontini komponiert zu diesen Festlichkeiten: Das Rosenfest in Kaschimir, worin *zwei* Elefanten erscheinen.

raden, Liebhaberei-Komödien, große Redouten usw., das sind wohl unsere vorzüglichsten Abendunterhaltungen im Winter. Es ist hier ungemein viel geselliges Leben, aber es ist in lauter Fetzen zerrissen. Es ist ein Nebeneinander vieler kleinen Kreise, die sich immer mehr zusammen zu ziehen als auszubreiten suchen. Man betrachte nur die verschiedenen Bälle hier; man sollte glauben, Berlin bestände aus lauter Innungen. Der Hof und die Minister, das diplomatische Corps, die Zivilbeamten, die Kaufleute, die Offiziere usw. usw., alle geben sie eigene Bälle, worauf nur ein zu ihrem Kreise gehöriges Personal erscheint. Bei einigen Ministern und Gesandten sind die Assembleen eigentlich große Tees, die an bestimmten Tagen in der Woche gegeben werden, und woraus sich, durch einen mehr oder minder großen Zusammenfluß von Gästen, ein wirklicher Ball entwickelt. Alle Bälle der vornehmen Klasse streben, mit mehr oder minderm Glücke, den Hofbällen oder fürstlichen Bällen ähnlich zu sein. Auf letztern herrscht jetzt fast im ganzen gebildeten Europa derselbe Ton, oder vielmehr sie sind den Pariser Bällen nachgebildet. Folglich haben unsere hiesigen Bälle nichts Charakteristisches; wie verwunderlich es auch oft aussehen mag, wenn vielleicht ein von seiner Gage lebender Sekondeleutnant, und ein, mit Läppchen und Geflitter, mosaikartig aufgeputztes Kommißbrot-Fräulein, sich auf solchen Bällen in entsetzlich vornehmen Formen bewegen, und die rührend-kümmerlichen Gesichter puppenspielmäßig kontrastieren mit dem angeschnallten, steifen Hofkothurn.

Ein einziger, allen Ständen gemeinsamer Ball gibt es hier seit einiger Zeit, nämlich die Subskriptionsbälle, oder die scherzhaft »unmaskierte Maskeraden« genannten Bälle im Konzertsaale des neuen Schauspielhauses. Der König und der Hof beehren dieselben mit ihrer Gegenwart, letzterer eröffnet sie gewöhnlich, und für ein geringes Entree kann jeder anständige Mensch daran Teil nehmen. Über diese Bälle und die Hoffestlichkeiten spricht sehr schön die geist- und gemütreiche Baronin Karoline Fouqué in ihren Briefen über Berlin, die ich, wegen der Tiefe der Anschauung, die darin herrscht, Ihnen nicht genug empfehlen kann. Dieses Jahr fielen die Subskriptionsbälle nicht so glänzend aus, wie voriges Jahr, da sie damals noch den Reiz der Neuheit hatten. Die Bälle der großen Staatsbeamten hingegen waren diesen Winter besonders brillant.

Meine Wohnung liegt zwischen lauter Fürsten- und Ministerhotels, und ich habe deshalb oft des Abends nicht arbeiten können vor all dem Wagengerassel, und Pferdegetrampel und Lärmen. Da war zuweilen die ganze Straße gesperrt von lauter Equipagen; die unzähligen Laternchen der Wagen beleuchteten die galonierten Rotröcke, die rufend und fluchend dazwischen herumliefen, und aus den Bel-Etagefenstern des Hotels, wo die Musik rauschte, gossen kristallene Kronleuchter ihr freudiges Brillantlicht.

Wenig Schnee, und folglich auch fast gar kein Schlittengeklingel und Peitschengeknall hatten wir dieses Jahr. Wie in allen protestantischen Städten spielt hier Weihnachten die Hauptrolle in der großen Winterkomödie. Schon eine Woche vorher ist alles beschäftigt mit Einkauf von Weihnachtsgeschenken. Alle Modemagazine und Bijouterie- und Quincailleriehandlungen haben ihre schönsten Artikel – wie unsere Stutzer ihre gelehrten Kenntnisse – leuchtend ausgestellt; auf dem Schloßplatze stehen eine Menge hölzerner Buden mit Putz-, Haushaltung- und Spielsachen; und die beweglichen Berlinerinnen flattern, wie Schmetterlinge, von Laden zu Laden, und kaufen, und schwatzen, und äugeln, und zeigen ihren Geschmack, und zeigen sich selber den lauschenden Anbetern. Aber des Abends geht der Spaß erst recht los; dann sieht man unsere Holden oft mit der ganzen respektiven Familie, mit Vater, Mutter, Tante, Schwesterchen und Brüderchen, von einem Konditorladen nach dem andern wallfahrten, als wären es Passionsstationen. Dort zahlen die lieben Leutchen ihre zwei Kurantgroschen Entree und besehen sich con amore die »Ausstellung«, eine Menge Zucker- oder Drageepuppen, die, harmonisch neben einander aufgestellt, rings beleuchtet, und von vier perspektivisch bemalten Wänden eingepfercht, ein hübsches Gemälde bilden. Der Hauptwitz ist nun, daß diese Zuckerpüppchen zuweilen wirkliche, allgemein bekannte Personen vorstellen. Ich habe eine Menge dieser Konditorladen mit durchgewandert, da ich nichts Ergötzlicheres kenne, als unbemerkt zuzuschauen, wie sich die Berlinerinnen freuen, wie diese gefühlvollen Busen vor Entzücken stürmisch wallen, und wie diese naiven Seelen himmelhoch aufjauchzen: »Neh, des ist schehne!« Bei Fuchs waren in der heurigen Ausstellung Bilder aus Lalla Rookh, wie man sie vorig Jahr auf dem bekannten Hoffeste im Schlosse sah. Es war mir unmöglich, von dieser Herrlichkeit bei Fuchs etwas zu sehen, da die holden Damenköpfchen eine undurchdringliche Mauer bildeten vor dem viereckigen Zuckergemälde. Ich will Sie nicht langweilen, mein Lieber, mit der Beurteilung der Ausstellung bei allen Konditoren; der Kriegsrat Karl Müchler, der, wie man sagt, Berliner Korrespondent in der Eleganten Welt ist, hat bereits in diesem Blatte eine solche Rezension geliefert.

Von den Redouten im Jagorschen Saale läßt sich nichts Erhebliches sagen, außer daß bei denselben die schöne Einrichtung getroffen ist: daß es jedem, der sich dort zu Tode zu ennuyieren fürchtet, ganz unverwehrt bleibt, sich wieder zu entfernen. Die Redouten im Opernhause sind sehr schön und großartig. Wenn dergleichen gegeben werden, ist das ganze Parterre mit der Bühne vereinigt, und das gibt einen ungeheuern Saal, der oben durch eine Menge ovaler Lampenleuchter erhellt wird. Diese brennenden Kreise sehen fast aus wie Sonnensysteme, die man in astronomischen Kompendien abgebildet findet, sie überraschen und verwirren das Auge des Hinaufschauenden, und gießen ihren blendenden Schimmer auf die buntscheckige, funkelnde Menschenmenge, die, fast die Musik überlärmend, tänzelnd und hüpfend und drängend im Saale hin und her wogt. Jeder muß hier in einem Maskenanzuge erscheinen, und niemanden ist es erlaubt, unten im großen Tanzsaale die Maske vom Gesicht zu nehmen. Ich weiß nicht, in welchen Städten dieses auch der Fall wäre. Nur in den Gängen und in den Logen des ersten und zweiten Ranges darf man die Larve ablegen. Die niedre Volksklasse bezahlt ein kleines Entree, und kann, von der Galerie aus, auf all diese Herrlichkeit herabschauen. In der großen königl. Loge sieht man den Hof, größtenteils unmaskiert; dann und wann steigen Glieder desselben in den Saal hinunter und mischen sich in die rauschende Maskenmenge. Diese besteht aus Menschen von allen Ständen. Schwer ist hier zu entscheiden, ob der Kerl ein Graf oder Schneidergesell ist; an der äußern Repräsentation würde dieses wohl zu erkennen sein, nimmermehr an dem Anzuge. Fast alle Männer tragen hier nur einfache, seidene Dominos und lange Klapphüte. Dieses läßt sich leicht aus dem großstädtischen Egoismus erklären. Jeder will sich hier amüsieren und nicht als Charaktermaske andern zum Amüsement dienen. Die Damen sind aus demselben Grunde ganz einfach maskiert, meistens als Fledermäuse. Eine Menge femmes entretenues und Priesterinnen der ordinären Venus sieht man in dieser Gestalt herumflirren und Erwerbsintrigen anknüpfen. »Ich kenne dir«, flüstert dort eine solche Vorbeiflirrende. »Ich kenne dir auch«, ist die Antwort. »Je te connais, beau masque«, ruft hier eine Chauvesouris einem jungen Wüstling entgegen. »Si tu me connais, ma belle, tu n'es pas grande chose«, entgegnet der Bösewicht ganz laut, und die blamierte Donna verschwindet wie ein Wind.

Aber was ist daran gelegen, wer unter der Maske steckt? Man will sich freuen, und zur Freude bedarf man nur Menschen. Und Mensch ist man erst recht auf dem Maskenballe, wo die wächserne Larve unsere gewöhnliche Fleischlarve bedeckt, wo das schlichte Du die urgesellschaftliche Vertraulichkeit herstellt, wo ein alle Ansprüche verhüllender Domino die schönste Gleichheit hervorbringt, und wo die schönste Freiheit herrscht – Maskenfreiheit.

Lili Parthey: »In der Akademie sangen wir den Messias«

2. 1. Am Sylvester ist Klein bei Blochs gewesen, nur bis ½ 12 und nicht froh. Die Mutter sagte ihm, sie habe niemand einladen mögen – der vorige Sylvester sei so hübsch gewesen, und sie habe niemand durch den Abstand betrüben mögen – aber doch geglaubt, daß er von sich selbst kommen würde – worauf er erwiderte (mit vielem und hübschem Ausdruck): Ich war in Gedanken hier, und das ist ja doch das *Einzige*! – Lisette wollte ihn eben noch mit Vorwürfen überhäufen, als (etwas ungelegen) Brassier hereintrat. Er war ziemlich dunkel, aber netter als gewöhnlich. Die Unterhaltung war sehr lebhaft, Klein amüsant wie immer, – und der ganze Abend sehr hübsch. Wir aßen im gelben Zimmer. Nach Tisch wurde die schöne Albanerin (die Klein etwas eifersüchtig zu machen schien) auf das Notenpult gestellt, und Klein phantasierte einen amüsanten Roman mit ihr. Dann sangen wir einige Lieder, und gegen 11 ging er.

3. 1. Bei Tisch war es recht amüsant – hauptsächlich durch einen neuen Mann, den Kohlrausch für mich *in petto* hat. Kölle ist es

nicht, obgleich er wieder geschrieben und Marzipan geschickt hat – er will im Sommer nach Italien gehen und kommt also her. K. redete ihm neulich gewaltig das Wort – heute ließ er ihn ruhen, und nur von dem neuen war die Rede. (Das neue Jahr fängt interessant an.) Er ist reich, hübsch, elegant, – 31 Jahr – hält Equipage – ist lustig, liebenswürdig, gescheit – hat den Feldzug als Hauptmann mitgemacht, ist nicht von Adel – vorher Kammergerichtsrat gewesen, jetzt aber etwas anderes – ich kenne ihn nicht – aber er mich von hörensagen – doch soll er ebenso heftiger Feind von gemachten Heiraten sein als ich – das ist das einzige pikante und interessante bei der Sache. Daß sein Name aus 4 Buchstaben besteht, brachten wir auch heraus – die Musik soll er sehr lieben, das wäre etwas. Das merkwürdigste bei der Geschichte ist, daß die Tante, die ihn einmal vor einem Jahr in Gesellschaft gesehen, von ihm eingenommen war und an mich gedacht hat – er war ihr aber aus dem Sinn gekommen, und erst bei K's Reden wachte die lebhafte Erinnerung bei ihr auf. – Wie gesagt, das neue Jahr fängt interessant an.

Wir blieben sehr behaglich in schöner, warmer und heimlicher Stube – Seebecks (Mutter, Adline und Rosalie) kamen dazu.

5. 1. Sonntag. Zu Mittag außer Paul und Brassier Körners, Schönberg, Göckingk und Schoppe. Wir waren sehr dankbar für seine Neujahrsgabe. Die Körner vertiefte sich nach Tisch in Geschichten. Hedwig Stägemann soll sich der Verzweiflung ergeben, weil der schöne Herr von Kleist, den sie 7 Jahr geliebt hat, jetzt eine sächsische Gräfin heiratet. Abends erschien Boguslawsky – ein seltener Gast – dann Klein etwas dunkel. Wir sangen Duette – erst Rodrigo und Ximene, sehr schön – dann sang ich noch einige italienische mit Brassier. Es wurde am runden Sofatisch soupiert, wo es sehr *comfortable* war. Brassier sang Arien aus der Dido. Ich bin begierig, wie sie gefallen wird – es sind doch herrliche Sachen.

6. 1. Bei Zelter – Duette von Paesiello. Von da zur Tante, wo ich den ganzen Tag war. Alexander Humboldt[1] ist angekommen. Diese

1 Alexander von Humboldt (1769–1859) hatte, wenn er nicht auf Reisen war, seinen ständigen Wohnsitz in Paris. Erst 1827 verlegte er ihn schweren Herzens und nur auf den bestimmten Wunsch des Königs nach Berlin. Mit Kohlrausch war er 1805 in Rom zusammengetroffen.

Woche soll ihm zu Ehren bei Kohlrausch das große Diner stattfinden. Zu Haus war es hübsch und warm. Großpapa kam zum Tee und Ritter mit schönen herrlichen Ansichten vom Comer See.

9.1. Ritter kam zum Tee. Wir aßen den Weihnachtsstollen auf. Ziemlich spät kam Klein und Lank. Es hat heute in den Zeitungen gestanden, daß die Dido im Carneval gegeben wird. – Klein steht in guter Gesellschaft zwischen Spontini und Gluck. Er war heute abend sehr liebenswürdig. Nachher sangen wir viel aus der Dido und endlich den halben Figaro durch – Sonnabend wird er bei Blochs ganz gesungen. – Die Milder Susanne. Wir sind alle gespannt, wie die Dido gefallen wird. Klein ist nicht sehr zuversichtlich, und das gefällt mir.

10.1. Bei Kohlrauschs waren so viel interessante und gescheite Leute, daß es fast zuviel war. Humboldts – Alexander ist und spricht sehr hübsch – Bülow, ohne Frau – Friedrich August Wolf – Nicolovius – Hufeland – Ritter – Minister Altenstein – Rauch – Schinkel – Seebeck. Ich saß bei Rauch, der sehr amüsant war – nicht weit von Alexander, so daß ich ihn – sehr interessant sprechen hörte. Wir saßen lange bei Tisch. Frau von Humboldt war sehr gütig und freundlich.

11.1. Um 7 zu Blochs. Ziemlich viel Leute. Jordans, Kohlrauschs, Doris, Heun (Clauren)[1], Reichardt, Lank usw. Die Milder kam zuletzt, sehr schön und lieb und mehr bei Laune als je. – Die Musik begann alsobald – sie sang ganz himmlisch die Susanne mit einem Mutwillen und einer Laune, die reizend zu der Rolle paßten. Lank sang den Grafen, Reichardt den Figaro. Die einzige Musik riß mich fort, und ich sang *con amore*. Auch waren alle sehr zufrieden. Mad. Jordan namentlich überhäufte mich mit Lobreden. Klein führte mich zu Tisch und war der einzige, der die Wahrheit, wenn auch etwas übertrieben, sagte: daß neben der Milder alles andre wie Spatzengezwitscher klänge. Leider war sie mit dem letzten Ton verschwunden. Bei Tisch ging es äußerst fidel her. – Es war viel von der

1 Carl Heun (1771–1854) war Hofrat im Hardenbergschen Ministerium und schrieb bekanntlich unter dem Namen Heinrich Clauren Novellen, Romane und Lustspiele. Wilh. Hauff schrieb unter demselben Namen die Parodie: »Der Mann im Mond«.

Dido die Rede. Klein will selbst dirigieren und einen Dolch in die Rolle stecken, um damit zuletzt mit seiner Tochter zu sterben, wenn es ihr nämlich nicht gut geht. Ich fürchte mich etwas.

12. 1. Die Mutter las mir Schleiermachers schöne Predigt zum Jubiläum des Königs vor. Abends im Convent sangen wir das Alexanderfest[1]. Weppler brachte seine Frau, die sich allerliebst machte und sehr hübsch gefunden wurde. Ich saß bei Reichardt und Reuß. Lank hatte Lisette in Beschlag genommen, es war sehr amüsant.

13. 1. die Oper Alceste[2] war entzückend – noch nie hat mich das Spiel der Milder so ergriffen als heute. Sie wurde sehr von Stümer[3] unterstützt und war wirklich groß als Schauspielerin und so sehr bei Stimme. Auch Blume war ausgezeichnet[4]. Die Balletts amüsierten uns sehr. Lank war sehr geschäftig, Lisetten in den Wagen zu helfen.

15. 1. Die Mutter erhielt wieder einen Brief von der Schwartz[5]. Der langweilige Kammerherr will selbst herkommen und sich präsentieren. Die Mutter hat einen sehr guten und auch deutlichen Brief an die Schwartz geschrieben. Jenny ist auch außer sich.

18. 1. Bis um 12 buk ich mit Lisette einen großen Geburtstagskuchen – Sandtorte. Bei Tisch kam ein sehr langer und langweiliger Brief von dem langen und sehr langweiligen Dresdner Freier. Wahrhaftig, der fehlte noch, um mir die Sache angenehm zu machen. Ich schrieb hinten, bis Brassier, der im höchsten Ballglanz war, kam (es ist heut der erste Brühlsche Ball); er blieb bis 9, war sehr fidel, und

1 Händel, 1736. Berühmte Komposition nach der Dichtung von John Dryden.

2 Gluck, 1769.

3 Joh. Dan. Stümer (1789–1857) sang schon als Knabe im Alt der Singakademie mit, bildete unter Rhigini seine kleine aber wohllautende Tenorstimme aus und gehörte von 1811 bis 1836 der Berliner Bühne an. Seine Leistungen in Händelschen Oratorien galten als unübertroffen. Sein höchster Ruhm aber war die Partie des Evangelisten in der Bachschen Passion, die er nach 100jähriger Ruhe am 11. März 1829 erst schaffen mußte.

4 Heinr. Blume, der Bruder des Regisseurs Blum, Sänger und Schauspieler, wurde 1808 von Iffland engagiert. Ein Liebling der Berliner, sang er den Don Juan in den Jahren 1812–1839 101 mal. In der Alceste pflegte er als Herkules die Milder auf der Schulter aus der Unterwelt zu tragen. Einst geriet er, wie Gustav erzählt, mit der schönen, aber schweren Bürde ins Straucheln. Er rief Stümer herbei, und mit einem lauten: Jesus Maria! sank Alceste in die Arme des Admet.

5 Dresdner Sängerin, mit Elisa befreundet.

wir sangen ein halb Dutzend alter italienischer Duetten. Dann viele Lieder von Klein und vieles andre mit Lisette und Moritz gesungen.

29. 1. Bei der Milder, wo ich nicht ohne Überraschung Klein fand, war eben Probe gewesen. Sie sang noch einmal die letzte Szene durch, die herrlich ist. Und wie singt sie sie. Es ist eine einzige Frau und Stimme. Dazwischen rief sie uns immer zu: Ich freue mich kindisch darauf. – Außer uns hörte der Dichter Robert[1] zu, Mann der schönen Frau, und Mad. Liemann.

30. 1. Pauli las uns die schöne Magelone[2] sehr schön vor. Es war ein hübscher Abend in jeder Hinsicht und beide lieben Leute sehr lieb und nett. Ich bin schon wieder viel gedankenvoller als mir gut und nutz ist. Man bekümmert sich so viel um andre und ihr Tun und Lassen und hat doch so unaussprechlich viel mit sich selbst zu tun! –

16. 2. Wir sind Dienstag zu Krauses gebeten. Klein will an Radziwill seinen Jephta vorsingen lassen. Es ist eine *partie fine*, ich freue mich recht dazu. Ich lese mit Entzücken Goethe in der Champagne. Es ist unendlich interessant.

Um ½ 8 zu Krausens, der Fürst und Auguste waren schon da. Außerdem kam noch Graf Brühl mit seiner sehr hübschen Frau – Klein und Lank – Sebalds, – Ritschl und Brassier, der den Jephta sehr gut sang. Die Chöre gingen *prima vista* schwach besetzt nicht besonders, sind aber *sehr* schön, ich sang Alt mit Malchen – die Gräfin unterstützte den Sopran. *Mon prince* war sehr entzückt und befriedigt – Malchen ist sehr eingenommen für alle Kleinsche Musik.

Als dies vorbei war, mußte der Fürst singen, was er mit vieler Passion tut. Seine Stimme ist sehr passiert, aber er singt gut. Alte Lieder aus früherer Zeit. Bei Tisch kam ich zwischen Lank und Klein, die mich aufs beste unterhielten. Brühls hatten sich nach Tisch

1 Der Dichter und Bühnenschriftsteller Ludwig Robert (1778–1832), Sohn des reichen Berliner Geschäftsmanns Levin Marcus und Bruder der Rahel von Varnhagen, lernte 1818 in Stuttgart Friederike Braun, die Tochter des Magisters Braun in Böblingen kennen, eine durch bewundernswürdige Schönheit sowie durch seltene Eigenschaften des Herzens und Geistes ausgezeichnete Dame, mit der er sich 1822 verheiratete.

2 L. Tieck 1797.

gedrückt. Der Fürst stand noch immer mit Klein in eifriger Konversation. Um ½ 1 kamen wir sehr befriedigt mit dem Abend zu Haus.

4.4. Immer etwas neues. Ich werde am Ende nicht mehr wissen, wo ich mit allen Freiern hin soll. Es war noch ziemlich früh am Tage, als Karl mir Mlle. Auguste Jordan meldete, – sie wünschte mich aber allein zu sprechen. Es machte mich schon bestürzt. Wir setzten uns im Saal auf dem Sofa, beide, glaube ich, im Zustande peinlicher Verlegenheit. Sie kam nur allzuschnell auf den Zweck ihres Besuches: Ich habe Ihnen nun noch eine Gewissensfrage zu tun, liebe Lili, – ist Ihre Hand noch frei? – Ich antwortete schon jetzt in tödlichster Agitation: Jawohl, und fügte ein ziemlich ungeschicktes Aber hinzu, das sie sehr schnell ergriff: nun, aber? Ich beantwortete damit eine von ihr noch nicht getane Frage viel zu frühzeitig, und es kam eine etwas komische Konstruktion in meinen Satz. – Aber ich war so verlegen! Das war der Anfang einer Konversation, deren Verfolg mir nur sehr verworren vorschwebt. Ich weiß nur, daß sie mir darauf sagte, ihr Bruder liebe mich sehr, und ich möchte nun die Schwester ganz bei Seite lassen und ihr aufrichtig sagen, ob ich wohl glaube, diese Zuneigung erwidern zu können? Darauf konnte ich ihr nichts anderes erwidern, als daß sie mich sehr überraschte, und daß ich nichts sagen könne, als daß mir ihr Bruder viel zu wenig bekannt sei. »Ja, das sei eben das Unglück und was ihn so sehr betrübe, daß er gar keine Möglichkeit sehe, sich mir auf irgend eine Weise zu nähern.« Er habe am Ende keinen andern Ausweg gewußt, als diesen ihren Besuch, sie sei lange unschlüssig gewesen, und auf der Treppe habe sie noch gezittert, daß sie beinahe umgekehrt wäre. – Wie es mich übrigens so sehr überraschen könne, begreife sie doch nicht recht. Ich versicherte ihr, wenn ich nicht durch andere darauf aufmerksam gemacht worden wäre, so würde es mir nicht im Traume eingefallen sein, und selbst darauf aufmerksam gemacht, hätte ich es für nichts gehalten als für eine flüchtige vorübergehende gesellige Auszeichnung. »Das ist eben, was er gefürchtet hat und was ihn zu diesem Schritt bewogen, aber Sie können mir glauben – es ist mehr als das.« Sie war unendlich bewegt und sprach fast immer mit Tränen in den schönen Augen. Sie schlug mir am Ende vor, ihr zu schreiben, was wohl für uns beide angenehmer sei. Ich nahm es an, ohne zu denken, daß ich eigentlich nichts zu schreiben habe.

Ich war sehr, sehr bestürzt und überrascht und weiß nicht, wie ich ihr erschienen sein mag, denn für so ernsthaft, kaum wohl *einmal* für ernsthaft hatte ich die Sache nie genommen. Ich kann nicht recht begreifen, wie er selbst dazu gekommen ist, aber – wie kommt man nur dazu? Man wirft mir vor, ich werde zu schnell mit den Männern fertig, ich nähme mir nicht die Mühe, sie näher kennen zu lernen, aber wie, um aller Liebesgötter willen, soll ich es nur z. B. in diesem Falle anfangen?

Ich sprach sogleich mit der Mutter, die erstaunt war wie ich – aber was um Himmels willen soll ich denn nun schreiben? Zwanzig mal habe ich schon bereut es versprochen zu haben. Warum haben sie denn aber auch jetzt schon ausgesprochen, was ich noch gar nicht zu wissen brauchte? Warum konnte der Gute nicht warten bis Gustav wieder hier ist? –

10.4. Um ½3 machte ich brillante Toilette, wir hatten heute ein Diner bei Blochs vor und eine Soirée bei der Milder. Bei Blochs war die Familie, Seidlers, Klein, Reichardt und wir. Die Seidler schön wie ein Engel. Nachher fuhren wir bei sehr schönem Wetter spazieren, Bloch, die Mutter, Doris Zelter und ich, durch den ganzen Tiergarten. Dann mit Blochs zur Milder. Zum Glück waren noch nicht viele da. Es stellte sich aber eine Welt von Menschen ein, die alle interessant waren, wenigstens hatte man von den meisten schon gehört, und es war hübsch, sie wie in einer *Laterna magica* an sich vorüberschreiten zu lassen, besonders an Luisens[1] Seite, die bald nach mir kam. In drei Zimmern drängten sich über 60 Menschen hin und her, darunter viele berühmte, besonders in musikalischer Hinsicht. Wir fanden Mad. Seidler, Mad. Gröbenschütz (sehr dick und bloß), Hofrat Paasche, Signor Valentini und Zelter. Die Blanck kam mit Uhdens. Dann erschienen nach und nach Mad. Pascal, einstens schön, mit einer schönen Tochter, Fischer, der berühmte Mime, mit einer entsetzlich dicken Frau und einer einnehmenden Pflegetochter. Rauch, in dessen Armen, wie Luise und die Blanck mich versicherten, ich lange gelegen habe. Er setzte sich nämlich zu mir und legte im Laufe des Gesprächs seinen Arm auf meine Stuhllehne, – Stümer mit Frau, Reichardt, Klein, d. j. Devrient, Mendelssohns, Mad. Levi, die schöne Mad. Beer, Frau von Varnhagen, Schwester

1 L. Uhden.

des Dichters Robert, sehr unansehnliche Gestalt, die es aber in sich haben soll, endlich die schöne Mad. Robert. So wie sie sich sehen ließ, stand die Seidler auf, die schon in Dresden heftig mit ihr rivalisiert hat, und verließ das Zimmer mit den Worten »jetzt mach' i Platz« – nachmals etablierten sie sich aber dennoch zusammen. Sie ist sehr schön, muß es aber noch mehr gewesen sein, besonders schön ihre Nase und ihre Zähne; der Kopf ist wunderschön aufgesetzt auf einen blendend weißen herrlichen Hals. – Sie ist sehr zuvorkommend gegen jedermann und war es auch für mich. – Wir alle gefielen uns *à merveille*, ich mich besonders wegen Luise, die sehr schön und sehr lieb war. Die Milder sang himmlisch, wie überhaupt alles herrlich ging. Mad. Seidler ließ sich nicht vernehmen, – Fischer auch nicht, seine Pflegetochter sang aber die C-Dur-Arie aus dem Figaro (meine) sehr fertig und schön mit ungeheuren Trillern und Läufern, aber ohne besondern Ausdruck. Die Milder kam auf die charmante Idee, mich den Cherubim singen zu lassen. – Es wäre wirklich entzückend gewesen, sie nahm aber doch Vernunft an. Mit Luise und Fanny Mendelssohn, die mir recht scheint, auf dem schönen und großen Sofa im Schlafzimmer sitzend, hörten wie der Musik zu. Es kam zur Sprache, daß man uns alle drei versprochen hat. Fanny mit Hensel, Luise mit dem Maler Schoppe, den sie *notabene* 2mal gesprochen hat, und mich mit dem jetzt florierenden Bräutigam. Fanny meinte, wenn das die drei Herren jetzt mit anhörten! Ihr Bruder spielte sehr schön eine Fantasie von Hummel unendlich schwer und auswendig. Er behauptete sich zu ängstigen, war aber sehr nett und bescheiden.

Die Crelleschen Montage: »Tee gab es nicht«

Zu den frühesten Bekanntschaften der Schwestern in Berlin gehörte der Geheime Oberbaurat Crelle, ein wissenschaftlicher, ehrenwerter, trockner Mann, der ganz für Musik lebte. Als er das erstemal in Carolinens Atelier kam, hörte er Minen nebenan singen, zeigte viel Anteil an ihren Studien und lud die Schwestern in sein Haus. Jeden Montag versammelte sich bei ihm ein Kreis musikalischer Talente und auch sonst besonderer Leute. Diese Gesellschaften hatten etwas Eigentümliches. Man versammelte sich in zwei Zimmern. Das eine

»Christian Friedrich Nicolai mit seiner Familie«, Gemälde von Daniel Chodowiecki

»Stephanie Félicié Comtesse de Genlis«, Kupferstich von Jacques Louis Copia nach Silvestre David Miris

»Henriette Herz um 1805«, Stahlstich von Albert Teichel nach Anton Graff

»Rahel mit 25 Jahren«, Gipsrelief von Friedrich Tieck

»Fanny Mendelssohn Bartholdy«, Bleistiftzeichnung von Wilhelm Hensel

Heinrich Heine. »So sah ich aus, heute Morgen, den 6ten April 1829«. Porträtzeichnung von Franz Kugler

»Karl August Varnhagen von Ense«, Bleistiftzeichnung von Wilhelm Hensel, 1822

»Maxe und Armgart von Arnim«, Bleistiftzeichnung von Caroline Bardua, 1837

»Bettine am Klavier«, Gemälde von Karl Johann Arnold, 1853

»Fanny Lewald um 1850«, Stahlstich von Auguste Küssener nach einer Zeichnung von E. Ratti

derselben enthielt eine sehr wertvolle Bibliothek, das andere einen Steibeltschen Flügel, nebst großen Repositorien mit Musikheften und Partituren. Die Beleuchtung war immer sehr spärlich; kleine, unelegante Lampen brannten unter Blechschirmen, so daß man nicht ohne Mühe die Menschen erkannte, die eintraten, und öfter genötigt war die Schirme ein wenig zu lüften. Am Pfosten der Tür, die nach dem Schlafkabinett führte, pflegte ganz naiv der Überrock des Hausherrn zu hängen, was weder ihn noch die Hausfrau im mindesten genierte. Tee gab es nicht. Die Frauen saßen im Kreise und schälten sich einen Apfel. Die Gesellschaft mehrte sich oft zu dichtem Gedränge und man sah allerlei angesehene, markante Persönlichkeiten in ihr auftauchen.

Vor allem sei des alten, lieben August Friedrich Ernst Langbein gedacht, der jeden Montag mit seiner Frau Johanna dort erschien: ein kleiner Mann und eine große Frau. Beide waren ein wenig altmodisch steif in ihren Manieren, von grenzenloser Gutmütigkeit und Höflichkeit. Sie hatten nicht viel und lebten von des alten Langbein Schriftstellerei, bis er später als Zensor ein Gehalt bekam. Ein Dienstmädchen hielten sie nicht. Frau Johanna war noch in robusten Jahren und stand der kleinen Wirtschaft tätig vor. Seine Stiefel putzte sich der alte Langbein alle Morgen selbst. Ihre Wohnung war äußerst bescheiden, ein Sofa hatten sie nicht. Das gute, unvergeßliche Ehepaar war indessen den einen wie den anderen Tag zufrieden, frisch und munter, voll unausgesetzter Hochachtung für alle Menschen, denen es besser erging als ihnen und immer überaus nett in ihrer äußeren Erscheinung. Durch die Crelleschen Montage wurden die Schwestern bald näher mit dem alten Langbein bekannt, und die langjährige Freundschaft, die ihn und seine Frau mit Carolinen und den Ihrigen treu verband, hat hauptsächlich in jenen Gesellschaften Wurzel gefaßt.

Mine war bald als brauchbares Element zu den Gesangsaufführungen dieser Montage herangezogen und dadurch zu tüchtiger Übung ihrer Stimme veranlaßt worden, denn Geheimrat Crelle war ein strenger Kritiker, dem man es selten recht machen konnte. Die Gesangsmethode der Milder mochte er nicht und tadelte Minen, wenn diese der Milder nachsang. »Heute hat sie einmal wieder recht gemildert«, pflegte er zu sagen. Es nahmen auch manchmal Sänger der Königlichen Oper an den Musikaufführungen Teil, wie Bader,

Stümer, die Schulz und andere. Eduard Devrient erschien fast jeden Montag. Hofrat Schmidt, von der Seehandlung, akkompagnierte; bei besonderen Gelegenheiten auch Felix Mendelssohn. *Dann* kam auch wohl Zelter. Fremde Virtuosen sprachen ein, wie Spohr, Hermstedt u.s.w. Denn Geheimrat Crelle war unermüdlich für seine Montage anzuwerben. Zwischen den künstlerischen Persönlichkeiten bewegten sich angesehene Staatsbeamte. Frau Crelle war noch ziemlich jung und hübsch, von freundlichen Manieren, meist in schwarzen Samtmanchester gekleidet, was zu ihrem hellen frischen Teint sehr gut stand. Nur hatte sie die kuriose Gewohnheit auf ihren schwarzen, glänzenden Haaren ihres Mannes Käppchen zu tragen. Damals war das sehr auffällig. Zur jetzigen Zeit freilich (1864) da diese Geschichte der Crelleschen Montage niedergeschrieben wird und Frauen und Mädchen mit Fracks, Paletots und Casketts in den kühnsten, männlichen Formen umhergehen, wäre das unschuldige Käppchen der Frau Crelle nichts Außergewöhnliches mehr.

Was taucht nicht alles in der Erinnerung auf, indem sie die Bilder jener längst entschwundenen Zeit hervorruft! – Da steigen Vorlesungen mit Rollenverteilung auf, des Tasso besonders, und dessen Titelrolle, von Eduard Devrient gelesen; der Mitschuldigen, verschiedener Schäferspiele von Goethe u.s.w.; – komische Einfälle, wie z. B. die Szene des Tasso und Antonio von Eduard Devrient und Louis Bardua unübertrefflich in jüdischem Dialekt vorgetragen, ein harmloser, übermütiger Scherz, der augenblicklich ausgeführt, wie ausgesonnen, nicht endenwollendes Lachen erregte; die jährliche Feier von Mozarts Geburts- und Todestagen, bei welcher sich Musik mit Deklamation verband und deren Bedeutung die fließenden Verse des alten Langbein besangen; die überfüllten Räume, die bekannten und unbekannten Gesichter, wie die Neugier da oft die Menschen zusammenführte und man überrascht war unerwartet diesen und jenen plötzlich im Gedränge zu erblicken, den man nicht im entferntesten mit Geheimrat Crelle bekannt wußte – das ist kaum möglich alles in einer deutlichen Darstellung zusammenzufassen. Es war des Bunten zu viel. Kam es doch sogar einmal zu einem Maskenball; so weit verirren sich selbst ganz vernünftige Leute im Drange nach Divertissement in dieser Welt!

Bei Gelegenheit besonderer Tage hatten die Schwestern ihrem

Freunde Langbein manche poetische Ansprache zu danken, die er in seiner schönen Handschrift ihnen auf zierlichen Blättchen selbst zu überreichen pflegte. In jener Anfangszeit der Crelleschen Montage (1819) entstanden zwei Gedichte, die ersten, die er den Schwestern widmete. Sie erschienen in der Zeitschrift: ›Originalien aus dem Gebiete der Wahrheit, Kunst, Laune und Phantasie‹ und lauteten wie folgt:

Der Malerin Caroline Bardua.

Der Männer Selbstsucht bannte gern die Frauen
Nur in der Hausgeschäfte Kreis,
Und vielen grünt (das, Freundin, im Vertrauen)
Auch bloß am Heerd ihr Lorbeerreis.

Dich aber rief, beschenkt mit höhern Gaben,
Zur Staffelei der Musen Gunst.
Den Geist mit Geist zu fesseln und zu laben,
Gelingt dem Zauber Deiner Kunst.

Das warme, blüh'nde Leben Deiner Farben
Raubt halb dem Tode seine Kraft.
Unsterblich wurden Viele, die schon starben,
Durch Deines Pinsels Meisterschaft.

Die Trauernden, sie blicken oft mit Sehnen
Nach dem geliebten Bilde hin,
Freu'n sich des Anschau'ns, lächeln unter Tränen
Und danken still der Meisterin.

Carl Maria von Weber in Berlin: »Wir winden dir den Jungfernkranz«

Um diese Zeit kam Karl Maria von Weber nach Berlin, seinen Freischütz zu dirigieren. Unvergeßlich ist diese Epoche gewiß allen, die sie mit erlebt haben. Wer riefe sich nicht mit Enthusiasmus die denkwürdige Zeit dieser ersten Aufführungen zurück? – Alles war davon elektrisiert. Gleich nach den ersten Vorstellungen hörte man die Jungen auf der Straße Melodien daraus pfeifen und singen. Solchen Succeß hat wohl selten eine Oper erlebt. Wollte man Plätze haben, mußte man den Einfluß aller Theaterautoritäten in Bewegung setzen und sich lange gedulden, ehe man das Gewünschte erreichte. Behauptete doch Louis scherzhaft: er würde sich vom Minister Urlaub erbitten, um mit Sammlung den Machinationen nachzugehen, die man ins Werk setzen müsse um Freischützbillets zu erlangen.

Karl Maria von Weber kam auch zu Carolinen; sie malte ihn und es gab wieder interessante Sitzungen. Am Tage seines Konzertes brachte er selber den Schwestern Billets; auch trug er seinen Namen in ihr Stammbuch ein, mit dem Wort, das er stets einschrieb: ›Beharrlichkeit führt an's Ziel‹. – Er hinkte ein wenig und war ein sehr schmächtiger Mann; mit schmalen Schultern, langem Hals, großen Augen und breiten Augendeckeln. Diese Augen mochten wohl Veranlassung geben, daß viele Leute behaupten wollten, er sähe Carolinen ähnlich.

Eines Abends waren die Schwestern mit ihm und seiner Frau in einer Gesellschaft bei Varnhagen, wo es besonders trocken war. Es wollte nun einmal kein Leben in die Unterhaltung kommen, trotz mancher geistreichen Persönlichkeit, die anwesend war, trotz Varnhagen und Rahel, die mitten darunter saßen. Es war und blieb ledern! – Da, gegen Ende der Soiree, setzte sich Weber an das Fortepiano und begleitete seiner Gattin: ›Schlaf Herzenssöhnchen, mein Liebling bist du!‹ – Wie mit einem Zauberschlage schmolz bei den ersten Klängen der sanften Melodie die Eisrinde der Gesellschaft, es atmete alles auf und fühlte das Wehen der Poesie. So anspruchlos stand die Frau da neben ihrem Manne und so einfach und innig war der Vortrag des holden Liedes. Das Wohlsein ergoß sich in alle Herzen. *So* wirkte ein Lied Karl Maria Webers, so der seelenvolle Gesang seiner Frau.

Rahel war denn auch die rechte Natur solche Eindrücke auszusprechen und dem Talent, welches sie hervorrief, eine enthusiastische Anerkennung zu zollen. Webers Gattin war als Kind mit einer Schauspielergesellschaft nach Ballenstedt gekommen. Mine erinnerte sich noch deutlich, wie Caroline Brand einst am Geburtstage der kleinen Prinzessin, im Namen irgendeiner Korporation der Stadt, eine Puppe zu überreichen und eine Rede dabei zu halten hatte; wie sie Minen, die gerade bei dieser feierlichen Deputation zugegen war und in weißem Kleide vorn an stand, irrtümlich für die Prinzessin hielt, so daß Mine nahe dran war, die entgegengereichte, herrliche Puppe ohne weiteres in ihre Arme zu schließen – als noch rechtzeitig Fräulein von Buttlar, die Hofdame der Herzogin, einschritt, den Irrtum aufzuhellen und die richtige Prinzessin vorzuführen. Caroline Brand, die kleine Deputierte, das war Karl Maria von Webers nachmalige Gattin.

In allen musikalischen Gesellschaften ward aus dem Freischütz musiziert. Wohin man sah und hörte: Freischütz! – Auf der Ausstellung erschien ein lebensgroßes Bild: Agathe auf ihrem Betstuhl kniend am Morgen ihrer Hochzeit. Überall tauchte die schaurig romantische Gestalt Samiels auf. In allen Straßen spielten Orgeln den Jungfernkranz und: ›Hier im irdschen Jammertal‹. Es herrschte eine allgemeine Freischützenmanie. Da war es denn eine rechte Freude, als Mine eines Morgens zu ihrer großen Überraschung mit dem Klavierauszug der Oper beschenkt ward. Caroline hatte den Justizrat Pelisson und seine Frau in zwei großen Bildern gemalt zur lebhaften Zufriedenheit der Besteller. Das einlaufende Honorar kam in einer schön gearbeiteten Geldbörse, reichlicher als es ausgemacht war, in Begleitung des Freischütz, als Geschenk für Mine, die bei den Sitzungen die Unterhaltung oft durch Gesang belebt hatte.

Das Haus Mendelssohn: »Leipziger Straße 3«

Im Jahre 1825 trat ein Ereignis ein, das auf die Entwickelung der Kinder, auf die ganze Gestaltung des Lebens der Familie auf Generationen hinaus vom bestimmendsten Einfluß werden sollte und das auch deshalb zur Überschrift dieses Kapitels gewählt wurde: Abraham kaufte das schöne Grundstück Leipziger Straße Nr. 3. In diesem wundervollen Hause und Garten verlebten Abraham und Lea den Rest ihres Lebens, hier heiratete Fanny und lebte auch bis zuletzt hier. Allen Mitgliedern der Familie war aber dies Haus nicht ein gewöhnlicher Besitz, ein toter Steinhaufen, sondern eine lebendige Individualität, ein Mitglied, teilnehmend am Glück der Familie, es war ihnen und den Nächststehenden gewissermaßen Repräsentant derselben. In diesem Sinne brauchte Felix oft den Ausdruck »Leipziger Straße 3«, und in diesem Sinne liebten alle das Grundstück und betrauerten seinen Verlust, als es nach Fannys und Felix' Tode verkauft und das – Herrenhaus hineinverlegt wurde.

Die Räume waren stattlich, groß und hoch, mit jener angenehmen Raumverschwendung gebaut, die in den Zeiten der hohen Grundstückspreise den Architekten fast ganz abhanden gekommen und für deren Wert kaum mehr das Verständnis – oder die Mittel – vorhanden zu sein scheinen. Namentlich war ein Zimmer nach dem Hof hinaus mit einem daranstoßenden, durch drei große Bogen damit verbundenen Kabinett wunderschön und zu Theatervorstellungen wie geschaffen. Hier wurden denn auch viele, viele Jahre hindurch zu Weihnachten, Geburts- oder andern Festen die reizendsten, von Witz und Laune sprudelnden Aufführungen veranstaltet. Für gewöhnlich war dies Leas Wohnzimmer. Man hatte aus den Fenstern desselben die Aussicht auf den sehr großen Hof, umgeben von niedrigen Seitengebäuden und geschlossen durch die einstökkige Gartenwohnung, über welche hinweg die Kronen der hohen Bäume ragten. Diese Gartenwohnung hatten Hensels von ihrer Verheiratung ab inne. Die Wohnung hatte im Winter große Übelstände: sie war kalt, feucht, jedes Zimmer war Durchgang und keins hatte Gegenhitze, da das Gartenhaus nur ein Zimmer tief war. Doppelfenster waren damals in Berlin große Seltenheit, diese Wohnung besaß keine, und täglich strömten von den gefrorenen Scheiben große Wassermassen, die fortwährend aufgewischt werden mußten. Über eine Zimmertemperatur von dreizehn Grad kam es im Winter selten. Dafür aber war die Wohnung im Sommer bezaubernd schön. Alle Fenster sahen nach dem Garten hinaus, in blühende Fliederbüsche, in Alleen schöner alter Bäume, das Weinlaub die Scheiben umrankend – und für alle Jahreszeiten hatte sie andere große Vorzüge: namentlich die vollständige Ruhe und Stille; durch den großen Hof und das hohe Vordergebäude wurde jeder Ton von der geräuschvollen Straße abgeschnitten; man lebte wie in der tiefsten Einsamkeit des Waldes und war doch nur hundert Schritt von der Straße entfernt. Kein Gegenüber als die herrlichen Bäume des Gartens, mit lustig zwitschernden Vögeln, und keinen Mieter über, unter oder neben sich; nach dem Straßenlärm tiefste, fast ländliche Stille und Abgeschlossenheit und vor den Fenstern das Grün der Bäume. Das schönste an der Gartenwohnung war der große, in der Mitte gelegene Saal. Derselbe faßte mehrere hundert Menschen und bestand nach dem Garten zu aus lauter zurückschiebbaren Glaswänden mit Säulen dazwischen, so daß er in eine ganz offene Säulenhalle zu verwandeln war. Wände und Decke, letztere eine flache Kuppel bildend, waren in etwas barocker, aber phantastischer Weise mit Freskobildern geziert. Hier war das eigentliche Lokal, wo die Sonntagsmusiken ihre volle Ausdehnung gewinnen sollten. Man genoß aus ihm den Überblick über den sieben Morgen großen parkartigen Garten, der bis an die Gärten des Prinzen Albrecht reichte und, ein Überrest des Tiergartens, der sich noch zu Friedrichs des Großen Zeiten bis hierher erstreckt hatte, einen großen Reichtum der schönsten alten Bäume besaß. Über den beabsichtigten Ankauf dieses Grundstücks schrieb Lea an Hensel nach Rom (1. Februar 1825): »Ist es Ihnen nicht auch überraschend gewesen, daß mein Mann ernstlich damit umgeht, sich hier durch Kauf anzusiedeln? Das Grundstück, aus dem etwas sehr Schönes werden kann, lockte ihn freilich. Das Haus ist zwar ganz so verfallen und vernachlässigt, als es bei vielen Besitzern (der v. d. Reckschen Familie), die nie eines Sinnes werden und nie Gemeingeist haben, stets der Fall ist, und es muß viel verwandt werden, um es nur in wohnbaren Stand zu setzen. Der Garten ist aber ein wahrer Park, mit herrlichen Bäumen, einem Stück Feld, Rasenplätzen und einer höchst angenehmen Sommerwohnung, und dies allein tentiert meinen Mann sowohl als mich.« – Die Hausfreunde aber jammerten vorerst und klagten, daß Mendelssohns so weit aus der Welt und in eine so abgelegene tote Gegend zögen, wo das Gras auf den Straßen wächst – denn das Potsdamer Tor war damals die »Ultima Thule«, wo die Berliner Geographie aufhörte. –

In diesem Hause und Garten entfaltete sich nun ein äußerst eigentümliches, poetisches Leben; es bildete sich der Kreis von Freunden, der mit wenigen Ausnahmen in persönlichem oder brieflichem Zusammenhalten ausharrte, bis der Tod einen nach dem andern abrief. Der Hannoveraner Klingemann, Diplomat, eine sehr fein poetische Natur, Dichter des Liederspiels »Die Heimkehr«, das nachher ausführlich zu erwähnen sein wird, war einer der Bedeutendsten und Treuesten aus diesem Kreise. Namentlich durch die späteren öfteren Aufenthalte von Felix und Hensel in London, wo Klingemann bei der Gesandtschaft angestellt war, und durch fortgesetzten, lebendigen Briefwechsel wurde diese Freundschaft dauernd und fest geknüpft. Louis Heidemann, der Jurist, und sein Bruder, Wilhelm Horn, der Sohn des berühmten Arztes und selbst Arzt, der Violinspieler Rietz und für längere Zeit vor allen Dingen Marx, damals Redakteur der Musikalischen Zeitung in Berlin, waren die intimeren Freunde von Felix. Marx, äußerst genial, war Vorkämpfer der neuen Schule in der Musik, die Beethovens Fahne entfaltete, und hat zu dessen Bekanntwerden viel beigetragen. Er faßte innige Zuneigung zu Felix, mit jugendlichem Feuer suchten beide sich im Austausch ihrer anfänglich weit auseinandergehenden Meinungen näher zu kommen. –

Auch Moscheles hielt sich im Herbst 1824 in Berlin auf, und Felix erkannte willig seine Überlegenheit in der Technik, seine Grazie, Eleganz und Koketterie des Klavierspiels an und lernte in dieser Beziehung von ihm, wenn er auch solchen Virtuosenkünsten nie eine unbillige Herrschaft zugestanden hat. Aber auch Moscheles würdigte Felixens Talent, und es knüpfte sich eine dauernde Freundschaft zwischen beiden an. Von sehr bedeutendem Einfluß auf ihn war auch Spohrs Anwesenheit. Dieser war nach Berlin gekommen, um selbst die ›Jessonda‹ einzustudieren, und trotz oder vielleicht gerade wegen der allergrößten Hindernisse, die Spontini ihm in den Weg legte, nahm das Publikum Spohr und sein Werk mit um so größerem Beifall auf. Spohr war viel im Mendelssohnschen Haus, und die im Jahre 1822 in Kassel angeknüpfte Bekanntschaft nahm einen erfreulichen Fortgang.

Zu all diesen musikalischen Anregungen kam für Felix im März 1825 eine Reise mit seinem Vater nach Paris, unternommen, um Henriette nach Deutschland zurückzubringen. In Paris war gerade ein großer Zusammenfluß bedeutender Musiker: Hummel, Moscheles, Kalkbrenner, Pixis, Rode, Baillot, Kreutzer, Cherubini, Rossini, Paer, Meyerbeer, Plantade, Lafont und viele andere trafen sich oft in einem Salon, in einer Loge.

Im Sommer 1830 wurde Hensels ein ungemeiner schwächlicher Knabe[1] zwei Monate vor der Zeit geboren. An der Lebensfähigkeit dieses Kindes wurde lange gezweifelt, und nur die sorgfältigste Pflege konnte es erhalten. Daß dies Ereignis von bestimmendem Einfluß auf das Leben und die Pläne des Henselschen Paares wurde, versteht sich. Vor allen Dingen wurden damit alle italienischen Reiseideen auf Jahre hinaus vertagt. Das war in einer Beziehung gewiß ein Glück: es schied damit ein Moment der Unruhe und Ungewißheit aus ihrem Leben, was sich in Fannys Tagebuch aus dem ersten Ehejahr recht deutlich erkennen läßt; und es ergab sich dafür die Notwendigkeit, feste Pläne für das heimatliche, häusliche Leben zu entwerfen, welches sie sich gar behaglich und erfreulich zurechtzimmerten. Abraham hatte im Anschluß an den Gartensaal ein Atelier bauen und zweckmäßig einrichten lassen, was für Hensel den unschätzbaren Vorteil hatte, daß er nicht, wie die meisten Maler, genötigt war, seine Arbeit außer dem Hause zu tun, daß er jeden freien Augenblick seiner Frau widmen, daß sie häufig im Atelier sein, mit ihrer Arbeit daselbst sitzen und doch den Haushalt und ihr Kind im Auge behalten konnte. Im Januar 1831 bezog Hensel sein neues Atelier und eröffnete gleichzeitig ein Schüleratelier, das an das seinige anstoßend gebaut war und sogleich von mehreren jungen Leuten besucht wurde, die übrigens auch, wo es anging, zu allen Festen, Geburtstagen, Weihnachten zugezogen wurden und durch Heiterkeit und witzige Einfälle viel zu dem Gelingen aller Vergnügungen beitrugen.

Hensel entwickelte in diesen glücklichen Verhältnissen eine unter so günstigen Bedingungen sehr erfolgreiche Tätigkeit. Gleich morgens nach dem Frühstück ging er ins Atelier und arbeitete hier fast ohne Unterbrechung bis zum Dunkelwerden. Nach dem Essen, das um halb fünf Uhr stattfand, wurde entweder im Sommer noch gemalt oder, wenn es schon zu dunkel war, im Garten die notwendige Bewegung und Genuß der frischen Luft gewöhnlich bei dem durch ihn nach Berlin verpflanzten und mit Leidenschaft kultivierten Bocciaspiel gesucht. Für die Abende aber, namentlich im Winter, wo der Garten keine Zerstreuung bot, hatte er wieder künstle-

1 Der Verfasser dieses Buches.

rische Beschäftigung mit dem Bleistift. Die Porträtsammlung wuchs durch diese Abendtätigkeit zu achtungswerter Größe. Aus unbedeutenden Anfängen war sie entstanden; kleine Büchelchen nahmen hin und wieder das Bild irgendeines Freundes, flüchtig gezeichnet, auf. Allmählich aber vergrößerte sich das Format, und mit des Künstlers wachsender Virtuosität in der Behandlung des Bleistifts und im Auffassen der Ähnlichkeit wurden auch die Porträts schöner und ausdrucksvoller. Bald wurden diese Sammlungen bekannt, die Bände mehrten sich, und er hinterließ deren siebenundvierzig mit über tausend Köpfen.[1] Die früheren Zeichnungen sind ausschließlich mit dem spitzen und ziemlich harten Bleistift gemacht: die Formen scharf mit Linien umschrieben, aber noch ziemlich steif, die Ausführung des Details sehr sauber und fein, aber ängstlich; es fehlt an Rundung und Weiche, die Lichter sind mit Weiß aufgesetzt. Man merkt der ganzen Zeichenart die frühere Beschäftigung mit Radierungen an, sie hat etwas von der Schärfe und Härte des Kupferstichs. Bald aber tritt der Gebrauch des Wischers und die Anwendung des weichen und immer weicheren Bleistifts ein, und diese Zeichenart wird allmählich zu hoher Vollendung, namentlich in Verbindung mit *Papier pellé* und ausradierten Lichtern ausgebildet. Die Behandlung wird immer freier und genialer, der Strich tritt immer mehr zurück, die gewischte Fläche immer mehr in den Vordergrund, die Form wird nicht mehr durch umschreibende Linien, sondern durch weiche Schatten dargestellt, namentlich die Behandlung des Haares ist von großer Schönheit. Es sind schließlich kaum mehr Zeichnungen, sondern Gemälde, schwarz in schwarz. – Die gelungeneren unter den Zeichnungen dieser letzten Bände gehören wohl zu dem Vollendetsten, das in solcher Art von irgendeinem Künstler geschaffen worden ist. – Aber noch in anderer Beziehung haben die Albums großen Wert; und zwar einen Wert, der sich mit der Zeit sehr steigern wird; sie sind interessante Kostüm- und Trachtendarstellungen über einen Zeitraum von beinahe fünfzig Jahren. Und schließlich gewähren die fast ausnahmslos den Bildern beigefügten Autographen der dargestellten Personen noch ein ganz besonderes Interesse.

1 Die Sammlung ist jetzt im Besitze von Frau Professor Leo in Göttingen.

Uns aber gibt die Sammlung ein lebendiges Bild von der ausgebreiteten Geselligkeit des Henselschen Hauses. Alle diese, gewöhnlich durch irgendeine hervorragende Eigenschaft – Geist, Talent, Schönheit, und wäre es auch nur Rang – ausgezeichneten Personen standen in mehr oder weniger nahen Beziehungen zu Hensels und Mendelssohns. Daß die Künstlerwelt am reichhaltigsten vertreten ist, liegt in der Natur der Sache. Von bedeutenderen Musikern wären zu nennen: C. M. v. Weber, Zelter, Paganini, Henselt, Gounod, Hiller, Ernst, Liszt, Clara Schumann, natürlich Felix in verschiedenen Bildern; die Malerei ist u. a. vertreten durch Cornelius, Ingres, Horace Vernet, Magnus, Kopisch, Verboekhoven, Kaulbach und Moritz von Schwind; das Theater durch die Milder, die Rachel, Sedelmann, die Novello, Lablache, die Grisi, die Pasta, die Ungher-Sabatier, die Schröder-Devrient. Die Literatur sendet als Repräsentanten La Motte Fouqué, Theodor Körner, Cl. Brentano, Bettina von Arnim, E. T. A. Hoffmann, Tieck, Varnhagen, H. Heine, Goethe, Steffens, die Austin, Paul Heyse; Thorwaldsen, Rauch und Kiß repräsentierten die Bildhauer; Schinkel die Architekten; während von Männern der Wissenschaft Hegel, Gans, Bunsen, Humboldt, Jakob Grimm, Lepsius, Böckh, Quetelet, Jacoby, Dirichlet, Ranke und Ehrenberg sich finden. Sie wurden fast alle abends, während Musik gemacht wurde oder die lebhafteste Unterhaltung im Gang war, gezeichnet, manchmal sogar, ohne daß sie es selbst wußten. Das eben gab die Lebendigkeit und Natürlichkeit von Hensels Auffassung, daß er kein steifes, gelangweiltes »Sitzen« verlangte, sondern den Menschen frei gewähren, sprechen und sich bewegen ließ. Und hatte er so ein eigenes Talent, das Leben aufzufassen, so besaß er andererseits die Gabe, den Tod würdig, ernst und schön darzustellen, eine Gabe, die sich selbst in den schwersten Momenten des Lebens bewährte. Wie vielen hat er so noch die letzten Züge geliebter Menschen zu bleibender Erinnerung festgehalten, – der Familie nicht am wenigsten. Schöneres kann man kaum sehen als die Totenbilder von Schinkel, von Fanny, von Felix, letzteres ist das einzige wirklich gute Bild, das von ihm existiert.

Die Sonntagsmusiken fingen auch in dieser Zeit an, eine stehende Institution zu werden, und wie alles Derartige, einmal angefangen, die Tendenz hat zu wachsen, so war es auch hier. Sie waren für Fanny, was für ihren Mann die Albums waren. Aus kleinen Anfängen, aus der Vereinigung der nächsten Freunde am Sonntagvormittag, dem arbeitfreien Tage, entwickelten sich allmählich wohlvorbereitete Aufführungen mit Chor und Sologesang, auch Trio und Streichquartett von den besten Kräften Berlins, vor einem zahlreichen, alle Räume ausfüllenden Publikum. Viele Jahre gehörte es zum guten Ton in Berlins musikalischen und leider! auch nicht musikalischen Kreisen, zu diesen Musiken Zutritt zu haben. Am meisten Freude hatte Fanny dabei an dem trefflich geschulten kleinen Chor und an dem Einstudieren der Sachen mit diesem, was gewöhnlich Freitag nachmittags geschah. – An einem schönen Sommermorgen konnte es aber auch nichts Hübscheres geben als den Gartensaal, mit dem Blick auf die herrlichen Laubpartien des Gartens, angefüllt mit einer dichtgedrängten Menge munterer, festlich gekleideter Menschen, und sie am Flügel, mit ihrem Chor irgendein altes oder neues Meisterwerk aufführend. Hatte Hensel ein Bild der Vollendung nahe, so standen wohl die Ateliertüren offen, und ein ernster Christus sah auf die bunte, moderne Welt hernieder, oder Mirjam, den Ihren voranschreitend, drückte symbolisch auf der Leinwand aus, was im Saal lebendig vor sich ging. Viele gute Musikstücke wurden durch Fanny Hensel zuerst in Berlin bekannt. Eine Aufführung im Jahr 1834 muß ganz besonders gut gewesen sein, sie schreibt darüber: »Ich habe im vorigen Monat (Juni) eine wunderschöne Fete gegeben: Iphigenie in Tauris von der Decker, Bader und Mantius gesungen. Es war wirklich etwas so Vollkommenes, wie man nicht leicht wieder hören wird, besonders Bader war hinreißend, aber alle drei trieben sich einander so, und die drei schönen Stimmen bildeten einen Strom von Klang, der mir unvergeßlich bleiben wird. Auch alles andere ging sehr gut und erfreulich. Es waren gerade hundert Personen hier, unter andern Bunsen, dem es eigentlich galt, mehrere Engländer, Lady Davy; Radziwills hatten sich gemeldet, konnten aber dann nicht kommen, usw. Alles war sehr schön und gelungen, noch schöner als Orpheus voriges Jahr. – Den Sonntag drauf hatte ich Musik mit ganzem Orchester aus der Königstadt und ließ meine Ouvertüre spielen, die sich sehr gut ausnahm.«

Karoline Bauer: »So hatte ich noch nie Klavier spielen hören«

Ein musikalischer Abend ist mir besonders lieb in der Erinnerung, den ich mit Ludwig Berger und Felix Mendelssohn und zwei jungen lieblichen Sängerinnen, Schülerinnen Zelters und der Singakademie, bei dem alten Meister verleben durfte. Berger spielte mit seinem und Zelters berufensten Schüler Felix Mendelssohn eine Beethovensche Sonate vierhändig – und wie! So hatte ich noch nie Klavier spielen hören! Dann phantasierte der junge, noch fast knabenhafte Felix über ein von Zelter ihm vorgespieltes Thema – frühlingsfrisch, wie Quellenrauschen und Lerchenjubel. Zelter begleitete mit seinen steifen Fingern einer jungen schönen, merkwürdig bleichen Altistin seine herrlichen Goethelieder: »Rastlose Liebe« und der »König in Thule« – die mir noch heute die liebsten Kompositionen dieser Gedichte sind. Vor dem letzteren Liede sagte Zelter zu der Sängerin: »Denken Sie sich, daß Sie allein am Meeresufer sitzen und träumend vom König in Thule über die Wellen in die Weite singen – sanft und frei – die letzten Töne müssen, wie ins Meer sinkend, traurig verhallen...«

Zelter holte dann noch aus seiner Manuskriptsammlung einige Raritäten alter Kirchenmusik herbei und schlug mächtige Akkorde an.

Felix Mendelssohn war zwei Jahre jünger als ich und – damals sechzehnjährig – der anmutigste, liebenswürdigste Jüngling, den man sich denken kann. Mit seinem schönen reinen Gesicht, dem langen dunkelgelockten Haar, den guten klugen braunen Augen und dem frischen lieblichen Munde – hätte er als Benjamin einem Maler zum Modell dienen können, während Zelter einen vortrefflichen Patriarchen Jakob abgegeben hätte. Das Verhältnis zwischen Lehrer und Schüler war auch ein echt patriarchalisches. Zelter sagte zu Felix Du – und dieser hing mit stummer Ehrfurcht an den Lippen des Meisters. Erst bei Tisch – und als mein Nachbar – taute seine natürliche Lebhaftigkeit auf und wir waren bald im muntersten Scherzen und Lachen – so daß Zelter uns freundlich zunickte: »Der frohen Jugend Augen und Wangen glühen gleich dem Karfunkel! Schade, daß beim alten Zelter nicht getanzt wird!«

Ich habe in den nächsten Jahren noch oft mit Felix getanzt. Als

Berliner Student war er ein flotter und guter, bildhübscher Tänzer: »ein gebildeter Sturmwind« – wie Rahel eine seiner Kompositionen damals nannte.

Entzückend waren die kleinen Konzerte, die jeden Sonntagmorgen im Mendelssohnschen Hause stattfanden und bei denen meistens die Kompositionen von Felix aufgeführt wurden. Der junge Komponist dirigierte ein kleines auserwähltes Orchester, seine hochbegabte Schwester Fanny – später Gattin des poesievollen Malers Hensel – saß am Flügel, Eduard Devrient sang... und die Elite des musikalischen Berlin, Zelter an der Spitze, war das kritische Publikum. Auch die berühmtesten Virtuosen und Sänger, die nach Berlin kamen, rechneten es sich zur Ehre, in diesen Konzerten zu debütieren.

Zu den Geburtstagen der Eltern wurden von Felix und seinen Geschwistern Fanny, Paul und Rebecka und den Hausfreunden gewöhnlich kleine musikalische oder theatralische Überraschungen vorbereitet. Bei einem solchen Maskenscherze trat der siebzehnjährige Felix als Tyroler auf und ließ aus einer Roulette Zuckersachen ziehen, zu denen er selber die Verse gemacht hatte. Seinen Groll gegen die unberufene, gesinnungs- oder gedankenlose Kritik, den er sein Leben lang nicht vergessen hat, sprühte er aus in den charakteristischen Versen:

Schreibt der Komponiste ernst,
  Schläfert er uns ein;
Schreibt der Komponiste froh,
  Ist er zu gemein;
Schreibt der Komponiste lang,
  Ist er zum Erbarmen;
Schreibt der Komponiste kurz,
  Kann man nicht erwarmen;
Schreibt der Komponiste klar,
  Ists ein armer Tropf;
Schreibt der Komponiste tief,
  Rappelts ihm im Kopf;
Schreib' er also, wie er will,
  Keinem steht es an,
Darum schreib' ein Komponist;
  Wie er will und kann.

Zum letztenmal sah ich den zwanzigjährigen Felix Mendelssohn, als er in der Singakademie am 11. März 1829 Bachs große Matthäus-Passion, die nach des Komponisten Tode noch niemand aufzuführen gewagt hatte, selbst Zelter nicht, dirigierte – wie ein junger Halbgott.

Gleich darauf ging er als ruhmgekrönter Künstler nach England. Folgte ich ihm auch wenige Wochen später dahin, so durfte ich doch in England »aus höheren Rücksichten« nicht für ihn existieren. – Als ich im Mai 1836 in Leipzig gastierte, weilte Felix Mendelssohn, Direktor der berühmten Gewandhauskonzerte, am Rhein und am Main, um in Düsseldorf seinen »Paulus« aufzuführen und sich in Frankfurt in die holde Cécile Jeanrenaud zu verlieben. –

Neben dem Mendelssohnschen Hause war es die Beersche Villa im Tiergarten, welche alle musikalischen Berühmtheiten Berlins und die gefeiertsten Konzert- und Operngäste in sich vereinte. Dort spielten Hummel, Moscheles, Kalkbrenner, Spohr, Paganini – dort sangen Henriette Sontag, Angelika Catalani, Wilhelmine Schröder-Devrient, Nanette Schechner, Sabine Heinefetter: die Kompositionen des Sohnes vom Hause, Giacomo Meyerbeers, der ursprünglich Jakob Beer hieß, aber schon als Knabe und Erbe eines reichen Herrn Meyer dessen Namen zu dem seinigen hinzufügte und während seines langen Aufenthalts in Italien seinen Vornamen italienisierte.

Wie eine Königin thronte und herrschte in diesem reichen Hause Madame Beer, die man in Berlin scherzend »Die Königin Mutter« nannte, die aber auch eine königliche Gastfreundschaft und Wohltätigkeit ausübte.

V. Rahels zweiter Salon

Rahel in ihren Briefen: »Jetzt weiß ich erst wahr zu sein«

Berlin, Dienstag, den 30. November 1819,
12 Uhr. Bei hellem Frostwetter.

Treuer, lieber, junger Freund! Dann sind sie echt, die Freunde, wenn sie immer jung bleiben; ja jünger werden, wie Sie. Auch ich rühme mich, die Bekanntschaft des Alters auf eine andere Weise zu machen, als ich immer sah, daß sie gemacht wurde; ich habe nämlich noch dieselben Neigungen, zu und ab, wie sonst; dieselben Ansichten; dieselbe Kraft, eben die unheilbare Schwäche, Geschicklichkeiten und Ungeschicklichkeiten, dieselben Meinungen; nur für alles dies, für mich selbst, mehr Gründe und Belege in meinem Magazin. Dieses Magazin immer ordentlicher, reicher, voller, richtiger, zusammenhängender zu machen, halte ich eigentlich für mein Lebensgeschäft: ich halte es dafür, weil ich sehe, mit Augen, und allem, was ich sonst noch besitze, daß ich doch sonst nichts zuwege bringe. Ich finde mich also mit mir wie zu vierzehn, zu sechszehn Jahren. Nur ein paar mördrische Schläge hat mir das Alter vernichtend beigebracht. Und so wird's wohl am Ende mit allen Leuten sein, die sich besinnen; und zu vierzehn, fünfzehn, zwanzig, dreißig Jahren *lebten*. Getötet ist in mir die Möglichkeit, mir zu *meinem* Glück oder Vergnügen die mindeste Mühe geben zu können. Natürlich muß ich mir doch meine Tage, so wie sie einer nach dem andern kommen, bereiten; und sie zwingen mich wie jeden, zu tun, was ich *nicht* kann, und nicht *mag!* Aber *wie* tue ich es? Mit Ingrimm, mit höchster Verachtung und Nichtachtung unseres ganzen Zustandes, mit unendlichster Zerstreuung, mit den strafbarsten, dabei von mir im tiefsten Innersten – und auch eben jetzt! – applaudierten Lücken! Ich verachte, *wie noch nie jemand*, in Anstalten den Lebensfaden hinzugeuden! Ich verachte die ewigen neuen Anmutungen des Menschenschicksals. Ich verachte gänzlich, was mir von *Menschen*

Schlechtes herrühren kann, bis zum Nicht-Wissen, Nicht-Behalten: und bringt es der *Tag* mit sich, daß ich es wissen und behalten muß, so verachte ich *wirklich mich*: und nur mein Bewußtsein über dies selbst erhält mir meine höchstnötige innere Würde, ohne welche der Zusammenhang meiner selbst schwände. Verstehen Sie?! Ja! Also getötet in mir ist der Gedanke an ein *Bild* des Glücks, oder die Möglichkeit, es mir verschaffen oder suchen zu wollen – ich *lächle* ordentlich –, getötet ist in mir, daß mich ein Mensch kränken kann; – und ich verstelle mich, es ist mimisch, wenn ich mich über diese, *mich eingerechnet*, noch wundere; es ist alles richtig, was sie tun müssen, man versteht es nur nicht immer; und es betrifft so wenig, wenn es auch alles ist – geschieht die Handlung *dazu*, so fährt *ein* Gedanke über meine Seele (wie Wetter, und Licht, über Erde): »Wenn *Gott* es zugibt, was will ich mit Menschen rechnen!« und dann werd' ich *sehr* zerstreut, und andere beschäftigen mich, wie die es vorher taten. Unterscheiden tu' ich sie noch kritisch genau, wie alle Gegenstände; meiner kritischen Natur gemäß. Getötet und ausgerottet ist in mir, daß irgend ein Mensch mir unentbehrlich wäre, und er mich daniederrichten und unfähig machen könnte, wie sonst: so ist dann die große Totaländerung die, für *mein* Wissen, daß ich Orten weit mehr attachiert bin als Menschen. Deutlicher! daß Lokale mich mehr auf- und daniederrichten können als Menschen. Sind die letztern nur reinlich, keine vorpredigende Pedanten, keine Zwingherrn in meinem eigenen Zimmer; sind sie ziemlich, wie man nach dem großen Kriege sie allenthalben findet, und rauben sie mir nicht den *Tag*, so bin ich zufrieden: ob ich dies oder jenes ablasse; mir gleich; da das Unbedingte aufhören mußte. So stehe ich nun, lieber Brinckmann, Ihnen und Ihren Briefen, Ihrer jugendlichen Zärtlichkeit für alles Sonstige, gegenüber, und glaubte erst, ich würde mich schämen, und ich mußte aus Erkenntlichkeit und Zerknirschung doch wenigstens Ihnen sagen, wie es mit mir ist. Aber ich schäme mich nicht. Ich finde mich immer gut, wie ich bin: und bin *dann* schon ganz zufrieden, wenn ich nach einem Nachmirselbstsehen finde, daß ich richtig sah, und mir über das Geschehene Rechenschaft geben kann. Ich habe nicht *versprochen*, wie ich *werden* will?! Und hätte ich's versprochen, so wäre es eine *Narrheit* gewesen; von der *ich* jeden frei ließe. Nach diesem Bericht über mich (von dem Sie genau wissen werden, wie wahr, und wie nicht wahr er ist; ich verstelle mich nicht, aber es ist schwer, die Wahrheit zu sagen), wird es Ihnen *nicht* auffallen, wenn ich Ihnen sage, daß Berlin, nach sechs Jahren Abwesenheit, mich nicht enchantiert (anstatt dieses Wortes hätte ich können »bezaubert«, oder »entzückt«, oder »schmeichelt«, oder »wohltut« sagen; ich sagte aber »enchantiert«, altmodischer Art). Der Tod hat unter unsern Freunden, die Sie mir so emailliert in der Erinnerung wie unser ganzes Leben darstellen, gewütet, vom Krieg unterstützt: an jeder Ecke in unserm Viertel, wo sonst *Unsrige* wohnten, sitzen *Fremde*. Es sind *Grabstätten*. Die ganze Konstellation von Schönheit, Grazie, Kokettterie, Neigung, Liebschaft, Witz, Eleganz, Kordialität, Drang, die Ideen zu entwickeln, redlichem Ernst, unbefangenem Aufsuchen und Zusammentreffen, launigem Scherz, ist *zerstiebt*. Alle Rez-de-Chaussées sind Laden, alle Zusammenkünfte Diners oder Assembléen, alle Diskussionen beinah – Sie sehen am Ausstreichen meine Verlegenheit um ein Wort: ich meine *un rendez-vous* für eine echtere künftige, und eine fade Begriffsverwirrung. Jeder ist klug; er hat sich alles dazu bei einem Anführer einer Meinung gekauft. Es sind noch unendlich viele gescheite Leute hier; und ein Rest von Geselligkeit, die in Deutschland einzig ist. Aber *Meine* sind weg! Die da sind, sind veraltet; die Kinder waren, Damen und Herren. Kurz, es ist *nicht* behaglich, nach langer Zeit zu Hause zu kommen: man *ist* dann, auch materiell, auch der Bequemlichkeit nach, nicht zu Hause. Besonders wenn man nicht weiß, wie lange man zu bleiben hat. Glauben Sie nun nur nicht, daß ich unzufrieden, oder unglücklich sei! Sowie ich nur gesund bin, bin ich sehr vergnügt. Munter immer: deshalb unter den Leuten gelitten. Ich bin unendlich ruhig; und zu allem Vergnügen aufgelegt. Es muß aber kommen; suchen kann ich's nicht; so wie ich nicht tanzen kann wie Vestris; es wäre schön, aber ich kann nicht. Nun will ich Ihnen aber auch durch den gestrigen und den heutigen Abend, den ich Ihnen berichten will, Geister heraufrufen. Gestern abend war zum Tee bei mir – ich wohne eine kleine Treppe hoch *chambre garnie*, Nr. 20, Französische Straße; in einem Hause, welches Ecke mit der Friedrichsstraße macht: wenn man aus der Unzelmann Haus geht und sich rechts schwenkt, schräg herüber über den Damm: ich sehe ihr Haus aus meinen Fenstern allen – Frau von Crayen mit Fräulein Victoire; Mlle. Maaß, die hier spielte und Mittwoch wegreist; der Geheimerat von Schütz, Barnime Finckensteins Mann oder vielmehr Witwer, der Schütz, der den Lacrimas, und jetzt einen Karl den Kühnen, geschrieben hat, und Politisches. Ein sanfter gebildeter Mensch, Friedrich Schlegels Freund, um dessentwillen er nach Wien gehen *will*, und dort *war*. Mündlich könnt' ich anders von ihm sprechen. Ferner Pitt Arnim, Achims Bruder – der Sie gesehen hat –, Varnhagen, und ich: der Abend war belebt, lachend, sehr gut; aber mir doch zu lang, ich halte nichts mehr ausgedehnt aus. Heute abend ich, bei der Hofrätin Herz – mit? Fräulein von Imhoff – der Schwester von Lesbos – und mehrern. Sind das nicht Geister? Noch ein Wunder! Diese Generalin Helvig kenne ich noch nicht. Nämlich, vor vielen Jahren war ich einmal mit ihr und ihren beiden Schwestern bei Madam Sander – die ich noch sehe –, wo sie mich wollte kennen lernen; ich hatte aber damals schon den Namen Robert, und so meinte sie, ich sei's nicht; ich, die dies nicht wußte, trat nicht vor, und mußte den ganzen Abend *nur!* mit Heinrich Kleist und Adam Müller sprechen; weil Achim Arnim und Clemens Brentano in schwarzen Teekleidern und Bestrumpfung aus Respekt vor der interessanten vornehmen Dame *rempart* spielten, und niemand in der Hitze heran ließen. Kleist, mit straßenbeschädigten Stiefeln, und ich lachten heimlich in einem Winkel und amüsierten uns mit uns selbst. Ich erfuhr erst nachher die *bévue*, und die verfehlte Bekanntschaft: Frau von Helvig konnte es gar nicht vergessen mit den Namen! Sie wußte nur von hoch-, ich aber von falschgeboren. Nun soll heute die Einrenkung als Frau von Varnhagen geschehen: *ich* erbot mich zu der Operation. Weil ich Madam de Ron, eine sehr liebe Frau, ihre Schwester, kenne: aus Heidelberg, Baden, Frankfurt. Gehalten, edel, gut, stark und sanft. Reinlich und ordentlich bis zum Bewundern! – Sind das nicht Geister? – Grad diesen Morgen war Madam Liman bei mir; ich bestellte ihr Ihren Gruß: sie hat Gewissensbisse, Ihnen nicht geantwortet zu haben. Ich konnte bis jetzt auch nicht dazu kommen: aber Ihr gestriger, wiederholter Schmeichelbrief gab mir *solchen* Biß, daß ich gleich zu Varnhagen sagte, morgen vormittag wird kein Mensch angenommen, und Brinckmann geschrieben! Wissen Sie? daß Sie mir mit Ihren Briefen die Liebe dieses Mannes immer ganz aufregen? Mit erregter Farbe, gerührt in den Augen, küßt er mich ganz lange stumm, wenn er Ihren Brief noch in der Hand hat. *Der* ist zur Freundschaft *geboren*, *wie Sie!* Der Mensch brauchte einen Gefährten, um sich das Paradies zu bestätigen; dies Bedürfnis haben wir für die uns bestimmten Güter geerbt; es verdoppelt sich, was andere mit uns sehen, und unsere Liebe auch. Das ist der beste Gruß, den ich Ihnen von Varnhagen sagen kann! So kleide ich den Auftrag, Sie zu grüßen, ein! Sie könnten hierherkommen, meint er; sie sollten! Oder im Sommer nach dem südlichen Deutschland kommen? Sie sollen mein Bild *haben.* Aber im Ernst! Geben Sie mir ein *rendez-vous!* Kaufen Sie eine Million weniger Bücher, so haben Sie Geld dazu. Erlaubnis gibt Ihnen Ihr König. Sagen Sie, Sie wollen mich sehen. Sie wissen doch, daß Frau von Humboldt hier ist? Vor ein paar Tagen war ich bei ihr: noch sah ich sie wenig, da sie und ich den Husten hatten; ihn sah ich noch gar nicht. Apropos! Unter andern sind manche von unsern Freunden Staatsminister geworden, vergaß ich Ihnen zu sagen: und das ist auch eine Art von Tod... Leben Sie wohl, treuer, teurer Freund, und sei'n Sie meiner gewiß! Schade! daß man sich jetzt über nichts, beinah nicht über Bücher schreiben kann... Adieu!

Ihre R.

Sommer 1825.

Freiheit haben, ist nur das, was wir notwendig gebrauchen, um das sein zu können, was wir eigentlich sein sollten; und zu haben, was wir eigentlich haben sollten. Dies ist daran genau zu wissen, wenn wir uns besinnen, was wir uns ganz im Grunde wünschen; und bedenken, woran, und wodurch wir verhindert sind. An diese Betrachtung schließt sich gleich die über den Grund aller Lüge an. Der erste Mangel an Freiheit besteht darin, daß wir nicht sagen dürfen, was wir wünschen, und was uns fehlt. Im heimlichen Gebet sagen wir es unserm Gott: oder er weiß es ohnedies; in der Welt aber lügen, oder wenigstens verheimlichen wir. Daran schließt sich wieder der Gedanke: daß nur der unser Freund sein kann, dem wir uns ganz zeigen dürfen: und, daß, wenn einer belogen wird, er selbst daran schuld ist: verdient einer auch jedes Zutrauen, so muß er auch noch die Gabe haben, es einzuflößen, es hervorzulocken. Lieben können wir nur den, der dies vermag. Er verbirgt, er verdoppelt unsre Existenz. Tiefstes Bedürfnis aller Geselligkeit. Zweck und Grund der Sprache. –

Karoline Bauer: »Augen und Ohren auf ihren Orakelmund gerichtet«

Ja, oft hat die berühmte, vergötterte Rahel mir in der Seele leid getan, wenn sie blaß, müde, von gichtischen Schmerzen und Brustbeklemmungen gequält auf ihrem Dreifuß am Teetisch dasaß und von allen Seiten betäubende Weihrauchdämpfe zu ihr aufstiegen und der Oberpriester Varnhagen der eifrigste und grausamste war, ihr immer neue Lorbeerblätter zum Kauen zwischen die Zähne zu schieben und alle Augen und Ohren auf ihren Orakelmund gerichtet waren... und die arme kranke Rahel sich endlich doch wieder entschließen mußte: bon grée, mal gré die geistreiche, originelle göttliche Pythia zu spielen!

Zu diesem Metier gehört auch ein steter Enthusiasmus. Rahel war enthusiastisch bis zum Exzeß. Alles was ihr gefiel: Menschen, Briefe, Bücher, Kleider – war himmlisch, göttlich, feenhaft!... Einst aßen wir zum Tee geröstete Kastanien. Das war ein olympisches Götteressen! – So oft ich späterhin Austern sah, mußte ich an Rahels Ausspruch denken: In Austern kann man sich tiefsinnig essen! – Kam ich in einem neuen Hut, in einem hübschen Kleide: so war ich angezogen wie eine Göttin – wie eine Fee – wie ein Engel!

Es gibt aber auch einen Enthusiasmus: à bas! Auch den besaß Rahel, und wohl für niemanden mehr, als den armen Iffland – wie wir später sehen werden.

Rahel sprach gern und enthusiastisch über Toiletten, kritisierte sie, gab Toilettenrat und glaubte in allem Ernst, auch in diesem Fach eine erste Kennerin zu sein und den feinsten Geschmack zu besitzen. Das wirkte gradezu komisch, wenn man dabei ihre eigene Toilette etwas genauer musterte.

Noch lieber und enthusiastischer sprach Rahel über – Herzenangelegenheiten. Da wurde die vierundfünfzigjährige kleine kränkliche Frau überaus mobil, redselig, neugierig, anbohrend, vertraulich, ja sogar duldsam gegen einen kleinen amüsanten Teeklatsch. Sie dachte über Liebe und Ehe sehr frei. Das antike Götterleben und Lieben der Griechen war ihr Ideal. »Freiheit! Freiheit! besonders in einem geschlossenen Zustande, wie die Ehe!« – war der Schrei ihres Herzens. Sie deutete gern an, daß durch dies Herz manche große Leidenschaft gegangen war. Die größte soll ein Graf Finkenstein gewesen sein. Aber die arme Rahel hatte kein Glück in der Liebe. Sie verlangte in ihrer heißen Jugend neben der geistigen auch ein wenig körperliche Anbetung. Und an ihrer reizlosen und doch reizbaren Körperlichkeit scheiterten alle ernsten Verhältnisse. Auch ihr Gatte Varnhagen war nie ihre irdische Liebe, nur ihr Seelenfreund! – wie Rahel ihrer intimsten Freundin, Auguste Brede, seufzend anvertraute.

Am liebsten hörte ich Rahel vom Theater sprechen, und ich versuchte stets, sie so schnell wie möglich auf dies Thema zu bringen. Sie liebte die Bühne enthusiastisch – aber die Bühne einer vergangenen Zeit – die Bühne ihrer Jugend – die Bühne, auf der Fleck und Friederike Bethmann miteinander gespielt hatten.

Rahel schreibt 1818 an August von Stägemann: »Eine Stadt ohne Theater ist für mich, wie ein Mensch mit zugedrückten Augen ein Ort ohne Luftzug, ohne Cours. In unsern Zeiten und Städten ist ja dies das einzige Allgemeine, wo der Kreis der Freude, des Geistes, des Anteils und Zusammenkommens – auch nur – aller Klassen gezogen ist. Nichts desto weniger applaudiere ich Sie doch, daß Sie nicht in Theater gehen: d.h. es macht mir Vergnügen. Lassen Sie sich gestehen, daß kein Theater in der Welt mir den Ärger abzwingen kann, wie das Berliner – seit Iffland, – erstlich, weil keines mich so interessiert hat; dann gibt es keines mehr (es hat aber schon angesteckt!) mit solchen steifen Prätentionen an sich selbst. Es ist eine Zwangsanstalt für Schauspieler und Publikum in allen Rücksichten nach und nach geworden – das wird (Komödien-)Schulz wissen.«

Der arme Iffland! Ebenso enthusiastisch, wie Rahel in ihrer Liebe über ihren »Abgott« Fleck und ihre »Fee« Friederike Unzelmann-Bethmann, über die »Schönheit« Baranius, den genialen Czechtitzky, den wackeren Beschort, den urkomischen Unzelmann und den feurigen Mattausch sprach, der sie als Fürst in »Elise Valberg« so lebhaft an den geliebten und vielbeweinten Prinzen Louis Ferdinand erinnerte – – ebenso enthusiastisch war sie in ihrem Haß gegen Iffland und seine Schule. Sie flammte schon bei dem Namen »Iffland« glührot auf und wurde nie müde, ihn den »Verderber der Berliner Bühne und der ganzen theatralischen Kunst« zu nennen und ihm vorzuwerfen, daß er seine innerliche Armut an originellen Einfällen und Gedanken durch allerlei Künsteleien zu ersetzen versucht habe.

Diesen enthusiastischen Zorn – ja unsterblichen Haß gegen Iffland strömt Rahel besonders in zwei Briefen an Auguste Brede aus:

»Dieser wenig begabte Pedant hat nicht allein der Berliner, sondern den deutschen Bühnen großen Schaden zugefügt, bei mancher Ordnung der Szene und gesellschaftlichem Vorteil ihrer Mitglieder; und mich verfolgt er noch nach seinem Tod!!! Muß ich nicht rasend werden, – Wien nicht ausgenommen, – auf allen Theatern Deutschlands *einen* zu finden, der ganz wie er spielt, schnarrt, glupt, spricht, die Hände dreht, fingeriert, einzelne Worte mitten vor oder aus einer Phrase wie verlorne Schildwachen hinausschickt, und als solchen ihnen keine Lebensmittel, d. h. keinerlei Akzent und Beziehungston mitgibt, es dem Hörer in seiner Verlegenheit überläßt, was sie damit machen sollen, und diese Verlegenheit noch für künstlerische überlegte Absicht ausgeben will. Solche verfolgen mich *noch*, wo ich ihn schon lange vergessen hätte, und hetzen den alten Ärger wieder in mir gegen ihn auf... So herrschte Iffland nicht durch sein Besseres, durch sein Schlechtestes... Verstockt war er in Direktionsglück, unter dem Götzendienst geworden. Und nun ruhe er selig.« Aber nein, er läßt ihr und sie ihm keine Ruhe. Noch kurz vor ihrem Tode schreibt sie der Freundin über Iffland:

»Dieser verdirbt uns die deutschen Theater auf fünfzig Jahre hinaus; der Geruch, den der nachließ, ist für Publikum, Fürsten und Höfe und Intendanten benebelnd, betäubend, todbringend, und nur *die* Künstler gedeihen dabei, die auch Histrionen, Pedanten, Lügner in der Kunst und im Leben sind; wie der Schöpfer dieser Affektation in Kunst, ihren Einrichtungen und in Sitte! Diesen Nachruf erlauben Sie mir meiner Bühnenleidenschaft nachzusenden; was dem Bühnengeheimrat davon gebührt, nehme er hin.«

Rahel erging es eben wie anderen Sterblichen mit der hochgelobten »guten alten Zeit«. Das ist immer die entblätterte und verwehte wunderschöne Frühlingszeit, in der wir jung gewesen sind. Wie würde es wohl mir ergehen, wenn ich heute – nach mehr als vierzig Jahren meine in der Erinnerung so verblühende, geliebte, hoch- und heiliggehaltene Berliner Bühne wieder sähe?

Ich würde Ludwig Devrient, Pius Alexander und Amalie Wolff... und so manchen und so manche andere aus meiner »guten alten Zeit« schmerzlich vermissen – und dazu meine leichtherzige, begeisterte Jugend.

Rahels »gute alte Zeit« war: als sie 15–20–25 Jahre zählte, das Berliner Theater das echt königlich glänzende Friedrich Wilhelms II. und der Lichtenau und allabendlich für jeden anständig Gekleideten frei Entree war. Königliche Garde du Corps und reich galonierte Diener empfingen das Publikum wie zu einem Hoffest. Das Haus war brillant mit Wachskerzen erleuchtet. Statt der schmalen Bänke gab es in Logen und Parkett bequeme Stühle. »Alles war festlich, respektuös!« Der brillante Righini dirigierte seine Wunderopern – die Marchetti sang wie ein Engel, und der Neapolitaner Vignano tanzte wie ein Gott. Friederike Unzelmann war in Oper, Tragödie, Schau-, Lust- und Singspiel die bezauberndste jugendliche Fee, und die Schönheit Baranius empfing von dem prächtigen, heißblütigen Könige, mochte auch die Gräfin Lichtenau neben ihm in der Loge von Diamanten und Herrschsucht funkeln, die glühendsten Huldigungen. Die junge anmutige Maximiliane Döbbelin sprach keck und kokett die wundersamsten gereimten Prologe. Der jugendsprühende Mattausch war noch nicht »durch Tabakrauchen und verbürgertes, vernachlässigtes, unelegantes Leben außer der Bühne alt geworden« und hatte noch nicht »durch seine Körperschwere einen Wackel im Gange bekommen«. Und Fleck – der geliebte einzige Fleck! »Refüsiert! – schrie der Gott wie ein Engel. Und verblaßte, in Blick und Mienen. Göttlich!« – In der Rolle des Valberg.

Diese verwehte Zeit und diese dahingegangenen Künstler waren Rahel Maßstab für die Bühne – meiner Zeit. Und dieser Maßstab machte sie nicht selten ungerecht gegen das neue Bühnenleben, weil es anders war, als das ihrer Jugend. Sie ließ nur die alte italienische Gesang- und Tanzschule gelten – und machte für den deutschen Gesang eigentlich nur eine einzige lobende Ausnahme. Und das war ein – junger liebenswürdiger Dilettant: Dr. Karl Grüneisen aus Stuttgart, später als Dichter, Kunsthistoriker und Oberhofprediger bekannt. Rahel enthusiasmierte sich im Sommer 1824 so sehr für den zweiundzwanzigjährigen Liedersänger ihres Salons, daß sie ihn durchaus zu ihrem Obergott Goethe nach Weimar senden wollte. »Tun Sie's ja! Bedenken Sie, was das heißt, daß Sie das Glück haben, zugleich mit Goethe zu leben. Bedenken Sie's ganz. Sie kommen ja nicht mit leeren Händen. Sie können ihm ja so schön deutsch vorsingen, wie es kein anderer Mensch vermag; lassen Sie den Mann dies nicht versäumen aus einer Bescheidenheit, die nur eine falsche sein kann. Folgen Sie einmal einer Freundin, die Sie nicht kennen, der Sie aber gewiß in dieser Angelegenheit trauten, wenn Sie sie kennten. Ich verstehe sehr viel Musik und Theater. Sie singen und sprechen die Worte vortrefflich; wie kein anderer. Was wollen Sie dazu tun, noch sagen? Es ist eine Gabe!« – Und bald darauf schreibt sie an Ottilie von Goethe: »Dieser hübsche junge Mann sang so schön *deutsch*, wie ich es auf allen unsern Theatern nie hörte und überhaupt nie... Solche Art *auszusprechen* erahnte ich nicht einmal!«

Dagegen fanden unsere berühmtesten Berühmtheiten: Henriette Sontag, die Schechner und Schröder-Devrient wenig Gnade vor Rahels Ohren.

Von dem darstellenden Künstler verlangte Rahel: er muß Alt, Jung, Erhabenes, Komisches bunt untereinander spielen, denn Fleck und die Bethmann haben das getan und – gekonnt. Geht mir mit eurem engen, scharf abgegrenzten Rollenkreis. Da will der eine nur schmachtende Liebhaber, der andere nur Bösewichter, der dritte nur edle Helden spielen! Der sicherste Weg: einseitig, manieriert zu werden. Ihr wißt heutzutage gar nicht mehr, was echte Menschendarstellung ist... »Das ganze Studium dieser Kunst besteht doch nur darin, aufs Pünktlichste zu wissen, was man *nicht* machen darf. Durchdrungen muß der Schauspieler vom ganzen Stück sein, jede Rolle, jede Zusammenstellung wissen und kennen; muß vom Himmel die Gabe haben, Zustände zu fassen und auszudrücken, das letztere ist eine rohere, äußerlichere und allgemeinere; wenn er dann nicht tut, was er nicht darf, – und diese prohibierenden Gesetze aus allen Gegenden des Rechenschaft gebenden Geistes zusammen hat, – und sich freies Spiel läßt, so werden wir Gutes haben!«

Zu meiner Zeit ging Rahel nur noch selten ins Theater. Sie war kränklich müde – körper- und theatermüde. Nur wenn ihre langjährigen Freundinnen: Sophie Schröder und Auguste Brede, – oder an sie empfohlene Künstler und Künstlerinnen, wie Efflair, Wilhelmine Schröder-Devrient, Sabine Heinefetter, Nannette Schechner, Fanny Elsler gastierten – oder vielbesprochene glänzende Sterne neu aufstrahlten, wie Henriette Sontag und Marie Taglioni, – oder wenn neue Stücke ihrer literarischen Freunde gegeben wurden: –

dann erschien die kleine lebhafte Frau im Theater, gewöhnlich in der Loge eines ihrer vielen Freunde, und ihre Locken, ihre Lorgnette, ihr Opernglas waren in blitzartiger beständiger Bewegung.

Aber regelmäßig, wenn sie nicht todkrank war, besuchte Rahel im höchsten Putz das Schauspiel- oder Opernhaus am 3. August – dem Geburtstage Friedrich Wilhelms III. – zu Ehren ihres geliebten Königs!

Rahel war stolz darauf, eine glühende Patriotin und liebevolle Anhängerin ihres Königs zu sein. Sie schreibt: »Ein König, unter dem wir leben, ist gradezu ein Blutsverwandter!« – Mit welchem Enthusiasmus erzählte sie kleine Charakterzüge von der armen, edlen, engelschönen Königin Luise und von Friedrich Wilhelm dem Guten und Gerechten aus den tränenreichsten Tagen Preußens und ihres eigenen Lebens.

Viele interessante und berühmte Leute sah ich in Rahels Salon an mir vorübergleiten, ohne allen persönlich näher zu treten. So sind manche von diesen Persönlichkeiten auch in meiner Erinnerung zu Schatten verblichen, wie sie die *Laterna magica* bunt und schwankend im verdunkelten Zimmer an die Wand wirft.

Alexander von Humboldt, hoch und schlank, elegant und beweglich wie ein Franzose, tauchte oft plötzlich – blitzartig – ein aufregendes Irrlicht an Rahels Teetisch auf, knusperte ein paar geröstete Kastanien oder Biskuits, sagte Rahel, Henriette Herz und Bettina im Fluge die niedlichsten Schmeicheleien, plätscherte wie ein Salon-Springbrunnen von Kölnischem Wasser die zierlichsten und pikantesten Hof- und Stadtneuigkeiten in das Tassenklirren hinein, plauderte mit Herrn von Varnhagen noch zwei Minuten in der Fensternische – Stoff für die Tagebücher – und war verschwunden – wieder wie ein Irrlicht.

Der berühmte Gelehrte und Reisende hielt im Winter 1827–28 in der Berliner Singakademie Vorlesungen über »Psychische Erd- und Weltbeschreibung« für ein recht buntes Publikum. Damen waren am zahlreichsten vertreten, und auf Wunsch der Mutter, der ich nie genug lernen konnte, ging auch ich hin, so oft ich nicht im Theater beschäftigt war. Gelernt habe ich aber spottwenig von diesen gelehrten Dingen, so sehr ich auch meinen armen Kopf anstrengte. Zu meinem Trost und zu meiner Erholung sah ich mir zwischendurch die Gesichter der anderen Zuhörerinnen an. Die schauten auch nicht drein, als ob sie mehr kapierten. Und das war wirklich eine kleine Genugtuung. – Daß Humboldt von seinen Zuhörerinnen auch nicht sonderlich viel erwartete und verlangte, beweist eins seiner vielen geflügelten – sarkastischen Worte, die schnell in Berlin kursierten.

Der Prinz August hatte ihn gefragt, ob er denn glaube, daß die so zahlreichen Zuhörerinnen seinen gelehrten Vorlesungen mit Nutzen zu folgen vermöchten?

Und Humboldt hatte lächelnd geantwortet: »Das ist ja aber auch gar nicht nötig; wenn sie nur kommen, damit tun sie ja schon alles Mögliche!«

Humboldt, der verpariserte Salonmann, liebte seine Vaterstadt Berlin nicht und dachte ziemlich gering von den Berlinern. Ihm war Berlin »langweilig und drückend, eine intellektuell verödete, kleine, unliterarische und dazu überhämische Stadt, wo man monatelang gedankenleer an einem selbstgeschaffenen Zerrbilde matter Einbildungskraft nagt!«

Mein geliebtes altes Berlin!

Seine königliche Kammerherrn-Uniform war dem Gelehrten eine »lächerliche Kleidung« und seine Hofstellung die langweiligste, unausstehlichste... Warum aber trug er denn beide länger als ein halbes Jahrhundert? Doch nicht nur wegen der 5000 Taler Kammerherrn-Gehalt? Oder aus höfischer Eitelkeit? Beides wäre gleich traurig für unsern größten Weltgelehrten.

Humboldts schärfster und geistreichster Gegner bei Hofe war Friedrich von Ancillon, der frühere Erzieher des Kronprinzen und spätere Staatsminister. Er nannte den alles wissenden, geschmeidigen Kammerherrn witzig: die enzyklopädische Katze!

Ein heiteres Aufsehen machte es, als Humboldt der großen Naturforscher-Versammlung im Berliner Schauspielhause einen glänzenden Tee mit Damen gab. Ich konnte von einer Galerie einen Blick auf dies bunt wogende, fröhlich lärmende Bild niederwerfen. Da war Humboldt so recht in seinem Element: wie mit Zaubergeschwindigkeit durch den Saal irrlichterierend, bald hier, bald dort an einem Teetischchen auftauchend, mit einer flüchtigen Causerie, einer Schmeichelei, einem Witz – und husch! husch! weiter!

Humboldts älteste Freundin in Rahels Salon war die Hofrätin

Herz – die einst hoch- und weitberühmteste Schönheit Berlins. Als ich sie sah, war sie schon über sechzig Jahre alt, – aber noch immer eine anmutvolle königliche Erscheinung mit silbergrauen Locken, den wunderschönsten siegenden dunklen Augen und einem liebreizenden Lächeln. Dabei milde und in der Unterhaltung zurückhaltend; hierin der stärkste Kontrast zu der sprudelnden Rahel und dem närrischen Zaunkönig Bettina. Aber was Henriette Herz sagte, hatte Charakter, Geist, Klarheit und war immer wohltuend. Als ich sie nur einmal gesehen hatte, begriff ich sogleich die langjährige Herzensfreundschaft Schleiermachers zu der schönen Jüdin. Der kleine verwachsene Pastor an der Dreifaltigkeitskirche mit den seelenvollen Augen und dem herzenswarmen Munde, mein und der Mutter verehrter Beichtvater und auch in schwierig weltlichen Fragen unser milder Gewissensrat, liebte in Henriette Herz nicht die berauschende Frauenschönheit, – nur den schönen, klaren, großen Menschen, zu dem er notwendig »Du« sagen mußte. – Ebenso begreiflich aber war mir, daß der siebenzehnjährige Ludwig Börne die um volle zweiundzwanzig Jahre ältere Henriette Herz bis zum Wahnsinn – ja bis zum projektierten Rattengift unglücklich lieben konnte, und daß der Staatsminister Graf Dohna-Schlobitten aller gesellschaftlichen und höfischen Vorurteile nicht achtete und der Witwe des jüdischen Arztes Markus Herz, Hand und Namen bot. Sie aber dankte ihm herzlich für beides und – blieb Henriette Herz und Schleiermachers geistige Freundin. – Alexander und Wilhelm von Humboldt vergaßen nie, daß Henriette Herz das erste schönheitstrahlende edle Frauenideal ihrer Jünglingsjahre gewesen war. Die reizendste Frau Berlins hatte sie die hebräische Schrift gelehrt, in derselben mit den jungen Söhnen von »Schloß Langweil« (Tegel bei Berlin) korrespondiert und mit ihnen die neumodische *Menuet à la Reine* geübt und getanzt. Die beiden berühmten Humboldt blieben der alternden Freundin in zarten Huldigungen treu.

Welch ein Kontrast zu dieser schönen, klaren, hoheitsvollen Frau war – Bettina. Mit Rahel dagegen hatte Frau von Arnim sehr viel Ähnliches, ja Gemeinsames: das Sprunghafte, Wirbliche, Flatterhafte, Funkensprühende, Feuerwerkartige, Explodierende, Enthusiastische, Exzentrische, Elektrisierende, Kokett-Geistreiche, Jungherzig-Frische und Erfrischende – – und auch das gute, ehrliche, menschenfreundliche Herz und die unermüdlich hilfreiche, wohltätige Hand. In schnell aufflammendem Mitgefühl für Notleidende und Unterdrückte konnte Bettina ebenso ehrliche Herzenstränen weinen, wie Rahel, ebenso mitleidig klagen und zornvoll anklagen – aber auch ebenso geschäftig für die Unglücklichen laufen, schreiben, bitten, betteln, schier gewaltsam exekutieren, das Beste und das Letzte hingeben und in den Hütten der Armen und Kranken selber die helfende und pflegende Hand anlegen.

Auch hatte Bettina dasselbe liebeglühende und liebesehnende Herz, wie Rahel – und dasselbe Unglück in der Liebe. Das Herz des schon recht anständig erwachsenen »Kindes« Bettina flammte und flackerte lichterloh – daß es rings umher einen glühroten Schein und weit, weit das größte staunende Aufsehen gab – für Zeus-Goethe in Weimar... mochte er auch schon ihre Großmutter Sophie verehrt und ihre Mutter Maximiliane Laroche geliebt haben. Das Kind Bettina schaukelte sich und gaukelte liebeatmend auf den Knien des Olympiers, – und wenn der es auch noch so oft und zuletzt recht unsanft und immer unsanfter auf die Erde setzte – immer wieder kletterte der reizende Wildfang hinauf und schmiegte sich an das große göttliche Herz und tat wohl gar, als schliefe es dort sanft ein, wie ein unschuldig Kind auf der Mutter Schoß... Endlich aber verlor der weimarische Jupiter, der mit den Jahren in Herzenssachen recht sehr vernünftig und bedächtig geworden war und seine häusliche Ungeniertheit über alles liebte, doch seine olympische Ruhe und setzte das immer zudringlicher liebende Kind von seinen Knien gar – vor die Tür des gelben Ministerhauses auf dem Frauenplan und gebot seiner lieben Frau Christiane, die unbequeme Frau von Arnim nie wieder hineinzulassen. Das war der Frau Christiane nur eine Wonne, denn sie haßte den verliebten »Aff'«, der ihr so oft schnippisch und hochmütig begegnet war und ihr am Ende wohl gar ihren lieben Geheimrat abspenstig machen wollte, von ganzem Herzen, und wie Cerberus hielt sie an der Tür Wache und wies der armen Bettina die Zähne und – wohl gar den Besen.

Das Kind weinte bitterlich und liebte den weimarischen Olympier in alter Glut von ferne weiter. Da es sich nicht mehr auf seinen Knien schaukeln durfte, schaukelte es sich fortan auf seiner – Berühmtheit.

Darin waren Rahel und Bettina sich wieder gleich: in dem schier abgöttischen Goethe-Kultus! Ihr Teetisch war der Altar, an dem sie als begeisterte Hohepriesterinnen ihrem Obergott allabendlich opferten. Daß dabei für die Priesterinnen gelegentlich von den Hekatomben ein fetter Bissen abfiel, war selbstverständlich, – geheiligt durch den priesterlichen Usus der geliebten klassischen Götterzeit der Griechen.

Als Achim von Arnim tot und Goethe kaum begraben war, klettete sich Bettinas sehnendes Herz an den berühmten »Verstorbenen« – bis das eitle Ich des Fürsten Pückler-Muskau des Weihrauchs, der Briefschreiberei, des Liebespielens und der ganzen armen kleinen Bettina müde war – und ihr in brüskester Weise die Tür von Muskau wies. Daß aber dieser frivolste aller frivolen Ichlinge das große sehnende Herz der armen Bettina in ihren Briefen noch nach des eitelsten Mannes Tod prostituierte, – diese Niederträchtigkeit hat Bettina nicht verdient.

Noch einmal kam eine große Leidenschaft über die alternde Bettina. Sie war schon zweiundsechzig Jahr, als sie ihr wundersames Buch: »Ilius Pamphilius und die Ambrosia« schrieb. Die alte Ambrosia-Bettina küßt dem jungen Ilius Pamphilius-Natbusius liebeselig die Locken, die Augen, den Mund, das Herz, die Hände und die Füße... und verlegen, hölzern steht der um volle dreißig Jahr jüngere Ilius Pamphilius dabei und läßt Kuß, Liebe, Ambrosia geduldig-ungeduldig über sich ergehen.

Bettina selber hat wohl nur eine einzige heiße, dauernde Liebe eingeflößt. Aber es war die sturmbrausende - titanenhafte Liebe eines Ludwig van Beethoven. Seine letzte! Er liebte das reizende, neckische, originelle Kind von fünfundzwanzig Jahren vom ersten Sehen in Wien (1810) an – bis an seinen Tod. Diese Liebe begeisterte ihn zu neuen unsterblichen Kompositionen. Er hätte wohl gar den »dummen Streich« begangen und Bettina geheiratet, wenn sie ihn hätte haben wollen. Aber er war ihr doch zu taub, zu grillenhaft, zu »wüscht« – und sie heiratete gleich nach der Heimkehr aus dem Stegreif ihres Bruders Clemens Freund: Achim von Arnim.

Als ich Bettina bei Rahel kennenlernte, war sie schon vierzig Jahr, aber noch eine anmutige Erscheinung voll Jugendlichkeit, Leben und Grazie. Sie war klein, zierlich und hatte in ihrem Aussehen und in ihrer wirbelnden Beweglichkeit etwas Knabenhaftes. Dazu stimmten ihre kurzen dunklen Locken, die das Köpfchen frei umflatterten, ihre blanken großen italienischen Augen und starken Augenbrauen, ihr dunkles einfaches Kleid mit dem altdeutschen weißen Klappkragen, ihre naive Kindlichkeit und ihre kecken jungenhaften Manieren. Sie hüpfte trällernd durchs Zimmer, spielte mit einem Apfel Fangeball, voltigierte kühnlich über einen Sessel, versteckte meiner Mutter das Strickzeug, warf mich beim Tee mit Brotkügelchen und machte einen Heidenlärm. – Ludwig Tieck erzählte mir später in Dresden: Bettina, schon lange verheiratet, saß bei mir wie ein Junge auf der Sofa-Seitenlehne, und wenn Leute zu mir kamen, glitt sie gleich einem lachenden Kobold geschwind hinter die Lehne hinab, knabberte und piepste dort in der heimlichen Ecke wie ein Mäuschen und schalt nachher, wenn wir wieder allein waren, in ihrem geliebten Frankfurter Dialekt: »Lasch doch die dumme, wüschte Mensche nich immer herein, wenn die Bettina da isch. Ich hab' dich lieb – lieber als sie alle!«

Der ganze Eindruck war fremdartig, halb Puck, halb Sylphe. Man konnte sich lebhaft denken, daß Bettina in ihrer Jugend bei der Frau Rat und bei Goethe das Kind »Mignon« reizend spielte, ja daß sie sogar mit Grazie kindlich und kindisch unartig sein konnte, – nach ihrem Motto:

Ich bin so froh und heiter,
Meine Stimmung ist so rein,
Und wenn ich einen Fehler beging,
So kann es keiner sein!

Bei der vierzigjährigen Frau aber erschien für schärfere Augen und Ohren diese ewige Kindlichkeit und vordringliche Naivität doch etwas forciert, ja kokett – und man begriff Rüchters Spottwort:

Bettina macht mir Angst
Und Rahel macht mir bange...

Den Hauptunterschied zwischen Rahel und Bettina, die so viel Ähnliches und Gemeinsames hatten, versuche ich in den Worten auszudrücken: Bettina war ganz ewig gärende Poesie, die mit dem Klärungsprozeß nie völlig fertig wird und immer am Gefäß haftet, – Rahel ganz ewig gärende klärende Philosophie voll größter Selbständigkeit, im Leben und Denken.

Varnhagen von Ense: »Ein Zug von überstandenem Leiden«

Meine Erinnerungen von der Gesellschaft in Berlin sind etwas verwirrt, ich habe meine Tage dort im beständigen Taumel zugebracht, im Taumel der Geschäfte und im Taumel der Zerstreuungen, deren die große Stadt nur allzuviele bot. Nach den endlosen Konferenzen mit den preußischen Geschäftsmännern, denen die weitläufigsten Wege fast immer die angenehmsten schienen, besuchte ich abends gewöhnlich die große Welt, einige Hofbälle, die Säle der Minister, der Gesandten; langweilte mich aber bald in dem bunten Gewühl, das in seiner Mannigfaltigkeit doch nur immer dieselben Gesichter zeigte. Wenn auch manche der Anwesenden genug Geist und Leben in sich hatten, die Versammlung gewann dabei nichts, denn niemand wollte oder durfte hier etwas anderes vorstellen, als den äußeren Rang, durch Geburt oder Amt überkommen, und somit war von selbst aller Anspruch auf Geist, Talent oder Liebenswürdigkeit in Ruhe gesetzt. Das Haus eines geadelten Kaufmanns, das man mir gerühmt hatte, konnte mir noch weniger gefallen; in seine Säle stürzte ebenfalls, wie in die anderen, die ganze Hofgesellschaft, es war auch dort dasselbe langweilige Wesen, und wenn der Ton leichter war, so war er dadurch nicht angenehmer. Ich ließ mich selten dort blicken, und nur auf Viertelstunden.

Aber ich fand bald andere Kreise, in denen der Reiz der Berliner Geselligkeit, von dem ich so viel gehört hatte und an den ich kaum noch glauben wollte, unerwartet sich mir enthüllte, und von dem ich bald mächtig angezogen wurde. Ich nenne das reiche und angesehene Haus Beer, wo um die heimischen schönen Talente die vornehme, künstlerische, gelehrte und geschäftliche Welt sich versammelte; den ernsten, aber durch geistvolle Frauen erheiterten Kreis der Familie von Savigny, den sehr belebten und gewählten der Generalin von Helvig, die sehr besuchten Abende des klugen und witzigen Geheimen Staatsrats von Stägemann, dessen edle Gattin alles Schöne und Gute in ihrer Nähe gedeihen ließ, und dessen liebenswürdige Tochter ich von Neapel her kannte, ferner das Haus des verständigen und ehrenfesten Stadtrats Mendelssohn-Bartholdy, dessen feinsinnige Gattin das Geheimnis besaß, gediegene Häuslichkeit mit gesellschaftlicher Eleganz zu vereinigen, und ich könnte noch mehrere andere Kreise nennen, die zum Teil aus den vorigen wieder als kleinere sich absonderten. In den meisten dieser Gesellschaften hörte ich den Namen der Frau von Varnhagen mit auszeichnender Achtung nennen. Frau von Helvig versicherte, sie sei gleich vortrefflich durch Güte wie durch Geist, und so unterhaltend und anregend wie niemand sonst! Ich hätte sie in jenen Kreisen öfters treffen sollen, allein durch Eigensinn des Zufalls verfehlt' ich sie lange Zeit, und es hieß, ihre leidende Gesundheit halte sie jetzt viel zu Hause, ohne doch ihren geselligen und munteren Sinn zu stören. Herrn von Varnhagen hatte ich schon öfters gesehen, und auch flüchtig gesprochen, allein ich bekenne, daß er wenig Anziehendes für mich besaß, er hatte etwas Scharfes und Ironisches, das mir ganz mißfiel, und durch ihn am wenigsten wünschte ich die Bekanntschaft seiner Frau zu machen. Ich bat daher Frau von Helvig um ein paar einführende Worte, die mir sehr gern gegeben wurden.

In der gelegenen Zeit, kurz vor dem Theater, verfügt' ich mich in das bezeichnete Haus in der Mauerstraße, klingelte im ersten Stock ein Mädchen heraus, und sandte mein Empfehlungsblatt nebst meiner Karte hinein. Nach einer kleinen Weile kam die Antwort zurück, ich möchte die Dame, welche jetzt niemanden empfangen könnte, entschuldigen, und würde auf den späteren Abend willkommen sein. Das Mädchen lachte, indem sie mir das bestellte, und ich fragte um die Ursache. »O nichts«, erwiderte sie, »aber die gnädige Frau ist so komisch, und da muß man wohl lachen!« Ein gutes Zeichen! dacht' ich, und von der bloßen Wirkung, deren Grund ich nicht kannte, schon etwas mitergriffen, ging ich lachend ab. –

Am Abend war ich zeitig auf dem Platze, und vernahm, Frau von Varnhagen sei noch ganz allein. Ein erstes Zimmer ließ durch offene Flügeltüren in ein zweites blicken, wo ich sie an einem Tische sitzen und lesen sah, während ein Kind an ihrer Seite eingeschlafen lag. Ich stand einen Augenblick, und sah mir das Bild an. Ernste Gemütsruhe und heiteres Wohlwollen waren der Ausdruck ihrer Züge, die sich nicht belauscht ahndeten; ihre kleine, gedrungene Gestalt, ihr klares, feines Gesicht, trotz den Jahren und langwieriger Kränklichkeit noch von bewundernswerter Frische, ihre feste und leichte Haltung, alles war in einer gewissen Übereinstimmung, die meinen Sinn lebhaft ansprach. Als sie meine Tritte hörte, schob sie den Tisch etwas ab, wandte sich mir entgegen, und sagte mit leiser Stimme, auf das schlafende Kind deutend, ich möchte verzeihen, sie habe nicht den Mut, das Glück zu stören! Ich bat natürlich, dies ja nicht zu tun. Wir sprachen dann das Nötige von Frau von Helvig und ihren Einführungszeilen, von meinem bisherigen Aufenthalt und seiner ferneren Dauer. Auf meine Frage, ob das Kind ihre Nichte sei? erwiderte sie: »Es ist die Tochter meiner Nichte, aber ich lieb' es wie mein eigen Kind!« In ihrem Tone war dabei eine zärtliche Innigkeit, die mir zum Herzen drang, ich fühlte die lebendige Wahrheit ihres einfachen Wortes.

Frau von Varnhagen sagte, ich sei ihr als ein Musikfreund empfohlen, und freute sich, daß ein paar schöne Stimmen sich zum Abend bei ihr angesagt; auch würde vielleicht Fürst Radziwill kommen, der jede Gelegenheit, Musik zu hören und zu üben, gern wahrnehme; er sei der größte Musikfreund, den sie je gesehen, er übertreffe darin weit den berühmten Fürsten Lobkowitz, der freilich größere und lärmendere Mittel aufzubieten gehabt, aber Radziwill's Leidenschaft sei ernster und tiefer, und seine Kompositionen zu Goethe's Faust reihten ihn den großen Meistern an. Wir sprachen nun vom Gesang, und namentlich von Liedern und deren Vortrag, wo denn Frau von Varnhagen der einfachen großartigen Weise, wie Madame Milder deutsche Lieder zu singen pflegte, volle Gerechtigkeit widerfahren ließ, aber hinzufügte, eigentümlicher und rührender habe sie dergleichen nie singen hören, als vor mehreren Jahren von einem jungen Schwaben Grüneisen, der habe ihr ordentlich eine neue Sphäre aufgeschlossen, einen neuen Begriff, von etwas bisher Unbekanntem, nämlich von echt und schön deutschem Gesang, himmelweit verschieden von dem erkünstelten, hohlen, anspruchvollen Wesen, das auch in der Musik als Deutschheit gelten wolle. Sie knüpfte an diese Äußerungen den Wunsch, es möchte einmal umgekehrt verfahren werden, erst die Musik eines Liedes und zu dieser dann die Worte gemacht werden, aus dieser Entstehungsart würden ganz neue Schönheiten hervorgehen; ich sah hierin nur eine Paradoxie, und verhehlte es ihr nicht, sie aber versetzte ruhig: »O nein, das ist es nicht, das bezweck' ich nie; auch ist es kein Einfall von heute, und schon vor langen Jahren gab mir Reichardt darin Recht, und ich führte die Sache eigentlich nur an, weil Grüneisen's Lieder mir sehr in dieser Art zu sein schienen, und weil ich dachte, ich könnte sie Ihnen dadurch einigermaßen deutlich machen; das wird aber freilich am besten geschehen, wenn Sie ihn selbst hören; versäumen Sie es nicht, wenn es sich je so trifft, und grüßen Sie ihn dann auch bestens von mir.«

Das eingeschlafene Kind wurde unruhig, erwachte, und blickte aus zwei himmlischen blauen Augen sogleich lächelnd die Tante an, deren Augen mit dem Ausdruck inniger Freude auf die Kleine leuchteten. Nach einigen leisen Worten, zu denen das Kind beifällig nickte, nahm die Tante dasselbe auf den Arm, entschuldigte sich bei mir für ein paar Augenblicke, und trug den Liebling kosend in ein Seitengemach.

Mittlerweile besah ich mir die Örtlichkeit etwas näher; die hellblauen Zimmer waren geräumig und besonders hoch, mit freier Aussicht vorwärts in die gerade Straße hinauf, rückwärts auf hohe Gartenbäume, übrigens ganz einfach ausgestattet, ohne Kostbarkeit und Glanz; ein paar geringe Bildnisse hingen an der Wand, zwei Büsten, die des Prinzen Louis Ferdinand und ich glaube Schleiermacher's, standen zwischen Blumentöpfen; von Gerät schien nur das eben zum Gebrauche Notwendige vorhanden; aber das Ganze machte dennoch einen eleganten Eindruck, oder vielmehr die Anordnung war so gefällig und bequem, daß sie jenes eigentümliche Behagen hervorbrachte, welches durch die höchste Eleganz bewirkt werden soll, und bei den größten Mitteln doch so oft verfehlt wird. Auf dem Fortepiano lagen einige Bücher, die ich unwillkürlich in die Hand nahm, ein Band von Saint-Martin – der Name war beigeschrieben – und die Gedichte Uhland's, ein französischer Roman und Fichte's Staatslehre ruhten friedlich beisammen. Ein geschriebenes Heft, das aufgeschlagen dalag, reizte meine Neugierde; es enthielt allerlei Bemerkungen, eine von ganz frischem Datum betraf den Kronprinzen, und ohne daran zu denken, ob ich unrecht täte, versagte ich mir nicht, sie zu lesen. Frau von Varnhagen hatte kürzlich im französischen Theater ihren Platz ganz nahe der Königlichen Loge gehabt, die Physiognomie und Haltung des Kronprinzen waren ihr ungemein aufgefallen, und das Ergebnis ihrer scharfen, während der ganzen Schauspieldauer fortgesetzten Beobachtung hatte sie hier niedergeschrieben, ein sehr charakteristisches Urteil, aber auch ein die Schreiberin charakterisierendes, denn es gab nur eine schlichte Wahrnehmung, aber diese von so eingreifender und sicherer Art, daß sie mir nicht wieder aus dem Sinn gekommen ist. In der späterhin erfolgten Ausgabe ihres schriftlichen Nachlasses hab' ich dieses Urteil über einen Prinzen, der damals, wie noch jetzt, die Meinung außerordentlich beschäftigte, ungern vermißt.

Auf ein Geräusch, das ich vernahm, wandte ich mich von dem Hefte schnell ab, indes würde Frau von Varnhagen meine Verlegenheit gewiß noch bemerkt haben, wäre sie nicht beim Wiedereintreten durch neue Gäste sogleich beschäftigt worden, die von der anderen Seite ihr schon entgegenkamen. Es war der Freiherr von Reden mit seinen beiden Töchtern, hannöverscher Gesandte, ein munterer alter Herr, der an einem Krückstock langsam einherschritt, aber dafür um so rascher und eifriger sprach; in der Tat war seine Redseligkeit unerschöpflich, aber zugleich so der Ausdruck eines überfließenden Herzens, einer gutgemeinten Mitteilung, daß man ihn lieb gewann und kaum lästig fand; auch war sein Sprechen wirklich lehrreich, denn sein wunderbares Gedächtnis hegte die gründlichsten Geschichtskenntnisse, und selbst die Stammbäume der regierenden Häuser, in deren sämtlichen Verzweigungen er mit seltenster Sicherheit auf- und niederstieg, führten ihn öfters auf überraschende Gesichtspunkte für herrschende Tagesfragen. Wie früher um das Kind war Frau von Varnhagen jetzt um den Alten sorglich bemüht, suchte mit zartester Aufmerksamkeit ihm alles behaglich zu machen, und dabei ihr Bemühen möglichst unscheinbar zu halten, ohne Zweifel um ihn nicht empfinden zu lassen, daß er so großer Sorgfalt bedürftig sei! Er empfand aber die liebevolle Begegnung, und sah mit freundlichster Rührung auf die wackere Wirtin, für die auch seine ältere Tochter die wärmste Freundschaft zu fühlen schien. Diese Tochter war ein Wesen eigener Art, von so glücklichen, edlen und wirksamen Eigenschaften, daß ihre Gegenwart immer ein Wohltun war, denn ihre lebhafte Tätigkeit förderte stets auf heitere anspruchslose Weise alles Gute und Rechte, wie es dem Augenblicke gemäß erschien, und griff dabei doch niemals eigenmächtig ein; die jüngere Schwester stimmte anmutig in diese Sinnesart und Gabe. Kaum hatte der alte Herr im Lehnstuhle behaglich Platz genommen, als auch die für ihn nötigen Mitsprecher sich einfanden, der Professor Gans mit Ludwig Robert – dem Bruder der Frau von Varnhagen – und Herr von Varnhagen, alle drei schon im Streit, und alsogleich von Herrn von Reden in Beschlag genommen. Sie schienen aber ihr begonnenes Gespräch nur fortzusetzen, und der Gegenstand war damals in Berlin überall an der Tagesordnung, es war die schwebende Sache der beiden Theologen zu Halle, Wegscheider und Gesenius, deren Rechtgläubigkeit durch hämische Anschuldigungen war verdächtigt worden; ganz Berlin nahm Partei für oder wider, und die mächtige Überzahl der Vernünftigen und Freisinnigen war für die Verketzerten, denen aber in den höchsten Kreisen auch manche Einflüsse feindlich waren, und es konnte daher wohl zweifelhaft scheinen, auf welcher Seite der Sieg bleiben würde. Die dunkle Partei bot alle Mittel auf, aber auch die helle zeigte unerwartete Kräfte und Anhänger. Es wurde angeführt, daß ein Minister von größtem Ansehen, der Fürst von Wittgenstein, den man bisher unbedenklich zu den Unfreisinnigsten gezählt, in dieser Sache mit entschiedenem Eifer sich für die Verfolgten erklärt und gesagt habe, wenn man solchen Verdächtigungen die Bahn öffne, und dem Frömmlerwesen weltliche Macht einräume, so werde die ganze Stadt bald nur eine große Heuchlerschule sein, und jeder ordentliche Mann aus dem Lande zu laufen wünschen. Den alten Reden verdroß, daß auch der Minister vom Stein sich habe dazu brauchen lassen, aus Kappenberg einen Brief an den König zu schreiben und ihn aufzufordern, jene Irrlehrer nicht zu dulden. Der gute Alte fand solche Einmischung unberufen und gehässig, und meinte, der Minister von Altenstein, der hier von Amtswegen zunächst einzuwirken habe, würde das Sachgemäße schon ermitteln, und, wenn es nötig wäre, auch auf jener Männer Entfernung vom Lehrstuhl antragen. »Nötig möge das doch wohl sein, – fuhr er dann bedenklich fort, – denn, ich frage Sie, was für Geistliche können aus solcher Schule, die den Glauben dem Verstand unterordnet, dem Staate künftig zuwachsen?« – »Was für Geistliche?« – fiel hier Herr von Varnhagen mit sanfter, mir widerwärtiger Stimme ein, – »nun, möglicherweise solche Pietisten und Verketzerer, wie jetzt gegen jene Rationalisten auftreten, denn alle jetzigen Zeloten haben zu ihrer Zeit keine anderen Lehrer gehabt, als aufgeklärte und ungläubige.« – »Ja, das ist wahr!« rief der alte Reden und lachte, und erinnerte sich eines frühen Vorgangs in Göttingen, der dieser Ansicht beistimmte, ihn aber auf hannöversche Verhältnisse ablenkte, in deren Anpreisung er sich überaus gefiel. Hier aber widersprach ihm Gans als wohlunterrichteter Gegner, und der gute Alte, verwundert und aufgereizt, wurde nun heftiger, und führte seine Sache wirklich so gut, daß Gans wenig mehr aufkam, ich fand ihn sogar matt und ungeschickt, und mußte den Ruhm seiner gepriesenen Dialektik und Beredsamkeit für wenig begründet halten!

Ich verließ den Streit, und wandte mich den Damen zu, die inzwischen die Gesellschaft vermehrt hatten. Frau von Varnhagen stellte mich der Gräfin von Yorck und deren Schwester vor, zweien Damen von sehr ausgezeichnetem Ansehen, und schöner freier Bildung; ich vernahm, daß beide die herrlichsten Stimmen hätten, und beide sagten es nicht ab, vielleicht später einige Lieder zu singen; die jüngere Fräulein von Reden wurde gleichfalls wegen ihres lieblichen, in Italien ausgebildeten Gesanges vorläufig in Anspruch genommen. Frau von Varnhagen aber wurde von dieser Gruppe abgezogen, denn laute Stimmen klangen vom Vorsaale herein, und eine kleine Schar von Herren erschien und bestürmte sie mit Begrüßungen. Es waren zwei Offiziere, ein Graf von Schl. und Paul E . ., ferner der Graf von Mocenigo mit dem Grafen von Kleist, und hinter ihnen zuletzt der spanische Gesandte General Cordova. Mocenigo, ein deutschredender Italiener und österreichischer Diplomat, zeigte alle Lebhaftigkeit und Gewandtheit, die seinem Ursprung und Stande entsprachen, man sah, auf jedem Boden, den er betrat, mußte er gleich heimisch sein; er war ungezwungen in seinen Äußerungen, laut und lustig, und nicht allzuwählerisch in seinen Worten, so daß man leicht fürchten konnte, er möchte in seiner Munterkeit etwas zu weit gehen, was doch nie vorkam. Seine Erzählung von dem Verlauf einer kürzlich gesehenen neuen Oper und von den geschmacklosen Anstrengungen einer unzureichenden Singerin, der das Publikum doch großen Beifall gezollt, war in der Tat ganz artig anzuhören, und die Damen lachten sehr, während Frau von Varnhagen durch eingestreute Scherz- und Schlagworte die Schärfe milderte und den Ernst erhöhte.

Eine polnische Dame trat ein, und mit ihr einige Stille, denn sie war der Gesellschaft und auch dem Hause – wie es schien – ziemlich fremd, und machte nur einen kurzen Anstandsbesuch. Frau von Varnhagen hatte auch für diese Dame in unbefangener Weise gleich den rechten Ton, und ich hörte ein feines, sehr verbindliches Gespräch, das mich vermuten ließ, Frau von Varnhagen sei hier zu einigem Dank verpflichtet, und wolle dieses andeuten. Wie sehr erstaunte ich später, als ich erfuhr, daß eine solche Verpflichtung einer im entgegengesetzten Verhältnisse stattfand, indem der Mann der Polin nicht ohne die starke Einwirkung des guten Rates und der klugen Leitung der Frau von Varnhagen zu einer ihm höchst erwünschten Beförderung gelangt war! Die Sache hatte die lustige Bewandtnis, daß der Pole, welcher früher allen seinen Unmut, alle seine politische Freigeisterei, so wie seine härtesten persönlichen Urteile, rückhaltlos der einsichtsvollen Freundin vertraut hatte, jetzt nach erlangtem Ziele in ganz entgegengesetztem Sinne sprach, und auch gegen sie, und sogar unter vier Augen, den feurigsten Anhänger des Staats und der Minister vorstellte, und von jeher diese Gesinnung bekannt haben wollte! Dies hatte neben der empörenden auch seine ergötzliche Seite, und gewährte nicht selten der geistigen Überlegenheit den Vorteil, dem Neulinge, der zu der frischen Rolle noch nicht ganz geübt war, in seinem Eifer den Rang abzulaufen, und ihn als noch viel zu lau gesinnt erscheinen zu lassen! Die Frau jedoch schien unbefangen, und ohne Teil an jenem Bemühen. Unter solchen Umständen hatte das Benehmen der Frau von Varnhagen jetzt das doppelte Verdienst richtiger Zurückhaltung und feiner Schonung; dies wurde uns allen erst recht offenbar, als Ludwig Robert, nachdem der Besuch sich wieder empfohlen hatte, seine beißenden Bemerkungen nicht sparte, so sehr dies auch seiner Schwester zu mißfallen schien. –

Der General Cordova war keine gleichgültige Erscheinung, er zog die Blicke sehr auf sich, und war es gewohnt, daß die Damen ihn günstig beachteten. Ein schöner schlanker Mann, von bedeutender Physiognomie, feurigen, unternehmenden Ansehens, ausgestattet mit aller Gewandtheit eines tätigen Glückskindes; und so jung schon General und Gesandter, hatte er in der großen Welt, nachdem er sie einmal betreten, leichtes Spiel gehabt; als Günstling seines Königs war er bei fremden Höfen unter der Voraussetzung erschienen, ein vollkommener Absolutist zu sein, doch hatte er Klugheit genug einzusehen, daß diese Meinung nicht überall zum Vorteil gereiche, und er wußte sie durch Benehmen und Wort gelegentlich einzuschränken. Unter dem Anschein bequemer Lässigkeit merkte er wachsam auf alles, was um ihn her vorging; man glaubte ihn mit Frauen, Musik, Theater, Eleganz und Mode beschäftigt, und dahinter steckte kühles Beobachten, meist im Dienste seiner Selbstsucht und seiner stärksten Leidenschaft, des Spiels, die er doch gern wieder unter vornehmer Gleichgültigkeit verdecken wollte. Er war ohne Zweifel tapfer, sogar waghalsig, aber doch weniger auf eigentliche Kriegstaten, als auf militärische Abenteuer gerichtet; sein rasches Aufsteigen verdankte er, wie ich selbst ihn eines Abends erzählen hörte, dem wilden, unter den Augen des Königs gefaßten Entschlusse, bei noch zweifelhaftem Anlaß, ohne sich viel zu bekümmern ob Freund oder Feind getroffen werde, ein blutiges Gemetzel anzurichten. Solch ein Offizier war dem Könige Ferdinand dem Siebenten höchst willkommen und wurde bestens ausgezeichnet. Aber sich in seiner Erhebung am Hofe zu halten, war ihm doch nicht gelungen, er hatte weichen müssen, indes nur zu neuem Glücke, denn der ferne Gesandtschaftsposten, den die Gunst ihm ausersah, war den Verhältnissen, die für ihn daheim offenstanden, weit vorzuziehen, sowohl an Genuß des Lebens als an Ehren. Die Politik brauchte ihn hier wenig zu kümmern. Jetzt schien er ganz von Musik erfüllt und nur mit Parteinahme für Rossini beschäftigt, und da die Damen seinen Urteilen widersprachen, so verteidigte er ihn mit Lebhaftigkeit. Er wandte sich aber hauptsächlich an Frau von Varnhagen und trug ihr seine Meinung umständlich vor, ja zum besseren Belege zog er ein Blatt des *Courrier français* aus der Tasche und las einen von ihm selbst verfaßten und dem Pariser Journal zugesandten Artikel, worüber nicht wenig Verwunderung entstand, denn im Gesandten Ferdinands des Siebenten einen Mitarbeiter des heftigsten französischen Oppositionsblattes zu entdecken, war allerdings befremdlich genug; er hatte aber auch hier wahrscheinlich nicht erst lange unterscheiden mögen, ob er Freund oder Feind vor sich habe, das Blatt stand ihm durch seinen Landsmann den Pariser Banquier Aguado zufällig offen, und so benutzte er es, ohne sich um dessen politische Farbe weiter zu bekümmern. Merkwürdig war sein Benehmen gegen Frau von Varnhagen; er wußte im ganzen sehr gut seinen Ton nach den Personen zu stimmen, doch selbst wenn er aufmerksame Artigkeit bezeigen wollte, lag noch etwas Unverbindliches in seinem Ausdruck, das gleichsam merken ließ, es beliebe ihm jetzt gerade so zu sein, und könne der nächste Augenblick ihn ganz anders zeigen. Nur bei Frau von Varnhagen schien er diesen Rückhalt aufzugeben, mit ihr schien er unbefangen sich auf gleichen Boden zu stellen, für sie zeigte er ungewöhnliche Beachtung und eine Art freundlicher Zuversicht, die seinem Wesen übrigens fremd war. Jugend und Schönheit hätten dies nicht über ihn vermocht, bloßer Rang auch nicht, den Geist allein war er weder fähig noch willig in so hohem Wert anzuerkennen; was bewog ihn zu diesem auffallenden guten Vernehmen? Ich glaube den Grund einzusehen! Cordova hatte das Gefühl, hier sei ein Wesen, das ihn durchschaue und das ihn, bei diesem Durchschauen, mit vollkommener Güte gelten lasse, das sich nicht gegen ihn überhebe, sondern das Menschliche in ihm anerkenne. Wenigstens habe ich stets wahrgenommen, daß die sprödesten Menschen in solchem Falle, wo sie sich erkannt und doch geschont sehen, unwillkürlich sich dankbar und gefällig erweisen. Wie selten aber findet sich diese wahre christliche Milde, die ebenso verzeiht als erkennt! In Frau von Varnhagen schien sie wirklich eingeboren, und dies war ohne Zweifel ein Hauptteil des Zaubers, den sie auf die verschiedensten Gemütsarten unmittelbar ausübte. –

Wir bildeten, teils sitzend, teils stehend, eine Gruppe bei dem Sofa, die Musik war fortwährend das Hauptthema des Gesprächs, welches doch nur von eigentlich drei oder vier Personen geführt wurde; E... und Graf von Mocenigo wechselten abgesondert vertrauliche Worte; der Graf von Kleist stand beharrlich als schweigsamer Beobachter, ohne durch Laut oder Miene zu verraten, wessen Meinung er etwa beistimme. Unterdessen wurde Madame Milder, die herrliche Sängerin, durch den Grafen von Yorck hereingeführt und von den Damen mit größter Vorliebe aufgenommen; daß sie singen würde, war sogleich entschieden, sie war entzückter Hörerinnen gewiß und ihnen gern gefällig.

Plötzlich aber hören wir einen lebhaften Aufschrei, wir wenden unwillkürlich die Köpfe, und sehen Herrn von Reden mit zornigen Gebärden sich ereifern, er weist eine Beschuldigung heftig zurück, welche Robert unvorsichtig gegen den Grafen von Münster vorgebracht; dies war ein Punkt, wo der treue hannöversche Staatsdiener keinen Spaß verstand, sondern sogleich Flamme fing. Robert selber war etwas erschrocken über den Knall des Schusses, den er absichtslos getan hatte. Frau von Varnhagen trat hinzu, lobte den guten Alten wegen seines Eifers, der sich schon dadurch gleich besänftigte, und sagte dem Bruder, Herr von Reden werde nicht böse auf ihn sein; »o nein, ganz und gar nicht!« rief der letztere gerührt und bot jenem traulich die Hand. Völlig geschlichtet und vergessen wurde die Mißhelligkeit durch den Eintritt der Gattin Roberts, der schönen Friederike. Man mochte diese Frau leiden können oder nicht, schön finden mußte man sie, und sie war es in höchstem Grade; sie strahlte so hell, daß die anderen Gesichter neben ihr im Schatten zu sein schienen, eine Wirkung, die nur nicht von Dauer war, denn allmählich suchte der Blick doch wieder den Ausdruck des Geistes, der Klugheit, der Güte, des Freisinns, der Zartheit und anderer Eigenschaften, durch welche hier die augenblicklich verdunkelten Physiognomien halb wieder sich erhellten, und zuletzt die bloße Schönheit weit überflügelten. Jetzt aber wirkte die schöne Friederike wie ein guter Genius, Frau von Varnhagen führte sie zu Herrn von Reden, der seine galanten Huldigungen hier gern anbrachte und gern gehört wurde. Die jüngeren Herren drängten sich nun auch herzu, der Schönheit widerfuhr ihr volles Recht, wie Frau von Varnhagen munter sagte. –

Madame Milder war inzwischen zum Fortepiano getreten, und bereitete sich zu singen. Bald war alles still, und harrte der mächtigen Töne dieser Silberglocken. Sie begannen, in zartester Reinheit und Süßigkeit, und schwollen zu dem stärksten Strom, ohne getrübt zu werden. Lieder von Kreutzer, von Schubert und Beethoven, rissen uns alle zum Entzücken hin. Eine zauberische Einfalt wirkte in diesen Tönen, rührte das innerste Herz, das Gemüt fühlte sich durchschauert und emporgehoben. Frau von Varnhagen lächelte mit feuchtem Auge; selbst Graf von Mocenigo, der ausschließliche Bewunderer italienischen Gesanges, lobte diesen deutschen; nur General Cordova wehrte sich gegen den Eindruck, und blickte wie zerstreut in seinen *Courrier français*, den er zusammengefaltet noch zwischen den Fingern hielt.

Während des Singens waren zwei Herren still hereingekommen, welche jetzt ihre Begrüßungen machten. Der eine war der General von Pfuel, einer der ausgezeichnetsten höheren Offiziere der preußischen Armee, dessen entschlossenes, rüstiges Aussehen den bewährten Kriegsmann sogleich erkennen ließ. Er war bekannt als überaus geschickt in körperlichen Übungen, besonders im Fechten und Schwimmen, und überall, wo er sich aufgehalten, und wo das Wasser nicht gefehlt, hatte er durch errichtete Schwimmschulen sein Andenken verewigt. Aber ausgezeichneter noch war seine geistige Bildung; mit größter Natürlichkeit fein und taktvoll, sprach er sachkundig und klar über viele Dinge, die einem General nicht geläufig zu sein brauchen, und sprach, wo es der Anlaß forderte, mit Leichtigkeit ein gediegenes Französisch. Der andere, mit ihm gekommene Herr war gerade hierin sehr das Gegenteil; seine Zunge lief wohl rasch über die französischen Redensarten hin, aber keine blieb unbeschädigt, und alle Vokale und Akzente rangen in der schrecklichsten Verwirrung. Albert Brisbane, ein junger Bürger der Vereinigten Staaten von Amerika, war seiner Ausbildung wegen nach Europa gekommen und verfolgte seinen Zweck, wie erzählt wurde, mit einem Ernst und Eifer, der einem Vierzigjährigen Ehre gemacht hätte. Nach Art seiner amerikanischen Landsleute wollte er alles nach praktischen Prinzipien und mit möglichster Zeitersparung lernen; er verlangte von Hegels Schülern die Philosophie ihres Meisters auf einem Quartblatt; einen Maler bat er um die Mitteilung der Grundsätze, nach denen er ein Portrait mache; von dem General verlangte er die Regeln, wie man eine Schlacht gewinne; genug, in seinem technischen Bildungsdrange ein so wunderliches und hier zu Lande fremdartiges Menschenkind, daß ein Urmensch jenes Bodens, eine Rothaut selbst, hier kaum größeres Staunen hätte wecken können. Sein unerschütterlicher Gleichmut, sein unermüdetes, lerngieriges Fragen, und die achtlose Offenheit, mit der er sich selbst und alle anderen einzig für seinen nächsten Zweck behandelte, waren zu ergötzlich, als daß sie hätten verletzen können. Als er von Madame Milder ein Rezept verlangte, wie sie ihre Stimme gebrauche, gleichsam als wolle er dergleichen in den Vereinigten Staaten nacherzeugen, erheiterte sich die ganze Gesellschaft, und besonders hatte der preußische General – vielleicht aus Sympathie technischen Hanges, der auch ihm nicht fremd war – das größte Vergnügen an dem Sonderling, den übrigens Frau von Varnhagen, unter eigenem Lachen und Scherz, einigemal eifrig in Schutz nahm und seinen wirklichen Vorzügen und Kenntnissen Anerkennung zu verschaffen wußte. –

Durch eine Neuigkeit, welche jemand mitgebracht, lenkte sich das Gespräch auf politische Dinge, und Professor Gans, der schon viele Zeichen von Ungeduld und Verdrießlichkeit gegeben hatte, ergriff den Anlaß, nun auch seinerseits tätig hervorzutreten. Ich hatte ihm wahrlich unrecht getan, ihn vorhin für ungeschickt und schüchtern zu halten; ich sah nun vollkommen ein, daß er nur rücksichtsvoll gewesen, und den guten alten Reden nicht hatte ärgern wollen. Jetzt brannte er sichtbar darauf hin, es mit dem bedeutenderen Gegner aufzunehmen, und als Cordova eine Bemerkung hingeworfen hatte, rief er ihm scharfen Widerspruch zu. Der Spanier, etwas verwundert, maß seinen Gegner, und schien zum Streiten eben nicht Lust zu haben, antwortete aber einige Worte, mit denen er die Sache vornehm abzutun glaubte. Doch das war gar nicht die Meinung von Gans! Der kühne Dialektiker faßte seinen Mann nur enger, und zwang ihn Rede zu stehen. Das Gespräch setzte sich auf den mißlichsten und gefährlichsten Gegenstand, der mit einem spanischen Gesandten zu erörtern sein mochte, nämlich auf die Verbindlichkeit der Eide und Versprechungen, welche der Fürst dem Volke leistet. Gans hatte sich heftig zum Streite gedrängt, aber als dieser entzündet und er des Kampfes sicher war, da wurde er wunderbar ruhig, und führte mit Gelassenheit die kühnsten und doch bedachtvollsten Streiche, geschickt die ihm brauchbaren Tatsachen einflechtend, folgerecht die triftigsten Gründe und bündigsten Schlüsse darlegend, immer bereit den Gegner zu hören, ihn immer ausreden lassend, aber dann, mit größter Beherrschung des Stoffes und mit scharfsinnigster Benutzung aller gegebenen Blößen, seine Argumentation fortsetzend, und sie endlich in klares, einleuchtendes Ergebnis abschließend. Dies alles geschah in fließendem, schwungvollen Französisch, mit größter Präzision, mit heller, freimütiger Stimme, so daß es ein Vergnügen war, den wackeren Redner anzuhören. Auch siegte er vollkommen; selbst der alte Reden murmelte Beifall. Überdies erleichterte Gans dem Gegner die Niederlage großmütig, indem er, als sie schon entschieden war, zum Schlusse alles in die unerwartete Behauptung zusammenfaßte, es sei von Haus aus Unrecht, einem Könige dergleichen Eide zuzumuten oder solche Versprechungen abzufordern, die er ja freiwillig nie schwören oder geben würde. Cordova, der auch seinerseits eigentlich ohne Erbitterung gekämpft, und mehr aus vermeinter Schicklichkeit, als aus Gesinnung und Überzeugung, etwas verfochten hatte, das er selber nicht recht zu bezeichnen wußte, indem er ja weder den Eid verwerfen, noch den Meineid verteidigen konnte, durfte sich diese Wendung gefallen lassen, wenn auch nicht in gleichem Maße den Nachsatz, welchen Gans schon außerhalb des Streites hinzufügte, daß in solchem Falle der Zwang, anstatt der losen Zusage, lieber gleich der Sache selber sich bemächtigen sollte!

Der lebhafte, rasche Disput war wie ein improvisiertes Schauspiel von beiden Seiten recht schicklich aufgeführt worden, und nur einigemal hatten der preußische General und Frau von Varnhagen leichte Zwischenworte hineingeworfen, welche dazu beitrugen, alles in gutem Gleise zu erhalten, was vorzüglich dadurch gelang, daß man um weniges vorauseilend die Bahn eröffnete, die der Streit nehmen sollte, denn unwillkürlich lenkt der Beeiferte in den bequemst vorliegenden Weg, sollte er auch nicht ganz der sein, den er aus freien Stücken wählen würde. Der General von Pfuel aber hatte die eigene Gabe, Maß und Vermittelung mit einer besonderen Energie darzubieten, indem er den heißen Eifer in die Schneeregion technischer Betrachtung erhob, wo derselbe sich notwendig abkühlte. Frau von Varnhagen dagegen klärte die schwülen Lüfte durch rasche Blitze eines lichten Humors, der ihr so einzig eigen war, und dessen Überraschendes ich nicht besser bezeichnen kann, als daß ich es einen angenehmen Schreck nenne, eine kleine Erschütterung aus Staunen und Behagen gemischt, und dadurch wohltätig, daß alle falschen Spannungen sogleich erschlaffen und die Sachen wieder auf ursprünglichem Boden stehen. Sie übte solchergestalt die Rolle, welche der Dichter wohl dem Grazioso überweist, nämlich die Härte der Berührungen durch Scherz zu mildern, und dabei selber in dieser Weise das Treffendste auszusprechen.

Durch einen zufälligen Übergang kam die Rede auf Mlle. Sontag und den erhöhten Beifall, der ihr seit ihrer Rückkehr von Paris zu Teil wurde. Sie verdiene ihn durchaus, wurde behauptet, sie habe dort ungemein an Ausdruck und Grazie gewonnen, und sei jetzt eine vollkommene Meisterin. Ich weiß nicht mehr, wer dies bestritt, und dagegen meinte, sie sei nur vollkommener geworden in der musikalischen Koketterie, denn die Gunst des Publikums zu gewinnen, habe noch niemand so gut verstanden. Man erinnerte an das Wort der Catalani, die von Mlle. Sontag, nachdem sie dieselbe zum erstenmal singen hören, gesagt habe: *»Dans son genre elle est parfaite, mais son genre est petit.«* Man führte satyrische Zeilen von Ludwig Robert an, der diesen Ausspruch noch gehässig verstärkt hatte. Der Tadel gewann nun weit die Oberhand, und besonders wurde Gans, der Musik und Gespräch über Musik nur mit größter Ungeduld ertrug, jetzt auf's neue laut, und wollte wiederholen, was er in französischen Blättern kürzlich über Mlle. Sontag gelesen hatte. Aber Frau von Varnhagen bezeigte großes Mißfallen, und wollte das Gespräch in dieser Wendung nicht weitergehen lassen; sie rief mit guter Laune und komischer Heftigkeit dem Sprecher zu: »Lieber Gans, kommen Sie her, Ihnen muß man Mlle. Sontag als politisches Ereignis erklären, und das will ich tun! Dann werden Sie einsichtig und also gerecht über sie urteilen. Sehen Sie einmal den Charakter und Gang unserer Welt im allgemeinen an, seit der französischen Restauration; betrachten Sie die Ideen, den Geschmack, die Tonart, die seitdem an Höfen, in der höchsten Gesellschaft – und also unbewußt auch in der niedrigsten – herrschen und gefallen, was finden Sie? Überall ist das Große und Erhabene geschwunden, das Mäßige, das Anmutige, ist an die Stelle getreten; jenes ist unbequem, wir vertragen es nicht, es macht uns zu klein, unsere Gesellschaftswelt mag nicht erschüttert, nicht fortgerissen werden, sie will geschmeichelt, geliebkost sein, die Talente sollen uns und unsere vielseitige, aber schwache Bildung ausdrücken, nicht bloß künstlerische Meisterschaft, sondern ein Gemisch von allem – ein artiges Betragen, gefällige Eleganz, sittsame Zurückhaltung bei gehöriger Lebhaftigkeit, eine selbstbewußte Bescheidenheit, – kurz, die leibhafte Mlle. Sontag; und so ist sie denn ein Ausdruck des politisch-sozialen Eklektizismus unserer Zeit, die Künstlerin, wie unsere Zustände sie hervorbringen, tragen, erlauben. Verstehen Sie was ich meine?« – »Vollkommen versteh' ich Sie, und gebe Ihnen vollkommen recht!« versetzte Gans, »ja, so ist es, und ich wundere mich nur, daß ich das nicht längst eingesehen!« –

Man lächelte über dies letztere Bekenntnis, und Ludwig Robert meinte, das sei recht wie Gans, der keine seiner Schwächen je zu verhehlen wisse, und darin wahrhaft liebenswürdig sei. Gans aber war von der neuen Erkenntnis sichtbar angeregt, und bearbeitete sie in seinen Gedanken weiter; nach einer kleinen Weile neigte er sich zu Frau von Varnhagen, und sprach leise mit ihr, doch nicht so leise, daß ich nicht alles deutlich gehört hätte. »Recht gern, lieber Gans, und mit vielem Danke dazu, es wird mir eine große Ehre sein!« sagte Frau von Varnhagen freundlich, und drückte ihm die Hand. Er hatte sie nämlich gebeten, ihm den eben ausgesprochenen Gedanken abzulassen, er wolle ihn gern weiter entwickeln, und einen kleinen Aufsatz daraus machen, dergleichen müsse öffentlich ausgesprochen werden. Wie auch geschah; denn wir lasen bald nachher in der musikalischen Zeitung einen mit Eduard Gans unterschriebenen Artikel, der in bekannter Weise darzutun suchte, Mlle. Sontag sei kein Individuum, sondern eine Begebenheit! –

Noch vieles Musikalische wurde besprochen; die Verdienste Spontinis kamen zur Erörterung; von ihm wurde gesagt, er sei der Komponist der Zeiten Napoleons, und je weiter uns die Kaiserzeit entschwinde, desto fremder werde uns Spontini, bis er endlich mit ihren Erinnerungen werde zu Ruhe gesetzt werden. Über Rellstabs feindselige, grausame Kritik wurde geklagt, daneben im allgemeinen sein Talent der Auffassung und Charakterisierung gerühmt, wie er es namentlich in den Artikeln über Paganini bewiesen habe, ferner seine rüstige Tapferkeit, seine rasche Entschlossenheit, denn er horche nicht erst ängstlich umher nach anderen Urteilen, sondern das seinige trete gleich entschieden hervor, und sei geschrieben und gedruckt, ehe andere Kritiker sich noch besonnen hätten, was sie sagen wollten. Von Zelter sagte Robert, er sei mehr Berliner als Musiker, und dadurch eben der rechte Berliner Musiker! Der Geschmack Berlins in der Musik, ja in Künsten überhaupt, wurde heftig angegriffen und eben so verteidigt, es kam bis zu der Behauptung, die Scheinheiligkeit sei tief in die Musik eingedrungen, es gebe viele Leute, die sich für Händel, Sebastian Bach, und auch noch für Gluck und Haydn in derselben Art passionierten, wie für Goßner und Hengstenberg, und sich oft genug für ihre doppelte Heuchelei durch doppelte Langeweile straften! Genug, über diejenige Kunst, deren Wesen am meisten Zusammenstimmung und Eintracht fordert, fielen die Meinungen gerade am verschiedensten und feindseligsten aus, und in der Tat, keine andere hat jemals so erbitterte, so hartnäckige Streitigkeiten gehegt!

Von den musikalischen Parteien hatte man nicht weit zu den politischen; sie fanden sich in der kleinen Gesellschaft hinlänglich vertreten, vom äußersten Ultra durch viele Mittelglieder bis zum äußersten Liberalen. Da seit vierzig Jahren der Zustand von Frankreich Stoff und Maß und Ton für alle politischen Erörterungen gibt, und alles sonstige politische Interesse seiner Natur nach in diesen Wirbel fällt, so war bald von dem Ministerium Polignac die Rede. Fast einstimmig hatte man große Befürchtungen. Frau von Varnhagen erzählte, wie ihr den Sommer vorher in Baden-Baden der kluge Benjamin Constant den Gang dieser Dinge vorausgesagt, und wie bisher noch alles so ziemlich nach seiner Verkündigung eingetroffen, der letzte Entscheidungskampf aber noch bevorstehe. Jemand sagte, der Fürst von Polignac werde dreist genug sein, denn er sei kurzsichtig und übermütig, und solche Leute brauche man zu Staatstreichen. Cordova bemerkte dagegen mit höhnischem Lächeln, die Franzosen verständen Revolutionen zu machen, aber nicht sie zu beendigen, darin könnten sie von den spanischen Nachbarn etwas lernen! – »Aber ist denn die spanische Revolution schon beendigt?« – fiel der alte Reden lebhaft ein, – »mit blutigem Gemetzel ist es in solchen Fällen nicht abgetan, sondern mit weiser Lenkung, und Spanien hat den guten Rat der anderen Mächte leider stets verschmäht! Graf Münster schrieb mir noch neulich..., ja, er schrieb mir, daß das englische Ministerium vor kurzem auf's neue«..., das Weitere vernahm nur der Nächststehende, und Cordova hatte sich bereits entfernt. Nun wunderte man sich, was alles man ihm habe sagen dürfen; aber es hieß, ihm sei gar nichts an politischen Grundsätzen gelegen, er werde jeder Regierung seines Landes dienen, die seinen Ehrgeiz nähre, und hier, in dieser Entfernung von Hause, halte er es nicht der Mühe wert, seine Gleichgültigkeit zu verbergen. Frau von Varnhagen rechnete es ihm zu Ehren an, daß er nicht mehr als nötig heuchle, daran erkenne man noch den letzten Rest des Guten im Menschen, daß er des Schlechten nicht mehr tue, als es sein Zweck unumgänglich erfordere, die völligen Schufte, die aber immer auch die Pfuscher seien, täten alles gleich im Übermaße, in der Meinung dann am sichersten zu gehen, doch daraus erfolge ihnen gewöhnlich erst recht das Unheil. »Schade«, – rief der preußische General, – »daß Sie nicht fechten und Schach spielen, den leitenden Grundsatz für beides haben Sie!« –

Mehrere Personen hatten sich schon verzogen, als noch spät Alexander von Humboldt eintrat, und durch ihn die Gesellschaft neues Leben empfing. Er kam aus dem Hofkreise, hatte dort »den Infanten«, wie er scherzweise den jungen Herrn von Rothschild nannte, gesehen, und wichtige Neuigkeiten aus Paris vernommen. Der Fürst von Polignac setzte den Kampf gegen die Mehrheit der Deputiertenkammer eigensinnig fort, und der Widerstand in der Nation wuchs gefahrdrohend an. Es kam die Rede darauf, wiefern das katholische Pfaffenbemühn in Frankreich wohl mit dem protestantischen in Deutschland eine Verbindung eingehen könne, oder vielleicht schon habe? – »Keine Verbindung«, wurde erwidert, »als nur die in der Gunst der Jahreszeit liegt; mannigfaches Ungeziefer wird von demselben Sonnenschein geweckt, das sich aber untereinander anfeindet und auffrißt; übrigens vergleiche man nur nicht unser armes, vereinzeltes, mehr widerwärtiges als gefährliches Frömmlerwesen mit dem furchtbaren, allverzweigten, nachhaltigen Vordringen römischer Hierarchie! Jenes hat gar keinen eigenen Boden, indem es anwächst fällt es auseinander, und wird höchstens dadurch etwas, daß es zu dem alten Stamm hinübergeht, wozu alles protestantische Frömmeln von jeher Neigung hat, – zum Katholischen.« Herr von Varnhagen, – der mir, sei es beiher gesagt, den ganzen Abend hindurch wenig gefiel, – stimmte der letzteren Meinung bei, nicht aber der ersteren, er hielt die römische Hierarchie nicht für gefährlich, oder höchstens in protestantischen Ländern, in katholischen sei ihre Macht gebrochen, und in Frankreich selbst, wo sie jetzt am mächtigsten scheine, habe sie bloß den Hof, aber nicht Staat noch Volk für sich. – Man wandte das Umsichgreifen der Jesuiten ein, die nicht bloß in Frankreich, sondern in den Niederlanden, in der Schweiz, in Österreich, und sogar in England geheim und offen stets mehr Boden gewönnen; aber dem wurde entgegengesetzt, daß die Jesuiten selbst nicht mehr das seien noch werden könnten, was sie einst gewesen; diese Behauptung wurde durch ein Wort erhärtet, die ein alter Exjesuit in Rom gegen Wessenberg geäußert; dieser nämlich hatte gefragt, ob ihn denn nicht freue, die Erneuerung des Ordens erlebt zu haben, und ob er nicht dadurch zu frischer Tätigkeit ermuntert worden? Da sei der Greis, hieß es, wie verjüngt aufgefahren, und habe feurig ausgerufen: »Blut und Leben für unseren alten Orden! Aber für dieses alberne Nachgebild keinen Pfifferling!« – Man erzählte darauf mancherlei Scherzhaftes, um die Unschuld des hiesigen Pietismus zu bezeichnen; als ganz kürzlich vorgefallen wurde folgendes Geschichtchen verbürgt: In der Familie eines angesehenen Frommen wollte man alles Lügen, auch das bloß formelle und eigentlich nichtssagende, auf das strengste abschaffen, und hatte zu diesem Zweck auch die Kinder und besonders die Dienerschaft genau verständigt; eines Abends sitzt man beim Tee, und spricht erbaulich oder schweigt auch, da wird ein störender Besuch angemeldet, doppelt störend, weil er als ein weltlich gesinnter bekannt ist, und die Dame des Hauses entschließt sich kurz, und flüstert dem Bedienten zu: »Sag' Er, wir seien nicht zu Hause!« Der kluge Diener aber, schon gut eingelernt, versetzt demütig: »Verzeihen Ew. Gnaden, da würde ich ja lügen!« Die Dame, betroffen und ihres Mißgriffs eingeständig, faßt sich, und sagt mit sanftem Tone: »Nun, so sag' Er, es würde uns recht angenehm sein!« Damit geht der Bediente ab, ist aber kaum hinaus, so sagt ein kleiner Knabe ganz unschuldig: »Aber Mutter, du lügst ja wieder!« In solche Klemme, sagte der Erzähler, gerät man, wenn man das Äußerliche zur Herrschaft erhebt, und Wesen und Gehalt ihm unterordnet! –

Humboldt, der die Gabe besitzt, den tiefsten Ernst in ein anmutiges Gewand zu kleiden, und bald als beißende Anekdote, bald als wissenschaftliche Erkenntnis, bald auch als erheiternden Witz vorzutragen, war unerschöpflich in Angaben der mannigfachsten Art, aus denen der Gegenstand in immer neuem Lichte sich abspiegelte; die verschiedenen Gattungen der Frömmigkeit, welche er in allen Sphären seiner umfassenden Weltkunde beobachtet, bei Anglikanern, Quäkern und Methodisten, in Paris unter Napoleons Konkordat und am Hofe Karls des Zehnten, bei spanischen Katholiken, unter Wilden am Orinoko und am Mississippi, alle klassifizierte er, wie ein Botaniker seine Pflanzen, nach bestimmten charakteristischen Zeichen, und begehrte die des Berliner Frömmelns näher zu erfragen, um danach Geschlecht und Ordnung sicher auszufinden; aber am Ende schien er alle Sorten nur für Spielarten, künstliche und verderbte, einer unscheinbaren Pflanze zu halten, die in ihrer echten ursprünglichen Art nur an einsamen, stillen Orten zu finden sei! –

Die Gesellschaft minderte sich; nach einer Weile sah ich auch Herrn von Humboldt nicht mehr, der doch sonst aller Orten fast immer einer der letzten wegging; um so lebhafter aber wurde nun sein Ruhm verkündet; Frau von Varnhagen stellte seine edlen Eigenschaften, die man um seiner glänzenden willen zu oft übersehe, in das hellste Licht; sie verbot geradezu, bei bedeutenden Menschen sich an ihre Schwächen oder persönliche Kleinigkeiten zu halten, die man jedem anderen zu verzeihen bereit sei, nur gerade einem großen Manne nicht, dem doch allein sie zu verzeihen wären. –

Wir waren noch ungefähr sechs oder sieben Personen, und das Gespräch zog sich mehr zusammen, indem es zugleich lebhafter und traulicher wurde. Gans warf sich mehr und mehr als Beherrscher desselben auf, aber auch Frau von Varnhagen ließ ihren Anteil nicht vermissen. Ich betrachtete mit Wohlgefallen ihre Art einzuwirken und zu beleben, erkannte darin ein wahrhaftes Talent, und fragte mich im stillen, auf welchen Gaben und Kräften der Seele wohl vorzugsweise dieses Talent sich gründe? Der Geist war es nicht allein, die Güte allein auch nicht, sogar die Vereinigung von beiden schien nicht gerade diese besonderen, eigentümlichen Wirkungen hervorbringen zu müssen. Einigen Aufschluß gab mir die Wahrnehmung, die sich mir plötzlich darbot; ich glaubte nämlich zu entdecken, daß ein großer Teil der geselligen Stärke dieser Frau darin liege, daß die Menschen, welche sie sah, ihr nicht wesenlose Schatten waren, sondern daß jeder, wenigstens für den Augenblick, ihr ein wirkliches Interesse darbot, und nicht nur ein allgemein menschliches, sondern auch ein individuelles, was freilich nur durch Einsicht und Eingehen in das Wesen jedes einzelnen möglich war. Eine eben so gütige, als blitzschnelle Menschenkenntnis gab ihr die Leichtigkeit, an jedem Menschen auf der Stelle seine vorteilhafte Seite zu finden, die sie dann zum Lichte hervorzuwenden und zu beleben wußte, wodurch die unvorteilhaften Seiten von selbst im Schatten blieben. Sie hatte auf diese Weise mit jedem einzelnen eine persönliche Beziehung, stand mit ihm auf irgendeinem Punkt in echtem Verhältnis, das natürlich in den mannigfachsten Richtungen und Graden sich schied und abstufte. Hier war also ein wirkliches Zusammensein, keine bloß hervorgebrachte leere Form, und das Wesentliche ist immer fruchtbar. Mit ihrem Willen war es nie, daß irgend jemand, sei es Mann oder Frau, sich als leere Gesellschaftsdekoration, als leblose Salonkaryatide hielt; dagegen ich in anderen Kreisen oft gesehen, daß, weil die Leute mit ihren Wirten eigentlich durch nichts zusammenhingen, nichts mit ihnen gemein hatten, sogar die sonst bedeutendsten Menschen nutzlos gleich den geringsten zu bloßer Zimmerfüllung dienten.

Gans konnte nicht lange reden, ohne wieder in die Politik zu geraten, und die Sachen in Frankreich standen allerdings in so wichtiger Krisis, daß jedermann die Spannung teilte, wie der Zuschauer eines Dramas, das seiner Katastrophe entgegeneilt. Man erörterte die Hoffnungen des Hofes, die Begehren der Nation, und wog die Kräfte beider gegeneinander ab. Gans besprach mit heller Sachkenntnis die Stellung der französischen Kammern, der Gerichtshöfe, der Minister und der Verwaltungsbehörden; er hoffte das Beste von den Gerichten, und meinte, der Hof würde bei deren Widerstande nicht weiter gehen. Aber dieser Ansicht stellten sich andere entgegen. Selbst Benjamin Constant, der bei allen diesen Dingen so nahe beteiligt war, hatte im letzten Sommer gegen Frau von Varnhagen das offene Bekenntnis abgelegt, er werde für die gesetzliche Freiheit kämpfen bis zum letzten Hauche, ob er und seine Freunde aber siegen werden, das sei mehr als zweifelhaft, der König wolle ihre Köpfe, und vielleicht werde er sie bekommen. Diese Äußerung machte auf Gans nicht geringen Eindruck; er schien auch Köpfe zu wollen. –

Hiemit im Gegensatz, nach einer kurzen nachdenklichen Pause, die der Ernst der Sache in uns allen bewirkte, sagte Frau von Varnhagen mit der ausgemachten Gewißheit, die keiner höheren Betonung bedarf: »Ich werd' es nicht erleben, aber, gebt acht! die Bourbons bleiben nicht!« – »Das mein' ich ebenfalls«, rief Gans, »und die Geschichte hat den Gang der Dinge schon ganz vorgezeichnet, es wird in Frankreich gehen, wie vordem in England, man wird den faulen Teil der Dynastie wegwerfen, und den gesunden bewahren, Orleans wird auf den Thron kommen.« – Aber Frau von Varnhagen schüttelte den Kopf und sagte: »Das wird wenig helfen. Auch der Teil, den Sie den gesunden nennen, ist den Franzosen schon ein angefaulter. Auch Orleans kann nicht bleiben. Allen Franzosen – lehrt sie mich nicht kennen! – liegt die *Republik* in den Gliedern, und Republik werden sie werden. Ob ihnen zum *Heil* oder *Unheil*, das ist hier gleich; ich halte *auch* die Konstitutionen, nach denen alles verlangt und strebt, in ihrem Erfolge für gar nicht so gewiß, sie können vielleicht das größte Unheil sein, aber das hindert nicht, daß wir *hinein* und *hindurch* müssen, *es ist kein anderer Weg in die Zukunft*. Wie für uns Konstitution, ist für die Franzosen, die ja immer voraus sind – mein Vorvolk, wie ich sie nenne, – Republik *unvermeidlich*. Der frühere Versuch war zu kurz, um durch sein Mißlingen etwas zu entscheiden, aber stark genug, um zu immer neuen Versuchen anzureizen, *bis einer gelingt*. Und es *kann* gelingen; denn je mehr ich mir die Franzosen ansehe, desto mehr drängt sich mir die Überzeugung auf, daß sie vor allen anderen Nationen zur Republik geeignet sind, in jedem von ihnen steckt etwas von Selbstherrlichkeit, jeder unterwirft sich am liebsten einem Abstraktum, und wo das Ansehen der Person nicht mehr gilt, ist man der Republik *ganz nahe.*« Indem sie dies sagte, mußt' ich über den Ausdruck erstaunen, den ihr Gesicht angenommen hatte; die kleine, bisher so mild und bescheiden einwirkende Frau war ernst, grundernst geworden; ihr Blick – *noch* sanft, und beinahe der gewöhnliche, – hatte etwas eigentümlich Festes, ihre Züge sprachen Entscheidung und Entschlossenheit, ein fast herrscherlicher Trotz bezeugte den tiefsten Glauben an das, was sie sagte.

»Sie glauben also nicht, daß Orleans regieren wird?« fragte nach einer Weile Gans mit erhöhtem Eifer. – »Regieren?« – versetzte Frau von Varnhagen – »warum nicht! Wer kann alle Zwischenszenen berechnen! Aber die großen Ereignisse von aushaltender geschichtlicher Gestalt gehen darüber hinweg und machen daraus *den Staub ihres Weges.*«

Das letztere Bild hatte etwas schauerlich Großes, und war ganz in der Eigentümlichkeit der Sprecherin. Auch erregte ihr Ausspruch eine besondere Spannung; aber die Prophezeiung klang doch etwas abenteuerlich, und wir glaubten ihr keineswegs. Noch saßen die Bourbons in aller Macht auf dem Thron, noch war Orleans nur der demütige Agnat, und hier wurde nicht nur der Fall von jenen, sondern auch schon von diesem, der noch erst erhöht werden mußte, frischweg verkündigt. Jedoch wenige Monate später war der erste Teil der fabelhaften Weissagung bereits erfüllt, und in den seitherigen Ereignissen ist nichts, was der Möglichkeit widerspräche, daß auch der zweite Teil in Erfüllung gehen könnte! –

Heinrich Heine – der »erste Priester des Rahelkults«

Es war Varnhagen von Ense, welcher etwa zehn Jahre nach dem erwähnten Begegnisse den Namen Börne wieder in meiner Erinnerung heraufrief, und mir Aufsätze des Mannes, namentlich in der »Wage« und in den »Zeitschwingen«, zu lesen gab. Der Ton, womit er mir diese Lektüre empfahl, war bedeutsam dringend, und das Lächeln, welches um die Lippen der anwesenden Rahel schwebte, jenes wohlbekannte, rätselhaft wehmütige, vernunftvoll mystische Lächeln, gab der Empfehlung ein noch größeres Gewicht. Rahel schien nicht bloß auf literarischem Wege über Börne unterrichtet zu sein, und wie ich mich erinnere, versicherte sie bei dieser Gelegenheit: es existierten Briefe, die Börne einst an eine geliebte Person gerichtet habe, und worin sein leidenschaftlicher hoher Geist sich noch glänzender als in seinen gedruckten Aufsätzen ausspräche. Auch über seinen Stil äußerte sich Rahel, und zwar mit Worten, die jeder, der mit ihrer Sprache nicht vertraut ist, sehr mißverstehen möchte; sie sagte: Börne kann nicht schreiben, eben so wenig wie ich oder Jean Paul. Unter Schreiben verstand sie nämlich die ruhige Anordnung, sozusagen die Redaktion der Gedanken, die logische Zusammensetzung der Redeteile, kurz jene Kunst des Periodenbaues, den sie sowohl bei Goethe, wie bei ihrem Gemahl so enthusiastisch bewunderte, und worüber wir damals fast täglich die fruchtbarsten Debatten führten. Die heutige Prosa, was ich hier beiläufig bemerken will, ist nicht ohne viel Versuch, Beratung, Widerspruch und Mühe geschaffen worden. Rahel liebte vielleicht Börne um so mehr, da sie ebenfalls zu jenen Autoren gehörte, die, wenn sie gut schreiben sollten, sich immer in einer leidenschaftlichen Anregung, in einem gewissen Geistesrausch befinden müssen: Bachanten des Gedankens, die dem Gotte mit heiliger Trunkenheit nachtaumeln. Aber bei ihrer Vorliebe für wahlverwandte Naturen hegte sie dennoch die größte Bewunderung für jene besonnenen Bildner des Wortes, die all ihr Denken, Fühlen und Anschauen, abgelöst von der gebärenden Seele, wie einen gegebenen Stoff zu handhaben und gleichsam plastisch darzustellen wissen. Ungleich jener großen Frau, hegte Börne den engsten Widerwillen gegen dergleichen Darstellungsart; in seiner subjektiven Befangenheit begriff er nicht die objektive Freiheit, die Goethische Weise, und die künstlerische Form hielt er für Gemütlosigkeit: er glich dem Kinde, welches, ohne den glühenden Sinn einer griechischen Statue zu ahnen, nur die marmornen Formen betastet und über Kälte klagt.

Franz Grillparzer: »Meine Müdigkeit verflog«

Von Dresden ging es nach Berlin. Ich kannte von den dortigen Literatoren niemanden, wohl aber ein paar Justizkommissäre, vortreffliche Leute, die kurz vorher in Wien gewesen waren. Einer von ihnen war Vormund der Sängerin Sonntag und ich machte die Bekanntschaft dieser halben Landsmännin eben erst in Berlin. Überhaupt bildete damals das Königstädter Theater die Hauptunterhaltung. Das königliche Schauspielhaus wurde, wenn ich mich recht erinnere, zur Zeit [im Jahre 1827 oder 1828] eben erst gebaut und in dem prächtigen alten Opernhause waren die Milder und die Seidler schon bedeutend in der Abnahme. Ich war im Königstädter Theater zugegen, als die Sonntag nach ihrer ersten Pariser Reise zum erstenmale wieder auftrat. Das germanische Publikum empfing sie mit Pfeifen und Pochen. Fort mit der Französin! wurde von allen Seiten gerufen. La petite morveuse war aber durch nichts aus der Fassung zu bringen, sie spielte und sang als ob all das Lärmen sie nichts anginge und am nächsten Abende war sie schon wieder der unbestrittene Liebling des Publikums. Das reizende Geschöpf von damals ist sie noch.

In die literarischen Bekanntschaften wurde ich durch einen mir bis dahin gleichfalls unbekannten Literator eingeführt, dessen erste Erscheinung aber mit einem höchst störenden kleinen Unglücksfalle begleitet war. Ich war eben am Rasieren als mir der Kellner im König von Portugal wo ich wohnte, einen Offizier anmeldete, der mich zu sprechen wünsche. Ich deckte daher schnell ein offenes Schnupftuch über das Rasiergeräte und empfing den Fremden, der in voller Uniform und mit Orden geschmückt, niemand anderer als Baron Lamotte Fouqué war. Wenn man gegenwärtig den Namen Fouqué nennt, so verziehen sich die Gesichter zu spöttischem Lächeln, damals aber war er in so hoher Geltung, daß ein großer Teil der Nation ihn dem Altmeister Goethe an die Seite setzte. Ich besitze noch ein gestochenes Porträt von ihm, das durch seine Inschriften und Embleme nicht weit von einer Apotheose entfernt ist. Überhaupt überfällt einen Deutschen, der das sechzigste Jahr überschritten hat, ein wunderliches Gefühl, wenn er die unzähligen Geschmackswendungen, den immerwährenden Wechsel von philosophischen und sonstigen Überzeugungen sich zurückruft, die er in dieser Zeit erlebt, Überzeugungen, die von einer Überschwenglichkeit begleitet waren, die ihnen eine ewige Dauer zu versprechen schien, indes sie doch nach kaum mehr als zehen Jahren in nichts zerflossen waren. Goethe, Schiller und Lessing sind zwar, die einzigen aus unserer ganzen Literatur, geblieben bis diesen Tag, niemanden aber fällt ein zu glauben, daß der Wert dieser Heroen nicht bloß in ihrem Talent, sondern auch in ihren leitenden Grundsätzen lag. Man ändert, bessert, schreitet vor und immer glaubt man wieder das Rechte gefunden zu haben. Da überschleicht einen solchen Beobachter denn wohl gar der Zweifel, ob aus einer so wetterwendischen, in ihren Ansichten so unklaren, in ihren Überzeugungen so schwankenden Nation je etwas Vernünftiges werden könne? Das war der Grund warum ich im Jahre 1848 – doch davon zu seiner Zeit.

Gegenwärtig befinde ich mich in Berlin, Fouqué sitzt an meiner Seite, genießt eines nicht ganz unverdienten Ruhmes, und ist demungeachtet so natürlich, lieb und gut, als nur immer möglich. Ich mußte ihm versprechen mit ihm seinen kranken Freund Franz Horn zu besuchen und er erbot sich, mich in die literarische Mittwochsgesellschaft einzuführen. Als er ungefähr nach einer Stunde wieder ging, trat das Unglück ein. Ich wollte mein Rasiergerät wieder aufnehmen, über das ich ein Schnupftuch gebreitet hatte, vergaß, daß das Messer geöffnet war und griff durch das Tuch in die Schneide, so daß ich mir das oberste Glied von dem Zeigefinger der rechten Hand vollkommen spaltete. Das Blut wurde schwer genug mit Wasser gestillt, man riet mir, ich glaube: Feuerschwamm auf die Wunde zu legen, die auch heilte, aber die getrennten Teile standen in zwei Hälften auseinander. Ich mußte chirurgische Hilfe ansprechen. Der Finger wurde von neuem zum Bluten gebracht, und vereinigte sich endlich auch bei der Genesung. Die Narbe davon ist noch jetzt sichtbar. Dieser Umstand verbitterte mir ein wenig meinen Berliner Aufenthalt und war zum Teil Ursache, daß ich meine Reise nicht bis nach Hamburg fortsetzte, wie anfangs meine Absicht war.

Ich fuhr nichtsdestoweniger fort, mir Berlin nach allen seinen Seiten anzueignen. Fouqué führte mich zu Franz Horn, der im Bette lag und aus dem Kranksein eine Art Geschäft zu machen schien. Über alles was er dachte und sagte war eine Mattigkeit verbreitet, die ich später auch in seinem Kommentar zu Shakespeare wiederfand. Er war der erste dieser Kommentatoren, die sich von Tieck bis Gervinus alle Mühe gegeben haben, diesen verständlichsten aller Dichter unverständlich zu machen. Wenn ich Shakespeare verständlich nenne, so meine ich nicht, daß man ihn demonstrieren könne. Demonstrieren kann man überhaupt keinen Natur- und daher auch keinen vollkommen natürlichen Kunstgegenstand. Aber denselben

Hamlet, den Goethe sich fruchtlose Mühe gegeben hat zu deduzieren, versteht der Schneider in der vierten Galerie, das heißt, er findet es natürlich, daß die Menschen sich so und nicht anders benehmen und faßt das Ganze in eine erhöhte Empfindung auf. Eine Dichtung mitleben heißt aber sie verstehen. Wir mindern Poeten müssen uns an die Konsequenzen der Natur halten; die großen Dichter sind aber nur darum groß, weil sie auch die Inkongruenzen der Natur zur Geltung und Wirklichkeit zu bringen imstande sind.

Ich glaube es war auch Fouqué, der mich in die literarische Mittwochgesellschaft einführte. Die Versammlung war nicht zahlreich, da der schönen Jahreszeit wegen die meisten sich von Berlin abwesend befanden. Ich lernte da Varnhagen und Chamisso kennen, der mir bis auf seine langen Haare sehr wohl gefiel. Varnhagen ging mit mir nach Hause. Als wir an seiner Wohnung vorüberkamen, meinte er, er wolle seiner Frau – jener später bekannten Rahel, von der ich aber damals nichts wußte – meine Bekanntschaft verschaffen. Ich hatte mich den ganzen Tag herumgetrieben und fühlte mich müde bis zum Sterben, war daher herzlich froh, als man uns an der Haustüre sagte, die Frau Legationsrätin sei nicht daheim. Als wir aber die Treppe hinuntergingen, kam uns die Frau entgegen und ich fügte mich in mein Schicksal. Nun fing aber die alternde, vielleicht nie hübsche, von Krankheit zusammengekrümmte, etwas einer Fee, um nicht zu sagen Hexe ähnliche Frau zu sprechen an, und ich war bezaubert. Meine Müdigkeit verflog, oder machte vielmehr einer Art Trunkenheit Platz. Sie sprach und sprach bis gegen Mitternacht, und ich weiß nicht mehr, haben sie mich fortgetrieben, oder ging ich von selbst fort. Ich habe nie in meinem Leben interessanter und besser reden gehört. Leider war es gegen das Ende meines Aufenthaltes und ich konnte daher den Besuch nicht wiederholen.

Wilhelm von Humboldt: »Man ging nie von ihr, ohne nicht etwas mit hinwegzunehmen«

... Sie fragen mich nach Frau von Varnhagen, deren Briefe unter dem Namen Rahel von ihrem Manne herausgegeben worden sind. Ich habe sie allerdings viel gekannt von der Zeit an, wo sie noch ein ganz junges Mädchen war, ein paar Jahre, ehe ich auf die Universität ging, nämlich nach Göttingen. Sooft ich seitdem in Berlin war, habe ich sie viel und regelmäßig gesehen. Auch als ich mich mit meiner Familie in Paris aufhielt, war sie mehrere Monate dort, und es fiel nicht leicht ein Tag aus, wo wir uns nicht gesehen hätten. Man suchte sie gern auf, nicht bloß, weil sie wirklich von sehr liebenswürdigem Charakter war, sondern weil man fast mit Gewißheit darauf rechnen konnte, nie von ihr zu gehen, ohne nicht etwas von ihr gehört zu haben und mit hinwegzunehmen, das Stoff zu weiterem ernstem, oft tiefem Nachdenken gab oder das Gefühl lebendig anregte. Sie war durchaus nicht, was man eine gelehrte Frau nennt, obgleich sie recht viel wußte. Sie verdankte ihre geistige Ausbildung ganz sich selbst. Man kann nicht einmal sagen, daß der Umgang mit geistvollen Männern irgend wesentlich dazu beitrug. Denn teils ward ihr dieser nicht früh, sondern erst, als sie sich schon selbst die hauptsächlichsten, sie durch das Leben leitenden Ansichten aus ihrem Innern herausgebildet hatte, teils hatten alle ihre Gedanken und selbst die Form ihrer Empfindungen ein so unverkennbares Gepräge der Originalität an sich, daß es unmöglich wurde, dabei an irgend bedeutenden fremden Einfluß zu denken. Sie ging auch viel mit uninteressanten Menschen um. Dies entstand aus Zufälligkeiten ihrer äußeren Lage. Da sie aber eine große Lebendigkeit besaß und gern mit Menschen lebte, so vermied sie es auch weniger sorgfältig, als es sonst geistreiche Personen wohl zu tun pflegen. Es war ihr ein eigenes Talent gleichsam angeboren, auch dem unbedeutend Scheinenden eine bessere und anziehende Seite abzugewinnen. Jede Individualität flößte ihr schon als solche ein gewisses Interesse ein, da sie sie zum Gegenstand ihrer Betrachtung machte und sich auch wirklich in jeder eine bessere und dadurch anziehende Eigenschaft herausfinden läßt. Die Varnhagen ging von jedem Punkt des täglichen Lebens gern zu innerem, tieferem Nachsinnen über, sie schöpfte selbst vorzugsweise gern ihren Stoff zu diesem aus der Mannigfaltigkeit der Wirklichkeit. Sie empfand und nahm auch die Erscheinungen des Lebens immer in ihrer vollen Wahrheit auf. Überhaupt war Wahrheit ein auszeichnender Zug in ihrem intellektuellen und sittlichen Wesen. Sie kannte darin keine weichliche Selbstschonung, weder um sich etwaige Schuld zu verbergen oder sie zu verkleinern noch um in

Wunden, die ihr das Schicksal schlug, mit tiefer Selbstprüfung einzugehen. Sie überließ sich aber auch keinen Selbsttäuschungen, keinen trügerischen Hoffnungen, sondern suchte überall nur die reine und nackte Wahrheit auf, wenn sie auch noch so unerfreulich oder selbst bitter sein mochte.

VI. Bettina von Arnim und ihre Kreise

Varnhagen als literarischer Mentor: »Wer sich zum korrekten und edlen Ausdruck seiner Gedanken gewöhnt, veredelt damit sein Denken.«

Es war mit den Ereignissen, welche zu Ende des vorigen und zu Anfang des jetzigen Jahrhunderts auf die Geister einstürmten, wie mit dem gefährlichen Klima mancher Gegenden. Die Kraftlosen erlagen dem Einfluß, die Kräftigen, welche ihn überwanden, bewiesen damit zugleich ihre Dauerbarkeit. Dieselben Eindrücke, welche in den einen Strenggläubigkeit und Unduldsamkeit erzeugt hatten, erzeugten in den andern Aufklärung und Toleranz. Neben den bejahrten Personen, welche auf uns Jüngere mit mitleidiger Vornehmheit herabsahen und all unser Streben leer und eitel nannten, lebten noch die letzten Zeugen der großen Vergangenheit in ungeschwächter Kraft, und wir fanden bei ihnen, was kein Strebender entbehren kann, Teilnahme, Ermunterung und Nachsicht.

An der Spitze dieser geistigen Veteranen stand, neben Alexander von Humboldt, den ich erst später kennenlernte, in erster Reihe der Geheimrat Varnhagen von Ense. Nachsichtiger, bereitwilliger im Anerkennen und Fördern junger Personen und jugendlicher Bestrebungen als eben er ist schwerlich jemand gewesen. Bei großer persönlicher Würde und gemessener Zurückhaltung ließ er die Jüngern das Übergewicht nie drückend empfinden, welches seine Jahre ihm über uns verliehen, wenn schon er beständig geneigt war, uns den reichen Schatz seiner Erfahrungen freundlich zugute kommen zu lassen.

Ich habe im zweiten Bande dieser Erinnerungen erzählt, wie mein Vater und ich es im Jahre zweiunddreißig durch meine Schuld versäumt hatten, uns Herrn von Varnhagen vorzustellen, und auch als ich im Jahre neununddreißig den Winter in Berlin zubrachte, hielt mich die Scheu, seine Zeit in Anspruch zu nehmen, ohne ihm einen Ersatz dafür bieten zu können, von einem Besuche bei ihm ab. Als ich dann vier Jahre später abermals nach der Hauptstadt zurückkehrte, sah Herr von Varnhagen keine Gesellschaften bei sich, meine Cousinen, die seit dem Tode ihres Vaters, des Doktors Assing, unter dem Schutze ihres Onkels Varnhagen lebten, hatten mir nicht vorgeschlagen, mich ihrem Beschützer vorzustellen, ich hatte mir also daraus den Schluß gemacht, daß es ihm lieb sei, nicht behelligt zu werden, und hatte denn eine geraume Zeit in Berlin gelebt, ohne ihn jemals gesehen zu haben.

Inzwischen war ich im Winter von dreiundvierzig durch eine Frau von S. mit Fräulein Henriette Solmar bekannt geworden, bei welcher Herr von Varnhagen seit Rahels Tode fast alle seine Abende zubrachte, aber auch dort hatte ich ihn nicht getroffen, weil ein längeres Unwohlsein ihn in seiner Behausung zurückhielt.

Fräulein Solmar war eine entfernte Verwandte von Rahel Levin und lebte schon damals, wie noch jetzt, in dem obern Stockwerk des Königlichen Bankgebäudes, dessen Fenster auf die hohen Baumwipfel eines schattigen Gartens niedersehen. Von Varnhagen und von dem geistigen Leben Berlins zu sprechen, ohne Fräulein Solmars zu erwähnen, in deren Zimmern sich durch ein Menschenalter fast alles zusammenfand, was die deutsche, ja man kann wohl sagen, was die europäische Literatur an Namen aufzuweisen hatte, ist aber nicht wohl möglich, abgesehen davon, daß sie und ihr Salon fast allein noch jene Tradition der alten Berliner Geselligkeit aufrecht erhielten, welche in dem Varnhagenschen Hause einst ihren Gipfel gehabt hatte.

Niemand wird aber zufällig der Mittelpunkt eines Kreises von ausgezeichneten Menschen. Das Bedeutende zu erkennen, muß man selber Bedeutung haben, und um es dauernd an sich zu fesseln, dazu gehören Eigenschaften, die sich nur selten so wie in Fräulein Solmar, der langjährigen Freundin Varnhagens, zusammenfinden. Mit schnellem klaren Verständnis verband sie eine lebhafte Empfindung für Wahrheit und für das Schöne und zugleich eine ganz ungewöhnliche Anspruchslosigkeit. Sie sprach die modernen Kultursprachen wie ihre Muttersprache, kannte die moderne Literatur in ihrer weitesten Ausdehnung und hatte neben der liebevollen Gabe, vortrefflich zuzuhören, die höchste Anmut im Erzählen, wobei ihr die ganze Tonskala von dem würdigsten Ernste bis zu dem Humor des heitern Berliner Witzes gleichmäßig zu Gebote stand. Dabei war sie ihrer Zeit eine ausgezeichnete Sängerin und Klavierspielerin gewesen. Altersgenossen rühmten ihr Talent für das Schauspiel, und jeder, der sie näher kannte, mußte die Einfachheit, die Gradheit ihres Wesens, neben der feinsten Form und der zartesten Diskretion schätzen lernen. Durch die ganze Reihe meiner Erinnerungen ist mir keine zweite Frau vorgekommen, die so wenig von ihren Gästen für sich selbst verlangte, die völlig heiter und zufrieden war, wenn andere sich behaglich bei ihr fühlten, und ich habe überhaupt nur wenig Frauen gekannt, welche ihren Freunden so durch alle Wechselfälle des Lebens unwandelbar verlässig blieben wie sie, ohne ihnen je ein Freundschaftsversprechen oder eine besondere Freundschaftsversicherung gemacht zu haben. Klänge es nicht gesucht, und das ist es nicht, da das Bild sich mir eben unwillkürlich bietet, so möchte ich sagen, man gewöhnte sich, wenn man sie kannte, auf sie und ihre Beständigkeit wie auf die Wiederkehr des Tages zu bauen. Das Gute und Liebenswürdige wurde so selbstverständlich an ihr.

Ebenso einfach wie sie selbst war auch die Art, in welcher sie ihre Gäste behandelte. Sie hatte, was so vielen Hausfrauen fehlt, die unschätzbare Klugheit, die Menschen in Ruhe, das heißt sie gewähren zu lassen. Niemand brauchte seinen Geist, sein Wissen in ihrer Nähe besonders zu beweisen, niemand brauchte Künste zu machen, und weil man volle Freiheit hatte, gab jeder sich unbefangen in ihrem Hause, bot jeder unwillkürlich sein Bestes dar, und alle Teile fanden und finden noch heute, nach fünfzehn weitern Jahren, eine Befriedigung in dem schönen, freundlichen Zimmer der trefflichen Frau. Es wäre zu wünschen, daß man jetzt, wo die Photographie für solche Zwecke so bereitwillig ihre Hilfe leiht, ein Bild dieses langen Saales mit seinen verschiedenen Etablissements aufnehmen ließe, denn durch ganz Europa und über seine Grenzen hinaus leben zahlreiche Freunde und Gäste dieses Hauses, denen es wohl geworden in dem Raume und die sich bei dem Anblick desselben mit Freuden der guten Stunden erinnern würden, welche sie in demselben genossen haben.

Fräulein Solmars Gewohnheiten waren von je sehr häuslich. »Man braucht nur hübsch in Berlin und in seiner Stube zu bleiben«, pflegte sie zu sagen, »um alle Welt kennenzulernen!« Und für ihr Teil hatte sie damit recht. Sie empfing ihre Freunde an jedem Abende. Nach sieben Uhr fand man sie, mit seltensten Ausnahmen, winters an ihrem Teetisch sitzen, ihre verwitwete Schwester und deren Tochter ihr gegenüber, und es währte dann auch nicht lange, bis dieser oder jener Fremde und einer oder der andere alte Bekannte sich bei ihr einstellten. Wer aber auch kommen, wie groß die Zahl der Gäste auch werden mochte, ein bestimmter Stuhl, ein wunderlicher dreieckiger Sessel zur rechten Seite des Sofas, dicht neben dem Ofen, wurde von niemand eingenommen, denn diesen Stuhl hatte Herr von Varnhagen sich ausgewählt, und Herr von Varnhagen kam damals an jedem Abende zu seiner Freundin.

Kurz vor acht Uhr oder doch wenig später, pflegte sich regelmäßig die breite einflüglige Türe des nicht eben hohen Salons zu öffnen, und es trat dann raschen Schrittes ein Mann von etwa sechzig Jahren ein. Er trug einen schwarzen Oberrock, den Stern eines Ordens an breitem Bande um den Hals, den Hut und den Rohrstock mit goldenem Knopfe in der Hand. Leichten und leisen Ganges sah man ihn, freundlich grüßend, sich nach dem wunderlichen dreieckigen Lehnstuhl an Fräulein Solmars Seite begeben, und während er ihr den guten Abend bot, die Zeitungen, welche er ihr alltäglich mitzubringen pflegte, vor sie auf den Tisch legen. Das war der Geheime Rat Varnhagen von Ense.

Kaum daß er sich niedergelassen hatte, so wendete er sich der Unterhaltung zu, und es war dann ein Vergnügen, das feine, bewegte Mienenspiel seines Antlitzes zu betrachten. Sein Gesicht war rund und hatte in den Formen und Farben viel Jugendliches behalten, auch das volle graue Haar hatte noch ein leichtes Gelock, so daß man es sich ohne Mühe vorstellen konnte, welch hübscher junger Mann, welch eleganter Offizier er gewesen, und wie gefällig seine Erscheinung sich auf dem Parkett des diplomatischen Salons dargestellt haben mußte, da sie noch in späten Jahren soviel Anmut besaß. Er trug eine Brille mit sehr großen Gläsern, hatte aber weder das Ansehen noch die Manieren eines Kurzsichtigen. Seine Bewegungen waren durchaus frei, und obschon er auch im Sitzen bisweilen lange den Stock in der Hand behielt, war seine Gestikulation für einen Deutschen ungewöhnlich lebhaft, denn er pflegte seine Worte mehr, als es im allgemeinen unter uns geschieht, durch Bewegung des Kopfes und der wohlgeformten und gepflegten Hände zu begleiten.

Als man mich ihm vorgestellt hatte, setzte er sich mit großer Freundlichkeit zu mir und sprach mir den Anteil aus, welchen meine beiden Romane ihm eingeflößt hätten. Eine Dichtung, sagte er, welche sich das Leben und die Verhältnisse einer Judenfamilie und namentlich einer jungen Jüdin zur Aufgabe gestellt, müsse ihm natürlich besonders anziehend sein, da er an Rahel und durch sie vielfach Gelegenheit gehabt habe, sich mit der eigentümlichen Geistesrichtung dieses Volksstammes zu beschäftigen. Er habe überhaupt viele Freunde gehabt, welche demselben angehört, und es lägen in dem jüdischen Geiste, neben Fehlern und Verkehrtheiten, die nicht abzuleugnen wären und von denen nur die Durchgebildeten und Besten sich freizumachen wüßten, eine ursprüngliche Energie und Schlagfertigkeit, die ihm immer anziehend gewesen wären. Es sei in den Juden eine Gradheit des Sehens, eine eigene Art von Scharfsinn, welche Rahel im allerhöchsten Grade, ja bis zu seherischer Klarheit besessen habe.

Ich sprach ihm so gut ich es konnte aus, was Rahels Briefe mir in einer bestimmten Epoche meiner Jugend gewesen waren und welch eine Wohltat er auch mir mit deren Herausgabe bereitet hätte. Er hörte das freundlich an und lobte dann meine Schreibweise, wobei er mir dringend empfahl, was ich auch immer schreiben möge, nie die Sorgfalt auf den Stil aus den Augen zu setzen. »Wer sich formell zum korrekten und edeln Ausdruck seiner Gedanken gewöhnt, korrigiert und veredelt damit sein Denken«, sagte er. »Es ist sehr schwer, in einem durchsichtigen und klaren Stil etwas Unklares oder Törichtes auszusprechen, und ist irgendwo die Wechselwirkung auffallend, so ist es die zwischen Ausdruck und Gedanke.«

Man nahm ihn von anderen Seiten in Beschlag, und ich sprach ihn an dem Abende, soviel ich mich erinnere, nicht wieder.

Am andern Morgen, es war am dritten Mai 1844, einige Tage vor meiner Abreise nach Schlesien und Böhmen gewesen, sendete er mir mit einigen freundlichen Worten Rahels Briefe.

Er hatte sicherlich die Absicht gehabt, mir eine Freude zu bereiten, eine Aufmunterung zu gewähren, wie groß beide aber waren, davon hatte er gewiß keine Ahnung, ganz abgesehen davon, daß mir nun die Gelegenheit geboten wurde, ihm persönlich danken gehen zu dürfen.

Ich tat es an einem der folgenden Tage. Herr von Varnhagen wohnte in der Mauerstraße, in einem Quartiere des palastähnlichen Hauses Nummer sechsunddreißig, das er schon zu Rahels Zeiten innegehabt und in welchem sie und er auch gestorben sind. Es war ein großes Haus mit ansehnlichem Portal, recht für den Empfang von Gesellschaft gemacht. Die weite Einfahrt, die breite, gelind ansteigende Treppe, die durch Spiegel maskierten Eingangstüren im ersten Stock, die Bänke für eine wartende Dienerschaft hatten etwas vornehm Gastliches. Trat man aber aus diesem Vorhause in die Varnhagenschen Zimmer hinein, so befand man sich mit dem ersten Schritte in einer großen Bibliothek, und das weltmännische Element und die Gelehrsamkeit, welche sich in Varnhagen zusammenfanden, waren dadurch gleich bei dem Eintritt wie in einem Bilde dargestellt.

Nachdem der Bediente mich ihm angemeldet hatte, öffnete mir eine ältliche Frauensperson, deren Kleidung zwischen der Tracht einer Dienerin und einer Dame die Mitte hielt, die Stubentüre und trat mit mir zusammen bei Herrn von Varnhagen ein, der ausgestreckt, mit einer seidenen Decke bedeckt, auf einem kleinen unbehaglichen Sofa lag, welches nach englischer Weise unter den Fenstern stand. Er sah viel älter als am Abende aus, klagte über seine schlechte Gesundheit, und die ältliche Frau machte sich geflissentlich das Geschäft, ihm die Decke zurechtzulegen. »Das ist Dore!« sagte er freundlich, »die Ihnen wohl aus Rahels Briefen bekannt sein wird.«

Es schien mir, als habe »Dore« diese Art von Vorstellung eigens erwartet, als sei sie nur um dieselbe zu genießen, in das Zimmer gekommen, und Herrn von Varnhagens Güte, Treue und Dankbarkeit des Herzens, welche von allen denen, die ihn näher kannten, als hervorstechende Eigenschaften seiner Natur gerühmt wurden, waren ganz dazu gemacht, der bewährten Dienerin diese Befriedigung ihrer Eitelkeit als Anerkennung ihrer treuen Dienste zu vergönnen. Sie sprach ein paar Worte von ihrer seligen gnädigen Frau, Varnhagen lächelte dazu nachsichtig, und mir fiel der Ausruf Rahels auf ihrem Sterbebette ein, als Dore sie einmal mit solcher Anrede angesprochen hatte: »Ach was! Es hat sich ausgegnädigefraut, nennt mich Rahel!« – Es war das Ehrliche, Kecke, Unumwundene in Rahels Geist und Ausdruck, das ich so sehr in ihr liebte, weil es einen so schönen Hintergrund für die Weiche und Güte ihres Herzens abgab.

Als die Dienerin darauf hinausging, kam mir Herr von Varnhagen plötzlich wieder jünger und gesünder vor, denn er richtete sich hoch auf, sprach lebhaft und munter, und ich konnte mich an jenem Morgen des Gedankens nicht erwehren, als finde Dore ein Interesse daran, ihren Herrn in der Krankenrolle zu erhalten, um sich ihm unentbehrlich zu machen.

Ehe ich nun im Jahre vierundvierzig abermals von Berlin nach Königsberg ging, traf ich Herrn von Varnhagen wieder bei Fräulein Solmar. Ich erzählte ihm, daß ich für den Winter zu meinem Vater und nach Hause zurückkehren wolle, und während die meisten meiner nahen Bekannten mit diesem Vorhaben nicht recht einverstanden waren, erklärte er sich ganz entschieden dafür; ja, als ich später zu ihm ging, mich ihm zu empfehlen, riet er mir eigens dazu. »Sie sind noch nicht so gefestigt gegen neue Eindrücke«, sagte er, »daß Sie nicht dadurch zerstreut werden könnten, und wenn auch der an das Leben einer großen Stadt Gewöhnte nirgend besser als in einer solchen arbeitet, so werden Sie gewiß noch Vorteil davon haben, wenn Sie Ihren begonnenen Roman in der Heimat ausführen können, während Sie bei erneuter Rückkehr nach Berlin einen neuen Maßstab und eine geschärfte Einsicht für dasjenige gewonnen haben werden, was für Sie das Bedeutende und Wesentliche an Berlin ist.«

Aus allen seinen Äußerungen ging der ernste Wille wirklichen Beratens hervor, und doch, so lebhaft und dankbar ich dies empfand, vermochte ich mich weder an jenem Tage noch jemals später so frei und unbefangen gegen Herrn von Varnhagen auszusprechen, als ich es wünschte und als es mir andern Personen gegenüber möglich war.

Ich glaube, das rührte von der sarkastischen Seite seiner Natur her, vor der ich Scheu trug und die ich nicht anzuregen wünschte. Denn wie sich in seinem Gesichte und in den feinen Zügen um seinen Mund neben dem Ausdruck geistvoller Güte leicht ein Lächeln des Spottes kundgab, so mischte sich in die Worte seines Anteils oft eine gewisse satirische Wendung ein, die mich unsicher machte; und selbst die Duldsamkeit und Nachsicht gegen Irrtümer und Schwächen, welche er in vielen Fällen bewies, in denen die Strenge meiner

Unerfahrenheit eine entschiedene Mißbilligung oder einen harten Tadel von ihm zu hören begehrte, machte mich dann nur unsicherer, scheuer und unselbständiger. Während ich im allgemeinen nicht darauf gestellt war, mich immerfort zu fragen, wie ich den andern eben vorkommen möge, wurde ich Herrn von Varnhagen gegenüber selten die Frage los: »Was mag er von Dir jetzt eben denken?« und mit einer solchen Sorge ist man unfrei.

Ich weiß nicht, ob dieser Zustand, der sonst nur sehr eiteln Menschen eigen zu sein pflegt, bei mir in diesem besondern Falle von dem Verlangen herrührte, Varnhagens Zustimmung und Beifall vorzugsweise zu gewinnen, oder was es sonst gewesen sein mag; aber durch die lange Reihe von Jahren, in welchen ich ihn kannte, habe ich auf diese Weise immer einen weit freieren Eindruck von seiner Person und von seinem Verkehr gehabt, wenn ich seinem Gespräche mit andern zuhören konnte, als wenn ich selber mit ihm sprach. Und er sprach so unvergleichlich schön!

Man kann nicht sagen, er sprach wie er schrieb; denn er sprach hinreißender als er schrieb. Er war im Sprechen energisch, bestimmt, und wenn er sich der Personen, zu denen er redete, versichert hielt, fast rücksichtslos in der Kraft seines mündlichen Ausdrucks. Er umschrieb, er verhüllte dann nichts, er nannte die Dinge bei ihrem Namen; und ich habe oftmals, wenn ich in spätern Jahren ihn als Begleiterin meines Mannes besuchte, mit dem er durch ein langjähriges Vertrauen verbunden war, bei ihren lebhaften Gesprächen ihm mit wahrer Bewunderung zugehört und mir dabei gedacht, wie belebend Varnhagens Vortrag für ein Auditorium und welch ein Lehrer und Redner er auf dem Katheder gewesen sein würde.

Einsichtsvolle historische Auseinandersetzungen, geschichtliche und literarische Anekdoten und Charakteristiken, Urteile über Lebende und Verstorbene, kritische Zergliederungen neuer Werke und flüchtige, oft satirische Wiederholungen eben vernommener interessanter Tagesereignisse wußte er in solchem Gespräche auf das Geschickteste ineinander zu verweben, so daß man sich bei ihm stets auf das Unvergleichlichste unterhalten und in den meisten Fällen wesentlich belehrt und angeregt fand, ohne wie bei Herrn von Humboldt die Empfindung zu haben, daß er geflissentlich unterhalte, und – ohne sich dafür zu besonderm Danke verpflichtet zu fühlen. Das klingt vielleicht sonderbar; aber es ist das nichts Unehrerbietiges, sondern nur etwas menschlich Berechtigtes. Wie aufrichtig man nämlich auch zum Verehrer des Großen und Erhabenen geneigt sein mag, so hat man es doch nötig, sich mit demjenigen, mit dem man in der Unterhaltung verkehren soll, annähernd auf gleichem Boden zu befinden oder ihn mindestens nicht durch die allgemeine Verehrung so hoch über die ganze Menschheit hinaus erhoben zu sehen, daß eine andere Annäherung als die des bewundernd staunenden Emporschauens unmöglich wird. Man kann vor einem Kolosse, der auf hochragendem Piedestale sich über unsere Häupter weithin sichtbar erhebt, nicht dieselbe Empfindung haben, welche uns neben einer menschlich schönen Statue in umfriedetem Raume erfüllt. Und grade das Leichtzugängliche, das anscheinend Absichtslose und doch stets Bewußte und Formvolle in Herrn von Varnhagens Unterhaltung machte diese in so hohem Grade erfreulich.

Ich habe mir, eifrig zuhörend, oftmals die kleine Stube betrachtet, während er sprach. Ein schlichtes Bett, zwei altmodische, vielgebrauchte Schreibtische dicht aneinander gerückt, das kleine Sofa, ein paar bücherbedeckte Tische und Stühle, – das war alles. Aber die Wände hingen voll Portraits; hier mahnte eine Statuette, dort ein Relief an die bedeutenden Menschen, welche als Gäste und Freunde in diesem unscheinbaren Raume geweilt hatten, und auch hier ist es sehr zu beklagen, daß man nicht, wie bei Alexander von Humboldt, daran gedacht hat, ein Bild dieses Zimmers und seines Bewohners den zahlreichen Freunden desselben aufzubewahren, als man Varnhagen aus demselben zu seiner letzten Behausung trug.

Varnhagen hatte ein Alter von dreiundsiebzig Jahren erreicht, als ihn ein plötzlicher, schmerzloser Tod unerwartet der Welt und seinen Freunden entriß. Obschon fortwährend kränkelnd, befand er sich doch bis zur letzten Stunde seines Lebens in fast ungeschwächtem Besitze seiner körperlichen und geistigen Kräfte. Ja, man konnte sagen, daß in seiner schriftstellerischen Produktion sich Ausdruck und Darstellung fortwährend gesteigert hatten. Nur ein mehr und mehr sich geltend machender Zug und Hang zum Anekdotischen in der Unterhaltung konnte in den letzten Zeiten als Zeichen des Greisenalters dienen. Sein Anteil aber, den er ebensowohl an den Begegnissen seiner Freunde und Bekannten, wie an den Zeitereignissen und an den Schicksalen seines Vaterlandes und seiner Nation nahm, bezeugte die volle Jugend seines Geistes und seines Herzens, er war mutiger und hoffnungsvoller als viele der Jüngsten, und radikaler in seinen Ansichten als die meisten; aber sein Radikalismus war mehr ein theoretischer. Praktisch wurde derselbe durch das innerste Wesen seiner Natur gelähmt. Varnhagen war eine so durchaus aufnehmende und weiche Natur, daß alle Personen mit denen, und alle Epochen in denen er gelebt, Spuren ihrer sie kennzeichnenden Eigenschaften in ihm zurückgelassen hatten. Das machte ihn vielseitig, verständnisvoll und duldsam. Die Duldsamkeit ist aber ebensowohl eine Tugend als eine Schwäche je nach der Kraft des Charakters, in dem sie sich kundgibt. Sie kann den Menschen befähigen, über den Parteien zu stehen, aber sie macht unfähig, ein eigentlicher Parteimann zu werden, denn sie schreckt vor der Härte der rücksichtslosen Konsequenz zurück; und es war sicherlich die Erkenntnis seiner eigenen Natur, welche Varnhagen abhielt, sich in spätern Jahren an dem öffentlichen Leben praktisch zu beteiligen, obschon er bis an sein Lebensende die treuste und wärmste Teilnahme für die freie Entwicklung Deutschlands bewahrte, der er von Jugend auf gedient hatte.

Varnhagen – »eine seltsame Gabe der Rede, eine Lebendigkeit des Vortrags«

Es kann nicht der Zweck dieser Blätter sein, über Herrn von Varnhagen und seine Frau, über ihr beiderseitiges erstes Auftreten in der Gesellschaftssphäre Berlins hier ausführlich zu berichten; es ist dies schon von ihm selbst genügend geschehen, und wer sich über diese Literaturperiode unterrichten will, findet in der Briefsammlung der Frau und in den meisterhaften, elegant gemalten Skizzen von der Feder des Mannes reiche Ausbeute. Hier haben wir es nur mit den äußern Umrissen jener Erscheinungen zu tun, die bereits längst vorübergerauscht waren und in blasser Ferne standen, als ich nach Berlin kam. Aber in dem Kreise, in den ich eingeführt wurde und in welchem ich gleichsam eine geistige Heimat fand, lebten diese Erinnerungen besonders frisch und unangetastet, und zwar aus dem Grunde, weil Varnhagen als Repräsentant des ehemaligen glänzenden Berlin, als Kenner der Geschicke, der Erfolge, der Liebes- und Streithändel der Berühmtheiten zweier Generationen zum Mittelpunkt dieses Kreises diente. Man konnte keinen besseren Berichterstatter für jene entschwundenen Tage sich denken. Wie es in den Zeiten des Verfalls des Rittertums noch einzelne Kämpen gab, die, auf ihren einsamen Schlössern sitzend oder an den Höfen der Fürsten erscheinend, noch die ganze Fülle der chevaleresken Tugenden in sich wahrten und von dem Glanze ihrer untergegangenen Periode die schönsten Zeugnisse an sich selbst und an ihren Reden vorweisen konnten, so erschien mir auch Herr von Varnhagen, als ich ihn kennen lernte, als ein solcher *chevalier sans peur et sans reproche* des galanten geistreichen Berlin, das mit dem Prinzen Louis Ferdinand begann und mit dem dicken Professor Gans schloß. Eine seltsame Gabe der Rede, eine Lebendigkeit des Vortrags, jene unschätzbare Gabe, witzig ohne Längen, anregend ohne Anmaßung, belehrend ohne pedantisch zu sein und vor allen Dingen immer mit guter Laune Dinge zu erzählen, die andern die gute Laune verdorben haben, machen Herrn von Varnhagen zu einem kostbaren Kleinod in den »gesprochenen Memoiren« der Salonunterhaltung. Ohne je einem historischen Faktum wehe zu tun, wußte er doch seine Schilderung der Personen und Dinge immer so lebhaft zu kolorieren, daß sie jenes fertige, runde und bewegliche Leben gewannen, das erforderlich ist, auf daß sich eine geistvolle frivole Salonwelt daran erfreue. Der Geist, der diese Art Unterhaltung und diesen geselligen Verkehr im engsten zusammenhielt, war die »Rücksicht«, der Zwang, den jeder sich auflegte, bei aller Freiheit sich geistig zu bewegen, niemals doch durch irgendein Wort, durch Spott oder durch ein sich Gehenlassen der Gesellschaft oder einem Mitgliede derselben zu nahe zu treten.

Bei aller dieser gewinnenden Form scheint es doch nicht, als wenn es Herrn von Varnhagen gelungen, sich dauernd Freunde zu erwerben. Sein Charakter hauchte eine gewisse Kälte aus, die empfindlich wirkte und nachhaltig einen zur Besinnung brachte, wenn man anfangs durch das Glänzende der äußern Erscheinung allzusehr in Anspruch genommen war. In seinen Urteilen und Aussprüchen lag eine beißende Schärfe und oft eine kalte Nichtbeachtung der Gründe und Worte, die der Gegner anzubringen hatte. Der Spott war bei ihm niemals ein gutmütiger und stets mit der scharfen Lauge versetzt, die die wirkliche oder auch nur eingebildete Übermacht dem andern Teile mußte empfinden lassen. Aber wie sollte dies anders sein? Wer viel in der Welt gelebt hat, wer ihr Treiben kennt und nicht dabei Kopfhänger oder Feigling ist, der muß dem »Volk da draußen« die Zähne zeigen. Dieser Gestus des »Zähnezeigens« wird später zur Grimasse: Voltaire hatte diese Grimasse bis zur Lächerlichkeit an sich. Es gibt Männer, deren Stolz darin besteht, nie eine Unbill, die ihnen angetan worden, unvergolten und ungerächt hingehen zu lassen; zu diesen scheint Varnhagen zu gehören, und da er die unschätzbare Gabe der Gegenwart des Geistes besitzt, so braucht er nicht zu dem kläglichen »Treppenwitz« seine Zuflucht zu nehmen, sondern kann gleich mit lachendem Munde »Böses mit Bösem» vergelten. Man sieht, bei der guten Gesellschaft – verliert der Teufel nichts. Und so soll es auch sein. Die gute Gesellschaft lehrt die Menschen nicht bessern, sie lehrt sie nur, sich zu amüsieren. Das Besserwerden ist jedes einzelnen Sache für sich zu Hause.

Was mich persönlich betrifft, so bin ich Herrn von Varnhagen dankbar für unzählige geistvolle Aufschlüsse, für Mitteilungen auf den verschiedensten Gebieten des Wissens, der Lebenserfahrung, der Geschäftskenntnisse. Ein reicher Schatz von Lebensanschauungen ist durch ihn in mein Bewußtsein übergegangen; denn jahrelang habe ich die Freude gehabt, ihn fast täglich, oft in sehr engem Gesellschafts- und Freundeskreise, sprechen zu hören. Es gab eine Zeit, wo meine Ansichten über gewisse Zustände und Personen diametral entgegen waren den seinigen und wo ich nicht verfehlte, ihm Opposition entgegenzustellen, und dennoch habe ich Beweise, daß er nie persönlich verletzt, nie einen niedern Groll im Herzen tragend, im Gegenteil mir wesentlich Hilfe leistete, wo er es konnte und wollte.

Als ich in Wien den jetzt verstorbenen Hammer-Purgstall über Varnhagen sprach, sagte dieser: »Bei allen Kenntnissen und allem Wissen bedaure ich Herrn von Varnhagen, denn er hat nie verstanden, drei kleine Worte auszusprechen.« »Und diese sind?« fragte ich. »Drei kleine Worte: ›Ich irrte mich‹, und diese Worte muß ein Gelehrter auszusprechen wissen, dem es nicht um seine Person, sondern um die Sache zu tun ist. Man wird nicht groß ohne diese drei Worte.«

Es gibt sicherlich viele deutsche Gelehrte, die ein viel gründlicheres Wissen haben; aber es gibt wenige, die ihr Wissen in diesem Grade zu verwerten verstehen wie der obengenannte. Und dieses Verwerten und An-den-Mann-bringen geschieht durch Korrespondenz. Nebenbei sind seine Briefe Muster der Eleganz, selbst der kalligraphischen. Sie gehen unablässig nach Paris, nach London, nach Petersburg, und es kommen von allen Seiten interessante Antworten. Dies erhält den Mann frisch, der sonst wenig unter die Leute kommt. In Zurückgezogenheit lebend, geht er weder an den Hof noch in die Abendzirkel der Minister, nur Humboldts wohlbekannte Kutsche fährt öfters bei ihm vor, und der alte Chimborassopriester steigt monatlich einmal wenigstens in der Mauerstraße die wohlbekannte breite Stiege hinauf, der Büste des Apoll vorbei, der hier zu den Zeiten des Glanzes des Rahelschen Salon manche Aphrodite, manche Diana und Juno hat emporsteigen sehen.

Dabei erhält Varnhagen noch ein anderes Mittel frisch, das ist der Zusammenhang, in den er sich zu setzen weiß mit den jungen, strebsamen Talenten der Gegenwart. Mag es nun bei ihm wirkliches Interesse an der Sache sein oder eine feine Geistesdiätetik, die nach ähnlichen Grundsätzen verfährt wie die medizinische. Bekanntlich werden durch sehr intime Annäherung eines alternden Körpers zu einem jugendlichen Kräfte der Verjüngung von jenem eingesogen; so würde demnach der alternde Geist auch durch Anschließen an die Exhalationen jugendlicher Geister stets neu belebt werden. Die Erfahrung hat gezeigt, daß dieser Satz wahr ist. Ein Sokrates alterte nie, weil er der Jugend sich anschloß und durch Seelen- und Geistesküsse sich verjüngte. Herr von Varnhagen, der dieses System befolgt, der der jungen und jüngsten Literatur mit Hingebung sich zuneigt, stets junge Talente um sich hat, Herr von Varnhagen ist trotz seiner Jahre noch jung, während der sich gegen die Jugend mürrisch und scheelsüchtig abschließende Tieck durch und durch alt wurde und zuletzt völlig allein stand. »Dem Fertigen ist gar nichts recht zu machen, ein Werdender wird immer dankbar sein.« Sind unsere »Werdenden« nun freilich nicht immer sehr dankbar, so läßt sich doch mit ihnen etwas anstellen, die alten »Fertigen« sind aber äußerst ungenießbare alte Burschen. Der verstorbene Steffens hatte auch diese Ansicht der Geistesverjüngung durch jugendlichen Umgang. Einst fand ich ihn, wo er eben eine Einladung zu einem Verein der Freiwilligen Jäger von 1813 ausgeschlagen hatte. »Was soll ich da«, sagte er mit seinem trockenen Humor, »es ist mir zu widrig zu sehen, wie diese alten Knaben sich gegenseitig an die dikken Bäuche drücken.« Und es ist wahr, das Alter hat Erinnerungen, aber die Jugend hat Hoffnungen, und von der Hoffnung leben wir. – Zu der Jugend, mit der sich Varnhagen umgibt, gehört auch eine geistvolle, sehr lebendige Nichte, die mir dazu bestimmt scheint, eine Art weiblicher Eckermann zu werden und dem berühmten Onkel alles auf- und nachzuzeichnen, was der spätern Generation zu wissen nötig sein kann.

Von Petersburg und Paris kommen öfters Besuche mit Empfehlungsschreiben, es sind meistens junge Literaten, die irgendeinen geheimnisvollen Zusammenhang mit russischen Kneesen und Bojarensöhnen in Petersburg haben, und bei denen der Diplomat in der Mauerstraße den Vermittler spielt. Oft sind es aber auch nur ganz unbefangene junge Forscher, die endlose Literaturgeschichten zu schreiben beabsichtigen, oft kleine jüdische Autoren, die das Aroma des Volkes Gottes, das in diesen Räumen einst sich sammelte, noch einzuschlürfen wähnen und den gelehrten Rabbi aus der Tausendundeinen Nacht der Rahelschen Briefe zu ihrem Beschützer erwählen. Kurz, es wird nie leer in diesen Räumen, die gastlich jedem offenstehen, nur nicht der Langeweile und der Roheit. Die Bibliothek unsers Gelehrten ist eine bändereiche und ausgesuchte, meist mit Zusatznoten in jedem ausgezeichneten Werke von des Besitzers Hand bereichert. Auch dieser Schatz ist Gemeingut für die Zahl der Frauen und Männer, die hier Eingang gefunden. Seine Autographensammlung ist vielleicht die zahlreichste und durch seltene Exemplare ausgezeichnetste in Deutschland. Für Bilder und Kunstgegenstände hat er jedoch wenig Teilnahme, dieser Mangel schadet auch den Figuren in seinen biographischen und sonstigen literarischen Produktionen, sie treten nicht plastisch genug hervor. So kann man, wenn man nur irgend mit der Kunst des Stiftes oder der Farbe vertraut ist, eine Figur wie die des alten Blücher so charakteristisch dem Leser vors Auge führen, daß er den alten Helden zu sehen glaubt. Der Biograph muß meiner Ansicht nach bis zu einer gewissen Vervollkommnung hin zu zeichnen und zu porträtieren verstehen. Eine Kunst ergänzt die andere.

Nicht sowohl seiner literarischen Wirksamkeit als seinem beharrlichen Auftreten gegen alles Dunkelwesen, sei es in Religion oder Politik, hat Varnhagen seine Stellung zu danken, und daß die Zukunftspartei mit gewissen Hoffnungen auf ihn sieht. Doch ist er klug genug gewesen, nicht alles auf eine Karte zu setzen, als man ihn an die Farobank des Jahres 1848 herannötigte. Er pointierte mit einzelnen Goldstücken, während seine exaltierten Freunde ihr ganzes Habe verschrieben und – verloren. Es ist hier nicht der Ort, dieses so sehr epinöse Thema weiter zu verfolgen.

Karl Gutzkow bei Bettina: »Leuchtkugeln im Mondenschein«

Es war an einem kalten, regnerischen Tage des Spätherbstes. »Unter den Linden« in Berlin waren die Bäume von ihrer gelben Last (nur wenn sie grün sind, sind die Blätter dem Baum eine Freude) befreit; auch die Säle der Kunstausstellung, die für den schwindenden Sommer in Berlin immer einen Ersatz an ästhetischen Anschauungen zu geben pflegen, waren schon geschlossen. Mich fröstelte selbst im Überzieher. Mit einiger Befangenheit blickte ich zu den Fenstern jener märchenhaften Erscheinung, Bettina Brentano, hinauf, die mitten in dem enggeschnürten Dasein unserer modernen Beziehungen den Mut gehabt hatte, ein *Kind* zu bleiben und ihre Empfindungen auszusprechen, ohne die Folien zu bedenken, die heute das Große, Erhabene und Schöne erwägen muß, um für groß, erhaben und schön anerkannt zu werden.

Es ist ein eigenes Gefühl, geistig von einem Namen angeregt, längst schon mit seinen ideellen Beziehungen vertraut zu sein und zu den Phantasien, die man sich von einer Erscheinung innerhalb der Kunst oder Wissenschaft gebildet hat, nun das leibhafte Gegenbild in Wirklichkeit zu sehen. Eine Persönlichkeit, die wir uns nur genienhaft denken konnten oder erhaben wie den olympischen Zeus oder phantastisch wie einen Sänger zu Ossians Zeiten, tritt uns im Frack oder Warschauer Schlafrock oder im weiblichen Neglígé mit Haarwickeln entgegen, und wir wissen nicht, sollen wir bei der Begrüßung zuerst an Knigge oder an die Stellung denken, die der Begrüßte im Reich der Geister einnimmt. Wir mühen uns lange, bis wir die Vorstellungen, die wir von dem hohen Geiste vorgefaßt hatten, wieder gesammelt haben in den Kreis der bürgerlichen Sphäre, in der wir unsern Angebeteten begrüßen. Wieviel große Denker und Dichter gibt es leider, zwischen deren äußerem Auftreten und ihren geistigen Gebilden eine so unermeßliche Kluft liegt, daß wir in dem einen kaum das andere wiedererkennen! Die Wahrheit ihres Genies ist bei ihnen nicht zur Wahrheit des Menschen geworden. Wenn man einen Dichter, der uns oft den Vorhang vom dunkeln Geisterreiche hinwegzog und uns in die Sphären einer Unsterblichkeit hineinblicken ließ, die ihm gewiß genug ist; wenn man ihn z. B. mit einem Jabot sieht, auf dem gelbe Tabaksflecken auf die Gewohnheit eines narkotischen Tropfenfalles schließen lassen: das ginge noch. Aber wenn wir die persönliche Bekanntschaft eines Philosophen, dessen Moralgesetz die Selbstbeherrschung ist, mit einem Wortwechsel anknüpfen, über dessen Gelärm und Gezänk wir ihn betreffen, während ein Hund dazwischenbellt, die Hausfrau eine Terrine zerschlägt und die Kinder schreien, da kann man wohl sagen, daß große Menschen wie Landschaften aus einer gewissen Entfernung gesehen werden müssen, und daß das Genie immer klein dastünde, würde man seine Geschichte nach den Mitteilungen seines Kammerdieners schreiben.

Bei Bettina hab' ich mich aber nicht getäuscht. Ich dachte mir: ein Wesen, das in seiner Jugend ein Elfenkind war, kann im Alter nur eine Zauberin, eine Norne werden. Und so traf ich sie. Es lag mir etwas Dämonisches in ihrer Erscheinung; ich fühlte es, daß sie der Natur näher stand als ich. Ein grauer Schlafrock, ohne Eleganz, umschloß kleine und behende Glieder. Bettina ist von mittlerem Wuchs, behend, schmächtig, in ihrer Jugend gewiß wie eine Gazelle. Noch hat sie die schönen Augen einer Gazelle, aber auch das Zitternde, Ungewisse des Tierauges, sie ist hierin der Natur näher als wir, die wir unsere Blicke zügeln und sie nicht vor unsern Gedanken vorausschießen lassen. Schönes, schwarzes, ich möchte sagen römisch-katholisches Haar verrieten zwei Locken, die vorn über die Stirn herunterglitten und das Ansehen eines gebrannten Toupets hatten, das, im Nebel feucht geworden, sich auflöst. Die Kräuselung wollte nicht Stich halten, die beiden Locken hätten ebensogut zwei Zöpfe werden können. Mit unruhiger Behendigkeit lief Bettina in dem fast möbellosen Zimmer von einer Reliquie zur andern; da war Goethe im Kreise seiner Eltern gemalt, da hingen Gipsabgüsse von

Schinkelschen[1] und ihren eigenen Basreliefs, da lagen Wappen mit Kartons und Zeichnungen, ein Flügel stand in der Nähe, und wenn Bettina nicht von einem zum andern hüpfte, um mir etwas zu erklären, so saß sie unruhig auf dem Sofa und zerpflückte während des Sprechens eine Oblate nach der andern, die sie aus einem Kästchen langte. Eine so fiebernde Aufregung! Es ist in ihr alles Leben – und das Lebenszeichen des Lebens ist Zerstörung. Sie hörte während zwei Stunden, wo ich sie sprach, nicht auf, Oblaten zu zerpflücken.

Die zwei Stunden einer mir unvergeßlichen Unterhaltung rauschten wie Sekunden vorüber. Wir sprachen über alles und hätten doch, als wir schieden, erst anfangen mögen! Diese Vielseitigkeit, diese Gedankensprünge, diese geistreiche Formgebung im Momente, dieses neckische Spiel mit der Wahrheit oder mit dem Schein derselben – es bezauberte. Als ich aufstand und unten auf der Straße die wunderbaren Eindrücke zusammenhalten wollte, war es mir, als wär' ich aus einem Tropfbade gekommen, oder als hätte ich auf einer üppigen Weinranke schwebend gesessen und wäre von allen Seiten her wie aus unsichtbaren Felsenöffnungen mit einem ununterbrochenen Staubregen geneckt worden. Auch so frei und frisch, so gestärkt fühlte ich mich nach diesem geistigen Bade. Ich begriff nun wohl, was sie mir selbst mit jener kleinen Koketterie, die eben zu den Reizen ihrer Erscheinung gehört, erzählte, daß Schleiermacher, wenn dieser in der Akademie hätte über einen philosophischen Gegenstand lesen müssen, ihr sagte: »Bettina, schreib mir über Musik, über Liebe, kurz über das, was ich abzuhandeln habe, einen Bogen voll von deinem Zeuge auf!« – »Er brauchte es zwar nicht«, sagte sie; »aber es regte ihn an.« Und gewiß, die schaffende Gedankenarbeit in vielen Genien wird gesteigerter, schwungreicher, hören sie in der Ferne Musik. Auch Gedanken eines andern können für unser eigenes Denken geistige Resonanz werden. Schleiermacher kam in die Region, wo er nach einem positiven Resultate strebte, wenn ihm Bettina das, was bei ihm Gedanke werden mußte, als Klang, naive Intuition aussprach.

Worüber ich mit Bettina verhandelte, darüber ein andermal. Will

1 Karl Friedrich Schinkel (1781–1841), Architekt und Maler, Begründer der neuklassischen Richtung in der Architektur.

man ihren Geist genießen, so bemerke ich nur noch dies, daß man sich nichts daraus machen muß, wenn man sich selbst lächerlich erscheint. Sie, eine gaukelnde Sylphide, ist dem bedächtigen Ernst des Mannes immer im Vorsprung. Man berührt eine Frage, will sie ergründen, aber Bettina ist es nur um einen Blitzstreifen zu tun, der plötzlich darauf fällt, der einen magischen Schimmer auf die Frage gleiten läßt, sie auf einen Augenblick prächtig erleuchtet, als platzte eine Leuchtkugel im Mondenschein – dann ist's aus und wieder Nacht. Der geistvolle Mann ist ihr gegenüber, da sie nicht Stich hält, sondern immer springt und abschweift, ein Pedant. Sie wirft dir ein Paradoxon an den Kopf, du sinnst darüber, willst Aufklärung und wirst von ihr wie ein Bär im Kreise herumgeführt; sie spottet deiner Gründlichkeit; sie ist nur Poet.

Bettina spricht noch immer ihr Frankfurter Deutsch, eine bequeme Sprache, die sich's mit den Endsilben leicht macht, viel unnützes, widerspenstiges Konsonantenvolk schnell verschluckt und die Vokale nach Belieben lang oder kurz beim Kragen nimmt. Sie ist damit so resolut, wie es gewiß auch die Frau Rat war.

Bettina hat eine Hand, so weiß, zart gepflegt und magnetisch, daß sie nie aufhören wird, Lippen anzuziehen.

Maxe von Arnim: »Sonntag nachmittag haben wir den Kaffeter bei uns gehabt«

Aber auch dem Schwarm von jungen Leuten, der damals bei uns ein und aus ging, und ihren Huldigungen standen wir mit der gleichen Harmlosigkeit gegenüber – die Mutter warf uns einmal vor: Ihr behandelt sie ja wie eine Kälberherde. Es waren teils Schüler des Onkels und Schützlinge des Savignyschen Hauses, die sich von dort auch zu uns herüberfanden, teils begeisterte Jünglinge, die die berühmte Bettina suchten. Man hat zuweilen darüber gelächelt, daß die Mutter sich mit einem kleinen Hofstaat von sie bewundernden Jünglingen umgeben habe. Nichts ist falscher: Bettina besaß auch nicht die Spur von Eitelkeit, und bewundert zu werden war ihr immer gräßlich. Was sie veranlaßte, denen, die sie suchten, so viel ihrer kostbaren Zeit zu opfern, war allein der Drang ihres gütigen Herzens, anderen aufwärts zu helfen, sie geistig zu fördern.

Merkwürdigerweise hat gerade der unter ihren Schützlingen, den sie – damals wenigstens – als Menschen und Dichter am höchsten schätzte: Philipp Nathusius, auf mich einen so geringen Eindruck gemacht, daß ich kaum mehr eine Erinnerung an ihn habe. Um so näher trat uns Emanuel Geibel. Er war damals noch ein unbekannter, etwas schüchterner Student, seine Dichtkunst aber schon ganz auf der Höhe. Wie es sich für einen Lyriker schickt, war er etwas träumerischen Wesens. Als er eines Tages – diese Geschichte erzählte die Mutter mit Vorliebe – bei ihr am Fenster saß, fiel er plötzlich vom Stuhl. »Aber um Gottes willen, Geibel, was ist Ihnen denn?« – »Ach, gnädige Frau, ich muß immer an Griechenland denken, ich möchte so gern dahin.« Die Mutter erzählt diesen Vorfall bei Savignys als Scherz. Da sagt der Onkel: »Dem Manne kann geholfen werden. Gerade habe ich einen Brief von meinem Schwiegersohn Schinás erhalten mit der Bitte, ich möchte ihm doch für seinen Schwager, den russischen Gesandten in Athen Fürsten Katakuzen, einen Erzieher besorgen.« Auf diese Weise ist Geibel 1838 nach Griechenland gekommen. Von dort aus hat er seinen ersten Gedichtband veröffentlicht, und als er nach zwei Jahren zurückkehrte, war er ein berühmter Dichter, den zu seinen Mitgliedern zu zählen, sogar der Kaffeter stolz gewesen ist.

Zu unserem Kreise gehörte auch der junge Dr. Göschen, ein Sohn des Göttinger Juristen, der ein Freund unseres Vaters gewesen war. Sodann Markus Niebuhr, der Sohn des Historikers und Staatsmannes; mit ihm bin ich, auch als er Kabinettsrat des Königs geworden war, bis zu seinem frühen Tode in naher Fühlung geblieben. Ferner der Jurist v. Eckenbrecher, den wir um seines prachtvollen Basses willen sehr schätzten, im übrigen aber, weil er immer so förmlich war und feierlich tat, etwas langweilig fanden, weshalb wir ihn unter uns abscheulicherweise Brechenecker nannten.

Dazu kamen unsere Vettern: Leo Lützow »mit dem wonnetrunkenen Blick«, Franz und Leo Savigny. Franz stand, obwohl er zehn Jahre älter war als ich, von den drei Brüdern Savigny unserem Herzen am nächsten – wir erlebten nichts, ohne daß es hieß: das müssen wir Franz erzählen. Er war ein reichbegabter, lieber und treuer, feiner und vornehmer Mensch, bei dem man um seiner Selbstlosigkeit willen gern über sein etwas affektiertes Wesen im Sprechen und Benehmen hinwegsah. Er lebte ganz in der Welt des Schönen und besonders der Musik, für die ihn die Natur mit einem selten schönen Tenor ausgestattet hatte. Darüber ist er wohl nie zum ernsten Arbeiten gekommen und ewiger Referendar geblieben. Wer ihn aber näher kannte, mußte ihn mit seinen melancholischen Augen liebhaben.

Leo Savigny, mein Altersgenosse, war uns ein lieber Kamerad und damals noch nicht der Tugendheld, der er später wurde, als er sich mit der frommen Julie Stolberg, einer Enkelin des konvertierten Dichters Graf Friedrich Leopold, vermählt hatte. Kleine Moralpredigten uns zu halten, liebte er aber auch damals schon, was ihm den Namen »Prinz Ohnesündchen« eintrug. Unter diesem figuriert er auch in dem hübschen, im Blauen Ländchen Bärwalde spielenden Märchen »Das Heimelchen«, das Armgart für den Kaffeter schrieb und von dem Geibel so begeistert war, daß er dazu sein »Liebe bleibt die goldne Leiter, drauf das Herz zum Himmel steigt« dichtete. Mit diesem Gedicht als Schluß und mit reizenden Federzeichnungen von Hermann Grimm und Gisel hat es Armgart später veröffentlicht.[1]

Von unseren Brüdern liebten wir Friedmund, »unseren Friedel«, um seiner Herzensgüte und seines originellen Wesens willen besonders; er war uns auch immer ein zu allem frohen Treiben bereiter Geselle. Freimund – jetzt, wenn auch der Onkel Savigny unser eigentlicher Vormund war, das Haupt der Familie – war für uns mehr Respektsperson; er hauste ja auch meist in Bärwalde, aber wenn er einmal von dort hereinkam, nahm auch er gern an unserem lustigen Leben, später auch am Kaffeter teil. Unsere beiden Elegants und zukünftigen Diplomaten, Bruder Siegmund und Karl Savigny, hingegen hielten sich von unserem »kindischen Treiben« immer vornehm zurück.

Nein, »kindisch« war unser Treiben gewiß nicht – dazu wurde viel zuviel Geist dabei verlangt und produziert, aber übermütig lustig war es. Was haben wir damals alles angestellt! Wir schrieben mit vereinten Kräften ein großes Epos: »Die Fürstin Dodona« (das war

1 Armgarts »Das Heimelchen. Dämmermärchen von Allerlei Rauh« ist gleichzeitig mit Giselas »Aus den Papieren eines Spatzen. Von Marilla Fittchersvogel« 1848 im »v. Arnimschen Verlag« erschienen.

unsere Mutter), in dem sie und ihre Kinder und Freunde geschildert und persifliert wurden. Ich verfaßte mit Geibel einen Roman, zu dem wir abwechselnd jeder immer eine Seite lieferten. Dann die berühmten »Butterbrotverse« – das war ein Wettdichten, bei dem es darauf ankam, wer in der Zeit, in der ein anderer ein Butterbrot aß, die meisten Verse machen konnte. Auch verfaßten wir ein Lustspiel, bei dem reihum der eine immer die Erwiderung auf das, was sein Nachbar geschrieben hatte, geben mußte; jeder Anwesende mußte mittun. Als einmal Herr v. Canitz unvermutet eintrat, wurde er gleich bestürmt, er müsse fortfahren. Darauf sagte er: »Darf ich vielleicht Billetts zu einer Affenkomödie besorgen?« Da war der Jubel groß, denn diese Antwort paßte herrlich auf die letzte Frage in unserem Lustspiel: »Wollen Sie mir nicht eine Liebe erweisen?« – Den Höhepunkt bildeten die Aufführungen selbstverfaßter oder aus dem Stegreif gespielter Stücke, die Gartenfeste bei Savignys und die lustigen Landpartien, bei denen wir in großen Kremsern nach Treptow oder Buchholz, dem Grunewald oder Pichelswerder fuhren, uns dort lagerten und die mitgebrachten Vorräte austauschten, dann Spiele veranstalteten und schließlich tanzten, manchmal bis tief in die Nacht hinein.

In diesen fröhlichen Kreis geriet auf einmal [im Dezember 1836] ganz unerwartet eine junge Frau hinein, die mit ihrer funkensprühenden geistigen Lebendigkeit, ihrem unerschöpflichen rheinischen Humor und ihrer fast kindlichen Ausgelassenheit dafür wie geschaffen war: Johanna Mathieux, später die Frau Gottfried Kinkels. Die Tochter eines Bonner Gymnasiallehrers Mockel, lag sie nach einer kurzen, unerträglichen Ehe mit einem Buchhändler Mathieux in Köln im Scheidungsprozeß, der sich jahrelang hinzog, da der Mann nicht einwilligte und der am Rhein noch geltende Code Napoleon eine Scheidung erschwerte. Da ihr in dieser Lage das Leben im kleinen Bonn peinlich war, vor allem aber, um ihre Kunst als Klavierkünstlerin besser verwerten und ihre tonschöpferische Begabung weiter ausbilden zu können, war sie nach Berlin gekommen. Auf ihrer Durchreise in Frankfurt hatte ihr der Onkel Georg eine Empfehlung an unsere Mutter mitgegeben. Als diese der Mathieux einen Gegenbesuch machte, fand sie sie in einem möblierten Zimmer in der Karlstraße in einem Hause, in dem sonst nur Studenten und junge Offiziere wohnten. »Hier können Sie nicht bleiben. Packen Sie zusammen und kommen Sie gleich mit mir mit!« Auf diese Weise ist Johanna Mathieux zu uns gekommen und dann etwa ein halbes Jahr lang unsere Hausgenossin gewesen.

In dieser Zeit sind wir innerlich stark gewachsen. Die Mathieux brachte uns zum Bewußtsein, daß wir Anlagen besaßen und »wer« waren: unser Selbstvertrauen wurde geweckt. Nicht, als ob wir eingebildet geworden wären – nein, unsere Natürlichkeit blieb die alte, aber was bis dahin Naivität gewesen war, wurde nun zur Unbefangenheit. Wir waren flügge geworden. Hatten wir unseren Kahn bisher nur auf den Wellen schaukeln und uns in ihm treiben lassen, so ergriffen wir nun selbst die Ruder.

Im einzelnen hat uns die Mathieux besonders musikalisch wesentlich gefördert. Durch ihren Klavierunterricht hat sie mich, deren Technik ja schon in Frankfurt ziemlich entwickelt war, dazu geführt, daß ich nun auch den Geist eines Musikwerkes zu erfassen vermochte. Sie hat Armgarts herrliche Stimme, die sie ein »Phänomen« nannte, geschult. Aus Franz Savignys Tenor, Eckenbrechers Baß und unseren beiden Stimmen bildete sie ein Quartett, das uns selbst und anderen viel Freude bereitete. Den größten Liebesdienst aber hat sie uns erwiesen durch den zunächst unscheinbaren Einfall, uns beiden Volks- und kleinere Opernlieder einzuüben; ich lernte bald, mit meinem tiefen Alt die zweite Stimme zu Armgarts hellem Sopran zu singen. Bald waren es mehr als hundert Lieder, die wir ohne jede Begleitung, uns ganz einfach an die Wand stellend, loszuschmettern vermochten. Durch diese schlichten Lieder haben wir uns in den folgenden Jahren viele Herzen gewonnen. Wohin wir auch kamen, überall erhob sich der stereotyp gewordene Ruf: »Die hundert! An die Wand!« Sogar dem König haben wir solche Lieder vorsingen müssen.

In unserem Kreis, der ja sowieso schon lebendig genug war, wirkte die Mathieux wie ein Quirl, der alles umrührt. Immer kam sie mit neuen Einfällen, immer war etwas in Vorbereitung. Der Glanzpunkt unserer Unternehmungen ist wohl die Aufführung zur Feier von Onkel Savignys Geburtstag im Februar 1838 gewesen. Die Hauptnummer des Programms war: »Savigny und Themis oder die Olympier in Berlin. Opera seria. Text und gestohlene Musik von Johanna Mathieux, in Szene gesetzt von Caroline Bardua.« Die Fabel, deren Idee von der Mutter stammte, war: Die Götter kommen zusammen und beklagen sich, daß all ihr Tun beschränkt sei, seitdem Themis, die Göttin der Gerechtigkeit, solche Ordnung halte. Mars hat keine Gelegenheit mehr, mit dem Schlachtschwert dreinzuschlagen, Diana ist von einem Förster wegen Milchdiebstahls gestellt worden, Merkur bei einem Diebstahl sogar verhaftet und von einem Referendar vernommen worden, hat aber dann auf seiner Sohlen Flügel noch entwischen können. Sie alle schwören der Themis Rache und schmieden das Komplott, daß Amor sie verwunden soll. Sobald dessen Pfeil sie trifft, reißt Themis die Binde von ihren Augen, sie sieht Savigny und verliebt sich in ihn. Nun lassen sich auch die anderen Götter von der Herrlichkeit des großen Juristen überzeugen, sie ziehen zusammen nach Berlin, um ihm zu huldigen, und Themis setzt ihm im Auftrage Jupiters einen Lorbeerkranz auf sein Haupt.

Dieses im einzelnen mit vielen witzigen Anspielungen ausgestattete Spiel wurde vor einer großen Festversammlung aufgeführt, aber, wie bei all unseren Aufführungen, mit den einfachsten Mitteln. All die schönen Kostüme wurden unter unserer Mutter Leitung aus Seidenpapier, Pappe und buntem Flitter gezaubert. Jupiter in einem Purpurmantel mit langen wallenden Locken und goldener Strahlenkrone wurde vom Bruder Friedmund gegeben. Armgart als Diana war in helles Grün gehüllt, auf dem Haar einen silbernen Halbmond, in der Hand einen silbernen Jagdspeer. Als Venus stand Henriette Hochstetter auf dem Programm; sie aber war plötzlich erkrankt, und Leo Savigny mußte die Rolle übernehmen. Er brachte auch das schwere Opfer, sein keimendes Schnurrbärtchen abrasieren zu lassen, vergaß aber in der Eile, seine dicke goldene Uhrkette abzunehmen, die nun durch das duftige weiße Gewand der Venus dem Publikum entgegenschimmerte. Ich war die Göttin Themis, Gisel der kleine Amor, Franz Savigny der Merkur, Geibel der Mars, im Harnisch mit silbernem Helm, Lanze und einem Schild, auf den die Mutter ein blutrotes Medusenhaupt gemalt hatte. Dr. Göschen stellte die Fama dar mit einer Trompete, die so lang war, daß sie bis zu den Zuschauern reichte. Für die Rolle des Bacchus paßte Eckenbrecher mit seinen eckigen Bewegungen und seinem wundervollen Baß vorzüglich; wir hatten ihn ganz mit Weinlaub und Trauben bekränzt, die aus in grünes und lila Seidenpapier gewickelten Haselnüssen angefertigt waren. Er sah aus wie ein Opferochs – wenn wir ihn ansahen, mußten wir lachen. Das Ganze wurde von der Mathieux vom Klavier aus dirigiert.

Nachdem der Beifall verrauscht war, folgten noch drei Lebende Bilder, erdichtet und arrangiert von der guten Caroline Bardua, die eine Meisterin in diesen damals beliebten »Tableaux vivants« war.

Zu dieser Zeit entstand, von mir zunächst auch nur als willkommene Ablenkung betrachtet, aus unscheinbaren Anfängen ein Gebilde, das uns dann die folgenden Jahre vergoldet hat und eine meiner schönsten Lebenserinnerungen bedeutet: unser geliebter *Kaffeter*.

Als eines Tages im März die Schwestern Bardua bei der Mutter waren, las ich ihnen, die ja die Mathieux auch gut kannten, einiges aus deren interessanten Briefen aus Bonn vor, u. a. über den »Maikäferbund«, der sich [im Juni 1840] um die Mathieux als »Directrix« aus jungen geistig belebten Herren gebildet hatte. Jedes Mitglied mußte zu den wöchentlichen Versammlungen einen eigenen, aber anonym eingereichten literarischen Beitrag liefern, die dann beurteilt und schließlich im »Maikäfer, eine Zeitschrift für Nicht-Philister«, gesammelt wurden. Es gehörten junge Gelehrte und Studenten dazu, deren Namen später einen guten Klang gewonnen haben. So der Privatdozent der evangelischen Theologie Gottfried Kinkel, der damals sein liebliches Epos »Otto der Schütz« dichtete, der spätere Baseler Kultur- und Kunsthistoriker Jakob Burckhardt, der Hallenser Theologe Willibald Beyschlag, der Dichter Wolfgang Müller von Königswinter, der Chemiker Karl Fresenius u. a. Dieses hohe geistige Niveau hinderte nicht, daß in dem sangeslustigen Bund auch viel lustiger »Firlefanz«, wie die Mathieux es nannte, getrieben wurde; so mußte z. B. jedes Mitglied an den Sitzungstagen vom frühen Morgen an, auch im Kolleg, den Maikäferorden tragen.

Kaum hatte ich mit Vorlesen geendet, als Gisel rief: »Das können wir hier eigentlich auch machen!«, und die immer unternehmungslustige Mine Bardua stimmte dem begeistert zu. So wurde verabredet, daß die Barduas aus ihrem, wir aus unserem engeren Bekanntenkreis die geeigneten Mädchen dafür gewinnen sollten.

Am 30. März 1843 fand dann die erste »Sitzung« bei Ottilie

v. Graefe (»Sir Odillon«), der Tochter des Chirurgen und Schwester des berühmten Augenarztes, in der Behrenstraße statt. Erschienen waren außer den Barduas und uns Marie Lichtenstein (»Marius«), die Tochter des Zoologen, und die beiden Töchter Pauline und Anna des Generals v. Wolzogen. Es wurde beschlossen: Möglichst allwöchentlich im Winterhalbjahr soll eine Sitzung abwechselnd bei den Mitgliedern zur Kaffeestunde stattfinden. Die Mitglieder sind verpflichtet, zu jeder Sitzung einen Beitrag eigener Erfindung einzureichen: Gedichte, Novellen, Memoiren, Zeichnung, Malerei oder Komposition. Diese Beiträge werden in der Sitzung verlesen und beurteilt und dann in einem Heft zu einer Nummer der »Kaffeterzeitung« vereinigt. Das Amt als Redakteur übernahm »Minus« Bardua, die trotz ihrer fünfundvierzig Jahre überhaupt immer die Unruhe im Uhrwerk des Kaffeters gewesen ist. Sie verfaßte auch in feierlich-komischen Tone das Protokoll über den Verlauf jeder Sitzung, das der betr. Nummer beigeheftet wurde. Unser »Altmeister Bardolio«, die schon über sechzig Jahre alte, aber noch immer frische und heitere Caroline Bardua, die als guter Geist über dem Ganzen schwebte, versprach, für den Umschlag jeder Nummer der in Folio erscheinenden Zeitung eine Zeichnung, die später sogenannte »Kaffeedecke«, zu liefern. Mich arme Trauerweide wählten sie zum »Präsident Maiblümchen«, denn jedes Mitglied bekam sofort seinen Kaffeternamen. Armgart wurde zum »Lord Armgart«, und Gisel hieß zuerst »Marilla Fittchersvogel«, später, nachdem sie ihre reizenden Memoiren eines Spatzen geschrieben, »Spatz von Spatzenheim«.

Bald mehrten sich die Mitglieder. Die Schwestern Nina und Marie v. Olfers und Dora v. Helvig traten hinzu, dann auch Elisabeth Königsmarck, die später als Gattin des Dichters und Karlsruher Theaterintendanten Gustav v. Putlitz meinen Lebensweg wieder gekreuzt hat. Als »Dreizehnte« kam unsere liebe Valeska v. Grabow – ich bin nie abergläubisch gewesen, aber Valeska ist die erste gewesen, die schon bald aus unserer Reihe gerissen wurde: im Sommer 1846 erkrankte die immer so Fröhliche an einem schrecklichen, unheilbaren Leiden, dem sie unter unsagbaren Qualen zu Anfang 1847 erlegen ist. Noch auf ihrem Schmerzenslager im Charlottenburger Schloß, wohin die Fürstin Liegnitz sie der besseren Luft wegen hatte bringen lassen, hat sie treulich ihre Beiträge für unsere Sitzungen geschrieben, und als sie schon nicht mehr schreiben konnte, hat sie ihre sie pflegende Mutter dazu veranlaßt, an ihrer Stelle Beiträge für den Kaffeter zu verfassen. Der Tod dieser treuen Seele ist besonders für mich, die ich ihr sehr nahestand, ein großer Schmerz gewesen.

Der Kaffeter war von vornherein ein sonderbares Gemisch von Ernst und Scherz, von Geist, guter Laune und kindlichem Übermut – aber gerade in diesem Gemisch fühlten wir uns glücklich. All der lustige »Firlefanz«, der dazu gehörte, ist erst allmählich entstanden: die zuckerhutförmigen braunen Papierhüte, die wir während der Sitzungen trugen; die langen rosa Schleier daran, hinter denen man seine Verlegenheit beim Verlesen der eigenen Geistesprodukte oder sein Erröten über deren Bewunderung verbergen konnte; der mit Maiblumen oder je nach der Jahreszeit anderen Blüten umwundene Zepterstab des Präsidenten; der Orden der goldenen und, als zweite Klasse, der silbernen Kaffeekanne mit der Schleife, die für besondere Verdienste verliehen wurden; die kleine Trompete und die Kinderknarre, die jeder erhielt, um damit Beifall oder Mißfallen kundgeben zu können – all das ist nicht am grünen Tisch bzw. der Kaffeetafel erdacht worden, sondern, wie alles Große in der Welt, ganz natürlich erwachsen, aus einer Laune des Augenblicks entstanden. Nicht einmal, wie und wann der uns so heilige Name »Kaffeter« entstanden ist, wußten wir später – er war eben da, und wehe dem, der uns etwa als »Kaffeekränzchen« bezeichnet hätte! Der Kaffeter war uns etwas Erhabenes, ein Gebilde, unmittelbar dem Genius der Götter entsprungen.

Natürlich war der Kaffeter ein Jungfrauenorden. Wer sich verheiratete, wie »Annollo« Wolzogen mit Markus Niebuhr und später »Odillon« Graefe mit dem Diplomaten Hermann v. Thile, wurde unter feierlichen Zeremonien entlassen – mit schmerzlichem Bedauern, aber es mußte sein um des Prinzips willen. Darum war auch nicht die Rede davon, daß unsere Mutter und die Tante Savigny oder Frau v. Bardeleben und Frau v. Olfers, die öfters unsere Sitzungen besuchten und zuweilen auch Beiträge zur Kaffeterzeitung lieferten, etwa Mitglieder hätten werden können – sie galten, nachdem das häßliche Wort »Kaffee-Tanten« verpönt worden war, als unsere »Patronessen«.

So kann man sich denken, welche Aufregung der unerwartete

Antrag hervorrief, auch Herren aufzunehmen. Der Aufrührer war natürlich Gisel, die ihren Freund Hermann Grimm, der damals freilich noch Primaner war, dabei haben wollte. Der Antrag wurde abgelehnt, nachdem Minchen Bardua das böse Wort vom »Knaben Hermann« gesprochen, das dieser dann in vielen lustigen Versen und witzigen Karikaturzeichnungen zu Tode malträtiert hat. Aber Gisel ließ nicht locker, und steter Tropfen höhlet den Stein. Sie wies darauf hin, daß ja auch der Dichter v. Houwald, wenn er zum Landtag in Berlin war, immer an den Sitzungen teilgenommen habe, und daß der Märchen-Andersen sogar unser Ehrenmitglied sei. Auch wir hätten es gern gesehen, wenn unser für den Kaffeter begeisterter und schon längst eifrig tätiger Freund Alpus ordentliches Mitglied hätte werden können. So wurde schließlich zu Minchens großem Leid doch beschlossen, auch »männliche Individuen« aufzunehmen, allerdings mit dem Zusatz: »nur ungefährliche«.

So hielten nun der »Knabe Hermann« – weil er so lang aufgeschossen war unter dem Namen »Laban Habelmann« – und Alvensleben als »Apollo Plüsch« Einzug in unseren Jungfrauenbund, und bald darauf auch Emanuel Geibel. Wie dieser zu seinem Kaffeternamen »Götz mit der eisernen Hand« gekommen ist, weiß ich heute noch nicht, denn der paßte wenig zu seinem weichen Gemüt und seiner zarten Lyrik; es offenbart sich auch hier die Genialität der Kaffeologen, die vorausgeahnt haben, welche kraftvolle Vaterlandslieder Geibel später schaffen würde.

Nachdem nun einmal das Prinzip der ausschließlichen Weiblichkeit des Kaffeters durchbrochen war, war auch dem Ansturm der männlichen Hospitanten nicht mehr zu wehren. Zumal nachdem der König den Kaffeter öffentlich belobigt hatte, konnten wir uns vor den vielen Leutnants kaum retten, und jeder von ihnen rechnete es sich zur Ehre an, wenn ein Beitrag, den er eingesandt hatte, in die Kaffeterzeitung aufgenommen wurde. Der Kaffeter war eben nicht mehr ein Veilchen, das im Verborgenen blüht, sondern er war zu einer Art Berühmtheit in Berlin geworden. Minister besuchten unsere Sitzungen (außer dem Onkel Savigny auch der preußische Gesandte in Dresden v. Jordan), sogar ein katholischer Fürstbischof, der freilich später evangelisch geworden ist [Graf v. Sedlnitzky, bis 1840 Fürstbischof von Breslau] und ein zukünftiger Potsdamer Hofprediger [Fr. W. Krummacher, damals noch in Elberfeld]. Prinz

Waldemar war des öfteren unser Gast, und sogar Graf Eduard Oriola, der so ernst war, daß ich mich immer ein bißchen vor ihm fürchtete, schaute sich unser lustiges Treiben einmal an.

So hat der Kaffeter geblüht, gerade fünf Jahre lang, bis zu dem verhängnisvollen März 1848, in dem auch er der Revolution zum Opfer gefallen ist. Später haben sich die Trümmer des Kaffeter noch ein paarmal zusammengefunden, wenn die Barduas von Ballenstedt, wohin sie sich unter den Schutz ihrer Herzogin geflüchtet hatten, mal nach Berlin kamen, aber das waren doch nur Erinnerungsfeiern. Das Band aber, das der Kaffeter um uns geschlungen, ist festgeblieben, und es ist nicht nötig, daß die Kaffeterzeitung, die nach dem Tode der guten Barduas dem »Präsident Maiblümchen« übergeben wurde, mich daran erinnert. Wenn ich Nina York und Ottilie v. Thile begegne, so oft ich mit Marie Olfers zusammen bin, die nun alle schon weißes Haar haben wie ich – immer klingt zwischen uns das Zauberwort aus der Jugendzeit: »Unser geliebter Kaffeter!«

Mine Bardua: »Das Zusammensein mit Bettinen ist jetzt nicht immer bequem«

22.2.1840. Die hübsche französische Kinderkomödie, die wir gestern zur Feier von Herrn v. Savignys Geburtstag bei uns aufgeführt haben, hatte den glänzendsten Erfolg. Oft mußten die Kinder im Reden innehalten, um das Lachen und Klatschen sich erst wieder beruhigen zu lassen. Die Jungens als züchtige Nonnen waren aber auch zu komisch, und meine eingelegten Couplets zündeten ebenfalls. Savigny war hocherfreut über das Ganze. Besonders über unser Louischen war er ganz begeistert. Ihre reine Aussprache, ihr französischer Pli und ihr unbefangenes, ausdrucksvolles Spiel waren aber auch entzückend. Und geradezu überraschend war, wie sie den von Louis verfaßten lateinischen Prolog, in dem Savigny gefeiert wurde, vortrug, als ob sie ein Verständnis von dem Inhalt hätte.

Wir hatten 25 Gäste, dazu die 6 Kinder, welche die Komödie spielten. Bettine mit ihren Töchtern war auch dabei. Sie ist nun doch nach Berlin gekommen, da Max und Armgard bei Hof präsentiert werden sollen. Das Zusammensein mit Bettinen ist jetzt nicht immer bequem, da sie sehr erbittert gegen Savignys ist, besonders gegen ihn als Vormund ihrer Kinder; nun verlangt sie immer, daß man ihr zustimmen soll – das ist eine schwierige Situation.

Ich habe mir von Bettinen ausgebeten, daß Gisel jeden Tag zu mir kommt. Es soll mir eine Freude sein, dem Kinde außer meinem Französisch auch sonst aus dem »Haushalt meiner Seele« mitzuteilen, was etwa Gutes darin vorrätig sein mag. Bruder Louis meint freilich: »Nein, Gisel soll gar nicht lernen! Die muß sich, wie ihre Mutter, ganz frei aus sich heraus in ihrer Eigenart entwickeln.« Vielleicht hat er recht: Es ist ein ganz merkwürdiges Kind.

11.3.1840. Zu gestern abend hatte sich die Arnim mit ihren Töchtern angesagt; auf ihren Wunsch hatten wir noch Devrient dazu gebeten, auch Louis und Emilie waren da. Es war ein belebter Abend. Die Mädchen sind unsäglich liebenswürdig und anmutig und, was mich besonders freut, so ganz in ihrer alten Art. Man merkte ihnen nicht im mindesten ihre großen Erfolge auf den Hoffesten an, sie sprachen darüber mit der anziehendsten Unbefangenheit. Bettine war in bester Stimmung. Zu später Stunde holte sie noch ihr neues Manuskript, das eben gedruckt werden soll, hervor. Sie sagt, es sei ihr Briefwechsel mit der Günderode. Nun, das darf man wohl nicht so wörtlich nehmen – ich bin überzeugt, daß die Briefe in der Einsamkeit von Bärwalde gedichtet sind. Tut aber nichts zur Sache – der Inhalt ist voll Geist, Witz, Phantasie und Anmut; nur die langen philosophischen Auseinandersetzungen erscheinen mir unersprießlich.

4.1.1846. Die Anwesenheit des Dichters Andersen versetzt jetzt die ganze Gesellschaft bis zum Hofe hinauf in Bewegung – er ist der Löwe des Tages. Man spricht ein wenig von seiner Dichtereitelkeit. Frau Professor Erdmann erzählte, sie wäre dreimal auf ihn eingeladen worden, bei Rauch, bei Tieck und bei Frau Steffens, und überall sei er ausgeblieben; Tieck habe er auf dessen eigenhändiges Billett nicht einmal geantwortet. Frau v. Schmeling hat uns zu heute mittag auf Andersen eingeladen. Ich bin begierig, ob er da kommen wird. Ich möchte ihn so gern kennenlernen, da er doch Ehrenmitglied unseres Kaffeter ist.

Abends. Das kleine Diner ist bestens verlaufen – Andersen kam wirklich. Ich habe keine Eitelkeit in ihm gefunden, sondern eine rein kindliche Dichternatur, die sich wohl auch vom Weihrauch der Könige und der großen Welt nicht so leicht umnebeln lassen wird. Er war überaus gesprächig und begleitete alles, was er sprach, mit lebhaften Gesten. Sein Aussehen ist ziemlich angenehm; ich schätze ihn auf etwa 40 Jahre. Etwas Treuherziges liegt in seinem ganzen Wesen, treuherzig ist auch die Art, wie er von seinen Märchen und dichterischen Produktionen spricht. Es mag indessen sein, daß er in Gesellschaft von Männern etwas *zu viel* von sich spricht. Er ist schon wiederholt vom König eingeladen worden. Gestern hat ihn die Wache in Potsdam nicht passieren lassen, weil sie seinen Versicherungen, er müsse zum König, nicht glaubte; es hat ein langes Verhandeln gegeben, bis endlich ein Kammerherr gekommen ist. Andersens Art zu erzählen wirkt sehr komisch durch die Beschwerlichkeit seiner dänisch-deutschen Sprache. Nach Tisch las er ein paar Märchen vor, dann erzählte er auch eins von einem Ball und einem Kreisel, die zusammen im Tischkasten liegen.

Da Andersen als Kaffetermitglied uns hatte besuchen wollen und unsere Adresse schon in seinem Buche aufgeschrieben hatte, hatte unser Begegnen mit ihm nichts Fremdes. Caroline hat ihn gebeten, ihr eine Stunde zu einem Bildchen zu sitzen, und er hat das auf Morgen zugesagt, obgleich er die wenigen Tage bis zu seiner Abreise ganz zerrissen ist von prinzlichen Einladungen und allen möglichen Umlagerungen, die ein »Löwe« zu ertragen hat.

6.1.1846. Andersen hat Wort gehalten. Er kam gestern morgen um ½ 10 Uhr und blieb anderthalb Sunden. In dieser kurzen Zeit hat Caroline seinen Kopf in Öl entworfen – und wie frappant! Die Arnim, die noch nichts von unserer Begegnung wußte, hat ihn heute sofort erkannt. Andersen hatte einen Band seiner Märchen mitgebracht und las daraus eins vor. Ein anderes mußte ich vorlesen; Caroline sagte mir hernach, er habe leise immer mitgesprochen. Er ist so vertieft in seine eigene Geisteswelt, daß er von etwas anderem wenig Notiz nimmt; aber man darf das nicht als gemeine Eitelkeit auslegen. Eitelkeit sucht sich immer auf irgendeine Weise zu verbergen – man ertappt sie gewissermaßen. Bei Andersen ist nichts zu ertappen; er ist so unverhohlen, so treuherzig und glücklich im Gefühl seiner Dichtergaben, seine innere Welt quillt ihm so silberklar über die Lippen, die kindliche Freude an seinem poetischen Schaffen hat etwas so Naives und Unschuldiges, daß alle Ungunst des Urteils: »ja, wenn er nur nicht so eitel wäre!« dadurch entwaffnet werden muß.

31.1.1846. Heute war ich in diesem Winter zum ersten Male in der wissenschaftlichen Sonnabendsvorlesung. Dr. Häring las über den alten Berliner Gelehrten Moritz. Wie hat sich das Auditorium gegen früher gewandelt! In den ersten Jahren sah man fast alle Notabilitäten von Berlin, die Königliche Loge war immer voll besetzt. Heute waren auf den Plätzen, wo früher die Minister, Gesandten und Generäle saßen, unbekannte Menschen – aber es ist gut, daß der Besuch nicht mehr Modesache ist, sondern nur noch die kommen, die ihren Geist bereichern wollen. Es war mir aber doch melancholisch, daß so viele fehlten, die sonst immer da waren. Die Prinzessin Wilhelm, die sonst jeden Sonnabend in der Königlichen Loge saß, liegt auf ihrem Schmerzenslager, und auch Wach, den man immer als treuen Zuhörer sah, ist den Weg des Todes gegangen.

Zu Mittag waren wir bei Madame Levy – das Haus ist auch ein Tempel der Vergangenheit. Das neue Museum wächst darüber hinaus; es schrumpft immer mehr zusammen, je gigantischer der neue Bau sich ringsum erhebt. Ebenso schrumpft seine Besitzerin zusammen; sie kam mir heute ganz klein geworden und sehr gealtert vor – was bei 85 Jahren kein Wunder ist. In ihrem Zimmer ist noch alles wie vor 25 Jahren, dieselbe altmodische Behäbigkeit wie damals. Von allen Wänden grüßt uns längst zerstäubte Vergangenheit: die Uhden, die Milder, der alte Friedländer! Der alte Kreis ist gelichtet – nur Mad. Saling ist noch da und die alte Chodowiecka mit ihrem Samthut von vor 30 Jahren! Henriette Herz kann auch nicht mehr kommen. Sie ist schon lange ans Zimmer gefesselt, aber ein warmer Sonnenstrahl ist ihr durch des Königs Gnade noch in ihr stilles Stübchen gefallen, um ihr die letzten kranken Tage zu erhellen: Sie hatte knapp zu leben – nun gibt ihr der König jährlich 500 Taler und hat diese ungeforderte Gunst mit einem schönen Handbillett begleitet.

27.4.1847. Der große Landtagsrout bei Savignys war überaus glänzend, 400 Gäste mochten gegenwärtig sein. Auch der Prinz und die Prinzessin von Preußen waren erschienen, außer ihnen noch viele fürstliche Personen wie der Prinz Friedrich aus Düsseldorf, der

Erbprinz von Meiningen, die Herzogin von Sagan; auch unser Prinz Hans war da. Der Prinz von Preußen begrüßte uns sehr freundlich und sprach ein Weilchen mit uns. Auch mit dem Prinzen Friedrich knüpfte sich die alte Bekanntschaft von Alexisbad wieder an. Diese Woche ist viel Volkslärm wegen der Teuerung gewesen, das Militär hat einschreiten müssen. Die Zeitungen waren ein paar Tage voll davon.

5.5.1847. Gestern hat Caroline bei Savignys Tableaux zu Ehren der Anwesenheit des Königs gestellt. Sie marschierte schon früh um 7 Uhr von Hause ab, denn es ging etwas rasch und bunt zu, da nur 3 Tage zur Vorbereitung waren. Es ist aber alles wohl gelungen. Der König hat längere Zeit mit Caroline gesprochen. Eben war Frau v. Savigny hier, um Carolinen nochmals zu danken. Sie erzählte noch viel Hübsches, was der König über die Tableaux gesagt habe.

16.5.1847. Als wir heute morgen nach der Lennéstraße kamen, war Emilie mit den Kindern in die Matthäikirche gegangen. Wir gingen dahin, um sie abzuholen. Es war recht still um die kleine Kirche herum. Sie liegt ganz im Grünen. Vor dem Portal ist ein Rasenplatz, auf dem Kinder saßen und mit Kuhblumen spielten; in den Gärten sangen die Nachtigallen, hinter der Kirche hörte man Frösche und Unken. *So* ländlich ist es jetzt noch – in 10 Jahren wird auch dort ein neuer Stadtteil stehen; schon sieht man den Anfang einer glänzenden Häuserreihe. Viele Equipagen hielten in der Nähe – der neue Prediger Büchsel ist gerade in der höheren Region der Gesellschaft sehr beliebt. Endlich hörte man die Orgel zum Ausgang spielen. Es war immens, welche Menge geputzter vornehmer Frauen aus den Türen strömte – ich konnte mir gar nicht vorstellen, daß diese Menschenflut in der kleinen Kirche könnte Raum gehabt haben.

Am Nachmittag kamen Max und Gisel mit Apollo Plüsch. Max schalt, daß wir schon wieder fortwollen, wir würden ja hier gar nicht mehr warm. Der gestrige Kaffeter in der Lennéstraße war glänzend an fröhlichem Leben. Nur gewinnen die jungen Männer zu sehr die Oberhand; aber Gisel wird rot vor Zorn, wenn jemand nur das geringste gegen Geibel oder gar ihren Freund Hermann sagt. Erst spät gingen wir nach Haus, mit Arnims und Olfers hinten durch die Kommunikation und Savignys Garten. Gisel sang in der nächtlichen Stille, daß die Mauern widerhallten. Es tut mir doch leid, den allerliebsten Kreis schon wieder zu verlassen. Gestern haben wir einen Brief von der Herzogin erhalten: Am dritten Pfingsttag werden wir erwartet.

11.3.1848. Die Politik verschlingt jetzt jedes andere Interesse – kaum daß ich noch Humboldt lesen kann. Heute mittag war erst Frau v. Savigny da, ordentlich nervenschwach vor Aufregung, dann die Arnim, die hofft, daß es nun recht ordentlich losgehen soll. Man erwartet jeden Tag Aufruhr. Caroline war am Nachmittag bei der Frommann drüben und kam ganz angesteckt von politischen Befürchtungen zurück.

15.3.1848. Gestern war bei uns der Kaffeter, aber die Unruhe der Zeit steckte allen in den Gliedern. Hermann Grimm lief ein paarmal fort, um zu sehen, wie es stünde – es war noch kein Aufruhr, aber doch eine gewisse unheimliche Bewegung. Olfers eilten fort, um noch nach Haus zu kommen. Dem Prinzen Waldemar haben sie neulich, als er bei Arnims war, die Pferde von seinem Wagen spannen wollen; er ist so mit knapper Not davongekommen. Eine große Unterbrechung in dem Gesellschaftsleben ist eingetreten. Jedermann bleibt zu Haus und wartet, was kommen wird. Ich habe gutes Vertrauen, daß dieses kleine Volksdrama bald ohne schlimmere Folgen verflogen sein wird. Es ist doch wohl nur der Pöbel, der denkt, nun komme die Reihe einmal an ihn, es werde sich alles umdrehen und die Niedrigen würden nun herrlich leben und sich in die Betten der Reichen und der Könige legen.

Heute mittag gingen wir, die alte Mad. Levy besuchen. An der Schloßbrücke und dort in der Gegend fanden wir viel Bewegung, ohne daß sich etwas zugetragen hätte. Einen jungen Menschen hörte ich sagen: »Die Berliner haben kein Herz, da sind die Franzosen andere Kerle.« Es kommt einem wirklich so vor, als möchten die Berliner wohl gern, aber sie trauten es sich nicht.

Jetzt ist es abends gegen 9 Uhr. Um sechs waren wir bei Frau v. Savigny, die allerlei Besorgnisse und schlimme Nachrichten im Kopfe hatte. Der Bediente kam und sagte, es seien Tausende von Menschen auf dem Schloßplatz versammelt, doch sei noch alles ruhig. In der Behrenstraße stand auch viel Volk, wie etwas erwartend, das passieren sollte. So ist's noch – man hört viel lautes Gespräch unten auf der Straße, viel Hin- und Herlaufen, Patrouillen zu Pferde passieren vorbei. Aber etwas Sicheres ist in unserer Klause nicht zu erfahren. Auf dem Schloßplatz, so hört man, ist die Hauptversammlung der Rebeller.

Das Haus des Hofmalers Wach: »So will die vornehme und reiche Welt den Künstler«

Ich bewegte mich zunächst in einem Hause, wo man unbedingt alles lobte und pries, was von dem neuen Könige ausging, dies war das Haus des Hofmalers Wach und seiner Schwester, der Schriftstellerin Henriette Paalzow. An dieses Künstlerpaar schloß sich eine Anzahl gleichgesinnter Männer in Talent und Richtung an. Hier sah ich den Bildhauer Rauch, den Maler Hensel, auch Schelling ließ sich hier erblicken, Herr v. Raumer u. a. –

Wach war der Höfling und Diplomat unter den Künstlern, eine Sorte, die jetzt ausgestorben ist. Es lag ihm daran, in eleganter Erscheinung auf die Männer und Frauen derjenigen Kreise zu wirken, die die Kunst in ihrer Würde nicht zu begreifen imstande sind, die ihr aber auf gutes Zureden freigiebig einen Platz an den Wänden ihrer Wohnung einräumen. Damit ist sehr viel getan. Man hat Wach vorgeworfen, daß er zu sehr Höfling war, daß er zu willig das Heiligtum seines Ateliers Prinzessinnen und deren Hofdamen öffnete, daß er im Vorgemach der aristokratischen Würdenträger als eine allezeit vermittelnde und erklärende Figur gesehen wurde, und endlich, daß er die Hofbälle besuchte, frisiert, duftend und in Eskarpins. Alles dies ist wahr, allein so will die vornehme und reiche Welt den Künstler. Sie schmeichelt, aber unter der Bedingung, daß man ihr wieder schmeichle. Wach verstand dies vortrefflich. Dabei war er ein schöner Mann und so vollendet salonfähig, daß der feinste Kenner nichts an seinem äußeren Auftreten zu tadeln fand. In ähnlichem Grade war dies auch die Schwester, nur daß diese Allüren bei ihr öfters in das Steife und Zeremonielle, manchmal sogar in das Pretiöse übergingen, was bei dem Bruder, der sich vollkommen frei bewegte, nie der Fall war.

Wach als Künstler hatte keine große Bedeutung. Er war gefällig, glatt, nicht grade ideenleer, aber auch nicht ideenschwer. Die meisten seiner Bilder waren hübsche Konversationsstücke, salonfähige Plaudereien in Farben. Später, als er große christlich-fromme Gegenstände wählte, wurde er gradezu unerfreulich, denn ihm fehlte völlig die mystische Tiefe, die Glaubensglut, die allein Stoffe der Art über den gewöhnlichen Stil der Gesangbuchbilder erhebt. Seine Porträts sind artige Dosenstückchen in vergrößertem Format. Sein Hauptverdienst bestand darin, daß er im Besitz von Takt und Geschmack war und daß er das Ungehörige überall verfolgte und vermied. Deshalb war er auch ein besserer Beurteiler von Gemälden als deren Schöpfer. Als Mensch war er eine edle Natur, ein Freund seiner Freunde, ein aufopfernd tätiger und gefälliger Mann, ohne Neid, ohne Mißgunst. Sein geistvolles Gesicht mit der wohlwollenden freundlichen Miene zeigte seinen Charakter offen. In den Befreiungskriegen war er ein bildschöner junger Krieger gewesen, von der Zeit her war er den Prinzen des königlichen Hauses bekannt, namentlich dem Prinzen Wilhelm, dem Oheim des Königs, der ihn in seinen intimen Freundeskreis zog.

So wie der Bruder dem Prinzen attachiert war, so die Schwester der Prinzessin, der Gemahlin des Prinzen. Es war eine Art freundschaftlichen Verhältnisses, das sich sehr anmutig gestaltete. Die Intimität ging soweit, daß das Publikum, als das erste Buch der Frau Paalzow erschien, die Autorschaft der Prinzessin zuschob, was nicht hätte geschehen können, wenn man gewußt, daß beide Frauen zueinander in keinerlei Beziehung gestanden.

Indem ich dem Leser das Bild der Paalzow skizzieren will, stoße ich auf eine Schwierigkeit. Die Frau war mir befreundet, und das Auge der Freundschaft sieht bekanntlich nicht klar. Obgleich noch lange nicht so verdunkelt wie das der Liebe, ist es doch weit entfernt, die Schärfe zu besitzen, die zu einer völlig objektiven Auffassung des Gegenstandes nötig ist. Nie hab ich bei Frauen das Pretiöse, Zeremoniöse, Gezierte leiden mögen: der Geist, die Wahrheit, die Schönheit geben sich offen, und grade diese Offenheit ist einer ihrer Hauptreize; nun will ich nicht sagen, daß die Freundin an jenen Übeln offenkundig litt, allein es konnte den Anschein haben, als litte sie daran, wenn man sie nicht genauer kannte. Sie war groß, schlank gewachsen, die Formen ihres Gesichts waren schön zu nennen, allein sie machte ihre Vorzüge teilweise zunichte, indem sie sie zu sehr zur Geltung zu bringen suchte. Ihr Gang war feierlich, ihre Miene ernst, ihr Gespräch langsam und gemessen, ihre Attitüde sogar theatralisch. Dabei zeigte sie sich in einer gesucht malerischen und effektvollen Kleidung. Da ihre Romane fast alle in der Feudalzeit spielen, so hatte sie durch ihren Bruder sehr genau das Kostüm dieser Zeit nach guten Vorlegeblättern sich angeeignet, und wenn man sie aus ihrem gotischen Arbeitsgemach hervortreten sah, so stand eine altertümliche Burgfrau, eine Châtelaine vor uns in faltigem Sammetuntergewande, mit knapp anliegendem Obergewand, dem mittelalterlichen Täschchen mit dem Bunde Schlüssel an der Seite. Der Gast wurde auf ein gotisch geschnitztes Möbel hingesetzt und empfand seinerseits an Rücken und Seiten die Einpressungen der gotischen Rosen und scharfen Schnörkel, während er dem leisen, gemessenen Gespräch der »Burgfrau« zuhörte. In dem Zimmer trafen verschiedene Gegenstände verwunderlich zusammen. In einer Nische, vor der abends eine Flamme brannte, machte sich die kleine kokette Gestalt der bekannten Muse mit dem Schleier bemerkbar. Hatte man sich an diesem Figürchen satt gesehen, fiel der Blick auf ein Kruzifix in ziemlicher Größe, das auf dem Piano stand. Etwas weiter entfernt vom Fenster erhob sich die Statuette Wilhelms v. Humboldt. Eine Menge mittelalterlichen Geschirrs füllte die Konsolen und Untersätze. An den Wänden nahmen die Bilder Wachs ihre Plätze, und diese bestanden wieder aus einer sehr gemischten Gesellschaft, schöne Frauen, Apostelköpfe, mittelalterliche Madonnen, moderne Porträts. Das Arbeitszimmer war ein Turmgemach mit schöner Aussicht auf den gegenüberliegenden Garten des Lustschlosses Monbijou und auf einen Arm der Spree. In diesem Turmgemach – dies erfuhr der Gast sogleich – saß die »Verfasserin von Godwie-Castle« und schrieb alle die schönen Romane, die sich so großen Beifall erwarben. Selbst beim geistigen Schaffen, wo sich doch gern der Autor einer gewissen Ungebundenheit hingibt, verließen die Besonnenheit oder vielmehr die Abgemessenheit, die Strenge, die Pünktlichkeit, die Außenwelt und ihre Anforderungen die Verfasserin niemals. Sie saß völlig gekleidet zum Empfang von Besuchen, die auch nie ausblieben, an ihrem zierlichen gotischen Schreibtisch, an dessen fatale Schnörkel sie doch sicherlich sich täglich empfindlich stoßen mußte, und schrieb mit einer zierlichen, in Perlmutter ausgelegten Schreibfeder in abgemessenen Stunden ein täglich abgemessenes Pensum; gewöhnlich einen halben Druckbogen. Dann legte sie die Feder nieder, und keine Gewalt der Erde war fähig, sie zu bewegen, sie im Verlauf des Tages wieder in die Hand zu nehmen. Das ging so jeden Tag regelmäßig seinen Gang; man konnte die Uhr danach stellen.

Auf diese Weise werden keine genialen Produkte zutage gefördert, aber wohl entstehen so fleißige, zierliche, hübsche Arbeiten, und das waren auch eigentlich die Romane dieser interessanten Frau. Man konnte sie im besten Sinne »Arbeiten« nennen. Sie wurden »gemacht«, nicht gedichtet, aber sie wurden gut gemacht, mit Einsicht, in ruhiger Überlegung und mit Kenntnis der Gesetze des Schönen, des Wohlanständigen, des guten Geschmacks und der guten Gesellschaft. Auf diesem Wege kann nichts absolut Verkehrtes, Albernes, Schädliches oder gar Gefährliches hervorgebracht werden, und Schöpfungen, die so entstehen, sind immer dem Publikum von Nutzen, wenn auch nur von negativem Nutzen, indem sie die Fehler ausschließen, wenn sie auch nicht die Schönheiten des Kunstwerks zeigen. Der Kreis modischer Bewunderer, der sich um die Frau bildete, hat ihr sehr geschadet; sie hätte in bescheidene Verhältnisse versetzt ihren Büchern mehr Tiefe und Bedeutsamkeit geben können, so aber zog der Schwarm der Salonschwätzer, der sich an ihre Fersen heftete, sie in den Strudel der frivolsten Mode. Sie wich immer mehr von der Natur ab und gab sich der Konvenienz hin. Es war ihr lieb, daß ihre Treppe hinauf Prinzessinnen stiegen, während es ihr lieb gewesen sein sollte, wenn an ihre Türe ein Kenner geklopft. Überall umschmeichelt, wäre sie in dieser Schmeichelei untergegangen, wenn etwas bei ihr dagewesen wäre, was untergehen konnte. Ihre feine, zierliche Arbeit lag auf der Oberfläche und blieb da liegen. Der Tod nahm ihr die Feder aus der Hand, da diese anfing stumpf zu werden. Bei dieser Gelegenheit zeigte sich die ganze Perfidie dieser Weihrauchspender der großen Welt. Sie hatten die Frau, als sie Mode war, bis in den Himmel erhoben; als sie tot, konnten diese selben Stimmen keine Worte finden scharf genug, um das Unbedeutende und Fade dieser Schöpfungen darzulegen. Zum Gück empfand die arme Autorin diesen Wechsel nicht; ihre Freunde suchten sie zu überreden, daß der Weihrauchkessel noch dampfte. Was ihre Bücher betrifft, die wir schon oben charakterisiert haben, so traf diese weder das überschwengliche Lob noch der spätere übertriebene Tadel. Das letzte Buch war nicht um ein Haar geringer oder kraftloser als das erste, im Gegenteil, es standen sich eben dieselbe zierliche Kunst der Anordnung, die feine Pinselführung im Darstellen des Details, dieselbe symmetrische Gruppenverteilung und architektonische Baukünstlichkeit in dem Jakob von der Nees, wie sie im Godwie-Castle und in St. Roche geherrscht hatten. Es war darum ungerecht, über plötzlichen Verfall des Talents zu schreien, über Unwahrheit zu klagen, als wenn ein solches Publikum, wovon hier die Rede ist, überhaupt fähig wäre, über Wahrheit und Unwahrheit in der Kunst wie im Leben zu entscheiden.

Eine so edle Natur wie der Bruder war auch die Schwester. Die Besonnenheit, die Förmlichkeit, die kalte Ruhe, die Überlegung, die die Schriftstellerin nicht gut kleideten, waren bei der treuen Freundin, der vorsorglichen Hausfrau, der rücksichtsvollen Weltdame sehr wohl angebracht. In einem »feinen« Herzen überlegte sie jedes, auch das kleinste fremde Interesse, das ihr nahegebracht wurde. War sie gegen Fremde kalt und förmlich, gegen ihre Freunde konnte sie warm und herzlich sein. Bewunderungswürdig war ihr moralischer Mut, ihre Kraft, Leiden zu ertragen, die fast bis an die Grenze des Ertragbaren gingen. Es ist bekannt, welch eine mit den grausamsten Qualen verbundene Krankheit sie in ihren letzten Lebensjahren befiel, aber es ist nicht so bekannt, mit welcher heroischen Festigkeit und Stärke diese reine und edle Seele die Marter eines hinfälligen Körpers überwand. Ich habe an ihrem Krankenbette gesessen, und die Tränen, die ihre Romane mir nicht auszupressen imstande waren, sie selbst, ihr leidendes Bild vor mir, das blasse, marmorkalte Antlitz mit den brechenden Blicken trieben sie in meine Augen. In diesen Momenten legte sie den Mantel der Eitelkeit ab und sah die Erde an mit ungefärbter Brille. Kurz vor ihrem Tode starb der Bruder.

Die Zusammenkünfte bei der Paalzow hatten den Charakter gewöhnlicher Salonkonversation, hier und da mit etwas künstlerischem Elemente gewürzt, doch sparsam. Die Wirtin selbst war keine witzige Frau, mit der man über Literatur und Bücher lebhaft plaudern konnte; Wach war zurückhaltend und höfisch vorsichtig, somit zerfiel die Gesellschaft in die bekannten Gruppen, die sich untereinander besprechen und sich in Fensternischen und Türöffnungen verkriechen. Hätte die Paalzow Talent und Willen gehabt, sie hätte damals, so berühmt und vom Hofe protegiert, von der vornehmen Gesellschaft vergöttert, dem damaligen künstlerischen und literarischen Berlin einen Mittelpunkt geben können. So aber blieben sehr viele Berühmtheiten von ihr fern: die Gräfin Hahn, Bettina v. Arnim, der Fürst Pückler, Steffens bildeten sich ihre eigenen Höfe, und Häring, Chamisso, Raupach wurden nicht auf gehörige Weise und durch die geeigneten Mittel herbeigezogen. Der gebrechliche alte Tieck war aus seinem Lehnstuhle nur mit großer Mühe herauszubekommen, und wenn dies gelang, so nahm zuerst ihn sein hoher Protektor in Beschlag, wo er dann bei Hofe die bekannte Vorleseorgel drehen mußte. Es blieb also nichts übrig als die feierlichen alten Autoritäten immer wieder einzuladen, und sie kamen, wandelten schweigend durch den Salon und gingen wieder eben so feierlich, wie sie gekommen. So habe ich Rauch, Humboldt, Schelling dort gesehen. Zu einer lebendigen Unterhaltung trugen diese nichts bei, wohl aber ein jüngerer Künstler, der Maler Hensel, der sein Talent, Calembourgs und Berliner Witzpossen zu produzieren, in glücklicher Weise geltend machte und dadurch die Atmosphäre in etwas von dem Drucke der Pedanterie und Gezwungenheit befreite. Ich meinerseits gab mir Mühe, die Schriftstellerin Fanny Lewald, die sich damals gerade durch geistvolle Schöpfungen einen Namen machte, dort einzuführen, und diese, die das völlige Gegenteil der Frau Paalzow war, nämlich eine witzige, vielversprechende, belebte junge Jüdin, fand wider Erwarten in diesem zeremoniösen Salon Gnade und die feudale Dame châtelaine harmonierte wenigstens auf ein paar Abendstunden vortrefflich mit der jungen Freiheitsmuse.

Der Olfersche Salon: »Wozu sind diese Hofleute anders da, als um zu plaudern?«

Da ich von Kunstproduktionen bei Hofe spreche, so muß ich eines Mannes Erwähnung tun, der einen Teil des Feldes dieser Produktionen in weitgedehntem Maße zu überwachen hatte. Wie die Musik als ihren Generalintendanten den Grafen Redern, das Theater den aus München herbeigerufenen Herrn von Küstner, so führte alles was mit Bildern, Skulpturen, Sammlungen aller Art in Verbindung stand, den Herrn von Olfers zum Generaldirektor mit sich. Ich habe sein Haus nicht aufgezählt als ich die Salons beschrieb, denn es war kein Salon im eigentlichen Sinne. Ein strenger Partisan des Hofes, richtete Herr von Olfers seine Aufmerksamkeit nur auf Personen und Dinge, die mit der Kunst oft nur einen losen, mit einflußreichen Personen aber einen engen Zusammenhang hatten. Ich habe nicht gehört und gespürt, daß irgendeine fruchtbringende Anregung von dieser Stelle ausgegangen sei. Das Haus war alle Donnerstage offen, und man fand gleich beim Eingange, der mit antiken Büsten geschmückt war, den Herrn des Hauses, der gewöhnlich ein paar »vornehme« Gäste mit Vorzeigung von Kupferstichen unterhielt. Ging man weiter, so fand man die Damen des Hauses, und diese bestanden in einer ausnehmend klugen und liebenswürdigen Mutter und zwei schönen und talentvollen Töchtern. Frau von Olfers, die Tochter des unter Wittgensteins Herrschaft sehr mächtigen Staatsrats Stägemann, eines höfischen Spottgeistes, wie es damals mehrere gab, war ganz dazu geschaffen, die Unterhaltung zwischen drei oder vier Personen belehrend und interessant zu machen; allein sie war zu bequem, einen vollgefüllten Raum in Ordnung zu halten oder in einzelne Gruppen nach der Taktik des Salons zu verteilen. Deshalb waren diese Zusammenkünfte nicht das, was sie hätten sein können. Die vom Hofe begünstigten Künstler stellten die andern ungebührlich in Schatten, und man weiß, wie leicht ein deutscher Künstler auf dem Boden des Parketts in Schatten zu stellen ist. Die Ellenbogenstöße sind ihm nicht gegeben. Ich habe den vielleicht größten Künstler, den Preußen hat, dort sehr unbeachtet gesehen, den Historienmaler Adolph Menzel, während der Hofliebling und russische Begünstigte, der Paradenmaler Krüger, einer ganz andern Beachtung sich erfreute. Jedem das Seine. Krüger hatte gewiß seine großen Verdienste, aber mich dünkt, daß, wo wirklich die Liebe zur Kunst, die Verehrung des Talents der äußern Mittel sich erfreut, diese Liebe zu betätigen, diese Verehrung darzutun indem sie die Begabung, wo sie sie findet, ans Licht zieht, sie sich in anderer Art zeigen muß. Menzel hatte damals freilich noch wenig geleistet, aber das Wenige zeigte dem Kenner schon vollkommen, was er zu erwarten habe. Er war aber von keinem Hofe empfohlen und beschützt.

Zuweilen, obgleich selten, fanden auch vorlesende Poeten einen Abend ihren Produktionen geöffnet; aber dies waren ebenfalls solche, die mit einem Geleitschein der Höfe kamen; so hab ich den prätentiösen Dichter der »Amaranth« ein süßlich-bitteres, stachelig-weiches Drama vorlesen hören, das unter affektiertem Sanfttun

Hiebe austeilte auf alles, was geistig frei und keck regsam einer gewissen Partei beschwerlich fiel. Wem diese Atmosphäre behagte, mochte sich darin bewegen; stärkere Geister, die diese hofgefällige, beifallnickende und nach äußern Zeichen der Gunst hinlauschende Gesellschaft nicht mochten, zogen sich zurück zum großen Leidwesen der gescheiten geistvollen Damen, deren einige sich in diesem Salon fanden und die nun gleichsam aufs Trockene zu sitzen kamen. Die Oberhofmeisterin von V – war eine dieser Damen, die noch nach alter Art ein geistreiches, munteres Gespräch liebte und die viel lieber durch kleine Witzspiele sich den Abend hintändeln ließ, als daß sie einem abgeschmackt pedantischen Gespräch über Humboldts »Kosmos« hätte lauschen mögen. Herr von Varnhagen verließ den Salon, weil er den Kreis nicht fand, der zu ihm paßte und zu dem er paßte; Fürst Pückler kam nie hin. Wo man aber irgend konnte, suchte man Frau von Olfers zu begegnen, denn ihre liebenswürdige, mit der Wärme und dem Gedankenreichtum einer wahrhaft poetischen Natur geschmückte Persönlichkeit entfaltete sich überall anderswo ungezwungener und ergiebiger, als es in ihrem Hause geschah. – Eine ihrer Nichten, die Gräfin Saint Marsan, war eine Erscheinung anziehender und abstoßender Art. Mit dem schlanken Wuchse und der edlen Gesichtsbildung einer antiken Schönheit verband sie die Manieren eines Pariser Taugenichts, oder besser eines Berliner Gamin. Dies machte eine sehr pikante Wirkung. Sie konnte das Berliner Straßenpatois auf eine bewundernswürdige Weise nachahmen, und dabei sah sie ernst und fast streng aus wie die Pallas von Belletri. In großer Toilette war sie eine der schönsten Ballfiguren des Hofes.

Frau von Olfers besaß nicht den Ehrgeiz, in ihren Salon Berühmtheiten zu ziehen, sonst hätte sie sich mehr Mühe gegeben, Gäste, die diesen Nimbus um ihr Haupt hatten, aufzusuchen. Wer da kam, war ihr recht, wenn er anders auf die »Liste« paßte, die ihr Mann in der Tasche hatte. Frau Paalzow wohnte in demselben Hause, und bis zuletzt, wo ihr das Treppensteigen unmöglich wurde, verfehlte sie nicht, an den Donnerstagen teilzunehmen. Rauch, Schelling, Ranke, Hensel waren nicht leicht fehlende Gäste; aber man hatte wenig von ihrem Dasein; es kam zu keiner lebhaften Diskussion. Die für das Leben der Salons tödliche Sitte des Zwiegesprächs in den Fensternischen und Stubenecken herrschte hier in einem verderblichen Grade und wurde durch keine Disziplin des Wirts oder der Wirtin zunichte gemacht. Die Frauen mußten aufstehen und sich die Männer suchen, ihnen in ihre Ecken und Verstecke nachlaufen.

Hier sah ich auch zum erstenmal den Bruder Tiecks, den mit seiner Diskantstimme vielsprechenden Bildhauer, der auf einer beständigen Jagd nach schönen Händen und Füßen sich befand und bewirkte, daß mancher Fuß das Dunkle suchte und manche Hand sich mit den Spitzengarnituren des Schnupftuchs bescheiden bedeckte. Tieck aber wußte mit einer gewissen artistischen Unverschämtheit solche einsiedlerischen Gliedmaßen doch aus ihrem Dunkel zu ziehen, und da war es denn sehr ergötzlich, wie er eine solche sich flüchtende Hand unbarmherzig erfassend, sie einem Examen rigorosum unterwarf und ungescheut Lob und Tadel über sie aussprach, als sei die Eigentümerin dieser Hand gar nicht gegenwärtig. Ebenso machte er es mit den Füßen, ja er murmelte manchmal sogar etwas über darüberstehende Regionen, wodurch er den Prüden lästig wurde. Friedrich Tieck hatte nicht die Schönheit und nicht das Talent seines Bruders, er war aber eine ehrlichere Natur, und was er in der Kunst geleistet, ist aller Ehren wert. Sein Ende war betrübend. Als das letzte ging aus seiner Werkstätte ein Gebilde hervor, das, auf einer der Treppenwangen des Berliner Schauspielhauses aufgestellt, ein Bild seines eigenen Lebens genannt werden kann. Es ist ein Genius, der auf einem häßlichen Untier reitet, das wohl ein Leopard sein soll, aber wie eine geschundene kolossale Katze aussieht. So ritt der Poet bei ihm auf dem häßlichen Tiere der niedrigen Gelüste, und das häßliche Tier ging mit dem armen kleinen Poeten durch, er verstand es nicht zu bändigen. In dem großen Empfangssaal des Schlosses zu Weimar steht von seiner Hand geformt eine Muse, die schön in Gewand und Stellung ist und die die Porträtfigur der berühmten Jagemann, spätern Baronin von Heygendorff darstellt.

Das Haus des Ägyptologen Lepsius: »Über dem gelben lag der weiße Saal«

Die Bendlerstraße wurde zu Anfang der fünfziger Jahre von dem Maurermeister Bendler angelegt. Sie verbindet den Tiergarten mit dem Landwehrkanal, damals Schafgraben genannt, und läuft parallel mit der bereits in den vierziger Jahren angelegten Matthäikirchstraße.

Bei der Parzellierung erwarb Lepsius im Jahre 1854 das fünfte Grundstück vom Kanal auf der linken Seite, Nr. 18, mit einer Frontbreite von rd. 50 m, einer mittleren Tiefe von 180 m und einem Flächenraum von 1,7 Morgen. Die Freunde hatten ihn davor gewarnt, so weit hinaus zu ziehen: es würde ihn dort niemand besuchen. Aber Elisabeth sagte, »die rechten Freunde werden schon kommen«, und grade das Landleben da draußen war ihre Sehnsucht für sich und die Kinder. Auch vor dem Wagnis, in Berlin ein gotisches Haus zu bauen, warnten die Freunde; aber Lepsius liebte den Stil des englischen Landhauses und war überdies schon aus der Jugendzeit durch den Naumburger Dom, über den er selbst geschrieben, und die Bauten in Pforte mit der Gotik vertraut.

Seine besondere Liebe widmete er der Anlage des Gartens. Der einzige größere Baum auf dem Grundstück war eine Weide, die sich später zu einer der größten und schönsten Berlins auswuchs. Den Plan des Gartens entwarf der Garteninspektor von Sanssouci Fritz Wilken, ein Bruder von Sophie Pinder. Das von den Freunden *Casa Lepsia* genannte Haus lag mit der Straßenfront nach Osten und berührte die Nordgrenze des Grundstücks mit der »Unterfahrt«, die zu dem hinter dem Hause liegenden Hof führte. An der Südseite bildete der offene Balkon mit seinen Säulen und Spitzbogen die Zierde des Hauses. Eine Freitreppe führte rückwärts in den Garten zunächst auf einen geräumigen Spielplatz, der hauptsächlich dem bei jung und alt beliebten Bocciaspiel diente. Den Vordergarten neben dem Hause nahm ein großes mit Buchs eingefaßtes Rondell ein, in dessen Rasenfläche Blumen- und besonders Rosenbeete eingesetzt waren. Das Straßengitter in gotischem Eisenguß war von niedrigem Gebüsch verdeckt, vor dem sich Blumenrabatten hinzogen. Die Ost- und Südseite des Hauses war mit Naumburger früh tragenden Edelreben, die Balkonsäulen z. T. auch mit dem beliebten großblättrigen Pfeifenkraut, Aristolochia, berankt.

Auf dem eingezäunten Hofe befand sich an der Nordseite der Kuhstall im Schweizerstil, der einen Raum für die Kuh Hathor, einen Geräteraum und den Hühnerstall barg. Im Dach lag der Heuboden mit dem Taubenschlag. Der Wächter des Hauses war der Kettenhund Ramses, ein Bernhardiner, dem sich später ein kleiner Findling Annubis zugesellte.

Der Spielplatz wurde von der großen Weide flankiert, in deren Ästen sich die Kinder Sitze und Tische einrichteten, an denen gelesen und gearbeitet wurde. Von hier führte ein gewundener Mittelweg zu dem in der Südwestecke gelegenen Küchen- und Obstgarten mit seinen Gemüse-, Erdbeer- und Spargelbeeten, Johannis- und Stachelbeersträuchern und Himbeerhecken. Er wurde von den beiden Bergen, dem Brocken und der Schneekoppe, eingeschlossen. Auf dem runden Tisch der letzteren befand sich das Storchnest, dessen Bewohner zur Freude der Kinder regelmäßig von ihrer Winterreise wiederkehrten.

An der Nordplanke des Gartens schloß sich an den Kuhstall eine lange Pergola mit frühen Weinsorten an, vor der sich die Kinderbeete mit je einem Zwergobstbaum befanden, die eifrig gepflegt wurden. Am Ende der Pergola stand die Schaukel, und in ihrer Nähe lag der Turnplatz mit Barren, Reck, Pferd, Stangen- und Leitergerüst. Die Südweite des Gartens war durch Gebüsch und Bäume, besonders das Birkenwäldchen, gedeckt, und die beiden großen mit Querwegen durchschnittenen Wiesen zu Seiten des Mittelweges ließen offne Durchblicke frei zwischen den Bäumen und Büschen, die sie einfaßten. Sie wurden durch das links am Mittelweg liegende Buchenwäldchen getrennt, das im Sommer für schattige Plätze sorgte.

Unter dem am Brocken stehenden reichbelaubten Tulpenbaum, von hohem Wuchs und im Schmuck seiner gelben Blüten von großer Schönheit, hatte Lepsius im Andenken an seine Jugendzeit von Erbkam eine Nachbildung der »Ewigen Lampe« vom Friedhof zu Schulpforta[1] aufstellen lassen, ein schmales Sandsteinkapellchen mit gotischem Turm und bronzener Gittertür.

Großen Wert legte der Besitzer auf die Mannigfaltigkeit der Gewächse, unter denen sich viele Seltenheiten befanden. Verwandte und Freunde fanden sich auf seinen Wunsch bereit, Bäume in den

1 Dort um die Mitte des 13. Jahrh. von Heinrich, dem 6. Abt des Klosters, errichtet: »ut ex eo procurat lumen de nocturno tempore arsurum in cymenterio portensi.«

Garten zu pflanzen, und so entstand ein lebendes Album prächtiger Exemplare der verschiedensten Arten, die schnell heranwuchsen. In einen großen Gartenplan hatte er eigenhändig die Namen von 620 Gewächsen eingetragen und zugleich in roter Tinte die Namen von 140 Pflanzern mit dem Datum der Pflanzung, worüber auch Porzellanschilder an den Bäumen Auskunft gaben. Viele gehörten der näheren oder ferneren Familie an, andre Freunden, von denen hier einige genannt werden mögen:

Abeken, Heinr.	Populus agladesca macrophylla
Arnim, v., H. A.	Pfirsich von Linschoten
Bunsen, C. J. v.	Steineiche, Quercus robur petuncula
Bunsen, Ernst v.	Christusdorn, Gleditschia triacanthus
Bunsen, Georg v.	Judasbaum, Cercis siliquastrum
Curtius, Ernst	Gravensteiner Apfel
Ehrenberg, C. G.	Platane
Erbkam, Georg	Tulpenbaum, Liriodendron tulipifera
Gerhard, Eduard	Apfel, Pennington seedling
Grandpierre, Mr.	Quitte, Pyrus Cydonia
Grandpierre, Mad.	Goldregen, Citisis laburnum
Grimm, Jakob	Kronenrenette
Grimm, Hermann	Trauerweide, Salix pendula
Grimm, Wilhelm	Walnuß, Juglans regia
Hertz, Wilhelm	Bluteiche, Quercus coccinia
Homeyer, Gustav	Pyrus japonica
Humboldt, Al. v.	Pyramideneiche, Quercus pyramidalis
Kestner, Charlotte	Weinrebe Gut Edel
Leemans	Birke, Betula, Leemansia, aus Holland
Lepsius, Edmund	Trauerbuche, Tilia pendula
Lepsius, Gustav	Hahnehütchen, Evonymus europaea
Magnus, Eduard	Magnolia grandifolia
Magnus, Gustav	Maulbeere, Morus alba
Pertz, Georg	Calville rouge
Peters, Wilhelm	Mandelbaum, Amygdalus
Pinder, Moritz	Je länger je lieber, Lonicera caprifolium
Ritter, Carl	Butterbirne, Beurre Napoleon
Ritter, Joh.	Grüne Reine Claude
Schlieffen, Graf	Begonia catalpa aus Schlieffenberg

Schubarth, General	Götterbaum, Aylanthus
Trendelenburg, A.	Gelbe Kastanie, Aesculus lutea
Usedom, Graf G.	Rote Kastanie, Aesculus discolor
Weidenbach, Ernst	Muscatbirne aus Naumburg
Wichern, Hinrich	Rose aus Hamburg
Wiese, Ludwig	Wachholder, Juniperus Virginiana
Zech, Graf	Weigelia aus Gosek bei Naumburg.

Die Front des Hauses trug den Spruch: »Ohn' Gottes Gunst all Bau'n umsunst« in reich verzierten gotischen Buchstaben, und über der in der Unterfahrt gelegenen Haustür war eine Steintafel angebracht mit der Inschrift: »Gottes Gnad' und Frieden sei diesem Haus beschieden«. Sie führte in das Treppenhaus und über neun Stufen auf den Vorplatz des Hauptgeschosses, von dem die Treppe in zwei Absätzen zum Obergeschoß weiterlief. Der obere Vorplatz wurde durch einen weiten Schwippbogen getragen, der sich auf zwei Hauskobolde stützte, und an der mittleren Treppenwange stand das Nürnberger Gänsemännchen. Eine Hausglocke rief die Bewohner zu den Mahlzeiten zusammen. Auf dem unteren Vorplatz stand die holländische Standuhr mit den Posaunenengeln und an der Wand hingen Ahnenbilder aus der Lepsiusschen und Kleinschen Familie. Die gotische Flügeltür links führte in den unteren, den gelben Saal, die Mitteltür in das Kinder- und Eßzimmer und die Tür rechter Hand durch einen kleinen Gang zur Anrichte mit Büffet und Wandschränken und zu den nach hinten gelegenen Zimmern.

Der gelbe Saal wurde durch einen auf schlanken Säulen ruhenden flachen Bogen in zwei ungleiche Räume geteilt, wodurch er den Charakter einer Familienhalle erhielt. An der Stirnwand der dadurch gebildeten Nische hing das schöne Bild von Lili Parthey als Braut, das Wilhelm Schadow 1824 gemalt hatte, um das sich allmählich die von Hellwig gemalten Pastellbilder der Kinder des Hauses gruppierten.

Hier versammelte sich die Familie, soweit es die Schularbeiten zuließen, zu gemeinsamer Unterhaltung oder Vorlesung nach dem Abendtee, an dem häufig nahe Freunde teilnahmen. Hier stand auch der von Neukomm ausgesuchte Erard-Flügel, auf dem es zwei der Kinder zur Meisterschaft brachten, während andre Geige, Bratsche und Cello spielten oder dem Gesange huldigten, was Veranlassung zu Solo- oder Ensemble-Musik und zu musikalischen Aufführungen aller Art bot.

Durch eine Flügeltür gelangte man aus dem Saal in das zweifenstrige Zimmer der Hausfrau, von dem eine Glastür zum Balkon und in den Garten führte. Auf der dunkelblauen Tapete hingen ihr von Eduard Magnus gemaltes Brautbild und das ihres Gatten von Carl Begas. In allen Zimmern standen weiße gotische Porzellanöfen, wie sie nach Stracks Zeichnungen in der Feilnerschen Fabrik für das Schloß Babelsberg angefertigt worden waren.

Eine Tapetentür führte zum Mittelzimmer, dessen großer runder Ausziehtisch als Eßtisch, zugleich aber den Kindern als Spiel- und Arbeitstisch diente, die, je größer sie wurden, sich jedoch mehr und mehr in andere Stuben zurückzogen. Daneben lag das Kinderschlafzimmer, dessen Fenster ebenfalls nach Süden blickten, aus dem man dann in das nach Westen gelegene Schlafzimmer der Mutter kam, das durch eine bis zum Dach führende eiserne Wendeltreppe mit dem darüber liegenden des Vaters und dem im Keller befindlichen Badezimmer verbunden war. An der Nordwestecke lag das »Schränkezimmer«, in dem die Hausfrau ihre Vorräte an Wäsche und Kleidern hatte, das aber zugleich für die Kinder zwei wichtige Anziehungspunkte barg, nämlich den »Sonntagsschrank«, in dem die Spielsachen aufbewahrt wurden, die nur dem Sonntag vorbehalten waren, und eine große Deckelkiste mit Kostümen und Stoffen allerart, die für Verkleidungen und Aufführungen eine unerschöpfliche Fundgrube bildete. Darin befand sich auch der noch jetzt vorhandene Anzug, den der Ururgroßvater Friedrich Nicolai mit 4 Jahren getragen hatte, bestehend aus rotseidenem Rock mit Schößen und gelbem Besatz, Spitzenjabot und grünseidenen Kniehöschen.

Das Obergeschoß enthielt die Gesellschaftsräume und die Arbeitszimmer des Hausherrn. Über dem gelben lag der weiße Saal; an den Fensterpfeilern befanden sich hohe Spiegel in goldnen Rahmen auf Marmorkonsolen; das Parkett des Fußbodens war besonders schön gemustert, und die reiche Stuckdecke im Tudorstil mit herabhängenden gotischen Zapfen verlieh ihm einen festlichen Charakter. Die Möbel bestanden, der damaligen Mode entsprechend, im ganzen Hause fast ausnahmslos aus Mahagoniholz.

Die Fenster waren noch nicht wie zur Makartzeit mit schweren Stoffen verhängt, sondern mit leichten Tüllgardinen, die helles

Licht für die Beleuchtung der Wandbilder hereinließen. An der Stirnwand hing das große Bild der Nilinsel Philae von E. Weidenbach, an der Längswand der Tempel von Girgenti, ein Geschenk von Leo von Klenze; über der Neukommschen Orgel das Weidenbachsche Bild mit dem tafelförmigen Berge Barkal in Oberägypten, vor dem 92 Nubier den Granitwidder durch den Wüstensand an den Nil ziehen, der sich jetzt im Berliner Museum befindet. Dazwischen hingen andre Orientbilder, wie der gewaltige Tempel von Edfu, ein Wüstensturm in roter Sonnenglut, ein Jordanbild von Frey, die Stelle darstellend, wo Christus getauft wurde, und andre. Am Mittelfenster stand der Alabastertisch mit einem Tablett kunstvoll Geschliffener Gläser, darunter ein Pokal mit dem Abendmahl von Leonardo. Der Abendbeleuchtung diente ein Kronleuchter in Goldbronze mit 24 Kerzen und vier Wandleuchter.

Das daranstoßende Eckzimmer hieß das »Museum«. Hier stand die »Kunstfestung«, ein gotischer Mahagonischrank für Mappenwerke mit einem offenen Aufsatz für Prachtbände. Ein Glasschrank barg mancherlei Kunstgegenstände aus dem Orient. An den rot tapezierten Wänden hingen gute Gemälde, darunter ein Schillerbildnis von Tischbein und ein Porträt von Champollion. Der Marmorkamin trug allerlei Skulpturen, eine Wandkonsole die h. Elisabeth aus der Marburger Kirche in buntem Zementguß. Hier hing auch das Aquarell von G. Frey: Die Feier des Geburtstags Friedrich Wilhelms IV. auf der Cheopspyramide durch die Preußische Expedition am 15. Okt. 1842[1].

Eine Glastür führte auf den oberen Balkon, von dem man eine freie Aussicht hatte über die Felder und Wiesen jenseits des Kanals auf die Bauernhöfe von Wilmersdorf und Schmargendorf und bis zum Grunewald. Die Militärmusik der Sonntagnachmittagkonzerte

1 Das Bild zeigt unter der wehenden preußischen Fahne: Lepsius im Arbeitskittel und Zylinderhut, daneben den Missionar Isenberg, den Former Franke, die Maler M. u. E. Weidenbach, die Architekten Erbkam, Wild und Bonomi, im Vordergrunde Frey, den Maler des Bildes.

Die hieroglyphische Umschrift preist nach Art alter Stelen den König und die Königin. Neben dem Eingang in die Pyramide wurde diese Inschrift in den Stein gehauen und mit Farben ausgemalt. Sie befindet sich auch am Architrav des Tempelhofes im ägypt. Museum.

im Zoologischen Garten hörte man so deutlich, daß die Musikstücke zu erkennen waren.

Neben dem Museum lag die Bibliothek, zugleich Vorzimmer für das daranstoßende Arbeitszimmer des Hausherrn. Die Wände beider Räume waren mit hohen Bücherregalen besetzt. Nur über dem roten Diwan im Arbeitszimmer hing ein langgestrecktes, von der Spitze der Cheopspyramide aufgenommenes Panorama und darüber eine große Zeichnung von Georgi, die die Mitglieder der Expedition unter Palmen am Nil, jedes in der ihn charakterisierenden Tätigkeit darstellend, zu einer lebendigen Gruppe künstlerisch vereinigt. Außer dem geräumigen Schreibtisch enthielt das Zimmer noch Tische zum Ausbreiten von Karten und Zeichnungen und ein Stehpult, an dem Lepsius mit Vorliebe arbeitete.

Von hier kam man in das Schlafzimmer mit weiter Aussicht in den Garten, dann über einen Gang zum Dienerzimmer und zu der nach dem Dachgeschoß führenden Nebentreppe. Dort befand sich ein großer Bodenraum, Fremdenzimmer und Kammern und im Turm das Atelier mit vier Lithographentischen für die Herstellung der ca. 900 Steindruckplatten des großen Denkmälerwerks.

Im Untergeschoß befanden sich die Küche und die Wirtschaftsräume; neben der Küche das Zimmer der Wirtschafterin Luise, die den ganzen inneren Betrieb in Haus und Hof leitete und die unentbehrliche Helferin der Hausfrau war. Die Kinder haben noch ihr goldenes Dienstjubiläum mit ihr gefeiert. Sie hatte von ihrem Fenster die Gittertür im Auge, die sie aufzog, wenn jemand schellte, kannte jeden, der im Hause verkehrte, bis auf seine Gesinnung und hatte stets ein treffendes Urteil bereit, wie: »Juristen, schlechte Christen« oder dergl. Man erzählte drollige Geschichten von ihr: Das Jordanwasser mußte in einer Steinkruke an einem kühlen Ort von einer Taufe zur andern aufbewahrt werden. Als aber der Jüngste, der Johannes, getauft war, sagte sie: »Jetzt ist es genug«, und goß das Jordanwasser weg.

Tischgespräche: »Plötzlich rief der König: Lepsius! Lepsius!«

21. 10. Ich freute mich, Richard in die Symphonie-Soirée zu führen, die ich so viel genossen habe. Eine Symphonie von Gade, wunderbar gut für etwas Neues. Figaro-Ouvertüre, Ali Baba von Cherubini und zuletzt immer das Beste, die liebe C-Dur-Symphonie von Beethoven.

24. 10. In Sanssouci großes Diner beim König für den Großfürsten Konstantin. Richard überreichte der Königin ein sehr hübsches Kästchen mit Darstellungen in Perlmutter aus Bethlehem. Es machte ihr große Freude wie auch dem König; sie erwähnte auch mein Bild von Eduard Magnus in der Ausstellung.

19. 11. Die Neugierde für Richards Vorlesungen ist so groß, über 200 Hörer, daß er das größte Auditorium hat nehmen müssen, in dem Schelling gelesen hat. Es haben sich auch eine Anzahl Professoren und Leute wie Olfers eingefunden, was ihm den Vortrag angenehmer macht. – Den Abend war Max Müller hier. Er gehört zu den Gelehrten, die gegenüber der ägyptischen Geschichte völlig ungläubig sind. Die 3–4000 Jahre vor Chr. wollen ihnen nicht in den Sinn, und sie meinen, es sei nicht möglich, das nachzurechnen, obwohl es doch mit der Aussage des Manethos[1] und mit den Monumenten so gut übereinstimmt.

Bunsen an Lepsius

London, d. 16. Nov. 1846

Ich schreibe in aller Eile, Ihnen Glück zu wünschen für den schönen Beginn Ihres Lehramtes. Damit beginnt eine neue Epoche für die Ägyptologie und ganz insbesondere für Deutschland. Ich habe alles

1 Der Priester Manethos zu Heliopolis (um 300 v. Chr.) besaß griechische Bildung und schrieb eine ägyptische Geschichte in drei Büchern von den mythischen Götterregierungen und dem ersten König Menes bis zur persischen Eroberung durch Artaxerxes, die aber nur in Bruchstücken und Abschriften vorhanden ist. Lepsius datierte die historische Zeit um etwa 2000 Jahre zurück und fand als erstes in den ägyptischen Annalen verzeichnetes Jahr der Regierung des Königs Menes 3892 vor Chr.

verschlungen was Sie und Max Müller mir darüber geschrieben haben. Das Andenken an Sie und Ihre liebe Frau lebt bei uns allen fort. Alle grüßen Sie und die Ihrigen. Herzlich Ihr Bunsen.

In der Symphonie: die erste Leonoren-Ouvertüre, die reizende gMoll von Mozart, dann unter aller Würde die Ouvertüre Struensee von Meyerbeer mit furchtbarem Lärm; zuletzt meine Lieblings DDur von Beethoven.

27. 12. Zum ersten Mal bei Olfers. Homeyers [1], Försters [2], die viel von ihrer Freundschaft mit meinen Eltern sprachen, der Maler Hildebrandt [3] mit genialen Skizzen von Helgoland, Magnus, Reumont, der Nina Olfers sehr die Cour machte usw. Sie sind sehr comfortable eingerichtet; viele Kunstgegenstände, ein Zimmer für Gipse und Marmor. Der Saal mit Kamin und vielen Sofas und Fauteuils wie in England.

15. 12. Vornehme Abendgesellschaft, die mir viel Angst machte. Humboldt, Schelling, Olfers, Cornelius, Rauch, Böckhs, Homeyers, Grimms, Pertz', Strack, der Architekt, G. Roses, Reumont, Amiel aus Genf, Gould, Amerikaner [4], 32 Personen. Es ging alles gut. Humboldt, höchst freundlich, war mein Tischnachbar. Er spricht fast immer: merkwürdig diese geistige Jugend bei 75 Jahren. Ich hatte Pertz, Wilhelm Grimm und Cornelius noch an meinen Tisch gewinkt. Olfers war ausgelassen lustig. Die Böckh schwamm in Glanz. Jacob Grimm hatte sich zu den jungen Mädchen gesetzt.

17. 12. Den Abend hatten wir den großen Genuß, das Oratorium David von meinem Vater von der Singakademie zu hören; wirklich eine prachtvolle erhabene Musik, voll Tiefe und Frische. Die Aufführung war vortrefflich, die Soli gut besetzt. Ich freute mich, daß der König bis zuletzt blieb.

1 Carl Gustav Homeyer (1795–1874) aus Wolgast, Rechtsgelehrter, Obertribunalsrat.

2 Der Historiker Friedr. Förster (1791–1868) war mit Laura, der Tochter des Direktors Gedike vom Grauen Kloster, verheiratet.

3 Ed. Hildebrandt (1818–1868) aus Danzig, Landschaftsmaler und Weltreisender.

4 B. A. Gould, Gen. Secr. of the Assoc. of the advancement of Sciences.

Am 7. Febr. [1853] gaben wir dem Singverein einen kleinen Ball, zu dem 50 Personen erschienen. Eine Katzenmusik von Stöckhardt, diente als Einleitung zur Festlichkeit, zwischen den Tänzen wurden vierstimmige Lieder gesungen. Clärchen Stöckhardt, die bei uns wohnt, lebendig und klug, erschien in Weiß und Blau mit Kornblumenkranz. Mathilde allerliebst in weißem Tüll mit Maiblumen, Hedwig von Olfers in Gelb mit bunten Blumen, Marianne Vollard[1], weiß mit Rosen und schwarzen Samtschleifen, sehr hübsch und graziös, Wieses Adoptivtochter Fritzchen, in Rosa mit weißem Kranz. Außer unsern Hausfreunden einige Hörer von Richard, Gleim aus Marburg, Mr. Hund, Amerikaner, tanzt vortrefflich. Eine hübsche Episode bildete eine Quadrille von Mathilde, Marianne, Richard und Abeken in arabischen Kostümen. Die beiden jungen Mädchen sahen reizend aus. Reinhold war Vortänzer und hatte herrliche Touren erfunden; auch die jetzt beliebten Tänze Polka und Mazurka fanden Beifall. Zuletzt gab es Frage- und Antwortspiel, wozu Herman Grimm die Verse geliefert hatte, Blumen und Schleifen. Alles war sehr heiter, Schlözer ausgelassen wie immer.

17.3. Sehr hübscher Abend bei Olfers: Aufführung eines von Frau v. Olfers gedichteten dramatischen Märchens mit Gesang: »Ohne Herz«, zum Besten einer Künstlerwitwe. Zahlreiches elegantes Publikum. Der geistige Genuß war überraschend schön, das Stück höchst poetisch! Marie, reizend kostümiert, spielte allerliebst ein Bauernmädchen, Hedwig vortrefflich mit alter Maske Frau Holle, Gisela von Arnim, dämonisch schön, wie von Glut verzehrt, stellte als Prinzessin Salamander das Feuer, die Leidenschaft, dar, spielte

1 Der Verfasser besuchte Marianne Vollard, die unvermählt am 8. September 1929, ihrem 99. Geburtstag, starb, etwa ein Jahr vor ihrem Tode und traf die würdige Matrone, deren Schönheit unvergänglich schien, in voller körperlicher Rüstigkeit und geistiger Frische; auch ihr Gedächtnis versagte nicht, und sich aller Personen aus ihrer Jugendzeit erinnernd, erzählte sie von den Gesellschaften im Lepsiusschen Hause, wie Schlözer sie einst nach einem Balle um 2 Uhr hinausgeleitet, wo die Wagen auf die Gäste warteten, und sie gefragt hätte: »Haben gnädiges Fräulein auch eine Equipage?« – »Nein«, erwiderte sie, »ich habe nur Galloschen«, worauf Schlözer rief: »Die Galloschen von Fräulein Vollard sollen vorfahren!«

am besten, hatte auch das Poetischste ihrer Rolle selbst eingefügt und sprach recht aus der Seele heraus. Abeken, der den Prolog gemacht, soufflierte. Daß zwei Dichter von Profession den Theatervorhang bedienten (Putlitz und Grimm) fand man ganz in der Ordnung.

Am 9. Februar [1859] hatten wir eine Gesellschaft von 60 Personen, darunter die liebe alte Gräfin Schlieffen mit Sohn und Schwiegertochter. Heinrich von Arnim, sehr heiter und gewiß recht froh, durch seine Wahl ins Abgeordnetenhaus wieder rehabilitiert zu sein. Seine Tochter Else, jetzt Frau v. d. Bussche, war sehr elegant, weil sie nachher noch auf den Subskriptionsball ging: Lila mit Brüsseler Spitzen und kostbaren Brillanten; sie sah sehr hübsch aus und war sehr herzlich; von ihrem Gatten habe ich den Eindruck eines hübschen stattlichen jungen Mannes, Wildenbruch[1], der »gutmütige Polterer« mit Tochter, Olfers mit seinen Damen und Graf York mit Söhnen, Salpius', Balans, Schellings, Mommsens, Müllenhoffs, der berühmte Afrikareisende Barth, der hier eine Professur erwartet, und unsre näheren Freunde.

11. 2. Große Soirée bei Bethmann Hollweg. Es sollen 400 Personen da gewesen sein. Der Minister und seine Frau standen an den Eingangspforten wie zwei Schildwachen unter blühenden Kamelien und grünen Büschen. Es interessierte mich den Prinzregenten zu sehen, einen würdigen, stattlichen Mann, und Prinz Friedrich Wilhelm, fast größer als sein Vater, schöne Züge, leichter Gang und verbindliches, doch gehaltenes Wesen. Alle Damen hatten Blumen im Haar und helle seidene Kleider, riesige Reifröcke. Ich war gewiß die einzige ohne solchen, hatte aber mein möglichstes in Röcken geleistet; wenn nur die häßliche Mode einmal abkäme; sogar ganz ehrenwerte Leute wie Frau Gerhard tragen schon Reifröcke. Frl. von B. Hollweg in sehr schöner Toilette, weiße Seide mit rotem Samt eingefaßt, Korallenschmuck und rote Blumen. Ich fand Wiese

1 Louis von Wildenbruch, der Sohn des Prinzen Louis Ferdinand und der Henriette Fromm, wurde mit seiner Schwester Blanche im Hause Radziwill erzogen. Preuß. Diplomat; Konsul in Beiruth, Athen und Konstantinopel. Sein Sohn Adam, der bekannte Dramendichter.

mit Frau von Mühler, von der ich viel gehört hatte. Dann tauchten viele Bekannte auf: Pinder, Trendelenburg, Pertz, Karl Ritter, Brandis, Barth, Gelzer, den B. Hollweg hergerufen hat, etwas für ihn zu bearbeiten. Zur Unterhaltung sang der Domchor geistliche Gesänge und Mendelssohnsche Lieder, recht schön.

9.6. [1862] Generalkonsul König aus Alexandrien war bei uns. Er hat viele Ausgrabungen gemacht und dem Vizekönig ein Museum eingerichtet, in dem nun die im Lande gefundenen Altertümer aufgestellt werden sollen; es soll aber von den vornehmen Beamten viel gestohlen werden. Der Vizekönig hat einen schönen am Nil gelegenen Palast dazu hergegeben.

Der Maler Berg[1] ist von der japanischen Expedition zurückgekehrt. Er erzählte viel und hübsch davon, hat dort viel skizziert und wird seine Zeichnungen in einem Expeditionswerk herausgeben. Georg Bunsen erzählte nachher, er solle ein natürlicher Bruder des jetzigen Herzogs von Mecklenburg sein.

Brandis zeigte sich, von Neapel zurückgekehrt, wo er mit Curtius zusammengetroffen war, der von Griechenland kam. – Dem Baumeister Strack, der am Fuße der Akropolis ein großes Amphitheater entdeckt und frei gelegt hat, wurde gestern von Architekten und Freunden ein Fest gegeben. Baurat Adler[2] hatte dazu ein launiges Festgedicht verfaßt, wozu fünf Künstler Bilder gemacht haben; alles bezog sich auf das Dionysostheater, das mit seinen wohlerhaltenen Sitzreihen, Marmorsesseln für die Priester usw. einen überaus wichtigen Fund darstellt.

Schlözer überraschte uns; er ist von Petersburg an das hiesige Auswärtige Amt zurückgekehrt und erzählte von den russischen Zuständen. Die freiheitlichen Konzessionen des Kaisers, der sein Volk beglücken wollte, haben Rußland aus seinem Schlafe aufgeweckt, aber nun zeigt sich auch die Machtlosigkeit dieses bisher so

1 Albert Berg, Landschaftsmaler, gab 1873 ein großes Tafelwerk mit 3 Bänden Text über die Expedition heraus, dessen Federzeichnungen die üppige japanische Vegetation in *einzigartiger* künstlerischer Vollendung wiedergeben.

2 Friedrich Adler, geb. 1827 zu Berlin, Schüler von Strack und Stüler, 1863 Prof. a. d. Bauakademie, 1877 Vortragender Rat im Ministerium d. ö. Arbeiten, Mitgl. d. Akademie, baute in Berlin die Christus- und Thomaskirche.

gefürchteten Kolosses. Alles droht auseinander zu fallen. Die Bauern wollen baldige Befreiung und das Land, das sie bisher bebauten, als Eigentum haben. Der Adel, dem durch die Aufhebung der Leibeigenschaft große Vorteile genommen werden, ist unzufrieden und hält sich vom Hofe fern. Studenten und Literaten verbinden sich mit jungen Offizieren zu revolutionären Zwecken, wünschen eine Verfassung, Preßfreiheit usw. Die Polen halten den Augenblick der jetzigen Nationalitätsschwärmerei für günstig, ihre Unabhängigkeit wieder zu gewinnen, und schüren das Feuer. Große Brände in Petersburg, von Aufwieglern angestiftet, verheeren ganze Stadtteile; u. a. ist das Ministerium des Innern abgebrannt. In Warschau wird auf den General, sogar auf den Stadthalter-Großfürsten, geschossen. Was soll daraus werden?

Ein köstlicher Abend auf unserm Balkon. Der gemütliche Freund Bethmann aus Wolfenbüttel ist bei uns zu Besuch; der Maler Magnus machte seine feinen Bemerkungen, und der lustige Schlözer ist ganz der alte. – Ich freue mich des Besuches der lieben *Charlotte Kestner* aus Basel, 74 Jahr alt, Lottes Tochter, voller Geist und Leben; zum ersten Mal in Berlin. – Den Abend kam Abeken; es wurde viel vom römischen Kestner und von Hannover gesprochen, wo der Bruder die diamantene Hochzeit gefeiert hat. Richard ging mit ihr ins Abgeordnetenhaus, wo wichtige Militärfragen verhandelt wurden. Jeden Abend sind Herren bei uns, die die alte Dame zu sprechen wünscht. Sie ist so lebhaften Geistes, witzig, voller Interesse für Wissenschaft und Kunst, warmen Herzens für religiöse Bewegungen.

Der Nähverein war bei köstlichem Wetter auf dem Balkon. Es wurde Michael Kohlhaas von Kleist gelesen.

Ich las Frl. Kestner, Abeken und Bunsen die Begegnung mit Goethe aus meiner Mutter Tagebüchern vor, was sie sehr entzückte. – Bei Cornelius sahen wir seine mächtigen Kartons für das Campo santo[1] und die Farbenskizze zum Dombilde: »Die Erwartung des jüngsten Gerichts«, die uns großen Eindruck machten. Dann be-

1 Das Campo santo des Stülerschen Domprojekts, eines romanischen Kuppelbaues, von dem jedoch nur die östlichen Fundamente in die Spree gebaut wurden.

suchten wir die Gemäldesammlung im Raczinsky-Palais und – sie ist unermüdlich – noch den Weißen Saal und die Kapelle im Schloß. Sie verehrt den verstorbenen König. – Eine vom Wetter begünstigte Tour durch die Potsdamer Gärten beschloß ihren hiesigen Aufenthalt.

4. 3. [1867] Unser Ball machte den Mädchen große Freude. 16 tanzende Damen: Charlotte Snethlage, Clara und Minna Trendelenburg, Marie Hegel, Else Thielen, Grethe und Lisbeth Drake (sehr hübsch geworden), Toni Meinecke, Mathilde Vollard, Marianne Herz (zum 1. Mal), Frl. Müllenhoff (Schwester des Professors, er 45, sie 18 Jahr alt; 22 Geschwister, wovon noch 10 Brüder und 7 Schwestern leben), Frl. Hälschner, die Tochter des Kriminalisten in Bonn; mit ihr kam Gräfin Oriola, bei der sie wohnt, überaus angenehm, die mit ihrer Arnimnatur jede Gesellschaft belebt; sie hatte sich selbst eingeladen. Friedrich Trendelenburg war ein ausgezeichneter Maître de plaisir. Von andern Tänzern seien genannt: 2 Thielens, 2 Olshausens, Ed. Pinder, Max v. Balan, stud. v. Eichhorn[1], stud. Madelung aus Gotha, Enkel von Perthes, einer der Nettesten. Als Tanzkarte war eine humoristische Zeichnung von Anna gedruckt worden. Auch an lustigen Cotillontouren fehlte es nicht. Ein wirklich hübscher Abend.

Die Mädchen haben jetzt italienische Stunde bei Calandrelli, was ihnen Vergnügen macht; Lilli mit Grethe Drake Singstunde bei Frl. Baum.

Valentiner[2] wohnte einige Tage bei Thielens. Sein Vater ist Pfarrer in Leipzig. Er erzählte, er habe die Bahn eines neu aufgefundenen Planeten berechnet, der nach dieser Berechnung mit einer Differenz von nur 5 sec. erschienen sei. Für den Sommer ist er bei der Gradmessung tätig.

Die talentvolle Caroline Wichern, bereits durch hübsche Kom-

1 Lothar von Eichhorn (1844–1929), trat 1874 in das Auswärtige Amt ein, wo er 1895–1907 als Dirigent der Personalabteilung tätig war, starb mit 85 Jahren als Wirkl. Geheimrat. Wie sein Bruder, der Generalfeldmarschall, eine vornehme feingebildete Natur.

2 Wilhelm Valentiner (1846–1931), Astronom, später Professor und Direktor der Sternwarten zu Mannheim, Karlsruhe und Heidelberg, heiratete 1872 Anna Lepsius.

positionen bekannt, leitete bei uns am 10. März ein Konzert. Im oberen Saal war an der Querwand der Flügel aufgestellt, daneben die Orgel und auf der andern Seite Violinen und Cello plaziert. Davor der Chor, Sopran in Weiß und Rosa, Alt in Weiß und Blau. Unter den Solisten Lilli, Charlotte Snethlage und Frau von Thile mit schöner Altstimme und seelenvollem Vortrage. Treppenhaus und Vorsaal waren mit grünen Büschen geschmückt. Den ersten Teil nahm der 51. Psalm (Miserere) von meinem Vater ein, Soli und Frauenchor. Dann wurden Erfrischungen gereicht. Der zweite Teil begann mit dem Präludium von Bach-Gounod (Kurt v. W. und Ellen), dann folgten zwei der entzückenden Schottischen Lieder von Beethoven (Lilli, Charlotte) mit Triobegleitung (Bernhard, Richard, Caroline); darauf ein schönes Duo von Neukomm für Orgel und Klavier (Anna, Ellen). Zwei Frauenchöre mit Quartettbegleitung, von Caroline Wichern komponiert, fanden großen Beifall. Dann sang Frau v. Thile die schöne Arie »Verzweifle nicht« aus dem »David« von meinem Vater, und den Schluß bildete der 23. Psalm von Schubert für 4stimmigen Frauenchor. Der allgemeine Beifall lohnte die Mühe des Einstudierens, das aber ebensoviel Freude machte wie die Aufführung. Es waren 90 Personen anwesend; soviel hatten wir noch nicht bei uns.

31. 10. Um den Sonntag abend zu entlasten, den wir mehr als bisher den Kindern widmen wollen, haben wir für den Winter einen »Offenen Donnerstag« eingerichtet, wo wir unsere Gäste empfangen wollen. Wir haben zuerst zwei Gesellschaften gegeben und werden nun immer einige Bekannte als pièce de resistance bitten, bis sich unsre Freunde daran gewöhnt haben.

7. 11. Hübsche Tanzgesellschaft mit Krügers und Gablenz', die auch ihren Lieutenant-Sohn mitbrachten, ein weißer Rabe in unserm Kreis. Theremin mit seiner walachischen Gattin, Gruners, Olfers, Yorks, Mr. Naville[1] aus Genf, einer der angesehensten alten dortigen Familien angehörend, langer schlanker Jüngling, viel ge-

1 Edouard Naville (1844–1926), Ägyptologe, Schüler von Lepsius, schrieb 1870 über den Horus-Mythus nach Inschriften im Tempel von Edfu. Gab 1888 auf Veranlassung von Lepsius »Das Ägyptische Todtenbuch der XVIII. bis XX.

reist, der diesen Winter Richards Vorlesungen hören und Ägyptologe werden will. Mr. S. Monod, ein Neffe des berühmten evangelischen Kanzelredners Adolphe Monod in Paris, Historiker, der ebenfalls den Winter hier studiert. Die Berühmtheit des Abends war der Afrikareisende Rohlfs [1], schöner, stattlicher junger Mann. Er ist im Frühjahr zurückgekehrt und wird als deutscher Konsul nach Massaua gehen, um dort wissenschaftliche Studien zu treiben. Vorher wird er an der englischen Expedition gegen den König Theodorus von Abessinien teilnehmen.

Heinrich Abeken: »Berlin war damals noch nicht Weltstadt«

Nach kurzem Aufenthalt kehrte Abeken nach Berlin zurück. Sein Verkehr in Berlin bestand damals hauptsächlich in drei Kreisen: dem *Radziwill*schen Palais in der Wilhelmstraße, der *Olfers-Yorck*schen Famile und dem reizenden, in schönem Garten gelegenen Hause, welches sich *Lepsius* gebaut hatte. Bei allen war er vielgeliebter und vielgebrauchter Hausfreund. Seine Tätigkeit im Radziwillschen Palais ist mehrfach brieflich geschildert. Auch im Lepsiusschen Hause war er hilfreich in Freud und Leid. Die Sonntage wurden dort von der hübschen, fröhlichen Jugend meist mit Spielen im Haus oder Garten gefeiert, an denen sich jeder beteiligte, der Lust und Jugendmut hatte, während andere sich teils in heiteren, teils in ernsten Gesprächen ergingen.

Dynastie« heraus. Seine Grabungen auf dem Isthmus bei Pithom, Gosen und Bubastis brachten wichtige Aufschlüsse über die Beziehungen zwischen den Juden und den alten Ägyptern. Noch bedeutender waren die Ausgrabungen in Theben bei Der-el-Bahari in der Umgebung des Tempels der Königin Hatschepsut, deren Resultate er in einem großen Werk (1894–1906) niederlegte.

1 Gerhard Rohlfs (1831–1896) aus Vegesack, machte als Arzt 1855–1860 die Feldzüge der französischen Fremdenlegion in Afrika mit, ging als Araber verkleidet durch ganz Marokko, besuchte als erster Europäer nach Übersteigung des Atlas die Wüsteninsel Tuat. 1865 ging er von Tripolis nach dem Tschadsee und durch Bornu an den Niger, 1867 nach Abessinien, 1868 durch die Cyrenaica nach der Oase des Jupiter Ammon und von da nach Ägypten. 1884 Generalkonsul des D. Reichs in Sansibar. Seine Reisebeschreibungen füllen viele Bände.

Abeken schreibt nach einem solchen Sonntag an Onkel Rudolf: »Gestern war ein ruhiger Abend, zu dem ich Dich hergewünscht hätte. Ich hatte bei Lepsius gegessen; nach Tisch kamen mehrere Freunde, es wurde Boccia gespielt, und gegen Abend, gerade als man weggehen wollte, ließ Lepsius Wein bringen, und wir saßen lange um den Poetentisch (ein Tisch im Garten, auf den mehrere Poeten Impromptus niedergeschrieben) und ließen es uns in guten Gesprächen und gutem Wein in untergehendem Sonnen- und wachsendem Mondschein wohl sein, Lepsius, ich, Wiese, Herman Grimm und ein paar andere. Es war äußerst gemütlich und erinnerte sehr an Osnabrück und unseren Garten.«

Im Winter gab es Aufführungen. Abeken schreibt dem Onkel nach einer solchen: »Verse habe ich gemacht 300 Stück (d.h. 300 Zeilen), und was noch schlimmer ist, rezitiert habe ich sie eigenmündig gestern abend vor einer Versammlung von 60 und mehr Personen. Das ist mir noch nie passiert. Wir stellten nämlich bei Lepsius lebende Bilder, und zwar in höherem Sinne als gewöhnlich, nur antike Gegenstände, zum Teil nach *Flaxmann*[1], zum Teil nach antiken Statuen und in einer geistigen Verbindung und Steigerung der Reihenfolge, die das Ganze aus dem Rahmen einer gewöhnlichen geselligen Unterhaltung heraushob. Die Idee war von einem Freunde von mir, dem Lieutenant v. *Salpius*[2], ausgegangen, der einen ungemeinen Kunstsinn hat und von dem es eigentlich schade ist, daß er nicht Künstler geworden; mehr noch ist er ein wirklicher Künstler. Lepsius hat ein treffliches Lokal, und Salpius übernahm das ganze Arrangement mit wunderbarem Geschick, unter seiner Hand wurden die Falten und Gewandungen antik. Das Ganze war immer statuarisch und basreliefartig; alles weiß; von Gold und Farbe in Zierrat, Stirnband etc. nur soviel, wie es gewiß auch bei den antiken Statuen war. Ich leitete das Ganze durch einen Prolog ein, indem ich die Zuschauer zu einer ernsten Stimmung zu erheben suchte, und sprach dann vor jedem Bilde einige darauf hinführende

1 John Flaxmann, 1755–1826; englischer Bildhauer, Nachahmer der Antike, schuf Umrisse zu Homer, Äschylus u. a.

2 Sohn des Generalmajors a. D. v. Salpius, in dessen Hause Abeken verkehrte.

Verse, dem Charakter des Bildes angemessen, in wechselnden antiken Versmaßen. Die Krone des Festes waren eigentlich Athene Promachos (*Marianne Vollard*) und die eine liegende Schicksalsgöttin (Fräulein v. *Bethmann-Hollweg*[1], die auch die Niobe vortrefflich machte) und unendlich anmutig die Hebe, eine Schwester des ruhmbedeckten Anordners des Ganzen, Fräulein Mathilde v. *Salpius*, überhaupt eine der anmutigsten und am meisten geliebten Grazien unseres Kreises. Ich hatte die Idee lebhaft, ja mit Begeisterung aufgefaßt, und so kamen und, ich darf sagen, gelangen die Verse, ja ich glaube, daß einigen Stellen die Muse selbst nicht ferngeblieben ist.«

Wem vergönnt war, teilzunehmen an diesem im eigenen Hause aufblühenden Glück, dem wird die Erinnerung daran nie aus der Seele schwinden.

Ein ebenso reger geistiger Verkehr war in den *Olfers-Yorck*schen Familen, die in der Cantianstraße auf der sogenannten Museumsinsel wohnten. Diese beiden Häuser sind jetzt längst vom Erdboden verschwunden. Olfers hatte als Generaldirektor aller Museen auf Wunsch des Königs Friedrich Wilhelm IV. die Pflicht mit übernommen, den Verkehr der Fremden ebensowohl wie den der Künstler und Gelehrten in Berlin in geselliger Hinsicht zu fördern, und er hat diesen Wunsch mit Liebe erfüllt. Die Zimmer der großen Wohnung waren eigentlich nur durch Kunst geschmückt; im ersten hoben sich schöne Gipsabgüsse vorteilhaft von einer dunkelroten Tapete ab, die eichenen Möbel waren künstlerisch geschnitzt. Auf einem Mappentisch in der Mitte zeigten bei den Empfangsabenden die Künstler ihre von den letzten Reisen mitgebrachten Kunstschätze. Der weite, geräumige gelbe Saal, auch nur mit Bildwerken verziert, bot durch seine wunderbare Form mit behaglichen Winkeln und Ecken Gelegenheit zu allerlei Gesprächsgruppen, die eifrig benutzt wurden, während in der Mitte ein großer Tisch stand, auf dem von einer Tochter des Hauses der Tee für die ganze Gesellschaft bereitet wurde. An den stillen täglichen Abenden las zuweilen Grimm aus seinen Werken, später auch seine Frau Gisela vor. Und nach vielen langen Jahren horchte eine still bewundernde kleine Gemeinde, zu

1 Tochter des damaligen Kultusministers Moritz August v. Bethmann-Hollweg.

der auch Abeken gehörte, den Erstlingswerken Ernst v. *Wildenbruchs*[1] in lauschiger Ecke dieses Saales. Abeken tadelte streng, wo er liebte, und mit scharfem Verstande, aber nie kalt; immer sprach die Wärme seines Herzens mit in seinem Urteil. Hätte er doch die glänzenden Erfolge seines jungen Dichterfreundes noch miterleben dürfen!

Alle Namen der Persönlichkeiten zu nennen, die in den erwähnten drei Kreisen aus- und eingingen, würde unmöglich sein, da sie das ganze geistige Leben Berlins mit vielem Fremdenverkehr in sich aufnahmen. Musik wurde in allen dreien getrieben, überhaupt wandte sich alles der Kunst und Literatur, dem idealen Leben, den geistigen Gütern zu; darin suchte auch das Gespräch Tiefstes und Höchstes zu erringen, zu erschöpfen, von Persönlichkeiten und Äußerlichkeiten war selten die Rede. Fremde, Gelehrte und Künstler verkehrten in allen drei Kreisen, ebenso diese untereinander. Das Olferssche Haus war dem Radziwillschen eng und auch dem Lepsiusschen befreundet. Berlin war damals noch nicht Weltstadt und nicht allgemein von politischen Gedanken beherrscht.

1 Geb. 1845, Sohn des oft erwähnten Freundes von Abeken.

VII. Die Romantik im Erdgeschoß

Das Haus des Geheimrats Kugler: »Niemand kam um eines Soupers willen«

Das Kuglersche Haus war damals der Sammelpunkt eines ganzen Schwarms aufstrebender junger Leute, die sich freudig als seine Schüler bekannten. Der bedeutendste darunter, *Jakob Burckhardt*, geboren 1818, konnte schon für einen jungen Meister gelten und stand dem älteren Freunde mit eigenem Urteil und einer Fülle auf eigene Hand erworbener Kenntnisse zur Seite, so daß Kugler ihm die Bearbeitung der zweiten Auflage seiner »Geschichte der Malerei« anvertrauen konnte, für die Burckhardt aus frischen eigenen Studien in Italien ein großes Material der wertvollsten Notizen gesammelt hatte. Noch ahnten wir nicht, zu welch beherrschender Stellung in der Geschichte der Kunst und Kultur der damals Neunundzwanzigjährige, der mit seiner heiteren Feinheit, seiner poetischen und musikalischen Begabung den häuslichen Kreis belebte, schon im Lauf der nächsten Zeit sich emporschwingen sollte. Damals sah er mit bescheidener Unterordnung zu dem älteren Meister und Freunde auf, ließ sich geduldig von Tante Luise abkonterfeien und sang, wenn er darum gebeten wurde, zum Klavier seine italienischen Volkslieder mit einer zarten, seelenvollen Stimme. Daß in ihm selbst ein Lyriker steckte, der sich wahrlich sehen lassen konnte, wenn er auch die Tarnkappe vorzog, hatten wir an den beiden anonym gedruckten dünnen Heftchen »Ferien, eine Herbstgabe« und »E Hämpfeli Lieder« erkannt, die letzteren, das Lieblichste, was je im Basler Dialekt gedichtet worden, mir heute noch unvergeßlich. Auch er war mit Geibel herzlich befreundet, wärmer und dauernder als mit den anderen jungen Hausfreunden: *Fritz Eggers*, der jahrelang das Kunstblatt redigiert und durch seine Rauchbiographie sich um die moderne Kunstgeschichte verdient gemacht hat, *Wilhelm Lübke*, der der Kunstgeschichtsforschung durch eine unermüdliche literarische Betriebsamkeit Eingang in den weitesten Kreisen verschaffen sollte, dem genialen Architekten (unter anderem Erbauer des Frankfurter Theaters) *Richard Lucae*, *Theodor Fontane* und andere. *Adolf Menzel*, der damals schon Kuglers »Geschichte Friedrichs des Großen« durch seine herrlichen Illustrationen verewigt hatte, stand diesem Kreise persönlich ferner, bei dessen geselligen Abenden man ihm kaum einmal begegnete.

Was aber die verschiedenen Elemente dieser Schülerschaft anzog und zusammenhielt, fast mehr noch als die unermüdliche, immer mit Rat und Tat hilfsbereite Güte des Meisters, waren die liebenswürdigen Frauen und Mädchen, die der zwanglosen Geselligkeit des Kuglerschen Hauses einen unwiderstehlichen Reiz verliehen. Vor allen anderen die Hausfrau selbst, eine Tochter *Eduard Hitzigs*, der selbst noch, als ein gebrochener alter Mann, im Erdgeschoß seines Hauses an der Friedrichstraße 242 vegetierte und seinen Lehnstuhl nie verließ, um in die obere Wohnung der Tochter hinaufzusteigen. Er freute sich aber ihres Glückes, des wachsenden Ansehens ihres Gatten, der drei lieben Kinder, die sie ihm geboren hatte, und dann und wann wünschte er auch einen der jungen Hausfreunde bei sich eintreten zu sehen. Seine Erinnerungen an die eigenen berühmten Freunde, E. T. A. Hoffmann, Zacharias Werner, vor allem den edlen Chamisso, bildeten dann das Thema des Gesprächs.

In solcher Umgebung war Franz Kuglers Frau aufgewachsen, ein Poetenkind, an dessen Wiege Dichter gestanden hatten. Auch ihr Vater, der alte »Ede«, hatte sich als Dichter versucht. Sie selbst aber hatte von dem Kastalischen Quell, der durch ihr väterliches Haus rauschte, nur so viel gekostet, um ihren Sinn für alle Schönheiten der Dichtung zu läutern und den Instinkt für das Echte und Große in sich zu befestigen. So bewegte sie sich anspruchslos auch unter der künstlerischen Jugend, auf die der Adel ihrer ernsten Schönheit und die weibliche Milde ihres Wesens einen Zauber ausübten, wie ihn ihr Bräutigam in dem Gedicht

> Du bist wie eine stille Sternennacht

und späterhin Geibel bei der Widmung seiner Gedichte geschildert hatte:

> Du aber wandelst durch den Garten
> In stiller Anmut lächelnd hin.

Neben ihr, in vielem ihr voller Gegensatz, stand Kuglers Schwester *Luise*, äußerlich ohne jede Anmut, mit lebhaften, derben Bewegungen ihre Reden begleitend, eine echt pommersche Frohnatur, dabei mit einem zarten Sinn für alles Künstlerische begabt, wie sie es denn auch im Blumenmalen und Dekorieren von Kunstblättern zu nicht geringer Fertigkeit gebracht hatte. Sie wohnte mit ihrer trefflichen alten Mutter in einem Hause, das dem Hitzig-Kuglerschen gerade gegenüber lag, brachte all ihre Abende in der brüderlichen Familie zu, vergötterte die Kinder, tat der Schwägerin alles Liebe und Gute an und nahm an den poetischen Gastgeschenken, die die Hausfreunde lieferten, begierig teil, einen nach dem andern im Profil in ihr Album zeichnend. Alle liebten sie und verkehrten, beim größten Respekt vor der Grundliebenswürdigkeit und Tüchtigkeit ihres Naturells, weit zwangloser mit »Tante Ihßy« als mit der Herrin des Hauses.

Außer ihr gingen noch andere anziehende weibliche Gestalten in den großen, niedrigen Mansardenzimmern der Frau Klara aus und ein, zunächst die Töchter ihres Schwagers, des Generals *Baeyer*, der den ersten Stock des Hauses bewohnte. Seine Gattin, Eugenie, von deren Schönheit alle, die sie gekannt hatten, nicht genug zu sagen wußten, war schon vor einigen Jahren gestorben. An den verwaisten fünf Kindern vertrat Frau Klara neben einer alten Gouvernante Mutterstelle. Auch diese Mädchenjugend war unter künstlerischen Einflüssen aufgeblüht, die zweite Tochter, *Emma*, die später mein Freund *Otto Ribbeck* heimführte, schon über das Backfischalter hinaus, dem Kuglers Töchterchen *Margarete* in kurzen Röcken und wehenden Haarschleifen als ein übermütiges Schulkind noch angehörte. Eine schöne blonde Nichte Kuglers, *Klara Wulsten*, lebte zu verschiedenen Malen längere Zeit unter ihrem Dache, und an reizenden jungen Freundinnen war kein Mangel.

Hiernach wird man begreifen, daß ein siebzehnjähriger Student, dem der Eintritt in dieses Haus gestattet wurde, sich die Pforten des Paradieses eröffnet zu sehen glaubte. Zudem war es noch die gute alte Zeit des Berliner Lebens, in der die engeren Verhältnisse, die bescheideneren Sitten der Stadt, die noch nicht davon träumte, als Weltstadt zu gelten, jenen anspruchsloseren Zuschnitt der Geselligkeit begünstigten, der allein ein wärmeres Zusammenschließen der Menschen möglich macht und heutzutage schon wegen der räumlichen Weitläufigkeit des Verkehrs fast ganz geschwunden ist. Man durfte noch ungeladen an eine gastliche Tür anklopfen, ohne die Hausfrau in Verlegenheit zu setzen. Wenn der unvorhergesehenen Gäste einmal so viele wurden, daß das Wohnzimmer wie ein gefüllter Bienenkorb schwärmte, – für die Bewirtung mit Tee, Butterbrot und kalter Küche reichte der häusliche Herd immer noch aus, da niemand kam um eines Soupers willen, sondern um unter liebenswürdigen Menschen ein paar Stunden lang plaudernd und scherzend sich's wohl sein zu lassen.

Nun aber wäre nichts irriger, als zu glauben, daß solche Abende sich zu Sitzungen einer kleinen privaten Kunstakademie gestaltet hätten. So wenig der bekannte scharfe, kritische Ton, der in gewissen ästhetisch angehauchten Berliner Salons vorherrschte, hier angeschlagen wurde, so wenig war es auf ein beständiges Besprechen poetischer oder kunsthistorischer Themata abgesehen. Und dies war nicht zuletzt das Verdienst des Hausherrn, der, ehe er abends zu den Seinigen kam, den Professor- und Geheimratsrock in seinem Arbeitszimmer auszog und in ein bequemes Hausvaterkostüm schlüpfte. Wenn ihm Fernerstehende eine gewisse Steifheit und ablehnende Kälte nachsagten, berührten sie damit sein eigentliches Wesen so wenig wie die Berichte aus Weimar über Goethe von solchen, die in dem großen Dichter nur den Minister gefunden haben wollten. Seine scheinbare Geheimrätlichkeit entsprang nur aus einer Art Zerstreutheit und naiver Unbekümmertheit um den Eindruck, den er auf fremde Menschen machte, aus einer nachlässigen, poetischen Träumerei, in der er von seinen sehr energischen Arbeiten ausruhte. So konnte er auch unter uns jungen Leuten lange stumm dasitzen, nur mit seinen freundlichen Mienen unsere zwanglosen Scherze oder ernsten Debatten begleitend. Dann stand er wohl endlich auf, wenn die Frauen »ein Lied für das Gemüt« von ihm verlangten, und sang ein paar Eichendorffsche Lieder in seiner eigenen einfachen Melodie oder spanische und italienische Volksweisen, zu denen er die Worte gedichtet hatte, und die wir nicht müde wurden immer von neuem zu hören.

Tunnel-Mitglied Franz Kugler: »Über einen Succès d'estime kam er nie recht hinaus«

Franz Kugler, geboren 1808, war in seinen Tunnel-Tagen erst ein angehender Vierziger. Warum wir ihn trotzdem den »alten Kugler« nannten, weiß ich nicht recht, denn stattlich, grad aufrecht, von blühender Gesichtsfarbe war der Eindruck, den er machte, eher jugendlich. Vielleicht war sein Sokrateskopf schuld, daß wir ihn an Jahren ohne weiteres erhöhten. Er hatte sehr früh Karriere gemacht und war zu der Zeit, von der ich hier spreche, schon Vortragender Rat im Kultusministerium, wenn ich nicht irre als Nachfolger von Eichendorff. Immer artig, immer maßvoll, immer die Tragweite seiner Worte wägend, kam in seinem Wesen etwas spezifisch Geheimrätliches, etwas altfränkisches Goethisches zum Ausdruck, das dem Tunnel-Ton widersprach und um so mehr Bedenken wachrief, als, der Altadligen ganz zu schweigen, auch die verschiedentlich vorhandenen Minister- und Oberpräsidentensöhne – die dann später berufen waren, selber in hohe Stellungen einzurücken – keine Spur davon an sich hatten. So kam es, daß Kugler immer Gegenstand eines ihm halb verdrießlich entgegengebrachten Respektes war, immer ein halber Fremdling. Er empfand dies auch und hätte, bei dem Freundschafts- und Liebesbedürfnis, das er hatte, gewiß viel darum gegeben, dies ändern zu können; aber das war ihm nicht möglich. So liebevoll und edlen Herzens er war, so steif und scheu war er, wenigstens da, wo's zu repräsentieren galt. Daß er andernorts auch anders sein konnte, davon erzähl' ich weiterhin.

Er war, durch Jahre hin, teils um seiner selbst, aber wohl mehr noch um Heyses willen, dessen Aufblühen er mit fast väterlicher Liebe verfolgte, ein ziemlich regelmäßiger Besucher des Tunnels, der ihm manche Beisteuer verdankte, Beisteuern, über die die verschiedenen Jahrgänge der »Argo«, eines Jahrbuches, das von 1854 bis 1857 erschien, wohl am besten Auskunft geben dürften. Ob all das in dem Jahrbuch Erschienene – das, von mehreren kunst- und literaturgeschichtlichen Untersuchungen abgesehen, die für die Kuglersche Produktion ganz charakteristischen Überschriften: »Kleopatra«, »Cyrus (ein Fragment)«, »Friede«, »Das Opfer«, »Götterjugend« etc. trug –, ob all diese Sachen im damaligen Tunnel zur Vorlesung gekommen sind, vermag ich nicht mehr mit Sicherheit festzustellen. Aber wenn es geschehen, wie höchst wahrscheinlich, so läßt sich aus den bloßen Titeln schon schließen, daß an eine große Wirkung nicht zu denken war. Strachwitz mit der »Jagd des Moguls« oder Scherenberg mit seinem »Zechlied der Fremdenlegion« oder Lepel mit der dänisch-schleswigschen Gruselballade von »König Erich und Herzog Abel« konnten den Tunnel packen; aber mit »Götterjugend« oder »Cyrus, ein Fragment« war kein Erfolg einzuheimsen. Aus so feinen Leuten der Tunnel bestand, so waren sie doch nicht fein genug, vom Stoff absehen und eine Sache lediglich um ihrer Kunstform willen würdigen zu können. Vornehme Lyrik versagte deshalb überhaupt, und war sie nun gar »klassisch«, so schon mit Sicherheit.

Unter den mannigfachen Sachen, die Kugler während seiner zehnjährigen Mitgliedschaft zu Nutz und Frommen des Tunnels beisteuerte, waren aber, außer den vorgenannten kleineren Arbeiten, auch größere: Dramen und Novellen.

Von den Dramen, um zunächst von diesen zu sprechen, kamen: »Jacobäa«, »Die tatarische Gesandtschaft«, »Doge und Dogaressa«, szenenweise wohl auch »Pertinax« zur Vorlesung und begegneten dabei demselben nüchternen Respekt, der ihnen – ziemlich um dieselbe Zeit – auch auf der Bühne zuteil wurde. Große Wirkungen hervorzurufen, war ihm überhaupt nicht vergönnt; über einen Succès d'estime kam er nie recht hinaus, und was ihn mehr noch als diese halben Erfolge, die doch zugleich auch halbe Mißerfolge waren, schmerzen mußte, das waren die beständigen Nadelstiche, die, solang er mit dem Theater zu tun hatte, nicht ausbleiben wollten. Einmal waren es die Schauspieler, einmal die Verwaltungen. Er mochte sich durch sein Ministerialamt, das ihm, in Kunst- und speziell auch Theaterangelegenheiten, eine Art offizieller Autorität gab, gegen Unliebsamkeiten geschützt glauben; aber da kannte er die Theaterleute schlecht, für die, ganz im Gegenteil, die Vorstellung, »das ist ein Kunst-Geheimrat«, nur etwas Herausforderndes hatte. Seine stets würdige Haltung verdarb es vollends. Eines Tages, als sein Trauerspiel »Doge und Dogaressa« einstudiert werden sollte, war er zugegen und ging gleich bei der ersten Probe von Wünschen zu Ratschlägen über, was die schon vorhandene flaue Stimmung nicht besserte. Zum Unglück traf es sich auch, daß mitten in einer wichtigen Szene dem berühmten schönen Hendrichs, der natürlich eine Hauptrolle hatte, sein Spazierstöckchen, mit dem er während des Spiels beständig umherfuchtelte, aus der Hand glitt und nicht bloß zu Boden, sondern durch einen ziemlich breiten Spalt im Podium auch noch in die Versenkung hinabfiel. Sofort geriet alles ins Stocken. Hendrichs erklärte rund heraus, daß er ohne das Stöckchen nicht weiterspielen könne, sah sich dabei – vielleicht aus Schändlichkeit gegen den Geheimrat und Dichter – von seinen Kollegen unterstützt, und so stieg man denn unter Hendrichs' persönlicher Führung in den Kellerorkus hinunter, um da die Badine zu suchen. Erst als diese wieder da war, konnte das Spiel fortgesetzt werden.

Aber es kam noch schlimmer. An die Stelle des 1851 aus seinem Amt scheidenden Herrn von Küstner war Herr von Hülsen Theaterintendant geworden, der – vollkommener Kavalier, der er im übrigen sein mochte – doch vor allem in der Absicht, »wieder Ordnung zu schaffen«, ins Amt getreten war, unter welcher Vorgabe sich denn auch Kugler eines Tages benachrichtigt sah, »daß ihm, statt der bisher bewilligten zwei Parkettbillets, fernerhin nur *eins* zur Verfügung gestellt werden könne«. Vielleicht war der neue, mancherlei Mißbräuche vorfindende Generalintendant zu solcher Strenge berechtigt; aber daß er dies Einschränkungsprinzip auch auf einen Mann ausdehnte, der in seiner amtlichen Eigenschaft nicht nur über Theaterdinge Beschlüsse zu fassen, sondern auch vieles bereits in andere Wege geleitet hatte – *das* war einfach ein Affront, und zwar ein ganz überlegter. Die neue Generalintendanz hatte sich in ihrer Unabhängigkeit legitimieren und der bloß *ministeriellen Halb-Autorität* gegenüber ihren *hofamtlichen* Charakter betonen, vielleicht auch der Zumutung, es mit etwaigen neuen Kuglerschen Dramen zu versuchen, ein für allemal einen Riegel vorschieben wollen.

Ich sagte schon, daß außer den Dramen auch Kuglersche Novellen im Tunnel zum Vortrag kamen. Mit diesen war er etwas glücklicher. Das galt besonders von einer kulturhistorischen Novelle, die den Titel »*Chlodosinda*« führte. Schauplatz das westgotische Spanien ums Jahr 660. Kugler hat hier das Bild einer weit zurückliegenden Zeit in Briefen vor uns entrollt. Ob er daran recht tat, stehe dahin. Es hat Vorzüge, noch mehr Nachteile. »Dem allzeit hochgeliebten und seines apostolischen Sitzes höchst würdigen Herrn Nicasius entbietet Veranus, Archipresbyter der ruhmreichen Kathedralkirche zu Toletum, in demutvoller Freundschaft seinen Gruß.« So beginnt es. Veranus erzählt nun seinem in Narbona (Narbonne) residierenden Bischofe Nicasius die politischen und Liebesintrigen am Hofe von Toledo. Chintila ist König, aber todkrank; wenn er heimgeht, wird der junge Tulga König werden, was nur erwünscht sein kann, weil seine Mutter Ingundis, die dann regieren wird, der Kirche treu ergeben ist. Es kommt aber anders. Der junge Tulga, König geworden, emanzipiert sich von dem Einfluß seiner Mutter sowohl wie von dem der gesamten Klerisei, weil er inzwischen eine große Leidenschaft zu *Chlodosinda* gefaßt hat, einer heidnischen Heroine, die der Kirche feindlich gegenübersteht. Wie selbstverständlich siegt die Kirche; die Schönheitsmacht Chlodosindas wird zu Hexerei gestempelt, und sie selbst, nachdem sie durch eine Feuer- und Wasserprobe gegangen, als Zauberweib verbrannt. Aber sie reißt nicht bloß Tulga, sondern die ganze Dynastie mit in ihr Verderben, ja, zuletzt auch noch den die Briefe nach Narbona schreibenden Archipresbyter Veranus, der, am Tode Chlodosindas schuld, zugleich von leidenschaftlicher Liebe zu ihr erfaßt, in einem ihm eine letzte Zuflucht gewährenden Bergkloster seinem Schicksal erliegt. Der Prior dieses Klosters, den Tod des Archipresbyters nach Narbona hin meldend, schreibt uns den letzten Bericht. All dies, trotz des mönchischen Kurialstils – an einzelnen Stellen sogar um desselben willen –, ist nicht ohne Wirkung und darf jedenfalls als ausgezeichnete künstlerische Arbeit gelten, trotzdem auch hier wieder, wie das immer Kuglers Schicksal war, von seiten des Publikums mehr die Schwächen als die Schönheiten empfunden wurden.

In unseren Tagen, wo Scheffel, Dahn, Ebers den Weg für ein Vorgehen auf diesem oder ähnlichem Gebiete geebnet haben, würde er einer lebhafteren Anerkennung begegnet sein. Damals lag es ungünstiger. Es blieb auch hier wieder im wesentlichen bei einem Halberfolge, was den Verfasser, der sich seines Wertes wohl bewußt war, mit einem schmerzlichen Gefühl erfüllte. Er hätte, glaub' ich, seinen Kunsthistorikerruhm gern hingegeben, wenn er einen großen Dichtererfolg dafür hätte eintauschen können.

Kuglers literarische Stellung im Tunnel, um eine schon eingangs gemachte Bemerkung zu wiederholen, war bei allem Respekt nicht hervorragend, und eine seinem ganzen Wesen anhaftende Steifheit ließ es auch im persönlichen Verkehr mit ihm zu keiner rechten Annäherung kommen. Aber das alles traf nur dem ganz- oder halboffiziellen Kugler gegenüber zu, in seiner Familie war er die Liebenswürdigkeit selbst, und zu meinen besten, damals in Berlin verlebten Stunden zählen die im Kuglerschen Hause.

Dies Haus, das, wenn ich nicht irre, dem alten Kammergerichtsrat Hitzig, dem Freunde von E. T. A. Hoffmann, gehört hatte, lag am Südende der Friedrichstraße, nahe dem Belle-Alliance-Platz, und umschloß, klein wie es war, nur drei Familien. Im Erdgeschosse wohnten zwei Fräulein Piaste, wahrscheinlich Muhmen aus alten Tagen her, im ersten Stock General Baeyer, im zweiten – Mansarde – Franz Kugler, der sich 1833 oder 1834 mit der jüngsten Hitzigschen Tochter, einer vielumworbenen und besungenen Schönheit, verheiratet hatte. Mehr als eins der Geibelschen Lieder ist an sie gerichtet. Ihrer Schönheit entsprach ihre Liebenswürdigkeit und ihrer Liebenswürdigkeit der feine Sinn und Geschmack, mit dem sie Räume von äußerster Einfachheit in etwas durchaus Eigenartiges umzugestalten gewußt hatte. Da, wo die weit vorspringenden Mansardenfenster ohnehin schon kleine lauschige Winkel schufen, waren Efeuwände aufgestellt, die, sich rechtwinklig bis mitten in die Stube schiebend, das große Zimmer in drei, vier Teile gliederten, was einen ungemein anheimelnden Eindruck machte. Man konnte sich, während man im Zusammenhang mit dem Ganzen blieb, immer zurückziehen und jedem was ins Ohr flüstern. An gesellschaftlichen Hochverrat dachte dabei keiner.

So sah es in dem »Kuglerschen Salon« aus, an den ich, wenn ich wegen meiner eigenen mehr als einfachen Wohnräume gelegentlich bespöttelt werde, zurückzudenken häufig Gelegenheit habe. »Was wollt ihr?« frage ich dann wohl. »Ihr müßt mir diesen Zuschnitt schon lassen. Seht, da war mein väterlicher Freund Franz Kugler, der war ein Geheimrat und eine Kunstgröße und wohnte womöglich noch primitiver als ich. Und doch, ich habe da die schönsten Stunden verbracht, schöner als in manchem Schloß. Und nun gar erst als in mancher modernen Stuckbude. Laßt mich also ruhig. Es kommt wirklich auf was anderes an.«

Ja, auf was anderes kommt es an. Was einem Hause Wert leiht, das ist das Leben darin, der Geist, der alles adelt, schön macht, heiter verklärt. Und dieser Geist war in dem Kuglerschen Hause lebendig.

Was steigt da nicht alles vor mir herauf, welche Fülle der Gesichte! Da war der alte Generalsuperintendent Ritschl, evangelischer Bischof von Pommern, Geheimrat von Quast, der »Konservator«, Geheimrat Hitzig – Bruder der Frau Kugler –, Professor Strack, der Architekt, Professor Drake, dazu junge Künstler, Dichter und Gelehrte: Storm, Otto Gildemeister, Jakob Burckhardt (Basel), Lucae, Roquette, Felix Dahn, Zöllner, Wilhelm Lübke.

Von den Abenden, wo Storm Gast war, erzähl' ich an anderer Stelle; Lübke, damals noch ganz jung, erschien, von Eggers und Zöllner eingeführt, in Papiervatermördern, die damals noch nicht elegant-fabrikmäßig hergestellt, sondern in jedem Einzelfall aus steifem Papier ausgeschnitten wurden. Der Unglückliche litt furchtbar, physisch und moralisch, weil ihn nicht nur die Papierspitzen stachen, sondern auch das minderwertige Aushilfematerial von dem scharfen Auge der Damen erkannt worden war. Einmal gab es auch eine kleine Gesellschaft, Eichendorff zu Ehren, und Paul Heyse, damals kaum zweiundzwanzig, hielt ihm eine improvisierte Toastansprache in Versen. Er war so erregt dabei, daß ich durch den zwischen uns befindlichen Tischfuß sein Zittern fühlte. – Jener Eichendorff-Abend verlief im engsten Zirkel. Aber auch wenn große Gesellschaft war, mußte der bescheidene Raum ausreichen, so beispielsweise, wenn an dem einen oder anderen Geburtstag Kuglersche Stücke gespielt oder, bei noch feierlicheren Gelegenheiten, Polterabendaufführungen inszeniert wurden. So vor allem bei Heyses Hochzeit im Herbst 1854.

Das waren die Feste, mal große, mal kleine, für die der »Salon« der Frau Clara den Schauplatz bot. Aber schöner als diese Feste waren die Stunden, die nichts vor einem erschlossen als ein alltägliches Leben, das doch wiederum kein alltägliches Leben war. Von der damals noch wenig belebten Straße drang kaum ein Laut herauf. Eine hohe Schirmlampe gab ein gedämpftes Licht, und um den Tisch herum saßen die Damen: Frau Clara, die noch schöne Mutter, neben ihr die heranblühende Tochter – Heyse nannte sie seinen »Borsdorfer Apfel« – und abseits auf einer Fußbank der Liebling des Hauses, die zwölfjährige Jeanette Baeyer, Tochter des Generals, mit klugen großen Augen und vollem schwarzen Haar, der entzückendste Backfisch, den ich je gesehen, und dalberte mit dem mal wieder in einer neuen Weste, türkisches Muster, erschienenen Eggers, der entweder, weil fröstelnd, auf einem Holzkorb in der Nähe des Ofens hockte oder sich mit einer halb an einen Clown und halb an einen Akrobaten erinnernden Geschicklichkeit über den Zimmerteppich hintrudelte. Denn er gehörte zu denen, die, graziös in ihrem Tun, auch das Gewagteste wagen können. Und dann schließlich, wenn die Teestunde da war, erschien Kugler selbst und setzte sich an das Klavier, über dem eine gute Kopie des Murilloschen Heiligen Franziskus hing, und nun, auf Zuruf der Seinen, von denen ein jeder sein Lieblingsstück hatte, die Vorträge rasch wechselnd, klangen in bunter Reihenfolge deutsche und dänische, venezianische und neapolitanische Lieder durch das Zimmer. Weder sein Spiel noch sein Gesang erhob Anspruch, etwas Vollkommenes zu sein; aber gerade das Unvirtuose gab allem einen besonderen Reiz. Er selbst spielte sich dabei den Aktenstaub von der Seele.

Noch einmal, mit Dank und Freude, denk' ich an jene Tage zurück, die bis in den Sommer 1855 hinein dauerten. Als ich vier Jahre später, nach langer Abwesenheit, wieder heimkehrte, war das Haus verwaist, Kugler tot, die schöne Frau Clara nach München hin übersiedelt, in das Haus ihres Schwiegersohnes Heyse. Dort sah ich sie wieder, gebrochen in Glück und Leben. Sie überdauerte jene Tage nur noch eine kurze Weile.

Theodor Storm in Potsdam: »Wie feine Lyrik eigentlich sein müsse«

Storm, gleich nach seinem Eintreffen in Potsdam, hatte sich natürlich mit den ihm schon früher in Berlin bekannt gewordenen literarischen Persönlichkeiten in Verbindung gesetzt und sah sich wenige Wochen später auch in den Tunnel eingeführt. Er wurde hier – zunächst als Gast – aufs freundlichste begrüßt und erhielt bei seiner bald darauf erfolgenden Aufnahme den Tunnel-Namen »Tannhäuser«. Als Liebesdichter hatte er einen gewissen Anspruch darauf, aber auch nur als solcher; im übrigen verknüpfen wir jetzt mit dem Namen »Tannhäuser« eine gewisse Niemann-Vorstellung, von der Storm so ziemlich das Gegenteil war, ein Mann wie ein Eichkätzchen, nur nicht so springelustig.

Wie mit mancher Berühmtheit, die dem Tunnel zugeführt wurde, wollte es auch mit Storm nicht recht gehen. Um so ohne weiteres an ihn zu glauben, dazu reichte das damalige Maß seiner Berühmtheit nicht aus, und um sich die Herzen im Fluge zu erobern, dazu war weder seine Persönlichkeit noch seine Dichtung noch das Tunnel-Publikum angetan. Der Tunnel, so viel ich ihm nachzurühmen habe, war doch an sehr vielen Sonntagen nichts weiter als ein Rauch- und Kaffeesalon, darin, während Kellner auf und ab gingen, etwas Beliebiges vorgelesen wurde. War es nun eine Schreckensballade, darin Darnley in die Luft flog oder Maria Stuart enthauptet wurde, so ging die Sache; setzte sich aber ein Liebeslieddichter hin, um mit seiner vielleicht pimprigen Stimme zwei kleine Strophen vorzulesen, so traf es sich nicht selten, daß der Vorlesende mit seinem Liede schon wieder zu Ende war, ehe noch der Kaffeekellner auf das ihm eingehändigte Viergroschenstück sein schlechtes Zweigroschenstück – mit dem Braunschweiger Pferde oben – herausgegeben hatte. Darunter hatte denn auch Storm zu leiden; er kam zu keiner Geltung, weil *er* sowohl wie das, was er vortrug, für Lokal und Menschen nicht kräftig genug gestimmt war. Er fühlte das auch und nahm einen Anlauf, sich à tout prix zur Geltung zu bringen, versah es aber damit gänzlich. Er hatte kein rechtes Glück bei uns. Irgendwer hatte ein Gedicht vorgelesen, in dem eine verbrecherische Liebe zwischen Bruder und Schwester behandelt wurde. Man fand es mit Recht verfehlt, am verfehltesten aber fand es der mitkritisierende Storm, der, als er sein Urteil abgeben sollte, des weiteren ausführte, daß vor allem »die schwüle Stimmung« darin fehle. »Nun, Tannhäuser«, so rief man ihm zu, »dann machen *Sie's* doch.« Und Storm war auch wirklich dazu bereit und erschien vierzehn Tage später mit dem von ihm zugesagten Gedicht »Geschwisterliebe«, aber nur, um einen totalen Abfall zu erleben. »Ja«, hieß es, »Ihr Gedicht ist freilich besser, aber zugleich auch viel schlechter; die ›schwüle Stimmung‹, von der Sie sprachen, die haben Sie herausgebracht; aber es wird einem ganz himmelangst dabei.« Dies Urteil war, glaub' ich, richtig; Storm selbst empfand auch etwas der Art und bastelte noch daran herum, suchte sich sogar in Gesprächen und Briefen zu verteidigen. Aber ohne rechten Erfolg. Einer dieser Briefe richtete sich an mich.

»Erschrecken Sie nicht«, so schrieb er mir, »daß ich noch einmal auf meine Ballada incestuosa zurückkomme.

Jede *Sitte*, worunter wir an sich nur ein äußerlich allgemein Geltendes und Beobachtetes verstehen, hat ein inneres, reelles *Fundament*, wodurch dieselbe ihre Berechtigung erhält. Die Sitte – denn mit den *rechtlichen* Verboten in dieser Beziehung haben wir es hier nicht zu tun –, daß Schwester und Bruder sich nicht vereinigen dürfen, beruht auf der damit übereinstimmenden Natureinrichtung, welche in der Regel diesen Trieb versagt hat. Wo nun aber, im einzelnen Falle, dieser Trieb vorhanden ist, da fehlt auch, eben für diesen einzelnen Fall, der Sitte das Fundament, und der einzelne kann sich der allgemeinen Sitte gegenüber, oder vielmehr ihr entgegen, zu einem Ausnahmefall berechtigt fühlen. Daß er nun sein natürliches Recht, nachdem er es vergebens mit der Sitte in Einklang zu bringen versucht hat, kühn gegen all das Verderben eintauscht, was der Brauch und das Allgemeingültige über ihn bringen muß, das ist *das*, was ich als den poetischen Schwerpunkt empfunden habe. Gleichwohl habe ich für Sie einen neuen Schluß zurechtgemacht, der freilich christlich ebensowenig passieren darf wie der andere. Hier ist er…«

Storm ließ diesen neuen Schluß nun folgen, und in dieser etwas veränderten Gestalt ist die Ballada incestuosa auch in seine Gedichte übergegangen. Es ist aber, trotz all dieser Mühen, eine vergleichsweise schwache Leistung geblieben, wie sich jeder, der die Gedichte zur Hand hat, leicht überzeugen kann.

Storm blieb Mitglied. Aber er kam nicht mehr oder sehr selten. Er mußte sich gesellschaftlich von vornherein geborgen fühlen, sonst schwenkte er ab.

Seine Tunnel-Schicksale hatten sich nicht sehr günstig gestaltet, freilich auch nicht schlimm. Schlimmer war es, daß es auch mit *Kugler* zu einer Verstimmung kam. Ohne rechte Schuld auf der einen und der anderen Seite. Wir saßen eines Tages zu vier oder fünf in einem Tiergartenlokal, in einem von Pfeifenkraut und Jelängerjelieber umrankten Pavillon, und da sich's fügte, daß kurz vorher ein neues Buch von Geibel erschienen war, so nahm Storm Veranlassung, über seinen Konkurrenten Geibel sein Herz auszuschütten. »Ja, Geibel. Das ist alles ganz gut. Aber was haben wir schließlich? Wohlklang, Geschmack, gefällige Reime – von eigentlicher Lyrik aber kann kaum die Rede sein und von Liebeslyrik nun schon ganz gewiß nicht. Liebeslyrik, da muß alles latente Leidenschaft sein, alles nur angedeutet und doch machtvoll, alles in einem Dunkel, und mit einemmal ein uns blendender Blitz, der uns, je nachdem, erschreckt oder entzückt.« Kugler wurde unruhig. Zum Unglück fuhr Storm fort: »In zwei Strophen von mir...« Und nun wollte er an einem seiner eigenen Gedichte zeigen, wie echte Liebeslyrik beschaffen sein müsse. Aber er kam nicht dazu. »Nein, lieber Storm«, unterbrach Kugler, »nicht so. Geibel ist unser aller Freund, und wie ich bisher annahm, auch der Ihrige, und einen anderen tadeln, bloß weil er's anders macht als man selber, das geht nicht.« Wir kamen sämtlich in eine große Verlegenheit. Natürlich, soviel mußte man Kugler zugestehen, hatte Storm, wenn auch nicht direkt, so doch unmißverständlich ausgesprochen: »*Meine* Gedichte sind besser als Geibels.« Aber wenn dergleichen artig gesagt wird, so darf man um solches Ausspruches willen nicht reprimandiert werden, auch dann nicht, wenn man unrecht hat. Hier aber darf doch wohl gesagt werden, *Storm hatte recht.* Geibel war ein entzückender Mensch und dazu ein liebenswürdiger, ebenso dem Ohr wie den Anschauungen einer Publikumsmajorität sich einschmeichelnder Dichter. Aber als Liebeslieddichter steht Storm hoch über ihm.

Der ganze Zwischenfall, von dem ich damals einen starken Eindruck empfing, ist mir nie wieder aus dem Gedächtnis geschwunden und hat mich jederzeit zu vorsichtiger Haltung gemahnt. Aber freilich, dieser Mahnung immer zu gehorchen, ist nicht leicht. Oft liegt es so, daß man ein Lob, das gespendet wird, zwar nicht teilt, aber doch begreift. In solchem Falle zu schweigen, ist kein Kunststück. Aber überall da, wo man nicht bloß seine dichterische Überlegenheit über einen Mitbewerber, sondern viel, viel mehr noch seine *kritische* Überlegenheit über die mit Kennermiene sich gerierenden Urteilsabgeber fühlt – in solchen Momenten immer zurückzuhalten, ist mir oft recht schwer geworden. Wenn ich dann aber Storm und Kugler und die Jelängerjelieber-Laube vor mir aufsteigen sah, gelang es mir doch so leidlich.

Der über Geibels Wertschätzung als Liebesliederdichter entstandene Streit war für alle Teile sehr peinlich, es kam aber schließlich zum Friedensschluß, und man war allerseits bemüht, die Sache vergessen zu machen. Was denn auch glückte. Storm sah sich nicht bloß in das Kuglersche Haus eingeführt, sondern ebendaselbst auch mit Auszeichnungen überhäuft, und die damals miterlebten »Storm-Abende« zählen zu meinen liebsten Erinnerungen. Es mag übrigens schon hier erwähnt sein, daß Storm, nach Art so vieler lyrischer Dichter – und nun gar erst lyrischer Dichter aus kleinen Städten – der Träger von allerhand gesellschaftlichen Befremdlichkeiten war, die, je nach ihrer Art, einer lächelnden oder auch wohl halb entsetzten Aufnahme begegneten. Manches so grotesk, daß es sich hier der Möglichkeit des Erzähltwerdens entzieht. Aber seine mit dem Charme des Naiven ausgerüstete Persönlichkeit blieb am Ende doch immer siegreich, und selbst »Frau Clara«, so gut sie sonst die Geheimrätin zu betonen wußte, sah und hörte schließlich drüber hin.

Diese Storm-Abende waren, ehe man zu Tisch ging und der Fidelitas ihr Recht gönnte, meist Vorlesungsabende, bei denen man es zunächst mit Lyrik versuchte. Sehr bald aber zeigte sich's, wie vorher im Tunnel, daß Lyrik für einen größeren Kreis nicht passe, weshalb Storm, sein Programm rasch wechselnd, statt der kleinen »Erotika« Märchenhaftes und Phantastisches vorzulesen begann. Von der Märchendichtung, wie sie damals in Jugendschriften betrieben wurde, hielt er an und für sich sehr wenig. »Das Märchen hat seinen Kredit verloren; es ist die Werkstatt des Dilettantismus geworden, der nun mit seiner Pfuscherarbeit einen lebhaften Markt eröffnet.« So schrieb er einmal. Er war sich demgegenüber eines besonderen Berufes wohl bewußt, zugleich auch einer eigentümlichen Märchenvortragskunst, wobei kleine Mittel, die mitunter das Komische streiften, seinerseits nicht verschmäht wurden.

So entsinne ich mich eines Abends, wo er das Gedicht »In Bulemanns Haus« vorlas. Eine zierliche Kleine, die gern tanzt, geht bei Mondenschein in ein verfallenes Haus, darin nur die Mäuse heimisch sind. Und auch ein hoher Spiegel ist da zurückgeblieben. Vor den tritt sie hin, grüßt in ihm ihr Bild und das Bild grüßt wieder, und nun beginnen beide zu tanzen, sie und ihr Bild, bis der Tag anbricht und die »zierliche Kleine« niedersinkt und einschläft. Dieser phantastische Tanz im Mondenschein bildet den Hauptinhalt und ist ein Meisterstück in Form und Klang. Ich sehe noch, wie wir um den großen, runden Tisch, den ich schon in einem früheren Kapitel beschrieben, herum saßen, die Damen bei ihrer Handarbeit, wir »von Fach« die Blicke erwartungsvoll auf Storm selbst gerichtet. Aber statt anzufangen, erhob er sich erst, machte eine entschuldigende

Verbeugung gegen Frau Kugler und ging dann auf die Tür zu, um diese zuzuriegeln. Der Gedanke, daß der Diener mit den Teetassen kommen könne, war ihm unerträglich. Dann schraubte er die Lampe, die schon einen für Halbdunkel sorgenden grünen Schirm hatte, ganz erheblich herunter, und nun erst fing er an: »Es klippt auf den Gassen im Mondenschein, das ist die zierliche Kleine...« Er war ganz bei der Sache, sang es mehr, als er es las, und während seine Augen wie die eines kleinen Hexenmeisters leuchteten, verfolgten sie uns doch zugleich, um in jedem Augenblicke das Maß und auch die Art der Wirkung bemessen zu können. Wir sollten von dem Halbgespenstischen gebannt, von dem Humoristischen erheitert, von dem Melodischen lächelnd eingewiegt werden – das alles wollte er auf unseren Gesichtern lesen, und ich glaube fast, daß ihm diese Genugtuung auch zuteil wurde.

Denselben Abend erzählte er auch Spukgeschichten, was er ganz vorzüglich verstand, weil es immer klang, als würde das, was er vortrug, aus der Ferne von einer leisen Violine begleitet. Die Geschichten an und für sich waren meist unbedeutend und unfertig, und wenn wir ihm das sagten, so wurde sein Gesicht nur noch spitzer, und mit schlauem Lächeln erwiderte er: »Ja, das ist das Wahre; daran können Sie die Echtheit erkennen; solche Geschichte muß immer ganz wenig sein und unbefriedigt lassen; aus dem Unbefriedigten ergibt sich zuletzt die höchste künstlerische Befriedigung.« Er hatte uns nämlich gerade von einem unbewohnten Spukhause erzählt, drin die Nachbarsleute nachts ein Tanzen gehört und durch das Schlüsselloch geguckt hatten. Und da hätten sie vier Paar zierliche Füße gesehen mit Schnürstiefelchen und nur gerade die Knöchel darüber, und die vier Paar Füße hätten getanzt und mit den Hacken zusammengeschlagen. Einige Damen lachten, aber er sah sie so an, daß sie zuletzt doch in einen Grusel kamen.

Storm war oft in Berlin, aber wir waren doch auch gelegentlich zu ihm geladen und fuhren dann in corpore – meist Kugler, Merckel, Eggers, Blomberg, ich – nach Potsdam hinüber, um unsere sogenannte »Rütli-Sitzung« in Storms Wohnung abzuhalten. Rütli, wie schon an anderer Stelle hervorgehoben, war eine Art Neben-Tunnel, eine Art Extrakt der Sache. Storm war ein sehr liebenswürdiger Wirt, sehr gastlich, und seine Frau, die schöne »Frau Constanze«, fast noch mehr. Wir blieben Nachmittag und Abend und fuhren erst spät zurück. Je kleiner der Kreis war, je netter war es; er sprach dann, was er in größerer Gesellschaft vermied, über dichterisches Schaffen überhaupt und speziell auch über sein eigenes. Ich habe, bei Behandlung solcher Themata, keinen anderen so Wahres und so Tiefes sagen hören. In neuester Zeit sind Tagebücher der Gebrüder Goncourt erschienen, die sich auch über derlei Dinge verbreiten und mich mehr als einmal ausrufen ließen: »Ja, wenn wir doch die gleiche, jedes Wort zur Rechenschaft ziehende Gewissenhaftigkeit hätten.« In der Tat, wir haben nur ganz wenige Schriftsteller, die wie die Goncourts verfahren, und unter diesen wenigen steht Storm obenan. Er ließ das zunächst schnell Geschriebene wochenlang ruhen, und nun erst begann – zumeist auf Spaziergängen auf seinem Husumer Deich – das Verbessern, Feilen und Glätten, auch wohl, wie Lindau einmal sehr witzig gesagt hat, das »Wiederdrübergehen mit der Raspel«, um dadurch die beim Feilen entstandene zu große Glätte wieder kräftig und natürlich zu machen.

Unter seinen kleinen Gedichten sind viele, daran er ein halbes Jahr und länger gearbeitet hat. Deshalb erfüllen sie denn auch den Kenner mit so hoher Befriedigung. Er hat viel Freunde gefunden, aber zu *voller* Würdigung ist er doch immer noch nicht gelangt. Denn seine höchste Vorzüglichkeit ruht nicht in seinen vergleichsweise viel gelesenen und bewunderten Novellen, sondern in seiner Lyrik.

Noch einmal, diese Reunions in unseres Storms Potsdamer Hause waren sehr angenehm, lehrreich und fördernd, weit über das hinaus, was man sonst wohl bei solchen Gelegenheiten einheimst; aber sie litten doch auch an jenen kleinen Sonderbarkeiten, die nun einmal alles Stormsche begleiteten und ein Resultat seines weltfremden Lebens und eines gewissen Jean Paulismus waren. Es wird von Jean Paul erzählt, daß er sich, einmal auf Besuch in Berlin, in einer größeren Gesellschaft ins »Kartoffelschälen auf Vorrat« vertieft habe, was dann schließlich bei dem inzwischen vorgerückten Souper zu einer Art Verzweiflungskampf zwischen ihm und dem die Teller rasch wechseln wollenden Diener geführt hätte. Ganz dasselbe hätte Storm passieren können oder wenn nicht dasselbe, so doch sehr Ähnliches. Ich habe manches der Art mit ihm erlebt. Er hatte, wie so viele lyrische Poeten, eine Neigung, alles aufs Idyll zu stellen und sich statt mit der Frage: »Tut man das?« oder: »Ist das convenable?« nur mit der Frage zu beschäftigen: »Entspricht das Vossens ›Luise‹ oder dem redlichen Tamm oder irgendeiner Szene aus Mörikes ›Maler Nolten‹ oder aus Arnims ›Kronenwächtern‹?« Ja, ich fürchte, daß er noch einen Schritt weiterging und seine Lebensvorbilder in seinen eigenen, vielfach auf Tradition sich stützenden Schöpfungen suchte. Man kann dies nun sicherlich reizend finden, auch ich kann es, aber trotzdem bin ich der Ansicht, daß diesem Verfahren ein Hauptirrtum zugrunde liegt. Es soll sich die Dichtung nach dem Leben richten, an das Leben sich anschließen, aber umgekehrt eine der Zeit nach weit zurückliegende Dichtung als Norm für modernes Leben zu nehmen, erscheint mir durchaus falsch. In Storms Potsdamer Hause ging es her wie in dem öfters von ihm beschriebenen Hause seiner Husumer Großmutter, und was das schlimmste war, er war sehr stolz darauf und sah in dem, was er einem als Bild und Szene gab, etwas ein für allemal »poetisch Abgestempeltes«. Das Lämpchen, der Teekessel, dessen Deckel klapperte, die holländische Teekanne daneben, das alles waren Dinge, darauf nicht bloß sein Blick andächtig ruhte – das hätte man ihm gönnen können –, nein, es waren auch Dinge, die gleiche Würdigung von denen erwarteten, die, weil anders geartet, nicht viel davon machen konnten und durch das *Absichtliche* darin ein wenig verstimmt wurden. Wie mir einmal ein Hamburger erzählte: »Ja, da war ja nun letzten Sommer Ihr Kronprinz bei uns, und da wird er wohl mal gesehen haben, was ein richtiges Mittagessen ist« – so glaubte Storm ganz ernsthaft, daß eine wirkliche Tasse Tee nur aus seiner Husumer Kanne kommen könne. Die Provinzialsimpelei steigert sich mitunter bis zum Großartigen.

Fanny Lewald bei Henriette Herz: »Ich habe alle Menschen gekannt«

Mein Umgangskreis hatte sich nun schon seit dem Jahre neununddreißig weiter ausgebreitet. Ich hatte namentlich im Blochschen Hause eine Reihe anziehender Bekanntschaften gemacht, war durch Frau Bloch in verschiedene Beamtenfamilien eingeführt worden, indes es war in denselben wie in allen andern Gesellschaften, und eigentlich noch schlimmer. Man kam zusammen, um einen Toiletten- und Tafelluxus aufzuweisen, den man bei den meist sehr beschränkten Vermögensverhältnissen der preußischen Bürokratie weit vernünftiger vermieden hätte, und von jener Berliner Gesellschaft, welche, ähnlich der französischen des vorigen Jahrhunderts, die Menschen zu erfreulicher und fördernder Unterhaltung zwanglos zusammenführen sollte, fand sich im Leben kaum noch eine Spur, ja eigentlich nur noch die Tradition.

Man nannte die Namen der Personen, um welche sich jene aus den verschiedensten Ständen zusammengesetzte Gesellschaft versammelt hatte, Namen von hochgebornen Frauen, von Schauspielerinnen, von Jüdinnen, aber sie waren dahin, und nur aus der Zahl der letztern lebten noch zwei hervorragende Persönlichkeiten, die Hofrätin Henriette Herz und Frau Sara Levy.

Ich trug ein Verlangen, diese Damen kennenzulernen, aber mir fehlte der Mut, die teilnehmende und verehrende Empfindung, welche ich für sie hegte, als ein Anrecht an sie zu betrachten, und so war ich schon lange in Berlin gewesen, ehe ich einer jungen Frau, welche von der Hofrätin Herz sehr hoch gehalten wurde, einmal den Wunsch aussprach, der letztern zugeführt zu werden.

Die Hofrätin Herz war die Tochter eines jüdischen Arztes, eines Doktor Lemos, und 1764 in Berlin geboren. Fast noch ein Kind, kaum fünfzehnjährig, hatte man sie einem bedeutend ältern Manne, dem Doktor Markus Herz, verheiratet, der ein berühmter Arzt und als solcher ebenso als um seines Geistes und seiner hervorragenden Bildung willen weithin geachtet und gesucht war. Als Gattin dieses Mannes, von dessen Originalität und von dessen oft sehr drastischen Kuren ich in meiner väterlichen Familie noch manche auf eigenes Erinnern gegründete Erzählungen vernommen, hatte sie in Berlin ein großes Haus gemacht, bis ihr Gemahl zu Anfang des Jahrhunderts gestorben war. Ihre Vermögenslage war bei seinem Tode keine glänzende, indes war dieselbe damals noch ausreichend, ihr eine heißersehnte mehrjährige Reise nach Italien zu gestatten, und als sich nach ihrer Heimkehr aus dem Süden ihre Glücksumstände noch ungünstiger gestalteten, hatte die edle Frau es trefflich verstanden, sich mit würdiger Entsagung in die ihr auferlegten Beschränkungen zu finden, und nach wie vor voll Teilnahme an dem Allgemeinen wie an dem Persönlichen, voll Hilfsbereitschaft für jeden, dem sie etwas leisten konnte, der geistige Mittelpunkt eines großen und bedeutenden Menschenkreises zu bleiben.

Es war schon ziemlich spät am Tage und dämmrig, als ich zum ersten Male bei ihr eintrat. Die Hofrätin, welche ich immer als eine der schönsten Frauen ihrer Zeit bezeichnen hören, war damals schon in der Mitte der Siebziger und saß, eben von einem Krankheitsfalle genesen, mit einem weißen Oberrock und einer weißen, etwas großen Haube angetan, in einem alten niedrigen Lehnstuhl nahe an dem Fenster.

Sie empfing mich sehr verbindlich, obschon ich damals keinen äußern Anspruch irgendeiner Art vor ihr geltend zu machen hatte, wiederholte mir das Freundliche, was die Dame, welche mich ihr vorstellte, ihr über mich gesagt, und tat eine Reihe jener Fragen an mich, welche wohlwollende, lebenssichere Menschen dem Neuling in der Gesellschaft als die Brücke unterbreiten, auf welcher er über die ersten Minuten hinwegkommen kann.

Ich hatte dabei Gelegenheit, sie zu betrachten und, so alt und verfallen ihre Züge waren, die vollendete Regelmäßigkeit ihres Kopfes zu bemerken. Die große freie Stirne, die vorspringende Braue und der edle Schnitt der Nase waren noch unverkennbar, obschon der Mund tief eingesunken war und das Kinn dadurch hervortrat, auch die Augen sahen noch klug und freundlich in die Welt, und vor allem war die Stimme noch sehr angenehm, die ganze Art und Weise ihres Behabens wohltuend.

Da man ihr gesagt hatte, daß ich eine Königsbergerin sei, sprach sie davon, daß sie früher viel liebe Freunde in Ostpreußen gehabt, und in Tagen, welche vor meiner Geburt gelegen, dort mit vielen Personen in nahen Beziehungen gestanden habe. Sie fragte mich nach einem und dem andern unter den noch Lebenden, erhob sich dann plötzlich mit der Langsamkeit, welche ihr körperlicher Zustand ihr auferlegte, aus ihrem Lehnstuhl, und ich wurde dabei von ihrer Größe überrascht, die trotz ihrer Gebeugtheit durch die Jahre mir, nachdem ich sie zuerst sitzend erblickt, fast unnatürlich erschien. Schon ihre Erzählungen von Zeiten, die für mich einer sehr fernen Vergangenheit angehörten, und von denen sie mit einem Ausdruck naher Gegenwärtigkeit sprach, hatten für mich etwas Mystisches gehabt, nun die große, magere Gestalt in dem weißen

Gewande im Dämmerlichte vor meinen Augen langsam hoch und immer höher emporstieg, hatte diese Erscheinung geradezu etwas Gespenstisches, und ich hätte mich kaum gewundert, wenn sie sich allmählich in Nebel gehüllt und aufgelöst und sich so meinen Blikken entzogen hätte. Es war ein Eindruck, der mir für immer unvergeßlich geblieben ist.

Später, als ich ihr näher bekannt wurde und sie öfter besuchen durfte, bemerkte ich, daß ihr Oberkörper im Verhältnis zu ihrer Gestalt eigentlich klein war, so daß sie sitzend nur die gewöhnliche Frauengröße zu haben schien, während sie in der Zeit ihrer vollen Kraft über die Höhe unseres Geschlechtes hervorgeragt haben und eine wahrhaft majestätische Frau gewesen sein soll.

Sie wohnte, als ich sie kennenlernte, in der Markgrafenstraße in dem ersten Stockwerk eines alten und ziemlich verfallenen Hauses. Über eine finstre Treppe und einen ebenso finstern Flur trat man durch eine kleine, kaum möbliert zu nennende einfenstrige Stube in das zweifenstrige Wohnzimmer ein, das mit der höchsten Einfachheit eingerichtet war. Keines von den modernen Möbeln, die wir jetzt beinahe zu den Unentbehrlichkeiten rechnen, keine Fauteuils, keine Causeusen, keine großen Spiegel, keine Nippessachen waren darin zu sehen. Ein mattfarbiges Papier bedeckte die Wände, ein dunkler, grober Teppich den Fußboden. Es waren ein Sofa und Stühle da, auf denen man sitzen konnte, ein runder Tisch, um den man saß, es hing auch ein alter Spiegel über der Kommode, es fehlte eben kein Möbel von denen, welche dem notwendigen Bedürfnis entsprachen, aber über dieses hinaus war nichts vorhanden, und doch vermißte man nichts, sondern fühlte sich behaglich, sobald man eintrat, ja man kam sich altgewohnt in diesem Raume vor, weil man in demselben nichts zu besehen und zu betrachten, sich über gar nichts zu wundern hatte. Selbst die Büste ihres Freundes Schleiermacher, welche auf dem Sekretär stand, und die Porträts, welche hie und da an den Wänden hingen, fielen nicht als etwas Fremdes auf. Man hatte sie so oft gesehen, diese Bilder der beiden Humboldts und ihrer großen Zeitgenossen; aber man blickte sie in den Zimmern dieser Frau doch noch mit andern Augen an als sonst, denn diese Frau hatte jene Männer in den Tagen ihrer Jugend gekannt, und ihr waren die Menschen Lebensgenossen und nahe Freunde gewesen, in welchen wir aus der Ferne die großen Männer unseres Volkes verehrten.

Ich habe in spätern Zeiten, als die fortschreitende Kunstentwicklung und der noch schneller fortschreitende Luxus die reiche Ausschmückung der Wohnungen zur allgemeinen Sitte werden ließen, oftmals daran gedacht, wie wenig die meisten Frauen ihren Vorteil verstehen, wie wenig Selbstkenntnis sie haben und wie wenig sie darauf denken, sich und ihre Wohnung harmonisch gegeneinander abzustimmen. Unbedeutende Menschen, unbedeutende Gespräche oder Unterhaltungen um Elendigkeiten nehmen sich in prächtig aufgeputzten Räumen erst recht jämmerlich aus, und wie keine Frau eine auffallend prächtige Kleidung anlegen sollte, welche sie nicht zu tragen und sich dieselbe nicht so anzueignen weiß, daß ihre Kleider an ihr als ein untergeordnetes, als ein Beiwerk erscheinen, so sollte man es noch weniger wagen, sich durch seine Umgebung in Schatten oder vielmehr in das rechte Licht setzen zu lassen; denn um sich unter bedeutender Pracht oder gar unter bedeutenden Kunstwerken schicklich zu behaupten, muß man notwendig etwas sein.

In dem Zimmer der Hofrätin Herz befand sich, soviel ich mich erinnere, nur ein einziges Bild, das den Anspruch machen konnte, ein Kunstwerk zu heißen. Es war das ein Porträt der Hofrätin selbst, welches sie als dreizehnjähriges Mädchen darstellte, und zwar, wie die Sitte des 18. Jahrhunderts es mit sich brachte, in einem antiken, irgendeiner Göttin der Muse entlehnten Kostüm. Das Porträt war von der Malerin Therbusch, der Freundin Lessings, gemalt und so außerordentlich schön, daß man es nicht für wahr gehalten haben würde, wäre das Bild, welches der bekannte und verläßliche Porträtmaler Groß zu Anfang dieses Jahrhunderts von ihr gemacht, nicht noch viel vollendeter in seiner regelmäßigen Schönheit und strahlender in dem Ausdruck von Verstand und Güte gewesen.

Obschon nun niemand besser als die Hofrätin Herz in edle, kunstgeschmückte Räume hineingepaßt haben würde, so hob doch in ihrem Falle grade die schmucklose Einfachheit ihres Zimmers ihr eigenes Bild und die vornehme Würde ihrer Person wie ein bescheidener Hintergrund nur mächtiger hervor. Wenn man sie in der einfachsten Kleidung, von schlichtestem Hausrat umgeben, in ihrem engen Zimmer sah und sich erinnerte, daß die Schönheit dieser Frau einen europäischen Ruf gehabt, daß seit sechzig Jahren kaum ein bedeutender Mann gelebt, den sie nicht gekannt und der sie nicht verehrt, daß Mendelssohn und Mirabeau, daß Schiller und Goethe,

Jean Paul, die Schlegel, Fichte, die Humboldts, Schleiermacher und Börne, daß die ersten Künstler und Künstlerinnen aller Länder, daß die Gebildeten unter den Fürsten und Herrschern unserer Zeit der Schönheit und dem Geiste dieser Frau gehuldigt hatten, so gewann die eingehende Freundlichkeit, welche sie dem Geringsten angedeihen ließ, etwas Bezauberndes und Rührendes zugleich.

Selbst als ich sie schon länger kannte und die Gewohnheit das Überraschende des ersten Eindrucks ausgeglichen hatte, überkam mich in ihrer Nähe stets jene Empfindung nachdenkender Feier, von welcher man sich in den Ruinen großer Bauten aus vergangenen Zeiten ergriffen fühlt. Unwillkürlich sah man den Zug der Geister an sich vorüberziehen, welche sich dieser Frau einst mit Neigung und Anteil zugewendet, unwillkürlich meinte man auf dem Antlitz der Greisin den Widerschein vergangner Tage erblicken zu können. »Ich habe alle Menschen gekannt!« sagte sie einmal scherzend, als ich mich wunderte, wie genau sie sich einer nicht eben bedeutenden Person aus meiner Vaterstadt erinnerte, und ich möchte ihrem Worte hinzusetzen: Alle Welt hatte sie gekannt! Denn wie sie die Freundin unserer geistigen Heroen gewesen, so war sie für die nachfolgenden Geschlechter zu einem geistigen Wahrzeichen von Berlin geworden, und wer sie gesehen und gekannt hat, bewahrt noch heute ihr Andenken sicherlich mit Liebe.

Es war ein Vergnügen, sie sprechen, und ein Genuß, sie erzählen zu hören. Alle ihre anmutigen und würdigen Eigenschaften kamen dabei gleichmäßig zur Geltung. Sie suchte niemals die Aufmerksamkeit auf sich oder die Unterhaltung an sich zu ziehen, aber sie war mitteilsam und das Sprechen machte ihr Freude, wie die Übung einer Kunst, in welcher sie Meister war. Alles was sie sagte, zeugte von einem wohlgeordneten Verstande, nichts kam zur Unzeit, nichts ungeregelt und wüst hingeworfen zum Vorschein, und doch machte nie etwas den Eindruck der Berechnung oder der Absichtlichkeit; denn sie war so vollkommen harmonisch ausgebildet, daß sie sich nur natürlich gehen zu lassen brauchte, um eine edle und wohltuende Wirkung auf jeden Menschen hervorzubringen, der Sinn für das Edle und Schöne hatte.

Wenn ich ihrer und des Menschenkreises denke, dessen Bilder sie gelegentlich vor unsern Augen aufrollte, so frage ich mich bisweilen, was jene Art der Geselligkeit, von welcher sie zu erzählen pflegte und nach welcher wir uns sehnen, von unserer Gesellschaft unterscheidet, über die wir mehr oder weniger uns alle beklagen und die wir auf den veränderten Geist des Jahrhunderts zu schieben pflegen. Ich finde dann aber, daß dieser sogenannte veränderte Geist des Jahrhunderts ein ebenso bequem erfundenes Abstraktum ist, als der Geist der Weltgeschichte, der überall da in Szene gesetzt wird, wo die Menschen ihre Schuldigkeit nicht tun. Jeder einzelne von uns hilft die Gesellschaft machen, jeder einzelne von uns trägt also seinen Teil von Schuld an ihren Übelständen, und wir gleichen in unsern Anforderungen an die Gesellschaft einem alten, etwas einfältigen Urgroßonkel von mir, welcher mit Geringschätzung auf seine junge Nachkommenschaft zu sehen und ihnen zuzurufen pflegte: »Zeigt mir unter den jetzigen jungen Leuten einen, der so alt geworden ist als ich!«

Man stellt sich die Gesellschaft, welche zu Ende des vorigen und zu Anfang dieses Jahrhunderts von so wesentlichem Einfluß auf die Kulturgeschichte unseres Vaterlandes geworden ist, immer nur als einen Kreis von Heroen vor und vergißt darüber, daß diese Heroen nicht wie die Minerva fix und fertig auf die Welt gekommen, sondern lange Zeit junge, werdende, irrende, strebende und sich entfaltende Menschen gewesen sind. Man hört die Namen Humboldt, Rahel Levin, Schleiermacher, Varnhagen und Schlegel, und denkt an das, was sie geworden, und vergißt, daß die Humboldts ihrer Zeit nur zwei junge Edelleute, daß Rahel Levin ein lebhaftes Judenmädchen, Schleiermacher ein unbekannter Geistlicher, Varnhagen ein junger Praktikant der Medizin, die Schlegel ein paar ziemlich leichtsinnige junge Journalisten gewesen sind, und daß auch nicht immer Geister ersten Ranges, so doch mitunter manche große Bildung, manch große Begabung, manch lebhaftes Vorwärtsstreben unter der Jugend vorhanden sind, die uns umgibt. Aber die meisten unter uns wollen nicht säen, nicht pflegen, sondern nur ernten, und zwar in einer Weise ernten, welche oft weniger darauf berechnet ist, uns satt, als Dritten einen Eindruck zu machen.

Nicht der Geist ist es, der unsern Gesellschaften fehlt, sondern die Liebe und die wahre Teilnahme. Unsere Gesellschaft ist mehr oder weniger egoistisch geworden. Die Menschen wollen empfangen und nicht leisten, wollen sich unterhalten lassen und nicht unterhalten, wollen für den Aufwand an Geld und Zeit, den die

Gesellschaft sie kostet, etwas haben, was Parade macht. Sie wollen Plüschmöbel und Bronzerahmen, die in Erstaunen setzen, Speisen und Getränke, die auf ihren hohen Preis schließen lassen, berühmte Namen, die den Gästen imponieren, und wenn sie das einmal oder ein paarmal im Jahre zusammengebracht haben, so fragen sie weiter nicht danach, ob ihre Gäste auf den Plüschsofas Langeweile oder Vergnügen gehabt, ob jene Zelebritäten noch Lust und Neigung für die Geselligkeiten fühlen, ob sie irgend jemandem eine wohlwollende Unterhaltung vergönnt, ob die Gäste mehr davon gehabt als die Ehre, sie von ferne zu betrachten, und ob die Wirte selbst mehr davongetragen als die Befriedigung einer leeren Eitelkeit und das Bewußtsein, die Sache nun glücklich hinter sich zu haben. Die Menschen sind Sklaven der Autorität geworden und haben es darüber verlernt, selbst zu denken, selbst zu suchen und das Geistige zu entdecken, wo es sich zu regen beginnt, ja es auch nur da zu erkennen, wo es sich bereits entfaltet hat. – »Gott!«, sagte mir einmal eine Dame, »daß der N. jetzt ein so berühmter Mann geworden ist! Wie manches Mal hat der bei uns früher als Student in den Ecken des Salons herumgestanden, ohne daß man an ihn dachte, und jetzt kennt er uns nicht mehr!« – »Ja«, entgegnete ich, »er war zu achtzehn Jahren noch nicht sechsunddreißig und hat es vielleicht zu sechsunddreißig Jahren noch lebhaft im Gedächtnis behalten, wie wenig man vor achtzehn Jahren an ihn dachte, als die Beachtung ihm noch eine Erquickung gewesen wäre.«

Jenen liebevollen Sinn aber, welcher jedes Streben ehrt, jeder Begabung entgegenkommt, hatte die Hofrätin Herz sich noch in ihrem späten Alter erhalten, und er kam auch mir zugute. Formensicher, wie sie war, wußte sie mich den verschiedenen Personen, die ich bei ihr traf, in einer Weise vorzustellen, welche diese zu ähnlicher Rücksicht für mich aufforderte; und diese gleiche, fördernde Güte hatte ich auch in Frau Sara Levy angetroffen, welcher ich noch früher als der Hofrätin Herz vorgestellt worden war, und welche die Eigenschaft, eines der Wahrzeichen Berlins zu sein, in gewissem Sinne ebenso wie die Hofrätin Herz für sich in Anspruch nehmen konnte. Sie war noch um ein Jahr älter als diese letztere und von Geburt Jüdin wie sie; aber während die Hofrätin in der Mitte ihres Lebens zum Christentum übergetreten, war Frau Levy dem mosaischen Glauben treu geblieben und hatte sich eine Mission daraus gemacht, die Vertreterin desselben zu sein, wo man sich gegen ihn erhob, und dabei jeden Fortschritt zur geistigen Bildung bei seinen Bekennern in der liberalsten Weise zu unterstützen. Ebenso reich als die Hofrätin unbemittelt, ebenso unschön als diese schön gewesen, waren die Frauen von früher Jugend auf Freundinnen gewesen und einander an Güte des Herzens und an Wohltätigkeit völlig gleich; nur daß bei der Hofrätin Herz alles, was sie tat, ein Gepräge hoher weiblicher Anmut an sich trug, während in Frau Levy überall ein gewisses männliches Wesen unverkennbar war.

Sie war eine Tochter des zu Friedrichs des Großen Zeiten viel genannten und sehr reichen Kaufmanns Itzig, der seinen Kindern eine vortreffliche Erziehung geben lassen, und dessen schöne Töchter, die Baroninnen von Arnstein und von Eskeles zur Zeit des Kongresses in Wien eine hervorragende Rolle in der Gesellschaft gespielt hatten. Von den äußern Vorzügen dieser beiden Schwestern hatte aber, wie gesagt, Frau Levy gar nichts an sich. Sie war nur mittler Größe und mager, trug sich aber trotz ihrer sechsundsiebzig Jahre straff und aufrecht und ging, obschon sie auffallend schielte und ihr Auge kurzsichtig war, mit einer für ihre Jahre doppelt ungewöhnlichen Energie und Kraft umher. Ihre Stimme war sehr tief, ihre Redeweise kurz und gebieterisch, wenn sie sich nicht eben in eine längere Unterhaltung einließ und es klang daher oft komisch, wenn sie freundliche und zuvorkommende Dinge im Tone des Befehlens aussprach. Als ich sie einmal gegen einen jungen Bekannten mit warmer Verehrung rühmte, meinte er: »Ich weiß das alles und verehre die Frau, wie Sie es tun, mir ist sie aber zu kriegerisch!«

Der Ausdruck brachte uns damals alle zum Lachen, und doch lag etwas Richtiges darin, nur nicht das völlig Richtige. Nicht kriegerisch war sie, aber eine tapfere Frau, und diese Tapferkeit hatte sich grade damals – wenn auch nach meinem Sinne nicht an der rechten Stelle – wieder einmal bewährt. Frau Levy besaß und bewohnte das große Gebäude, welches sich hinter dem Packhof, fast von der Spree bis zu dem jetzigen neuen Museum hinzieht, und das in diesem Augenblicke noch erhalten ist. Sie hatte das Haus seit ein paar Menschenaltern inne, hatte es, wie sie mir einmal sagte, bezogen, als es noch ringsum im Felde gelegen, und es war mit dem großen, wohlgehaltenen und liebevoll gepflegten, von den prächtigsten Bäumen beschatteten Garten ein doppelt schöner Besitz, da solche weite Räumlichkeiten und so große Gärten in der volkreichen Residenz allmählich zu den Seltenheiten zu gehören begannen. Als nun Friedrich Wilhelm der Vierte den Bau des neuen Museums unternahm, hatte man, um dasselbe in der beabsichtigten Weise auszuführen, nicht nur ein Stück des Levyschen Gartens nötig, sondern auch ein Flügel des Hauses, und zwar eben der, welchen die Eigentümerin selbst bewohnte, hätte niedergerissen werden müssen, und man hatte ihr deshalb die darauf hinzielenden Kaufanträge unter den günstigsten Bedingungen zugehen lassen. Indes Frau Levy besaß nicht jenen Gemeinsinn, welcher sein eigenes Behagen um des allgemeinen Besten willen ohne weiteres aufgibt, und während sie sich, wennschon mit Überwindung, dazu entschloß ein Stück ihres Gartens abzutreten, so verweigerte sie es fest, ihre Wohnung aufzugeben. »Nach meinem Tode«, sagte sie, »können sie das ganze Grundstück haben, und ich will Sorge dafür tragen, daß sie es billig bekommen; solange ich aber lebe, bleibt mein Eigentum mein, und da der König gern seinem Ahnen Friedrich dem Großen nachlebt, so will ich der Müller von Sanssouci sein, der ihm Gelegenheit gibt, aufs neue ein Eigentum zu respektieren.« – Die Baumeister reklamierten nach rechts und nach links, der König wollte den Bau in seinem Sinne gefördert wissen, achtete jedoch, selber originell und willkürlich, die fremde Willkür und Originalität, wenn es sich eben so fügte. Er fand sich also von dem starren Festhalten der Greisin belustigt, und endlich erhielt, wie man mir erzählte, Alexander von Humboldt das Amt, hier vermittelnd einzuschreiten. Aber er war selbst ein Greis, er wußte, was die gewohnten Räume dem Alter sind, und es kam denn jenes Übereinkommen zustande, infolgedessen Frau Levy ihr Haus unangetastet bewahrte und nur einen kleinen Teil ihres Gartens für den Bau abtrat, wodurch man sich denn genötigt sah, den einen Flügel des Museums schief zu legen.

Wenn man nun auch dies Festhalten an dem Eignen, wo es ein für Jahrhunderte zu dauern bestimmtes Allgemeines galt, nicht billigte, so war es doch ein Vergnügen zu sehen, mit welcher Zufriedenheit die Greisin sich auf dem von ihr behaupteten Grund und Boden bewegte, wie es denn überhaupt sehr anziehend war, das große alte Haus mit seiner ganzen Altherkömmlichkeit zu betrachten. Es war in jenem, sich breit ausstreckenden Stile gebaut, der mehr und mehr zu verschwinden droht, je höher jetzt der Wert des Grundes und Bodens steigt. Zweistöckig, mit breiten, flachgelegten Treppen, mit räumigen Fluren, mit großen, hohen Zimmern, machte es einen sehr ansehnlichen Eindruck in dem weiten, gepflasterten und mit einer Mauer eingeschlossenen Hofe, welcher die vordere Seite des Hauses umgab, und dessen alte Bäume demselben aus mäßiger Ferne Schatten verliehen, während sich hinter dem Hause der große Garten ausdehnte. Alles in dem Hause war alt, alles zeugte von langhergebrachtem und gediegenem Reichtum. Der Kutscher und der Diener und die Kammerjungfer waren alt und gehörten mit ihrer Herrin und mit dem Hause durch Verjährung zusammen, die Livree war altmodisch, die Pferde auch nicht jung, aber wohlgenährt. In den großen Sälen, die nur ein oder ein paarmal im Jahre geöffnet wurden, glaubte man sich um ein halbes Jahrhundert zurückversetzt, in dem großen Gartensaal schien die Einrichtung aus noch früherer Zeit zu stammen, aber überall sah man, daß dieselbe einst den Anforderungen der Eleganz entsprochen hatte, und wohlerhalten wie sie war, machte sie noch eine angemessene Wirkung.

Frau Levy bewohnte nicht das ganze Haus, indes selbst die Personen, welchen sie die ihr überflüssigen Teile desselben vermietet hatte, waren alt und gehörten in den Bereich der Vergangenheit. Die Staatsrätin Uhden mit ihrem feinen geistvollen Gesicht und den schönen langen, grauen Locken, das Fräulein Itzig und Madame Ephraim, beide Schwestern von Frau Levy, das Fräulein Voitus waren alles alte Damen, und man ging in ihrer Gesellschaft wie in den Alleen eines alten französischen Parks umher; man erfreute sich ihrer und wußte doch, daß ihre Zeit vorüber war.

Ungemein unterrichtet und voll von großen, ernsten Interessen, hatte Frau Levy, ebenso wie die Hofrätin Herz, fast alle bedeutenden Menschen ihrer Zeit gekannt, aber sie war über die Vergangenheit weniger mitteilsam als jene, und überhaupt, wie es mir scheinen wollte, mehr auf das Abstrakte als auf das Persönliche gestellt. Es geschah wohl einmal, daß sie erzählte, wie Achim von Arnim und Bettina Brentano sich bei ihr im Garten verlobt, während der Friseur sie selbst frisiert, und wie Bettina dann zu ihr in das Zimmer hinaufgekommen sei, und sich mit den Worten an den Friseur auf den Fenstertritt gelegt: »Hör' Er! Bau Er der Madame Levy nur heute was Ordentliches auf, denn ich hab' unten eben mit dem Arnim Verspruch gehalten!« Aber dergleichen Mitteilungen kamen verhältnismäßig doch nur selten vor. Dafür aber stand sie noch lebhafter als die Hofrätin in den Interessen der Gegenwart, und während die erstere, teils aus christlich religiösen Empfindungen, die bei ihr entschieden vorherrschend geworden waren, teils aus Liebe für das Königshaus von Preußen, der beginnenden revolutionären Bewegung der Geister nur mit einer Art von Scheu zu folgen vermochte, war der frische kräftige Geist von Madame Levy immer mutig angeregt, und völlig bei der Sache. Als ich ihr einmal von Königsberger Zuständen erzählte und dabei scherzend die Worte aus Scribes »Caméraderie« brauchte: »Wir Jungen sind alle *à la tête de la jeune phalange*!« erwiderte sie lächelnd und den Kopf schüttelnd, mit ihrer tiefen Stimme: »Erlauben Sie! Wir Alten sind das auch!« In solchen Augenblicken war sie prächtig!

Ihre Zeit war sehr fest eingeteilt. Sie hatte außer einer Dame, welche die Gesellschafterin ihrer blinden Schwester gewesen war und welche sie bei sich behalten hatte, einen Vorleser in ihrem Hause, weil sie gern ernste Sachen las und es nicht liebte, den Erklärer bei denen zu machen, von welchen sie sich vorlesen ließ. Dafür waren einige Stunden täglich festgesetzt. Ein paar andere Stunden gehörten der Armenpflege, die sie im großartigsten und tüchtigsten Sinne betrieb. So erinnere ich mich, daß ich sie einmal in einem ganz entlegenen Stadtteil, in welchem ich für meinen Vater eine Kommission auszurichten hatte, aus ihrem Wagen steigen und in ein neu gebautes Haus eintreten sah. Als ich sie später fragte, wie sie dahin gekommen sei, sagte sie einfach: »Ich habe dort einen armen Mann mit einem kleinen Geschäfte etabliert und ihm von meinen Leuten die alten Regale, die ich ihm gekauft, neu anstreichen lassen. Da wollte ich sehen, ob das ordentlich gemacht sei.«

Um Mittag fuhr sie mehrere Stunden umher, machte Besuch bei ihren alten Freundinnen, sprach bei ihren Großnichten und Großneffen vor, denn sie hatte keine eigenen Kinder, und ging festen Schrittes und immer allein eine Stunde im Tiergarten spazieren, den alten Ludwig, ihren Diener, hinter sich. Zweimal in der Woche hatte sie regelmäßig Besuch: am Donnerstag ein Diner, zu welchem zehn bis vierzehn Personen geladen waren, am Sonnabend Tee, zu dem sich die Bekannten ihres Hauses nach Belieben einstellten, und den sie bis auf ihre letzten Lebenstage selbst, und stehend und dabei konversierend, für ihre Gäste zu bereiten pflegte.

Das Originellste aber waren jene Mittagbrote, bei denen man sich, wenn man wie ich und andre von ihr eingeladene Personen, nur dreißig Jahre zählte, immer wie ein Kind erschien, denn die Mehrzahl der Gäste waren Greise. Ich vergesse den ersten Eindruck dieser Tischgesellschaft nicht. Frau Levy zählte damals siebenundsiebzig, die Hofrätin Herz, ihr zur Seite, sechsundsiebzig Jahre, ein kleines Fräulein Chodoviecki, das immer einen uraltmodischen weißen Atlashut auf hatte und auf einem Stuhlkissen saß, mochte noch weit älter sein, der bekannte Kriminaldirektor Hitzig, ein Neffe von Frau Levy, die einst so schöne und jetzt noch als Greisin unter uns lebende Marianne Saaling und eine alte Sängerin, die ihr fünfzigjähriges Jubiläum als Mitglied der Singakademie gefeiert hatte, bildeten den Stamm des Zirkels. Es war mir mitunter, als fände ich mich an König Arthus' Tafelrunde versetzt, wenn ich diese alten, verwitterten Gesichter ansah, die alle in ihrem Verfalle schweigend von der Vergänglichkeit des Menschen predigten. Sie hatten einst alle *»à la tête de la jeune phalange«*, an der Spitze der Bewegung gestanden. Diese hinfälligen Frauen waren es gewesen, deren Geist und Bildung die Schranken des Kastengeistes durchbrochen, die aus eigener Machtvollkommenheit in Berlin die Gewalt der Vorurteile besiegt; diese Greisinnen und ihre Gesinnungsgenossen, diese Jüdinnen waren es gewesen, welche, sich aus dem Pariatume ihres Volkes erhebend, die Bildung als den höchsten gültigen Adel zu vertreten, und so eine Befreiung und eine Kultur der Geister in ihrer Vaterstadt herbeizuführen gewußt hatten, welche der geringere Sinn ihrer Nachkommen nicht zu behaupten verstanden hat. Das war es, was mich zu diesen Frauen hinzog, was mich ihnen in liebender Verehrung nahen machte; das ist es, was die Nachwelt in ihnen zu verehren hat – und vielleicht war es die Einsicht, daß ich Verständnis für ihre Bedeutung hatte, daß ein Zug ihres selbständigen und das wahrhaft Menschliche wollenden Geistes auch in mir lebendig war, was mir ihre Teilnahme und ihre Beachtung gewann.

Wie die Lebensläufe und Glücksgüter der einzelnen auch verschieden gewesen, eins besaßen sie alle in gleichem Grade, so Männer als Frauen, jenes Wohlwollen und jene Duldsamkeit, welche das

Kennzeichen vollendeter Bildung sind, jene höhere Menschenliebe, welche es erfahren hat, was man einander durch behutsame Rücksicht und eingehenden Anteil da zu leisten fähig ist, wo sonst keine Hilfe nötig oder möglich ist. Sie waren menschliche Menschen, treue Freunde, freundliche Lebensgenossen und bewegliche Geister und Gemüter. Darum fühlten selbst die Jüngsten sich wohl in ihrer Nähe, und es leben noch viele neben mir, die sich erinnern werden, wie vor zwanzig Jahren die übermütige Lust der Lebensfülle uns oftmals bei diesen Mittagbroten überkam, daß wir im Hinblick auf alle die Greise und Matronen unseres eigenen Lebens gar kein Ende absehen zu können meinten und uns in Witzen und Scherzen ergingen über die vorsintflutlichen Speisen und Gerichte und über die bequeme Weise, in welcher die Dienerschaft ihr Amt versah. Wir waren wie Knaben, welche die Pflaumen von den Bäumen eines Kirchhofs pflücken, und lachten, wie Pensionäre am Anfang ihrer Ferien lachen, solange sie glauben, daß diese niemals zu Ende gehen. Wir hatten es noch nicht erfahren, wie schnell die Tage enteilten, wenn man den Höhepunkt des Lebens überschritten hat; wir dachten nicht, daß zwanzig Jahre so rasch vorübergehen und wie die Zeit bald kommt, in welcher wir selber zu den Repräsentanten der Vergangenheit gehören werden!

Vom Luxus des Umgangs: »Mehr geneigt für das Zwiegespräch als für allgemeine Mitteilung«

Das Frühjahr, welches mir den Genuß der eigenen Häuslichkeit gebracht hatte, brachte mir auch eine Freundschaft, die mir bis zu dem Tode meiner Freundin ein Glück gewesen ist und deren Andenken mir bis an mein Ende ein gesegnetes bleiben wird.

Ich hatte eines Tages eine Einladung zu Professor Theodor Mundt erhalten, und ich freute mich auf den Abend, denn man war immer sicher, heitere und gute Stunden im Mundtschen Hause zu erleben. Theodor und Clara Mundt waren schon eine Reihe von Jahren verheiratet und in Berlin ansässig gewesen, als ich sie zum ersten Male gesehen hatte, und der Ausdruck völliger Zufriedenheit, der beiden gemeinsam war, hätte an und für sich etwas sehr Einnehmendes gehabt, wären ihre bloßen Namen nicht hinreichend gewesen, die Aufmerksamkeit auf sie zu lenken.

Ich habe es in diesen Blättern nicht mit den Werken und mit der literarischen Bedeutung meiner Freunde und Bekannten, sondern nur mit unsern gegenseitigen Beziehungen und mit dem Eindruck zu tun, welche ihre Persönlichkeit auf mich machte, oder mit den Folgen, welche sich für mich an das Begegnen mit ihnen knüpften. Daran müssen Memoiren sich halten, wie mir scheint, wenn sie nicht, was sie von ihrer Aufgabe entfernen würde, in den Bereich der Kritik und Literaturgeschichte hinübergreifen wollen, und dieses zu vermeiden, bin ich überall bemüht gewesen. Dies vorausgeschickt, fahre ich in meiner Erzählung fort.

Theodor Mundt war über Mittelgröße, festgebaut und kräftig, ohne damals gerade stark zu sein. Seine Züge waren fein, sein dunkles Auge ruhig, und man mußte ihn bei der Fülle seines braunen Haares und einer sehr guten Haltung entschieden als einen sehr hübschen Mann bezeichnen. Seine Bewegungen hatten etwas Gemessenes, seine Sprache und seine Ausdrucksweise trugen denselben Charakter. Er war im Ganzen zurückhaltend in größerer Gesellschaft, und in einer solchen hörte ich ihn zum ersten Male sprechen. Er schien mir mehr geneigt für das Zwiegespräch als für allgemeine Mitteilung zu sein, wie man das häufig bei den Personen findet, welche sich früh angewöhnt haben, das schweigende Blatt Papier zu ihrem Vertrauten zu machen. Ernst und Ruhe waren das erste, was mir an ihm auffiel, denn so sehr man ihn in das Gespräch zu ziehen und seine Meinung zu hören verlangte, ließ er sich nicht dazu verlocken, an der allgemeinen Unterhaltung der aus den verschiedensten Bestandteilen zusammengesetzten Gesellschaft tätig teilzunehmen. Er hörte zu und gab erst später, als er bei dem Abendessen neben mir saß, seine Meinung über die früher besprochenen Gegenstände kund, die er resümierend zusammenfaßte und zu einem Ganzen abzuschließen versuchte, wie einer, der mit den Dingen ins klare zu kommen und fertig zu werden sucht.

Ganz im Gegenteil zu seiner Art und Weise war alles Leben und rasche Offenheit an seiner Frau, ja ich möchte sagen, daß mir nie eine energischere Lebensfülle und Lebendigkeit vorgekommen ist, als Luise Mühlbach sie besaß. Sie dachte schnell und bestimmt, sprach ebenso schnell und bestimmt aus, was sie dachte, und es kamen dabei sehr glückliche Worte zum Vorschein, deren Freimut überraschend war. Auch mir begegnete sie mit freimütiger Herzlichkeit. Sie nannte es unverantwortlich, daß Menschen, die voneinander wüßten, wie wir, nicht auch ohne alles weitere zueinander kämen, und sie forderte mich auf, gleich einen der nächsten Abende mit ihnen zuzubringen, was ich denn natürlich auch dankbar annahm.

Sie wohnten damals in der Marienstraße und lebten in einer sehr ausgedehnten Geselligkeit. Um so mehr fiel es mir auf, was Luise Mühlbach alles aus ihrer Zeit zu machen wußte. Sie schrieb sehr viel, war beständig auf dem laufenden in der englischen und französischen Literatur, verfolgte die deutsche bis in das Detail der Journalistik, trieb Musik, lernte Russisch und noch eine andere fremde Sprache, daneben wurde ein ganzes Service aufgetragen, das sie selbst gemalt, und es kamen Bücher zum Vorschein, die sie selbst gebunden hatte. Man sah, für diese Frau war fortwährendes rastloses Arbeiten eine Art von Lebensbedingung, eine Notwendigkeit, und nie, seit ich sie kenne, habe ich sie ermüdet oder gar abgespannt gesehen; aber die eigentliche Kraft ihrer Natur gab sich in der hingebenden Liebe kund, mit welcher sie zu ihrem Manne emporblickte. Man gewann unabweislich die Überzeugung, daß man in diesen beiden ein paar glückliche Menschen vor sich sähe.

Dadurch wurde die ganze Geselligkeit bei ihnen, wie sie eine geistig angeregte war, auch eine heitere. Man machte Musik, man führte dramatische Szenen auf, und vor allen Dingen amüsierte man sich. Als ich dann im Frühjahr, bald nachdem ich mir meine Wohnung eingerichtet, wieder einmal in das Mundtsche Haus geladen war, fand ich auch wieder eine größere Gesellschaft beisammen. Sie hatte sich um einen mitten in dem Zimmer stehenden Tisch gruppiert, und gleich beim Eintreten überraschte mich der Anblick einer Frau, welche der Türe gegenüber saß. Sie hatte den Kopf ein wenig gesenkt, denn man betrachtete ein Kupferwerk, und es sah schön aus, wie das Licht der Lampen sich auf dem schwarzbraunen reichen Scheitel der Dame spiegelte, während es ihre schönen entblößten Schultern beleuchtete und von dem großen Brillantschloß widerstrahlte, mit dem die Perlenschnüre um den Hals der Fremden befestigt waren.

Als ich mich dem Tische näherte, blickte die Fremde empor, und ich sah in eines der anmutvollsten Gesichter, die mein Auge je erschaut hat. Alles in diesen Zügen war herzgewinnende Güte, bezaubernde Freundlichkeit, und selbst das leise Zusammenziehen der Augenlider, mit welchem sehr kurzsichtige Personen sich die Sehkraft zu schärfen lieben, und das mir sofort als etwas Eigentümliches an der Fremden bemerklich wurde, gewann in ihrem Gesichte einen Reiz, weil es sie zugleich fein und in gewissem Sinne hilfsbedürftig aussehen machte.

»Frau Staatsrätin von Bacheracht!« sagte Professor Mundt.

»Ach nein! Sage doch Therese!« rief seine Frau und gab ihr die Hand. »Hier ist sie Therese!«

»Wie danke ich Ihnen das!« entgegnete die Fremde, und die Stimme, mit welcher sie diese Worte sprach, und die Miene, mit welcher sie unserer Wirtin die dargebotene Rechte drückte, waren ebenso sanft und so lieblich wie ihr Blick.

Man stellte mich ihr vor. Sie stand auf, mir die Hand zu geben, und ich konnte sie nun genau betrachten. Sie war nur mittlerer Größe, aber sie trug sich vortrefflich, und da sie eine lange und schlanke Taille und eine sehr schöne Büste hatte, so lag bei aller Anmut etwas Imponierendes in ihrer Gestalt. Die Form ihres Kopfes war nicht eigentlich schön, er war dazu nicht oval genug, das Gesicht zu flach und der Hals zu kurz und breit, aber es war in dem Schnitt der Stirne, der Nase und des Mundes wie in der Zeichnung der Augenbrauen und in der Wölbung der Augenlider eine gewisse regelmäßige Gradlinigkeit, die sehr ungewöhnlich und dem Auge sehr wohltuend war. Man mußte diese eigen geschnittenen Formen immerfort ansehen, man mußte das Auge unwillkürlich darauf ruhen lassen, um sich immerfort daran zu erfreuen. Es war kein schöner Kopf, aber ein ungemein fesselndes, gewinnendes Gesicht, und was ihm seinen höchsten Zauber gab, das waren die samtweiche Haut mit ihrer warmen gesättigten Farbe und der unaussprechlich süße Ausdruck der braunen, sanften Augen. Die Augen und der liebliche weiche Ton der Stimme hatten wirklich etwas Unwiderstehliches.

Therese von Bacheracht war damals beinahe vierzig Jahre alt, aber sie sah bedeutend jünger aus und mußte jedem, der ihr unvorbereitet gegenübertrat, im ersten Augenblicke als eine Schönheit erscheinen. Sie war sich dieses Vorzuges auch bewußt und hatte Phantasie und Geschmack genug, ihn durch eine gewählte und reiche Kleidung zu erhöhen. Ein schweres violettes Moiréekleid hob die Form und die Farbe ihres Halses und ihrer Schultern nur glänzender hervor, und große Kokarden von blaßrosa Band machten das Haar noch dunkler aussehen, ohne die Frische ihres Teints zu beeinträchtigen. Ich war für Schönheit sehr empfänglich und konnte mich nicht genug an ihr erfreuen, mich nicht satt sehen an ihrer Lieblichkeit.

Es waren schon ein paar Jahre vergangen, seit sie ihr erstes Buch, die »Briefe aus dem Süden«, veröffentlicht, und diese Reisebetrachtungen, denn eine Reisebeschreibung konnte man jene Aufzeichnungen eigentlich nicht nennen, waren sehr günstig aufgenommen worden. Die wunderlich pedantische Vorrede, mit welcher ein älterer Freund die Tagebuchblätter der anonymen Verfasserin eingeleitet, hatten der warmen überflutenden Empfindung, welche das Werk charakterisierte, zu einer eigenartigen Folie gedient, und wie Therese selbst die Menschen durch ihre Anmut und Güte für sich einnahm, so gewannen die ganz besondere Natur und die eigentümlich zusammengesetzte Geistesrichtung in dem Tagebuch sich die Herzen, und das Geheimnis, in welches die Verfasserin sich hüllte, trug dazu bei, das Interesse für sie und ihr Werk zu steigern.

Man hatte es in dem Tagebuche mit einer Frau zu tun, welche dem Adel angehörte, die große Welt kannte, vielerlei gesehen, vielerlei erlebt, vielerlei empfunden hatte, und die, wie man es zu nennen pflegte, mit dem Herzen dachte. Erzogen in den Anschauungen der Lebenssphäre, in welcher sie geboren war, hatte sie sich dennoch in sich selbst besonders ausgebildet, weil ihr anscheinend in ihrer Umgebung nicht die rechte Befriedigung für ihr Gefühlsleben geboten worden war. Diese innere Zurückgezogenheit hatte ihr in mancher Hinsicht den Sinn und das Verständnis für das Allgemeine genommen. Sie war nur selten einer ganz objektiven Betrachtung fähig, sie sah alles nur von ihrem Standpunkte, sie beurteilte alles nur nach dem Maßstab ihres eigenen Empfindens. Aber dies Empfinden war immer fein, und wenn man auch die Ansichten der Reisenden nicht immer teilte, so gewann man sie selbst doch lieb und bekam die Neigung, mehr von ihr zu wissen, als sie in den Briefen von sich ausgesagt hatte. Soviel ging aus dem Tagebuch hervor: Therese war verheiratet, hatte ein Kind gehabt und verloren, war übersättigt und sehnsüchtig, lebenslustig und ohne Glauben an das Leben und religiös, ohne einen rechten Halt und eine wirkliche Stütze in der Religion zu besitzen. Sie verriet eine gewisse Eitelkeit und Koketterie, die neben einer großen Aufrichtigkeit und einer fast kindlichen Naivität fremdartig einhergingen, und überall wo man hätte erwarten sollen, daß die Ereignisse und die Eindrücke der Reise sie zum Denken anregen müßten, wurde ihr Gefühl wachgerufen, und der Ausdruck desselben zog den Leser unmerklich zu den Träumereien fort, denen die Reisende sich vorzugsweise zu überlassen liebte.

Es war ein sanftes, liebenswürdiges Buch, diese »Briefe aus dem Süden«, und man brauchte Therese nur anzusehen, um zu erkennen, wie sie sich in jenen Briefen ganz ihrer Natur überlassen hatte, und wie dieselben ohne den Hinblick auf den Leser geschrieben worden waren. Sie hatte nach den »Briefen aus dem Süden« noch zwei Romane veröffentlicht, welche besonders bei den Frauen eine ungemein günstige Aufnahme gefunden, und ich fühlte also in jedem Betrachte ein großes Vergnügen, ihr zu begegnen.

Sie setzte sich zu mir, wir plauderten über dies und jenes, aber es kam zu keinem ernsteren Gespräche, denn die Gesellschaft war groß und sehr belebt. Es gab Neckerei aller Art unter den befreundeten Gästen. In bester Laune scherzte man über die gegenseitigen Arbeiten, und vor allem wurde Theodor Mügge um irgendeiner Novelle willen geneckt, der er, wie die andern ihm vorhielten, aus purer Gutmütigkeit einen ganz unerwarteten, fast unmöglichen Schluß gegeben haben sollte. Er nahm das so heiter und arglos auf, wie es ihm vorgehalten wurde, aber er verteidigte sich doch gegen die Beschuldigung, indem er mit Recht behauptete, wo es möglich sei, müsse man in der Dichtung darauf denken, dem Leser am Schlusse das Herz zu befreien. Die Dichtkunst sei dazu da, das Leben zu erheitern und zu verschönen, sie müsse sich also an das Schöne und an das Freundliche halten, und wenn sie ohne äußerste Notwendigkeit den Leser mit beschwertem Herzen, mit einem Mißklang, einer Unzufriedenheit, ja auch nur mit lebhaftem Bedauern und mit einer Anklage gegen das Schicksal entlasse, so sei das ein Fehler.

Er sah dabei mit seiner hohen, breitbrustigen, fast athletischen Gestalt und mit der straffen, aufrechten Haltung, in welcher der ehemalige Soldat damals noch ganz unverkennbar war, so grundgutmütig und zugleich so verständig von seiner Behauptung überzeugt aus, daß man sich mindestens dahin mit ihm einigen mußte, daß seiner graden und einfachen Natur das Gewaltsame und Nichtaufzuklärende zuwider sein müsse, und es erregte allgemeines Vergnügen, als Doktor Mundt aus dem Stegreif eine kurze Novellenskizze entwarf, bei der alles drunter und drüber ging, bis endlich in der Ferne ein Signal mit einer Fahne gegeben und ein Rettungsboot herbeigebracht wurde, aus welchem Mügge ausstieg, um alles in den Hafen der Ruhe und des Friedens hineinzulotsen.

Mügge war derjenige, der am herzlichsten darüber lachte, aber wir waren damals alle zusammen ein fröhliches Volk. Wir waren jung, wir hatten Freude an unsern Arbeiten, hatten die Gunst des Publikums für uns, standen, um Scribes glücklichen Ausdruck zu brauchen, alle *à la tête de la jeune phalange*, und hatten – ich wiederhole den Ausdruck absichtlich – ein langes, langes Leben, ein weites Feld der Hoffnung vor uns. In so langer Zeit, in so weitem Felde, was war da unerreichbar? Was war da unmöglich?

In der Unendlichkeit, die sie vor sich zu haben glaubt, liegt das eigentliche Glück, liegt auch die Macht der Jugend. Man hat zu allem Mut, man kann alles unternehmen, alles wagen, wenn man nur die Zeit hat, es fertig zu machen, oder die Zeit, das Mißlungene durch Gelungenes zu ersetzen. Ein Mißgeschick, ein Fehlschlagen – was ist das in der Jugend? Ein verlorner Tag, nichts mehr! Und das Leben hat dann noch so viele, viele Tage! Aber mit jedem Jahre schwindet die Fülle dieses Reichtums, mit jedem Jahre wird die Zahl der Tage, die man verlieren darf, ohne sie als Verlust zu empfinden, geringer. Der unübersehbare, unermeßliche Reichtum ist vorüber. Man kann zählen, was man noch besitzt, man fängt an, den kleinsten Verlust schmerzlich zu empfinden, man wird haushälterisch mit seiner Zeit, nachdenklich bei allem Beginnen, man fragt sich, werde ich es vollenden können? Die Sorglosigkeit macht der Sorge Platz. Aus Scheu vor dem Nichtvollendeten fängt man nicht mehr an und wird traurig und verzagt darüber, daß man den alten Mut, die alte Zuversicht zum Leben nicht mehr fühlt. Die Sorglosigkeit ist der Zauberstab, ist die Flügelkraft, ist die Quelle des Jugendmutes. Wer sie sich zu erhalten wüßte, wer diesen Traum der Jugend an sich zu bannen vermöchte, der besäße die Jugend, dem wäre sie unverloren, die goldene Zeit, wie auch der Kalender und die grau gewordene Locke wider ihn spräche; denn nur der Gedanke an die Endlichkeit ist es, der uns das Gefühl des Alters aufzwingt.

An jenem Abend dachte aber niemand an das Alter, man sprach jedoch davon, daß die geistige Tätigkeit eine aufreibende sei, daß man rastlos lebe, wie auf dem Rade des Ixion. Ich weiß nicht, wer den Gedanken zuerst angeregt hatte, man fing indes an, ihn mit Liebe auszuspinnen. Der und jener teilte aus eigener und fremder Erfahrung einen Beleg dazu mit, und selbst die Jüngsten unter uns wußten irgendein Argument dafür beizubringen und fanden bei der in Gesellschaft anwesenden Gräfin Ahlefeld, der Freundin des wenig Jahre vorher verstorbenen Dichters Immermann, eine lebhafte Zustimmung. Man war nahe daran, ganz gegen die ursprüngliche Stimmung der Gesellschaft, in einen sentimentalen Ton zu verfallen, als die unwiderstehlichste Lachlust mich überfiel und ich laut zu lachen anfing.

Wir saßen um den Teetisch: Theodor Mundt und Luise Mühlbach, der geistvolle und gelehrte Musiker Professor Marx mit seiner wunderschönen Frau, Therese Bacheracht, Theodor Mügge und ich; wir hatten alle geschrieben, schrieben noch, einer war lebensvoller als der andere, einer sah gesünder aus als der andre, wir alle hatten unverkennbare Anlagen, stark und fett zu werden, wir waren alle von Herzen vergnügt, es fehlte uns allen nichts, wir freuten uns unseres Daseins, hofften, erwarteten von unserer Zukunft das Allerbeste – und nun sollten wir mit einem Male alle samt und sonders auf dem Rade des Ixion liegen, und der Schmerz sollte das auserwählte Teil des Dichters sein. Das war für mich von der ergötzlichsten Komik, und es brauchte auch eben nur meines lauten Lachens, um die übrigen ebenso schnell zum richtigen Gefühle ihres Daseins zu bringen und uns den Abend so heiter beenden zu lassen, als wir ihn begonnen hatten.

Und heute, nach kaum sechzehn Jahren ist bereits mehr als die Hälfte der an jenem Abende so fröhlichen Menschen, ist Therese, sind Theodor Mügge und Theodor Mundt in der vollen Kraft der Jahre bereits dahingeschieden; und die freundliche Erinnerung an sie ist wie die helle Kerze, welche am Allerseelentage von den Gräbern durch die Nebel des Herbstes leuchtet.

Anhang

Quellenverzeichnis

I. Gesellschaft und Konversation in Berlin vor 1800

Nicolais Gastfreundschaft. In: Gustav Parthey, Jugenderinnerungen, neu hrsg. von Ernst Friedel, Teil 1, Berlin 1907, S. 4f., 36–39.

Aus Johann Gottfried Schadows Jugend. In: Joh. G. Schadow, Kunst-Werke und Kunst-Ansichten 1849. Aufsätze und Briefe. Nachdruck der [2] 1890, Berlin 1980, S. XVIII–XXI.

Lesegesellschaften. In: Henriette Herz in Erinnerungen, Briefen und Zeugnissen, hrsg. von Rainer Schmitz, Frankfurt 1984, S. 46–52.

Die ersten jüdischen Salons. In: Henriette Herz, a. a. O., S. 61–68.

II. Henriette Herz: Berühmte Gäste – stille Abende

Friedrich Schleiermacher. Schleiermacher an seine Schwester Charlotte. Zwei Briefe vom 30. 5. und 4. 8. 1798. In: Henriette Herz, a. a. O., S. 262–265, 269–271.

»Genlis sehen Sie vermutlich…« In: Henriette Herz, a. a. O., S. 93–97.

»Höre denn doch zuviel…« In: Henriette Herz, a. a. O., S. 97–101.

Madame de Staël: In: Henriette Herz, a. a. O., S. 117–121.

III. Die Zeit der ästhetischen Tees

Der Salon der Herzogin von Kurland. In: Gustav Parthey, Jugenderinnerungen, Teil 1, S. 95–97.

Henriette Herz: »Es herrschte völlige Zwanglosigkeit«. In: Henriette Herz, a. a. O., S. 109–112.

Das Haus Cohen. In: Karl August Varnhagen von Ense, Denkwürdigkeiten des eigenen Lebens, hrsg. von Joachim Kühn, Teil 1, Leipzig 1922, S. 106–120, 125–131.

Karl August Varnhagen von Ense: »Ein Gedicht war mir wichtiger…« In: Varnhagen, a. a. O., S. 222–227.

Rahels erster Salon. »Unterdeß hatte sich die Gesellschaft...« In: K. A. Varnhagen von Ense, Vermischte Schriften. In: Ausgewählte Schriften, Bd. 19, 3. Abt., Leipzig ³1876, S. 165–178. – »Irgend ein Vorurteil...« In: K. A. Varnhagen, Denkwürdigkeiten, Teil 1, a. a. O., S. 258–270.

Bekenntnisdrang in Briefen. »Nun will ich Ihnen...« Rahel an David Veit, 3. 1. 1794. In: Rahel Varnhagen, Briefwechsel, hrsg. von Friedhelm Kemp, Bd. 3, München 1979, S. 32f. – »Brief über Brief bekomme ich...« Rahel an Karl Gustav von Brinckmann, 9. 3. 1799. In: Rahel Varnhagen, Briefwechsel, Bd. 3, a. a. O., S. 97–103. – »Ein leichtes Flußfieber...« Rahel an Fouqué in Nennhausen, 29. 11. 1811. In: Rahel Varnhagen, Briefwechsel, Bd. 3, a. a. O., S. 305–310.

IV. Literarisches und musikalisches Leben um 1820

E. T. A. Hoffmann. In: Julius Ed. Hitzig, E. T. A. Hoffmanns Leben und Nachlaß. Mit einem Nachwort von Wolfgang Held, Frankfurt 1986, S. 308–323.

Heinrich Heine. In: Zweiter Brief aus Berlin, 16. März 1822. In: Heinrich Heine, Sämtliche Werke in 12 Bd., hrsg. von Klaus Briegleb, Bd. 3, München 1976, S. 42–47.

Lili Parthey. In: Lili Parthey, Tagebücher aus der Biedermeierzeit, Jg. 1823, hrsg. von Bernhard Lepsius, Berlin/Leipzig 1926, S. 262–265, 268–270.

Die Crelleschen Montage. In: Jugendleben der Malerin Caroline Bardua. Nach einem Manuskript ihrer Schwester Wilhelmine Bardua. Von Walter Schwarz (= Wanda von Dallwitz), Breslau 1874, S. 218–223.

Carl Maria von Weber in Berlin. In: Jugendleben der Malerin Caroline Bardua, a. a. O., S. 265–268.

Das Haus Mendelssohn. In: Die Familie Mendelssohn. 1729–1847. Nach Briefen und Tagebüchern, hrsg. von Sebastian Hensel, Bd. 1, Leipzig 1924, S. 162–165, 312–317.

Karoline Bauer. In: Karoline Bauer, Aus meinem Bühnenleben, hrsg. von Karl von Hollander, Weimar 1917, S. 166–169.

V. Rahels zweiter Salon

Rahel in ihren Briefen. »Treuer, lieber, junger Freund!« Rahel an Karl Gustav von Brinckmann, 30.11.1819. In: Rahel Varnhagen, Briefwechsel, Bd. 3, a.a.O., S. 111–116. »Freiheit haben, ist nur das...« Rahel, Buch des Andenkens, 3. Teil, Berlin 1834, S. 209.
Karoline Bauer. In: Karoline Bauer, a.a.O., S. 115–129
Varnhagen von Ense. Der Salon der Frau von Varnhagen, Berlin, im März 1830. In: Varnhagen, Ausgewählte Schriften, Bd. 19, 3. Abt., Leipzig [3]1876, S. 182–207.
Heinrich Heine. In: Ludwig Börne. In: Heinrich Heine, Sämtliche Werke in 12 Bd., a.a.O., Bd. 7, S. 10–12.
Franz Grillparzer. In: Fragmente einer Selbstbiographie. In: Werke in 2 Bd., hrsg. von P. Stapf, Berlin/Darmstadt 1959, S. 849–852.
Wilhelm von Humboldt. In: An Charlotte Diede, Tegel, November 1834. In: Aus Briefen und Tagebüchern, hrsg. von Rudolf Freese, Berlin 1953, S. 960–962.

VI. Bettina von Arnim und ihre Kreise

Varnhagen als literarischer Mentor. In: Fanny Lewald, Meine Lebensgeschichte, Bd. 3, hrsg. von Ulrike Helmer, Frankfurt/M. 1989, S. 197–206.
Varnhagen - »eine seltsame Gabe...« In: Alexander von Sternberg, Erinnerungsblätter aus der Biedermeierzeit, hrsg. von Joachim Kühn, Potsdam/Berlin 1919, S. 185–191.
Karl Gutzkow bei Bettina. In: Gutzkows Werke in 4 Bd., hrsg. von Peter Müller, Bd. 3, Leipzig/Wien 1911, S. 113–115.
Maxe von Armin. In: Maxe von Arnim, Ein Lebens- und Zeitbild. Aus alten Quellen geschöpft von Johannes Werner, Leipzig 1937, S. 50–55, 102–107.
Mine Bardua. In: Die Schwestern Bardua. Bilder aus dem Gesellschafts-, Kunst- und Geistesleben der Biedermeierzeit. Aus Wilhelmine Barduas Aufzeichnungen gestaltet von Johannes Werner, Leipzig [2]1929, S. 164f, 202f., 204, 225f., 235.
Das Haus des Hofmalers Wach. In: Sternberg, Erinnerungsblätter, a.a.O., S. 141–148.
Der Olferssche Salon. In: Sternberg, Erinnerungsblätter, a.a.O., S. 209–213.
Das Haus des Ägyptologen Lepsius. In: Bernhard Lepsius, Das

Haus Lepsius. Nach Tagebüchern und Briefen, Berlin 1933, S. 171–178.
Tischgespräche. In: Tagebücher der Elisabeth Lepsius. In: Bernhard Lepsius, Das Haus Lepsius, a.a.O., S. 54–56, 138f., 216f., 254–256, 290f., 294f.
Heinrich Abeken. In: Ein schlichtes Leben in bewegter Zeit. Aus Briefen zusammengestellt von Hedwig Abeken, Berlin 1898, S. 256–258.

VII. Die Romantik im Erdgeschoß

Das Haus des Geheimrats Kugler. In: Paul Heyse, Jugenderinnerungen. In: Gesammelte Werke, 3. Reihe, Bd. 1, Stuttgart/Berlin o. J., S. 74–78.
Tunnel-Mitglied Franz Kugler. In: Theodor Fontane, Aus dem Berliner literarischen Leben der vierziger und fünfziger Jahre. Der Tunnel über der Spree. In: Sämtliche Werke, Bd. XV, München 1967, S. 169–176.
Theodor Storm in Potsdam. In: Fontane, Aus dem Berliner literarischen Leben der vierziger und fünfziger Jahre, a. a. O., S. 201–208.
Fanny Lewald bei Henriette Herz. In: Fanny Lewald, Meine Lebensgeschichte, Bd. 3: Befreiung und Wanderleben, S. 78–91.
Vom Luxus des Umgangs. In: Fanny Lewald, Meine Lebensgeschichte, Bd. 3, S. 241–248.

Literaturverzeichnis

Norbert Altenhofer, Geselligkeit als Utopie. Rahel und Schleiermacher. In: Berlin zwischen 1789 und 1848. Facetten einer Epoche. Katalog zur Ausstellung in der Akademie der Künste, Berlin 1981, S. 37–42.
Hannah Arendt, Rahel Varnhagen. Lebensgeschichte einer deutschen Jüdin aus der Romantik, München 1987.
Walter H. Bruford, Die gesellschaftlichen Grundlagen der Goethezeit, Frankfurt/Berlin/Wien 1975.
Henri Brunschwig, Gesellschaft und Romantik in Preußen im 18. Jahrhundert, Frankfurt/Berlin 1976.

Ingeborg Drewitz, Berliner Salons. Gesellschaft und Literatur zwischen Aufklärung und Industriezeitalter, Berlin 1979.
Ludwig Geiger, Geschichte des geistigen Lebens der preußischen Hauptstadt, Berlin 1688–1840, Bd. 2, Berlin 1895.
Ders., Geschichte der Juden in Berlin, Berlin 1871.
Alexander von Gleichen-Rußwurm, Geselligkeit. Sitten und Gebräuche der europäischen Welt 1789–1900, Stuttgart 1910.
Karl Hillebrand, Unbekannte Essays. Aus dem Französischen und Englischen übersetzt und hrsg. von Hermann Uhde-Bernays, Bern 1955.
Arno Schmidt, Fouqué und einige seiner Zeitgenossen. Biographischer Versuch, Frankfurt ^{2}1975.
Claudia Schmölders (Hrsg.), Die Kunst des Gesprächs. Texte zur Geschichte der europäischen Konversationstheorie, München ^{2}1986.
Herbert Scurla, Rahel Varnhagen. Die große Frauengestalt der Romantik. Eine Biographie, Frankfurt 1980.

Bildnachweis

Christian Friedrich Nicolai mit seiner Familie, Gemälde von Daniel Chodowiecki, Bildarchiv Preußischer Kulturbesitz, Berlin.

Porträt Stephanie Félicié Comtesse de Genlis, Kupferstich von Jaques Louis Copia nach Silvestre David Miris, Westfälisches Landesmuseum für Kunst und Kulturgeschichte, Münster, Portraitarchiv Diepenbroik.

Porträt Henriette Herz um 1805, Stahlstich von Albert Teichel nach Anton Graff, Schiller-Nationalmuseum / Deutsches Literaturarchiv, Cotta-Archiv, Marbach.

Rahel Varnhagen mit 25 Jahren, Gipsrelief von Friedrich Tieck, 1796, Freies deutsches Hochstift, Goethe-Museum, Frankfurt, Fotografin: Ursula Edelmann.

Porträt Fanny Mendelssohn-Bartholdy, Bleistiftzeichnung von Wilhelm Hensel, Staatliche Museen Preußischer Kulturbesitz, Kupferstich-Kabinett, Berlin.

Porträtzeichnung Heinrich Heine am 6. April 1829, von Franz Kugler, Ullstein Bilderdienst, Berlin.

Porträt Karl August Varnhagen von Ense, 1822, Bleistiftzeichnung von Wilhelm Hensel, Bildarchiv Preußischer Kulturbesitz, Berlin.

Bettina von Arnim am Klavier, Pastellgemälde von Karl Johann Arnold, 1853, Ullstein-Bilderdienst, Berlin.

Maxe und Armgart von Arnim, Bleistiftzeichnung von Caroline Bardua, 1837, Freies Deutsches Hochstift, Goethe-Museum, Frankfurt.

Porträt Fanny Lewald, Stahlstich von Auguste Küssener nach einer Zeichnung von E. Rattix, um 1850, Bildarchiv Preußischer Kulturbesitz, Berlin.

Heinz Ohff

Ein Stern in Wetterwolken

Königin Luise von Preußen
489 Seiten mit 16 Abbildungen auf Tafeln. Leinen

Zu ihrer Zeit war sie, eine Frau, die Verkörperung Preußens. Das Charisma der Königin Luise wirkt bis heute: Fast täglich wird ihre Grabplastik im Schloßpark von Berlin-Charlottenburg reichlich mit Blumen geschmückt. Schön, lebenslustig und Friedrich Wilhelm III. eine ideale Lebensgefährtin, ihren vielen Kindern eine gute Mutter: So sehen sie ihre vielen Verehrer. Unzweifelhaft symbolisierte sie den Widerstandsgeist gegen Napoleon, der sie bewundernd seine »ärgste Feindin« nannte. Darüber hinaus ist Königin Luise aber von so vielen Legenden umgeben, daß es schwerfällt, zum eigentlichen Kern ihres Lebens vorzudringen. Heinz Ohff läßt ihrer Persönlichkeit Gerechtigkeit widerfahren, indem er sie mitten hinein in das wirre Getümmel ihrer Zeitläufte stellt.
»Ein Stern in Wetterwolken«, so hat Kleist, einer ihrer großen Bewunderer, sie genannt. Denn erst zwischen dem Gewölk, das ihr kurzes Leben verdüsterte, begann sie wirklich zu leuchten. Mit all ihren Schwächen (die sie frei und offen zugab) blieb sie für ihr Land eine Art ruhender Pol. Liebevoll, aber nicht unkritisch wird in diesem Buch Königin Luises Gestalt umrissen, die historische und die legendäre. Doch auch das verzerrte Bild, das allzu patriotische Geschichtsschreiber von ihrem Mann, Friedrich Wilhelm III., dem wohl einzigen überzeugten Pazifisten auf dem preußischen Königsthron, gezeichnet haben, erfährt eine behutsame Korrektur – wie überhaupt vieles, vielleicht sogar das meiste anders war, als von unzähligen späteren Chronisten überliefert. Die Nachwehen der Französischen Revolution, das Leben am preußischen Hof, die wechselhafte Rolle des psychisch belasteten Zaren Alexander I., der Umgang mit den Großen ihrer Zeit (Stein, Hardenberg, Napoleon), Friedenssehnsucht, Kriegsgreuel und Niederlage, Flucht und Rückkehr bilden den bunten Hintergrund von Königin Luises Leben: die Wetterwolken, die der Stern der jungverstorbenen Königin bis heute überstrahlt.

PIPER

Hannah Arendt

Rahel Varnhagen

Lebensgeschichte einer deutschen Jüdin aus der Romantik
298 Seiten. Serie Piper 230

Hannah Arendt ist es gelungen, die Lebensgeschichte dieser ungewöhnlichen Frau nach den unverfälschten Quellen, die Varnhagen nach ihrem Tode bekanntlich eigenmächtig stilisiert hatte, ebenso einfühlsam wie erhellend nachzuvollziehen. Dabei ist eine große »innere Biographie« entstanden, eine genau dokumentierte und zugleich romanhaft spannende Darstellung einer der bedeutendsten Frauen der ausgehenden Goethe-Zeit, deren Geist und Persönlichkeit das kulturelle Leben stark beeinflußten. Ihr Berliner Salon war Treffpunkt der Romantiker und der Anhänger des Vormärz, geistiges Zentrum für bedeutende Zeitgenossen wie Clemens von Brentano, Achim von Arnim, Carl Maria von Weber ebenso wie für Alexander von Humboldt, Ferdinand Lassalle und nicht zuletzt Heinrich Heine. Hannah Arendt stellt neben das persönliche Leben Rahels als Frau das exemplarische Schicksal der Jüdin, die die Erfahrung des Andersseins immer wieder belastend und stimulierend in seiner ganzen Ambivalenz erlebt.

»Diese Biographie ist das Produkt eines brillant abstrahierenden Geistes, eine adäquate Darstellung ihres Gegenstandes und darüber hinaus eine Gesellschaftsstudie von überragendem Wert.«
Der Tagesspiegel, Berlin

Willy Ritter Liebermann von Wahlendorf

Erinnerungen eines deutschen Juden 1863–1936

Herausgegeben und mit einem Nachwort von Ernst Reinhard Piper.
296 Seiten. Serie Piper 761

Dies ist ein höchst ungewöhnliches historisches Dokument: In seinem Exil in Meran schreibt 1936 der 73jährige Willy Ritter Liebermann von Wahlendorf seine Erinnerungen. Aus einem reichen Berliner Haus stammend, hätte er als Urbild eines deutschen Adeligen seiner Zeit gelten können – er war Herrenreiter, Mitglied in einer schlagenden Verbindung, duellierte sich nicht selten –, wäre er nicht Jude gewesen. Die Spannung, die sich aus einem Leben unter dieser Konstellation ergibt, schildert Liebermann in seinen noch während des »Dritten Reiches« geschriebenen Erinnerungen präzise und anschaulich. Es entsteht ein authentisches Bild davon, was es bedeutete, im Deutschland des Kaiserreiches und der Weimarer Republik sich zu seinem Judentum ebenso wie zu seinem Deutschtum zu bekennen. Willy Ritter Liebermann von Wahlendorf, geboren 1863 in Berlin, entstammte der bekannten jüdischen Familie der Liebermanns, zu der auch beispielsweise der Maler Max Liebermann sowie Walther und Emil Rathenau gehörten.